Ernst Nolte

Geschichte Europas 1848–1918

Ernst Nolte

Geschichte Europas 1848–1918

Von der Märzrevolution bis zum Ende des Ersten Weltkriegs

HERBIG

Besuchen Sie uns im Internet unter:
www.herbig-verlag.de

Umschlaggestaltung: Wolfgang Heinzel
Umschlagbild: akg-images, Berlin
Herstellung und Satz: VerlagsService Dr. Helmut Neuberger &
Karl Schaumann GmbH, Heimstetten
Gesetzt aus der 11,2/13,5 Punkt Adobe-Garamond
Drucken und Binden: GGP Media GmbH, Pößneck
Printed in Germany
978-3-7766-2532-5

Inhalt

Teil I

Die grosse Politik der Mächte

Was ist »das Europäische« in der Geschichte Europas?

Wenn eine »Geschichte Europas« mehr sein soll als eine Zusammenstellung der Geschichten von einzelnen in Europa gelegenen Staaten und Ländern, muss es etwas »Europäisches« geben, das trotz aller Unterschiede und Abwandlungen in jeder dieser einzelnen Geschichten erkennbar ist. Eine sehr wahrscheinliche, wenngleich nicht zwingende Folge wäre die, dass unter den verschiedenen Ländern Europas besonders intensive Kontakte bestanden und dass seine Staaten sogar ein »Staatensystem« bildeten. Dann wäre es naheliegend gewesen, dass die Glieder dieses Systems auch den Namen »Europa« zur Selbstbezeichnung verwendet hätten, und dadurch wäre eine kulturelle Einheit gegeben, die anscheinend nur noch einen Schritt von der stärksten Einheit, nämlich der politischen, entfernt wäre.

Alle diese Annahmen sind zutreffend mit Ausnahme der letzten: Europa war in seiner Geschichte nie eine politische Einheit, so gewiss von Zeit zu Zeit Hegemonialmächte die Bildung eines Großreichs anstrebten, und auch die anderen Bestimmungen sind nicht unabhängig von der Zeit. Das mittelalterliche Europa verstand sich in erster Linie als »die Christenheit«, und die »Pentarchie« der fünf Großmächte der ersten Hälfte des 19. Jahrhunderts war in prononcierterem Sinne ein »System« als die rivalisierenden Nationalstaaten der zweiten Hälfte, die allerdings nicht ganz selten kleineren Staaten gemeinsam unter der Bezeichnung »Europa« ihren Willen aufzwangen, wobei sie nicht daran zweifelten, im Sinne der »Zivilisation« zu handeln.

Aber trotz des hohen Anspruchs dieser Ineinssetzung von »Europa« und »Zivilisation« stand noch am Ende des 19. Jahrhunderts ein beträchtlicher Teil des europäischen Kontinents unter der Herrschaft einer andersartigen Kultur, nämlich der islamischen, wenn auch die kleinen Balkanvölker des Osmanischen Reiches christlich waren.

An der Existenz europäischer Gemeinsamkeiten und Zusammenhänge ist also nicht zu zweifeln, aber diese im Einzelnen zu bestimmen, macht erhebliche Schwierigkeiten.

Die »Naturgrundlage« Europas bildet bekanntlich der Raum zwischen dem russischen Uralgebiet und Gibraltar, zwischen dem Nordkap und der

Südküste des Mittelmeers. Es ist immer wieder hervorgehoben worden, dass es sich um die am reichsten gegliederte Großregion der Erde handelt, und schon die Existenz der großen Halbinseln Skandinavien, Spanien und Italien macht es wahrscheinlich, dass sich eine Anzahl von einzelnen Staaten und nicht ein Reich von riesigen Ausmaßen wie das chinesische bilden würden. Aber die Naturverhältnisse weisen nur in bestimmte Richtungen, doch sie üben keine Zwangsgewalt aus. Es ist vorstellbar, dass Europa trotz seiner geografischen Vielgestaltigkeit zum bloßen Anhängsel eines asiatischen Imperiums geworden wäre, und der »Mongolensturm« des frühen Mittelalters wies ebenso sehr auf diese Möglichkeit hin wie die Herrschaft der tatarischen »Goldenen Horde« in Russland. Auch vom Süden her hätte Europa unterworfen werden können, und erst kurz vor Paris schlug der Franke Karl Martell die Heere des Islam zurück, die indessen niemand als »Barbaren« bezeichnen konnte.

Ebenso wenig reicht die »Natur im Menschen« zur Bestimmung aus, wenngleich die Übersteigerung und der Missbrauch der »Rassenlehre« im nationalsozialistischen Deutschland des 20. Jahrhunderts nicht dazu führen sollte, die Frage nach den »menschlichen Naturbestimmungen« von vornherein zurückzuweisen. Schon in der Vorgeschichte war Europa fast ausschließlich von »weißen« Menschen bewohnt. Aber zur »weißen Rasse« zählten zu Beginn der Geschichte auch zahlreiche Bewohner Vorderasiens und Nordafrikas; aus der anthropologischen Naturbestimmung ergibt sich also kein verlässliches Unterscheidungskriterium. Selbst wenn das sprachlich-kulturelle Grundfaktum herangezogen wird, dass die meisten der europäischen Sprachen zur Familie des »Indogermanischen« gehören, ist der Begriffsinhalt viel zu weit: Indogermanen sind im zweiten Jahrtausend v. Chr. auch im Iran und in Indien zu finden, und ob es das Natursubstrat einer »indogermanischen Rasse« überhaupt gibt, ist mit guten Gründen bezweifelt worden.

Nicht aus der Natur also, sondern aus der Geschichte müssen die wichtigsten Kennzeichen »Europas« hergeleitet werden. Der Name stammt aus dem antiken Griechenland, und der Mythos vom »Raub der Europa« durch den Göttervater Zeus ist auch heute noch allgemein bekannt. Aber so gewiss ohne Aischylos und Sophokles, ohne Platon und Aristoteles, ohne Sokrates und Perikles von »europäischer Kultur« keine Rede sein kann, so gewiss waren die Griechen der Antike – trotz der Kolonisation im italischen »Großgriechenland« und trotz der Eroberungszüge Alexanders des Großen – zu sehr auf ihr kleines Heimatland fixiert, als dass sie »Europäer« genannt werden dürften. Eher darf der Name auf die Römer Anwendung finden, die um das Becken des Mittelmeers herum ein echtes und lang dauerndes Großreich schufen, aber wenn die griechisch-römische Kultur für anderthalb Jahrtausende zum festen Bestandteil Europas wurde, so sind doch auch die Römer nicht eigentlich als »Europäer« zu bezeichnen.

Anders verhält es sich allerdings schon mit der Spätzeit des Imperiums, in der sich die Teilung in Westrom und Ostrom vollzog: in das sich mehr und mehr auflösende westliche Teilreich Roms und in das östliche Reich von Byzanz, das sich weiterhin und noch für ein Jahrtausend als das eigentliche Rom betrachtete. Das eine der beiden Reiche war bereits stark durch die germanischen Stämme geprägt, die während der Epoche der Völkerwanderung eine Zeit lang auch die Hauptstadt Rom in Besitz nahmen, und beide waren christlich, d. h. unter den bestimmenden Einfluss einer Religion gelangt, die ihrer Herkunft nach orientalisch und in ihrer Zielsetzung weltmissionarisch war. Aber allmählich bildeten sich ein westliches – römisches – und ein östliches – byzantinisches – Christentum heraus, und der wichtigste der einzelnen Vorgänge war zweifellos die Kaiserkrönung des Frankenkönigs Karl durch den Papst Leo III. im Jahre 800.

Die Zusammengehörigkeit und der potenzielle – bald auch aktuelle – Antagonismus zwischen den beiden obersten Autoritäten, dem Kaiser und dem Papst, bildete bald das unterscheidende Kennzeichen des neuen »Römischen Reiches«, dem später der Zusatz »Deutscher Nation« hinzugefügt wurde. Deshalb ist in Karl dem Großen der erste unzweideutig »europäische« Herrscher zu sehen und in seinem christlichen Karolingerreich die früheste Gestalt »Europas«. Spezifisch fränkisch war die Existenz eines starken Kriegeradels, der sich nie, wie es später im byzantinischen Russland geschah, zu einem bloßen Dienstadel machen ließ, obwohl er seinen Besitz zum größten Teil als »Lehen« aus den Händen der Herrscher empfing. Römischen Ursprungs war dagegen das relativ selbstständige Dasein der Städte, die nach zeitweisem Niedergang im frühen Mittelalter einen großen Aufschwung nahmen. Ein nicht minder wichtiges Merkmal war die Herausbildung von selbstständigen, aber eng miteinander verbundenen Staaten wie vornehmlich Frankreichs und Englands.

Es standen also nicht nur zwei Mächte, die einen universalen Anspruch erhoben, nebeneinander – anders als im Cäsaropapismus von Byzanz und dem sowohl religiösen als auch »weltlichen« Herrschertum des islamischen

Kalifats –, sondern sie waren überdies durch partikulare Kräfte wie Einzelstaaten, Adel und Städte in ihren Wirkungsmöglichkeiten eingeschränkt. Gleichwohl war auch das weströmische Europa des Mittelalters trotz einiger »Ketzerbewegungen« ein religiös einheitliches Gebilde, nicht anders als der Islam, wo die frühe Unterscheidung von »Sunna« und »Schia« keine dogmatisch relevante Bedeutung hatte. Ein genuiner Riss resultierte erst aus der Reformation, die den lutherschen (und dann den calvinschen) Protestantismus dem römischen Katholizismus feindlich entgegenstellte und dennoch nicht einmal im Dreißigjährigen Krieg die engen Beziehungen zwischen protestantischen und katholischen Staaten an ein Ende brachte.

Dieses konfliktträchtige und trotzdem in allen Abwandlungen einheitliche System, zu dem es in seiner Ganzheit kein Analogon in der Geschichte gibt, sollte »das Liberale System« genannt werden, so weit es von seiner späteren Ausformung zum pluralistischen Parteienstaat noch entfernt war: Die Calvinisten vermochten sich im katholischen Frankreich lange Jahrzehnte zu behaupten, und als sie verfolgt wurden, konnten sie in »reformierten« Staaten wie Brandenburg Aufnahme finden, und die besiegten Parteien des Bürgerkriegs fanden schon im England des späten 17. Jahrhunderts als »Dissenter« Duldung, d. h. Toleranz. Erst mit dem Begriff des »Liberalen Systems« ist ein unverwechselbares Kennzeichen »Europas« gewonnen, das freilich nicht nur gegensätzliche Kräfte zusammenschließt, sondern gerade die ältere Gestalt des Christentums ausschließt, nämlich die byzantinische oder orthodoxe Spielart, die mit der Eroberung Konstantinopels durch die Osmanen bzw. Türken im Jahre 1453 ihre staatliche Macht verlor, sich aber schon seit Jahrhunderten in Russland durchgesetzt hatte. So konnte nur im mehrkonfessionellen und mehrstaatlichen System des katholisch-protestantischen Gebiets aus der Erfahrung der unterschiedlichen Absolutheitsansprüche jene vergleichende, die einzelnen Glaubensrichtungen übersteigende Reflexion entstehen, die sich am Beispiel von Pierre Bayle und John Locke besonders anschaulich machen lässt und die dann die Bezeichnungen »natürliche Religion« und »Aufklärung« erhielt. Aber noch in der Mitte des 18. Jahrhunderts gab es nicht wenige Gebiete in der Welt, die nicht weniger reich und in ihren Hauptstädten nicht weniger glanzvoll waren als die Staaten und Hauptresidenzen der europäischen Monarchien, etwa das – freilich im Verfall begriffene – Reich der Großmogule in Indien, das China der Mandschukaiser, und auch das osmanisch-türkische Reich, das noch 1683 Europa in tödliche Gefahr gebracht hatte.

Erst seit etwa 1750 und dann betontermaßen während des 19. Jahrhunderts gewinnt Europa jenen Vorrang in der Welt, der sowohl für den Blick von innen als auch für den Blick von außen unübersehbar ist. Am Ende des 19. Jahrhunderts durfte man mit Recht von einer geistigen und politischen Weltherrschaft Europas sprechen: Über 80 Prozent der Erdoberfläche befanden sich im Besitz der europäischen Staaten bzw. der ehemaligen europäischen Kolonialgebiete wie der USA und der südamerikanischen Staaten spanischer oder portugiesischer Zunge. Daher kann von nun an der Begriff des »Liberalen Systems« vorausgesetzt werden, und es muss nach anderen Kennzeichen gefragt werden, welche die Eigenart Europas während des 19. Jahrhunders ausmachen, dessen Anfang auf das Jahr 1789 – den Beginn der Französischen Revolution – und dessen Ende auf das Jahr 1914 – den Ausbruch des Ersten Weltkriegs – gesetzt werden sollte. Diese Daten sind jedoch keine fixen Grenzscheiden; sie gewinnen ihr volles Gewicht erst dann, wenn die Entstehung der nordamerikanischen Union im Jahre 1783 und der Ausbruch der russischen Revolution sowie die Friedensregelung von Versailles in den Jahren 1917 und 1918/19 mit in die Betrachtung einbezogen werden.

Auch hier ist ein biologischer Aspekt an die Spitze zu stellen. Die *Bevölkerung* Europas vermehrte sich von etwa 187 Millionen um 1800 auf 266 Millionen in der Mitte des Jahrhunderts und auf 468 Millionen im Jahr 1913; ihr Anteil an der Weltbevölkerung stieg von ca. 21Prozent im Jahre 1800 auf 25 Prozent im Jahre 1900[1)]. Sowohl der absolute als auch der proportionale Anstieg waren schlechterdings phänomenal. Alle europäischen Länder hatten daran einen Anteil, wenngleich in sehr unterschiedlichem Maße: Der Prozess nahm seinen Anfang in England und gelangte am frühesten in Frankreich zur Stagnation, wo die Bauern mehr und mehr zum »Zweikindersystem« übergingen, weil sie die Zersplitterung des Landbesitzes vermeiden wollten, die das Resultat der napoleonischen Erbgesetzgebung war. Schon diese Tatsache macht jedoch deutlich, dass es sich um keine »rein« biologische Ursache handelte, sondern dass selbst hier kulturelle Einflüsse mächtig waren. Wenn Thomas Robert Malthus die überwältigende Macht der biologischen Reproduktionskraft im Menschen stark hervorgehoben hatte, welche immer wieder über die vorhandenen Nahrungsspielräume hinauswuchs, so verkannte er doch nicht, dass unter allen Wesen allein der Mensch dieser Fundamentaltendenz entgegenzuwirken vermochte, indem er durch kulturelle Maßnahmen wie etwa die Armenfürsorge die schrecklichen Ausgleichstendenzen der Natur wie etwa Seuchen und Hungerkatastrophen abmilderte. Daraus leiteten seine Schüler das Gebot der Geburtenbeschränkung ab, das Malthus selbst als unchristlich verwarf, sofern nicht Enthaltsamkeit die Basis war. Aber der malthusianische Ausweg hatte zunächst keine große Bedeutung, und die englische wie die deutsche Literatur der Dreißiger- und Vierzigerjahre ist voll von Schilderungen des unaufhörlichen und beängstigenden Anwachsens der »Münder«, denen die Nahrung fehlte, des »Pauperismus« und der »Verelendung«.

Aber nicht die »ländliche Überbevölkerung« (wie man heute sagen würde) war das Entscheidende, denn in geringerem Maßstab hatte es dieses Phänomen schon immer gegeben, und bereits in der griechischen Antike hatte man durch Geburtenbeschränkung und Auswanderung dagegen angekämpft, sofern nicht verheerende Seuchen das Gleichgewicht zwischen Bevölkerung und Nahrung wiederhergestellt hatten. Das »Europäische« bestand darin, dass »die Industrie« sich entwickelte und denjenigen Mündern Nahrung bot, die an Hunger zugrunde gegangen wären, wenn sie auf dem Lande geblieben wären. Eine *industrielle Revolution*, wie sie in England seit etwa 1760 durch die Aktivitäten von Erfindern wie James Watt und von Unternehmern wie Matthew Boulton in Gang kam und den Produktionsprozess, zunächst hauptsächlich in der Herstellung von Textilien, ganz außerordentlich beschleunigte und intensivierte, hatte es als ein umfassendes, sich immer weiter ausbreitendes Phänomen in der ganzen Weltgeschichte noch nicht gegeben, so gewiss auch im Mittelalter bedeutende technische Fortschritte mannigfaltiger Art zu verzeichnen waren. Aber die Ersetzung des Handwebstuhls durch den maschinellen Webstuhl, die Intensivierung des Bergbaus durch die Dampfmaschine und dann von den Zwanzigerjahren an die rasante Entwicklung der Eisenbahnen konnten sich nicht ohne schmerzhafte Änderungen und Störungen überlieferter und vertrauter Verhältnisse vollziehen: »Die werden uns von der Straße treiben«, sagte einer der Fahrer jener Postkutschen, die auf den noch um 1830 sehr schlechten Straßen Englands den Personen- und Güterverkehr bewältigten, mit einem Blick auf die im Bau befindliche Eisenbahnstrecke[2)]. Nicht anders sahen sich die Handweber, einer der ältesten Berufe der Welt, und viele Zweige des Handwerks dem bevorstehenden Untergang gegenüber. So ist es nicht verwunderlich, dass von vielen Augen die Industrie als die *Ursache* des Elends angesehen wurde, während es heute sogar für sehr kritische Historiker als selbstverständlich gilt, dass sie gerade die Rettung vor dem Elend war[3)]. Jedenfalls ist der große Industrialisierungsprozess, auf den im Einzelnen noch zurückzukommen ist und der schon bald über England hinaus auf Belgien und Teile Deutschlands ausgriff, als das kulturelle Komplement zu der Naturtatsache des außerordentlichen Bevölkerungswachstums zu sehen, und zwar so, dass ein wechselseitiges Verhältnis der Förderung entstand: die Industrialisierung dehnte sich unter dem Druck der Bevölkerungszunahme aus, und die Bevölkerungszunahme wurde durch die Industrialisierung gefördert, nicht zuletzt deshalb, weil die Fortschritte von Hygiene, Seuchenbekämpfung und medizinischer Wissenschaft im weiteren Sinne als eine Begleiterscheinung der Industrialisierung betrachtet werden können.

So wurden denn Begriffe wie »Fortschritt« und »Verbesserung« seit dem Anfang des 19. Jahrhunderts zu wahren Zauberwörtern, und niemand kann sich darüber wundern, der den Berichten von Zeitgenossen entnommen hat, wie mühselig und zeitraubend der Transport von Waren und Menschen in England noch um 1760, in Deutschland um 1830 war, wo eine Fahrt von London nach Edinburgh bzw. von Köln nach Berlin nicht weniger als acht Tage dauerte, oder wie unglaublich schlecht die hygienischen Verhältnisse in den Wohnvierteln der unteren Klassen waren. Die *Urbanisierung*, die mit der Industrialisierung Hand in Hand ging, sodass 1851 in England erstmals mehr Menschen in den Städten als auf dem Land lebten, schien zumindest die hygienischen Verhältnisse noch zu verschlechtern, und bekanntlich wurde England zu Beginn der Dreißigerjahre von einer großen Choleraepidemie heimgesucht. Aber ein fordernder Optimismus gewann unter Denkern und Schriftstellern immer größeren Einfluss. Zu den bedeutendsten Vorkämpfern gehörte in England Jeremy Bentham, und in Frankreich konstatierte und postulierte Auguste Comte das Ende des »theologischen« und des metaphysischen Zeitalters. In der Sache bedeutete das die Forderung nach »Überwindung des Mittelalters« und nach *Modernisierung*. Was nahm sich in der Tat mittelalterlicher und unmoderner aus als die Tatsache, dass in England Kleinstädtchen, ja unbewohnte ehemalige Orte Abgeordnete ins Parlament sandten, während Industriegroßstädte wie Manchester ohne Vertreter blieben? So war die englische Reform Bill von 1832, die hier wesentliche Änderungen vornahm, einer der frühesten, spektakulärsten und auch am stärksten umstrittenen Akte dieser Modernisierung, für die kein rechter Endpunkt abzusehen war, weil das Wort »modern« sich steigern lässt und also die Ablösung eines modernen Zustandes durch einen noch moderneren postuliert. »Mittelalterlich« aber waren auch die Rechtsungleichheiten der »Stände«, nicht zuletzt die Privilegien des Adels, waren die Beschränkungen des örtlichen Bürgerrechts oder des Rechts auf Eheschließung, war nicht zuletzt die Diskriminierung bestimmter Gruppen der Bevölkerung wie vornehmlich der Juden.

Es war der Liberalismus, die »Partei der Bewegung« und der »Befreiung« von Individuen und Völkern, der alle »alten Zöpfe« und »mittelalterlichen Restbestände« abschneiden wollte, und damit wurde er auch zur Hauptpartei der *Säkularisierung*, der Abschaffung von Staatsreligionen und der Umwandlung aller Religionen von einer Staatsangelegenheit zur Privatsache. Nicht selten handelte es sich dabei in erster Linie um den Kampf gegen übermäßige Einflussnahmen der Kirchen, also um Antiklerikalismus, und die Vorkämpfer hielten sich weiterhin für gute Christen, aber in der zweiten Hälfte des Jahrhunderts konnte ein Ministerpräsident der französischen »Dritten Republik«, Jules Ferry, die Aufgabe proklamieren, »die Menschheit ohne Gott und ohne Könige« zu organisieren.[4)]

Zwar zog dieser Säkularisierungsprozess schon früh die scharfe Kritik von »Konservativen« oder »Theokraten« wie Joseph de Maistre und Louis de Bonald auf sich, aber vielleicht hätte diese Kritik weniger Anhänger gewonnen, wenn Säkularisierung und Modernisierung von Anhängern und Gegnern nicht so häufig mit einem Phänomen verknüpft worden wären, das wegen seiner Gewalttätigkeit viel Angst und starke Empörung hervorgerufen hatte. Die Kennzeichnung der europäischen Gesellschaft als die »sich selbst säkularisierende Gesellschaft«[5)] wurde von den Jakobinern und in ihrer Spur von nicht wenigen Liberalen als die »revolutionäre Gesellschaft« verstanden, und was Revolution bedeutete, wurde am ehesten in den Zusammenhang mit den Terrorjahren 1793/94 gebracht, in denen ein führender Jakobiner prophezeit hatte, das Gebiet zwischen Paris, Petersburg und Moskau werde bald »französiert, munizipalisiert und jakobinisiert«[6)] sein. Dass die Französische Revolution einen extremen Zentralismus hervorgebracht hatte, ließ sich nicht übersehen, und so entdeckten bedeutende Köpfe wie der Freiherr vom Stein, der Vater der modernisierenden preußischen Reformen, tiefe Wahrheiten in demjenigen, was den Revolutionären als »reaktionär« galt, nämlich in der aus dem »Feudalismus« herrührenden Selbstverwaltung von Städten und der Periodizität von Landtagen. Vierzig Jahre später stellte Karl Marx angesichts der Erfolge Napoleons III. und Cavours voller Erstaunen fest: »Die Reaktion exekutiert das Programm der Revolution«,[7)] und er hätte eigentlich ein »dialektisches« Verhältnis von Revolution und Reaktion konstatieren müssen. Aber sowohl die Anhänger als auch die Gegner der Revolution dachten in Verherrlichung oder Verwerfung undialektisch, obwohl Historiker wie Leopold Ranke und Jacob Burckhardt einen umfassenderen Revolutionsbegriff zugrunde legten, wenn sie ihre eigene Zeit als »Zeitalter der Revolution« bestimmten, in dem das neue Prinzip der Volkssouveränität gegen das uralte »monarchische Prinzip« anstürme.

Aber noch ist es zu früh, um das Stichwort der »Demokratisierung« ins Spiel zu bringen, das aus der Sicht der Gegenwart als der fundamentalste und nur im 19. Jahrhundert noch »europäische« aller Grundzüge erscheinen dürfte. Die Bevölkerungsvermehrung war weitgehend von politischen Verhältnissen unabhängig, und die Industrialisierung konnte auch, wie im 20. Jahrhundert nur allzu deutlich geworden ist, »von oben« in Gang gesetzt und planmäßig organisiert werden. Die Säkularisierung ließ sich im 19. Jahrhundert ebenfalls vonseiten des Staates erzwingen, und die Revolution konnte, wie das paradigmatische Beispiel der Französischen Revolution lehrte, nur allzu leicht in eine Diktatur auslaufen, sei es in die Diktatur eines »Wohlfahrtskomitees«, sei es in diejenige eines Soldatenkaisers. Der frühe *Nationalismus*, der insofern ganz universalistisch war, als er mit Giuseppe Mazzini das Prinzip des feudalistischen Dynastiestaates als unnatürlich zugunsten des Prinzips der Organisation der Menschheit in Nationalstaaten verwarf (die untereinander in Freundschaft und internationaler Kooperation verbunden sein würden), war sehr rasch unter das Gesetz Napoleons getreten, und er trat von Neuem unter das Gebot eines Napoleon, als er, wie gerade Mazzini voller Schmerz und Enttäuschung erkennen musste, die großen Erfolge der Einigung Italiens und Deutschlands unter der autoritären Ägide von Staatsmännern wie Cavour und Bismarck errang. So war die Signatur der Zeit wohl doch nicht, wie Mazzini geglaubt hatte, der »Entscheidungskampf zwischen Fürsten und Völkern«, sondern der Machtkampf zwischen Staaten, die sich, wie Piemont und Preußen, den Nationalismus in der Bevölkerung zunutze machten oder die, wie England, durch die Unterstützung fremder nationalistischer Bewegungen die eigene Macht erweiterten und stärkten. Und wie unterschiedlich waren die einzelnen Nationalbewegungen auch dann, wenn sie tatsächlich nichts anderes erstrebten als die nationale Selbstbestimmung und kein Hinausgreifen, keinen »Imperialismus« zum Ziel hatten! Bis 1830 war es in Polen so gut wie ausschließlich der Adel, der die Wiederherstellung des alten Staates erstrebte, und in Ungarn waren es gerade die jüngeren Nationalisten um Kossuth, die den nichtmagyarischen Angehörigen des Reichs der Stephanskrone am nachdrücklichsten die zwangsweise Assimilierung oder aber die Vertreibung ankündigten. Die deutsche Nationalbewegung war nicht bereit, auf die polnischen Gebiete der preußischen Monarchie zu verzichten, und ausgerechnet Mazzini forderte später für Italien die Brennergrenze, ja er verwendete am Ende den Begriff des »mare nostro«. War der Nationalismus nicht auch als bloße Nationalbewegung ein Prinzip der Trennung und der Feindseligkeit, obwohl er doch gerade eine »natürliche«, schwere Konflikte und zumal den Krieg ausschließende Organisationsform der Menschheit hervorbringen wollte? Und war nicht die größte Gefahr darin zu sehen, dass er sich oft genug als »neue Religion« verstand, welche die »alte Religion«, d.h. das Christentum, im innersten Kern herausforderte, sodass sich für Augenblicke sogar ein »fundamentalistischer« und militanter Widerstand abzeichnete, wie er in den zur Verteidigung des Kirchenstaates aufgestellten übernationalen Heeren unter den Generälen Lamoricière und Kanzler zum Vorschein kam?

Freilich gelangte dieser militante Widerstand – anders als später in einigen islamischen Staaten – nirgendwo zum Erfolg, und auch darin kann etwas »Europäisches« gesehen werden, so gewiss gerade die katholische Kirche die verschiedenen »Kulturkämpfe« der zweiten Hälfte des Jahrhunderts relativ unbeschädigt überstand. Auch hier ist auf zahlreiche Einzelheiten erst später einzugehen, doch dass der Nationalismus eine der Hauptkräfte in der europäischen Geschichte des 19. Jahrhunderts war, lässt sich auf keinen Fall bezweifeln.

Aber weder Napoleon III. noch Cavour noch Bismarck hätte in der Nationalitätenfrage irgendetwas auszurichten vermocht, wenn nicht unter der großen Masse der »Untertanen« nationale und liberale Impulse mächtig gewesen wären und wenn diese Impulse nicht Möglichkeiten der Artikulation gefunden hätten. Was ist in der »Reaktionszeit« vor 1848 trotz der Zensurbestimmungen nicht alles an kritischer, ja subversiver Literatur in Deutschland und Italien veröffentlicht worden! Heinrich von Treitschkes erbitterte Polemik gegen die »zersetzende Literatur« des »jungen Deutschland«, d.h. vor allem Heines und Börnes, ist aufschlussreich genug, und selbst die Schriften von Gioberti und Balbo hätten in Italien schwerlich publiziert werden dürfen, wenn es eine zentrale und effiziente Zensurbehörde gegeben hätte. Die *Demokratisierung* im Sinne von wachsender Anteilnahme immer größerer Mengen von Menschen an der Politik und von der entsprechenden Kritik durch literarische Wortführer an der uralten, aus dem frühesten Mittelalter herrührenden Adelsherrschaft ist in der Tat der aus der heutigen Perspektive am meisten ins Auge fallende und zugleich für viele Jahrzehnte durchaus »europäische« (die USA mit einbeziehende) Grundzug der Geschichte Europas im 19. Jahrhundert. Die Extremisten der Französischen Revolution um Marat und Saint-Just wollten all das mit einem Schlag erreichen, aber sie setzten nur den korsischen Feldherrn in den Sattel, der ganz und gar ein Selbstherrscher und ein Antidemokrat war. Wichtiger war, dass in Frankreich auch unter der Restauration nach 1815 die Existenz eines Parlaments und relativ freier Wahlen gesichert wurde, freilich einer auf Zensuswahlen beruhenden Kammer, deren führender Kopf, François Guillaume Guizot, sich den Hass aller Revolutionäre durch den fast stets unvollständig zitierten Ausspruch zuzog: »Werdet durch die Arbeit reicher, und ihr werdet Wähler sein.«[8] Es war dann die Revolution von 1848, die in Frankreich und Deutschland das allgemeine Männerwahlrecht durchsetzte, aber es führte in Frankreich zur Machtergreifung Napoleons III., und in Preußen wurde es wieder abgeschafft. Kontinuierlicher und dauerhafter war die Tendenz zur Erweiterung des Wahlrechts in England, die in den drei großen Reformmaßnahmen von 1832, 1867 und 1884 bis an den Rand des allgemeinen Wahlrechtes führte. In Deutschland machte sich Bismarck die Einführung des allgemeinen Wahlrechts in der Auseinandersetzung mit Österreich 1866 zunutze, und er hielt daran für die Wahlen zum Reichstag fest, aber nach seiner Überzeugung beruhte die Stabilität des neuen Staates zu einem nicht geringen Teil auf der Tatsache, dass in Preußen das Zensuswahlrecht erhalten blieb.

Fast überall in Europa rief die Möglichkeit der Einführung des allgemeinen Wahlrechts große Sorgen und Widerstände hervor, die keineswegs unverständlich waren, denn die *Alphabetisierung* hielt im Allgemeinen und gerade in England mit der Ausdehnung des politischen Mitspracherechts »des Volkes«, d. h. aller erwachsenen Männer, nicht Schritt. Und diese Demokratisierung ließ sich von einer Regierung wie derjenigen Napoleons III. leicht durch Erregung eines massenhaften Chauvinismus aushebeln oder auch im Machtinteresse zur Erreichung ganz andersartiger Machtziele instrumentalisieren – etwa in der Drohung des österreichischen Kaisers Franz Joseph, er werde in Ungarn das allgemeine Wahlrecht einführen und dadurch werde die Herrschaft des magyarischen Adels gebrochen werden.

Niemand hat den potenziellen Gegensatz zwischen »Demokratie« bzw. »Massen« und »Kultur« stärker empfunden als Friedrich Nietzsche, und in Belgien suchte man noch am Ende des Jahrhunderts das Problem dadurch zu lösen, dass man Besitzbürgern zwei Stimmen und Hochschulabsolventen drei

Stimmen gab. Jedenfalls erfüllte es schon um 1830 Ranke mit Furcht und Abneigung, »dass uns Handwerksburschen und Gassenbuben gouvernieren wollen«,[9] und wenn diese Art von »Demokratisierung« mit »Modernisierung« identisch ist, dann waren im 19. Jahrhundert der »Bohemien« Louis Napoleon und im 20. Jahrhundert Stalin und Hitler besonders moderne Erscheinungen.

Wer sich der Faszination durch populäre Begriffe nicht ausliefern will, muss immer auch die Kehrseiten ins Auge fassen, so die Tendenz zur Senkung des kulturellen Niveaus, die der »Demokratisierung« immanent ist, oder die Zerstörung von Vertrautem und Liebenswertem, die mit dem »Fortschritt« Hand in Hand geht. Bei einer der allgemeinen Tendenzen des Jahrhunderts stach die Kehrseite den Zeitgenossen besonders stark ins Auge, und zwar bei der Verbürgerlichung. Dass der Adel die Wirtschaftsbürger schon im Mittelalter als »Pfeffersäcke« und als »Diener des Mammon« beschimpft und verachtet hatte, war ein einfacher Tatbestand, der auch im 19. Jahrhundert seine Fortsetzung fand, aber erstmals kam nun auch von der anderen Seite Kritik auf, Kritik von der Seite des »Volkes« und »der Arbeiter«. Doch gerade zahlreiche Kaufleute in den kleinen Städten wehrten sich heftig gegen die Einführung der »Gewerbefreiheit« durch die gutenteils adligen preußischen Reformer, also gegen eine Maßnahme, die im prononcierten Sinne als »bürgerlich« galt. Die »Tausend« Garibaldis, die 1860 zur Eroberung des bourbonischen Königreichs beider Sizilien aufbrachen, setzten sich zum größten Teil aus Akademikern und Studenten zusammen, aber sie würden es abgelehnt haben, sich als Vorkämpfer des Bürgertums zu betrachten, und von guten Kennern wird versichert, dass die Eroberung Süditaliens für lange Zeit gerade eine Verfestigung der feudalen Verhältnisse zur Folge gehabt habe.[10]

Keine Kennzeichnung drängt sich stärker auf als das Wort »bürgerlich«, wenn man die Namen und Berufe der Abgeordneten der Frankfurter Paulskirche zur Kenntnis nimmt; und wie könnte man das in Preußen bis 1918 gültige »Dreiklassenwahlrecht« anders kennzeichnen denn als »bürgerlich«, da es den größten Steuerzahlern einen so klaren Vorrang einräumte? Und doch war das Jahrhundert nicht nur das Zeitalter Guizots, Gladstones und, abkürzend gesagt, der Zylinderhüte, sondern es war auch das Zeitalter von Proudhon und Marx, von Charles Fourier und Robert Owen, die großenteils das Bürgertum mit den Unternehmern gleichsetzten, um es für die von der Industrialisierung verursachten Nöte haftbar zu machen, und die doch –

soziologisch betrachtet – ebenfalls Bürger waren. Aber stellten nicht schon einige Zeitgenossen unter den Arbeitern ebenso eine Tendenz zur »Verbürgerlichung« fest, wie sie auch im Adel und nicht zuletzt in den Offizierskorps erkennbar war? Bezeichnete das Wort »bürgerlich« am Ende gar nicht so sehr eine bestimmte, wenngleich in sich selbst nach Unternehmern, Besitzbürgern, Bildungsbürgern und akademischem Verwaltungsbürgertum stark differenzierte Gruppierung, sondern eine die Gesamtgesellschaft durchdringende Tendenz, die dem Begriff der »bürgerlichen Gesellschaft« einen Sinn gab, der weder dem überlieferten Begriff der »societas civilis« (= geschichtliche, zivilisierte Gesellschaft als Gegensatz zur »societas naturalis« vorgeschichtlicher Zeiten) noch der polemischen Kennzeichnung als »Bourgeoisgesellschaft« entsprach?

Eine radikal antibürgerliche Kritik am Bürgertum kam tatsächlich nur an den Rändern der Bewegung des »Vierten Standes« zum Vorschein, etwa im Nihilismus Stirners und im Anarchismus Bakunins, welcher auf das Eigenartigste einen Vorrang der Slawen mit der Konzeption einer totalen Freiheit der Individuen verband. Aber die Kritik von Marx und Engels war nicht nur in den Augen Bakunins »bürgerlich« (und im Übrigen »deutsch«), weil sie die volle Ausbildung des Kapitalismus zur notwendigen Voraussetzung des Sozialismus machte und einen unblutigen Übergang immerhin nicht ausschloss.

So konnte sich die Kritik am Bürgertum gerade auf dessen fremdartigsten Teil konzentrieren, auf das Judentum, das vom anderen Pol der Gesellschaft, dem Adel, bis dahin allenfalls mit Verachtung behandelt worden war. »Die schnöde Judenclique«, schrieb König Friedrich Wilhelm IV. an einen Freund, lege täglich durch Wort, Schrift und Bild die Axt an die Wurzel des deutschen Wesens,[11)] und bei Treitschke war zu lesen, »die neuen Weltmächte der Großindustrie, der Börse, des Judentums« hätten in den Vierzigerjahren die Herrschaft angetreten.[12)]

Eine solche Verbindung des Judentums mit anderen verhassten Erscheinungen vollzog sich in der Revolution von 1848 an vielen Stellen auch praktisch, so in den süddeutschen Bauernunruhen, die sich nach den Worten eines deutschen Historikers »gegen vermögende Gläubiger, jüdische Händler und reiche Pfarrer«[13)] richteten – nicht viel anders, als es im französischen Elsass der Fall war. Aber eine in noch weit höherem Maße emotionale Verknüpfung hatte gerade in jenen Kreisen stattgefunden, aus denen später der »Bund der Kommunisten« hervorging, eine Verknüpfung, die uralte mythologische Vorstellungen aufnahm und mit ganz aktuellen Erfahrungen verband: »Wes Geistes Kind ist dieser Geist des Geldes?,« fragte die Zeitschrift »Der Geächtete«, und die Antwort lautete: »Es ist der Geist der Finsternis, der Sohn der Hölle, und – beherrscht die Welt.« Das Zentrum dieses Geistes seien die internationalen Börsen und deren Zar sei »ein Jude«.[14)] Gemeint ist das Haus Rothschild, das in fast der ganzen sozialistischen Literatur und nicht zuletzt bei den französischen Blanquisten bis zur Dreyfus-Affäre eine herausragende Rolle spielt, sodass schon hier erkennbar wird, was für eine Verharmlosung es darstellt, wenn man glaubt, mit einem Begriff wie »Antisemitismus« und einem empörten Kopfschütteln auskommen zu können. In Wahrheit war das Judentum schon im 19. Jahrhundert derjenige Teil der »bürgerlichen Gesellschaft«, gegen den sich am ehesten eine konkrete *Vernichtungsdrohung* richtete, und die große *Paradoxie* bestand darin, dass gerade Männer jüdischer Abkunft wie Karl Marx und Moses Hess zu den Hauptwortführern dieser Tendenz gehörten und dann ihrerseits zum Angriffsziel der aus der entgegengesetzten, der antirevolutionären Richtung kommenden Gruppierung werden konnten. Nur die frühesten Zionisten hatten ein Empfinden für diese ganz eigenartige Gefährdung, während die große Masse der Juden sich im keineswegs grundlosen Vertrauen auf die Sicherheit der großen »Kulturstaaten« lediglich als »noch nicht voll gleichberechtigt« empfand. Ein Vergleich mit den starken antijesuitischen Hassgefühlen in den angelsächsischen Ländern und in Frankreich sowie Spanien ist zwar berechtigt und naheliegend, aber die antijüdischen Emotionen waren älter, verbreiteter und dauerhafter.

Dass die soziale Situation sich in dem Augenblick radikal verändert, wo das elementarste Faktum des Zusammenlebens, nämlich der innere Friede im Staate und der Wille zur gewaltlosen Austragung der vorhandenen und vielleicht sehr schweren Konflikte, auf handgreifliche Weise infrage gestellt wird, wurde im 19. Jahrhundert nur potenziell und in Randsituationen anschaulich, wie vornehmlich im Fall der Pariser Kommune von 1871 und der entsetzlichen Repressionen, die ihr folgten. Die weitestreichende Vernichtungsdrohung, die sich vonseiten des marxistischen Sozialismus gegen »die Gesellschaft« in ihrer – dann noch das 20. Jahrhundert durchdringenden – »kapitalistischen« Struktur richtete, wurde nicht sehr ernst genommen, wenn auch nach dem Ende der Kommune für kurze Zeit viel von dem »grand chef de l'Internationale«, nämlich Karl Marx, die Rede war.[15)] Die konkreteren Vernichtungsdrohungen widersprachen dem bürgerlichen, auf »Modernisierung« ausgerichteten Zeitgeist nicht, weil sie gegen die Kirche gerichtet waren, und dies am ehesten in Randgebieten. Bismarck wollte im »Kulturkampf« die katholische Kirche nicht vernichten, und das gilt in noch höherem Maße für Cavour und dessen Nachfolger. Allerdings vernichteten sie 1870 den Kirchenstaat, aber diese Vernichtung erfolgte unter so großer Schonung der Personen und der Sachen, dass sie lediglich als eine der gerechtfertigten Modernisierungsfolgen galt, und der in den konservativen Schichten Deutschlands und Frankreichs verbreitete Hass gegen den »Raubstaat« Italien währte nicht sehr lange. Eine konkrete Drohung, die entschiedenen Widerstand und große Empörung auslösen konnte, brachte etwa der italienische Abgeordnete Imbriani-Poerio zu Wort, wenn er nicht etwa nur den Anschluss der »unerlösten Brüder« im Trentino, sondern die Zerstörung Österreichs verlangte, und der spanische Demagoge Lerroux mochte sehr wohl einen Willen zur Gegenvernichtung herausfordern, wenn er die Massen Barcelonas folgendermaßen zu den Gewalttaten anspornte, an denen es in Spanien nicht fehlte: »Man muss die Kirche vernichten. Jungens, drauf und dran. Kämpft, mordet, sterbt!«[16)]

Die »bulgarischen Gräuel« von 1875/76 und die erste Ausrottungskampagne der Türken gegen die Armenier um die Jahrhundertwende spielten sich an den Grenzen Europas ab und riefen zwar viel an humanitärer Empörung hervor, wurden aber am ehesten unter Kategorien wie »Zurückgebliebenheit« oder »Barbarentum« eingestuft. Noch niemand vermochte recht zu erkennen, dass es weit in die Zukunft wies, wenn ein Mann wie Friedrich Krupp angesichts der sozialdemokratischen Aktivitäten in seinem Betrieb den Wunsch zum Ausdruck brachte: »Ich wollte, dass jemand mit großer Begabung eine Gegenrevolte inszenierte.«[17)]

Nur aus der Kenntnis des folgenden Jahrhunderts lassen sich gewisse Ansätze des 19. Jahrhunderts in ihrer wahren Bedeutung einschätzen, aber diese Wahrheit wird zur Lüge, wenn man eine zwangsläufige Verbindung konstruiert und die zentrale Wichtigkeit von *Zufällen*, *Persönlichkeiten* und *konkreten Entscheidungen* verkennt. Gewiss wären die Fundamentalprozesse der Modernisierung, der Demokratisierung und der Nationalisierung weitergegangen, wenn der Österreicher Benedek und nicht der Preuße Moltke 1866 bei Königgrätz gesiegt hätte oder wenn Bismarck dem Attentat von Karl Blind zum Opfer gefallen wäre, aber das Flussbett würde eine andere Gestalt gehabt haben und damit wäre auch der Fluss nicht mehr derselbe geblieben. Das Gleiche gilt für den Entschluss des französischen Thronprätendenten, des Grafen von Chambord, im Jahre 1873, die ihm vom Parlament angebotene Königskrone abzulehnen, da er die Trikolore statt des Lilienbanners als Emblem hätte akzeptieren müssen.

Für die Zeitgenossen waren jedenfalls die Verbindungslinien, die vom 19. ins 20. Jahrhundert führen, nur schwer erkennbar, und die Hauptbegriffe, an denen sie sich orientierten, hießen weiterhin »Fortschritt«, »Zivilisation«, »Kulturstaaten«, »nationale Befreiung«. Dass sich tief greifende Wandlungen vollzogen hatten, war freilich leicht zu erkennen und nicht nur am Beispiel der Entstehung der neuen großen Nationalstaaten Deutschland und Italien – es war auch erstaunlich und befremdlich, dass in Belgien die Katholiken sich die liberalen Forderungen zu eigen gemacht hatten und im Staat eine wichtige Rolle spielten, ohne dass sie, wie lange Zeit in Österreich und in Spanien, die Staatsreligion hätten sein wollen. In der französischen Dritten Republik fand sich die große Mehrzahl der Katholiken immerhin zu einem »ralliement« mit dem laizistischen Staat bereit, als Papst Leo XIII. ihnen die entsprechende Empfehlung gegeben hatte. Als schlimme Verkehrung musste gelten, dass bei den Unruhen in Mailand 1898 der italienische Landsmann, der General Bava-Beccaris, wesentlich härter durchgriff, als es 1848 der fremde Österreicher Radetzky getan hatte. Aber der Optimismus behielt im Ganzen doch eindeutig die Oberhand, und wie sehr er manchmal zu Fehlurteilen führte, wurde nicht realisiert, so etwa, wenn der Historiker Max Lenz 1900 in einer Jahrhundertbetrachtung schrieb, nichts sei an der Schwelle des neuen Jahrhunderts weniger zu befürchten als »eine Kette von Revolutionen, wie sie das alte gebracht« habe.[18)] Die gravierendste aller Änderungen stand gerade bevor, und sie bedeutete das definitive Ende des Jahrhunderts, nämlich der Weltkrieg von 1914. Aber es ist bemerkenswert und sollte noch erwähnt werden, dass in den Sozialwissenschaften der letzten Jahrzehnte vor 1914 Begriffe zur Kennzeichnung der Situation aufkamen, die bestimmte und meist negativ akzentuierte Aspekte jener Hauptbegriffe herausstellten, sodass die aus dem deutschen Idealismus herrührenden Hoffnungen auf die zukünftige Wiederherstellung von »Totalmenschen« als »utopisch« zu charakterisieren waren: Begriffe wie *Spezialisierung*, *Professionalisierung*, *Rationalisierung*, *Kommerzialisierung*, *Entpersönlichung*, *Anonymisierung*, *Mobilisierung*, *Entnatürlichung*. Gleichzeitig wurde eine entscheidende Frage immerhin in Ansätzen aufgeworfen: Kann zur Kennzeichnung des umfassendsten aller Grundzüge der Begriff der *Europäisierung* verwendet werden, oder ist unter »Europäisierung« nur der Anfang eines Weltprozesses zu verstehen, der schließlich mit Europa nichts Spezifisches mehr zu tun hat?

Es wird im Folgenden darauf ankommen, einiges von der Bedeutung, der Vielfalt und der Widersprüchlichkeit des 19. Jahrhunderts nicht mehr bloß in den abstrakten Selektionen eines einführenden Überblicks, sondern unter Zuwendung zu konkreten Tatbeständen und Verläufen in Erzählung und Analyse sichtbar zu machen.

Das europäische Staatensystem nach 1815 und die ungeklärten »grossen Fragen«

Als im November 1814 nach dem Sieg über Napoleon die Vertreter der Großmächte, auch Frankreichs, sowie zahlreicher kleinerer Staaten sich unter dem Vorsitz des österreichischen Staatskanzlers Fürst Metternich zum »Wiener Kongress« zusammenfanden, schien das »Ancien Régime« nach den Turbulenzen der Revolutionsepoche wiederauferstanden zu sein: Dieser Kongress, der nie eine Vollversammlung aller Teilnehmer zustande brachte, spielte sich dem äußeren Anschein nach weitgehend wie ein Hoffest im Stil des 18. Jahrhunderts ab, und bald kam die Rede auf, der Kongress tanze. Die Teilnehmer waren zum großen Teil schon in der Zeit vor 1789 »große Herren« gewesen, und einer ihrer wichtigsten Entschlüsse war der, den Bruder des von der Revolution hingerichteten Ludwig XVI. unter dem Namen »Ludwig XVIII.« als König von Frankreich anzuerkennen, sodass der Vertreter Frankreichs, Talleyrand – vor 1789 ein Bischof, der dann sowohl der Revolution als auch Napoleon gedient und gegen beide auch wieder opponiert hatte –, von Anfang an eine sehr wichtige Rolle spielen konnte. Aber diese höchst aristokratische Versammlung artikulierte gleichwohl einen elementaren Wunsch »der Völker«, nämlich den Wunsch nach dauerhaftem Frieden, für den sie indessen die missverständliche Formel »die Ruhe Europas« erfand, weil Friede für sie in erster Linie die Beendigung »der Revolution« war, die in der Tat als eine Art Gespenst und konkret in Gestalt der (physisch natürlich abwesenden) Familie Bonaparte mit am Konferenztisch saß. Die Rückkehr Napoleons von Elba im März 1815 und seine Herrschaft der »hundert Tage« verschärften zwar die Situation und führten für Frankreich nach dem endgültigen Triumph der Allianz zwischen England, Russland, Preußen und Österreich-Ungarn einige zusätzliche Verluste herbei, aber die Lage änderte sich nicht grundlegend.

Neben der Kongressdiplomatie existierten indessen starke Volksemotionen, die allerdings noch überwiegend durch Staatsmänner und Offiziere artikuliert wurden. Der Freiherr vom Stein hatte schon bei seinem Aufenthalt in Russland einen Plan zur Vernichtung des »großen Verbrechers« ausgearbeitet, der Schriftsteller Ernst Moritz Arndt hatte den Kampf der Guten gegen

Napoleon als »das Ungeheuer, welches die Hölle geboren hat«, proklamiert, der preußische Feldherr Gneisenau verlangte die Auslieferung Napoleons und dessen Hinrichtung, und am 13. März 1815 erließ der Kongress eine feierliche Achterklärung gegen den »Feind und Zerstörer der Ruhe der Welt«. Aber in den Jahren 1813 und 1814 waren zumal in Deutschland Ideen eines extremen Volkskriegs aufgekommen, und eine populäre Gedichtzeile lautete: »Es ist kein Krieg, von dem die Kronen wissen, es ist ein Kreuzzug, 's ist ein heil'ger Krieg.«[1)]

Die »Volksemotionen« richteten sich also nicht ausschließlich gegen Napoleon, sondern – tendenziell auch gegen die Restaurationswünsche des Kongresses – auf stärkere Beteiligung der »Untertanen« am Staatsleben, und diese frühliberalen Tendenzen fanden paradoxerweise Unterstützung bei dem russischen Zaren Alexander I., auf den nicht nur die Idee der »Heiligen Allianz« als eines dauerhaften Friedensbündnisses der christlichen Staaten zurückging, sondern der auch seinen Untertanen im weitgehend autonomen Königreich Polen eine Verfassung gewährte. So musste der Kongress in eines seiner beiden Schlussdokumente, die »Deutsche Bundesakte«, einen Paragrafen aufnehmen, der in freilich zweideutiger Formulierung so etwas wie ein Verfassungsversprechen enthielt, nämlich den § 13: »In allen Bundesstaaten wird eine landständische Verfassung stattfinden.«

Aus diesem Versprechen, das weder in Preußen noch in Österreich eingehalten wurde, zog die bald aufkommende »Partei der Bewegung« einen großen Teil ihrer Kraft. Es unterliegt jedoch keinem Zweifel, dass die maßgebenden Staatsmänner mit Metternich an der Spitze die vorrevolutionären Verhältnisse auch dann nicht hätten wiederherstellen wollen, wenn kein Druck von »Volksemotionen« spürbar gewesen wäre. So restaurierten sie vor allem das »Heilige Römische Reich Deutscher Nation« nicht, das 1806 unter den Drohungen Napoleons von Kaiser Franz II. auf gesetzlich unzulässige Weise aufgelöst worden war, und sie machten vor allem den »Reichsdeputations-Hauptschluss« von 1803 nicht rückgängig, der auf höchst revolutionäre Weise, aber »von oben«, das ganze überlieferte Kleinstaatenwesen des Reiches zugunsten der größeren Staaten zerstört hatte. An die Stelle des »Reiches« trat nun der »Deutsche Bund«, eine unauflösliche Allianz von 39 souveränen Staaten, dessen Regierung, der »Bundestag« in Frankfurt, eine Art Gesandtenkongress unter dem Vorsitz Österreichs war. Für diejenigen, die einen deutschen Nationalstaat erstrebten, bedeutete das, in der späteren Formulierung Treitschkes, den Entschluss, »die Mitte des Weltteils beständig niederzuhalten«;[2)] für die Befürworter, wie etwa Friedrich Gentz, war damit ein unvergleichliches Friedenssystem geschaffen, welches ein Deutschland, das von Kiel bis Triest und von Luxemburg bis Ostpommern reichte, zu einem Angriff unfähig machte, aber auch gegen jede Aggression schützte, weil es in seinen Grenzen zwei Großmächte aufwies. Und war es ein Nachteil, dass dieser Deutsche Bund aufs Engste mit dem übrigen Europa verklammert war, weil der König von England als König von Hannover und der König von Dänemark als Herzog von Holstein Mitglieder des Bundes waren? Oder handelte es sich um eine entwürdigende Abhängigkeit vom Ausland? Hier lag der zweite, der außenpolitische Ausgangspunkt für die »Partei der Bewegung«, und als sie, zu ihrer eigenen Überraschung, unter der Führung eines Hauptvertreters der »Partei der Beharrung«, nämlich Bismarcks, ihr Ziel erreicht hatte, da war Deutschland weitaus kleiner geworden, als es zur Zeit des Deutschen Bundes gewesen war.

Auf die Fülle von Regelungen, die in der »Deutschen Bundesakte« und in der »Wiener Kongressakte« enthalten sind, ist hier nicht einzugehen, aber die Hauptergebnisse lassen sich folgendermaßen zusammenfassen: Die fünf Großmächte bilden in ihrer gemeinsamen Gegnerschaft gegen die Revolution und die Familie Bonaparte das System der »Pentarchie«, die für sich das Recht der friedensichernden Intervention gegen alle revolutionären Umbrüche in Anspruch nimmt und zu regelmäßigen Kongressen zusammentreten soll, die aber von Anfang an dadurch geschwächt ist, dass England nur mit großer innerer Reserve teilnimmt und sich sogar schon bald zum Beschützer »nationaler Befreiungsbewegungen« wie jener der Griechen erklärt, die für Metternich »Rebellen« sind. Eine auflösende Tendenz ist auch in der Tatsache beschlossen, dass Russland, Preußen und Österreich keine »Verfassungsstaaten« sind, sodass sich schon bald ein Gegensatz zwischen den »absolutistischen« Ostmächten und den »liberalen« Westmächten abzeichnet. Die revolutionären Unruhen des Jahres 1820 werden noch in einem Geist der Gemeinsamkeit erstickt, aber schon die Revolutionen von 1830 haben gravierende und dauerhafte Veränderungen der Wiener Bestimmungen zur Folge.

Indessen deutet schon das Wiener Vertragswerk als solches in die Richtung künftiger Konflikte, denn Preußen erhält – gegen sein heftiges Widerstreben, da ihm die Annexion Sachsens verweigert wird – einen zweiten Schwerpunkt im Rheinland und in Westfalen, sodass eine Vereinigung des Ost- und des Westteils als Zukunftsaufgabe erscheinen kann; Österreich dagegen verzichtet auf seine letzten Besitzungen im Westen und wird eine südöstliche Macht, die über Millionen von Slawen und große Teile Italiens herrscht, während Ungarn ein beträchtliches Maß an Autonomie besitzt. So ist die habsburgische Monarchie für Nationalitätenkämpfe geradezu prädestiniert. Russland weist in sich eine zwiespältige Gestalt auf, denn der Zar aller Reußen ist ein unbeschränkter Selbstherrscher, aber als König von Polen ist er ein konstitutioneller Monarch, und es ist die Frage, wie stabil diese Doppelung ist. Frankreich wird sogar im Zweiten Pariser Frieden sehr milde behandelt und erhält die Grenzen von 1790, sodass ihm auch das Elsass nicht verloren geht, obwohl in Deutschland erste Stimmen die Fortgeltung eines von Ludwig XIV. geschaffenen Unrechtstatbestandes beklagen. England behält die Gewinne der napoleonischen Zeit und ist der eigentliche Sieger, aber gerade deshalb ist es nun erst recht bloß halb- oder randeuropäisch und der Politik der »Ruhe Europas« nur unter großen Vorbehalten verpflichtet.

Mit *England* ist zu beginnen, wenn nun ein kurzer Blick auf die Geschichte der einzelnen Großmächte während der ersten Jahrzehnte nach 1815 geworfen wird. Das »Vereinigte Königreich von Großbritannien und Irland« war der hartnäckigste Gegner Napoleons gewesen, aber es hatte trotz der damit verknüpften Aufwendungen und Anstrengungen die seit etwa 1760 in Gang befindliche »industrielle Revolution« ohne Störungen von außen fortsetzen können, und es war nun industriell der ganzen übrigen Welt überlegen. Frankreich war kein ernsthafter Konkurrent mehr, obwohl es an Bevölkerung mehr als doppelt so groß war. Dennoch fehlte es nicht an Schwierigkeiten. Sollte die Landwirtschaft geschützt werden, oder sollte sich England zu einem reinen Industrie- und Freihandelsstaat entwickeln? Um diese Frage drehten sich indirekt und zum Teil auch direkt die Kontroversen in der aufkommenden Wissenschaft der Nationalökonomie, deren Gründungsväter David Ricardo und Thomas Robert Malthus zwar persönlich befreundet, aber in der Sache scharfe Gegner waren. Dass die englische Politik die Selbstständigkeitsbestrebungen in den spanischen Kolonien Südamerikas nach Kräften förderte, hatte nicht zuletzt in Handelsinteressen seine Ursache, aber es war mit den Prinzipien des Wiener Kongresses schwerlich vereinbar, und es bedeutete einen handfesten Verstoß dagegen, wenn der Außenminister George Canning sogar damit drohte, »den Äolusschlauch der Revolution« zu öffnen. 1830 unterstützte England die revolutionäre Trennung Belgiens vom »Königreich der Vereinigten Niederlande«, und ab 1832 förderte es im ersten Spanischen Bürgerkrieg die als liberal geltenden Anhänger der Königin Cristina gegen die »reaktionären« Gefolgsleute des Don Carlos, die aber die lokal-freiheitlichen Traditionen der baskischen und navarresischen Provinzen verteidigten. Indem es mit Frankreich, Spanien und Portugal die »Quadrupelallianz« der »liberalen« Mächte gegen den »Despotismus« der »konservativen« Kaisermächte bildete, schuf Großbritannien die staatspolitische Entsprechung zu dem in allen europäischen Ländern vorhandenen innenpolitischen Gegensatz zwischen der liberalen und dann auch »radikalen« oder »demokratischen« Partei der Bewegung und der konservativen Partei der Beharrung.

Innenpolitisch ging England in den frühen Dreißigerjahren mit der »Emanzipation der Katholiken« (d.h. im Wesentlichen der Iren) und dem Reformgesetz von 1832 allen anderen Staaten voran. Aber die Konsequenz wurde auch von vielen Liberalen als negativ empfunden: das Aufkommen von »Arbeiterbewegungen« und insbesondere des »Chartismus«, der die Einführung des allgemeinen Wahlrechts verlangte und aus dessen Umkreis ein guter Teil der bewegenden Schilderungen des Elends von großen Teilen der Bevölkerung stammte. Als »bürgerlicher« Gegenzug kann die Freihandelsbewegung betrachtet werden, die im Jahre 1846 unter Robert Peel und nicht zuletzt als Folge der unermüdlichen Agitation Richard Cobdens den Triumph der Abschaffung der Getreidegesetze errang. Von seinem Eintritt in das Reformkabinett Grey im Jahre 1830 bis zu seinem Tode 1865 war Lord Palmerston – fast stets Regierungsmitglied und lange Zeit Außenminister – der prominenteste Liberale Englands und allen Konservativen in Europa verhasst. 1840 triumphierte er in der »Orientalischen Krise«, der Gefährdung der Türkei durch den Angriff des Vizekönig von Ägypten, Mehmed Ali, gegen seinen Oberherrn, den Sultan in Konstantinopel, über Frankreich, und zusammen mit seinen Gesinnungsgenossen war er ein wichtiger Förderer der italienischen Einheit.

In *Frankreich* war die Restauration sehr unvollständig, denn Ludwig XVIII. hatte sich veranlasst gesehen, eine Verfassung, die »Charte«, zu oktroyieren, und die legitimistischen Royalisten beherrschten das Parlament nur relativ kurze Zeit. Die auch in Frankreich verbreitete Verdammung Napoleons wurde im Zuge der Agitation der »Linken« durch die Verherrlichung des Korsen abgelöst, der sich in den Jahren seiner Verbannung auf St. Helena erfolgreich als Revolutionär und Vorkämpfer nationaler Befreiungsbewegungen stilisiert hatte. So wurde die Linke nicht müde, einen Krieg zur Wiedereroberung der Rheingrenze zu verlangen und auf eklatante Weise die »Ruhe Europas« in Frage zu stellen,[3)] während die regierenden Legitimisten sich 1823 mit der Intervention im revolutionären Spanien als verlässliche Vorkämpfer der Prinzipien der Heiligen Allianz erwiesen. Aber den »Ultras« wie de Maistre und de Bonald standen im intellektuellen Leben mit Historikern wie Guizot und auch den »Frühsozialisten« um Henri de Saint-Simon einflussreiche Gegner gegenüber, und es regte sich nur geringer Widerstand, als die »Julirevolution« 1830 den »älteren Zweig« des Bourbonenhauses stürzte und den Sohn eines der »Königsmörder von 1793« auf den Thron setzte, den »Bürgerkönig« Louis Philippe aus dem Hause Orléans. Wenn es jemals eine »bürgerliche Revolution« gegeben hat, so war es diese, und zu einem ihrer wichtigsten Wortführer wurde der in immer konservativere Bahnen einlenkende Guizot, zuletzt als Ministerpräsident. Aber an keiner Stelle Europas gab es in jenen Jahren ein so bewegtes, streiterfülltes politisches Leben wie in Paris, wo mit Pierre Joseph Proudhon, Louis Blanc und Victor Considérant einige der frühesten Sozialisten wirkten. Auch hier ging es in erster Linie um die Erweiterung des Wahlrechts, und die sogenannte »Kampagne der Bankette« war das höchst »bürgerliche« Vorspiel der in ihren Anfängen sehr plebejischen Februarrevolution von 1848.

Österreich war die am meisten »europäische«, d. h. übernationale Großmacht, und es konnte auch geografisch gesehen kaum als »Donaumonarchie« gekennzeichnet werden, weil große Teile Italiens, zumal Venetien und die Lombardei, zu seinem Gebiet gehörten. Aber es war auch – zunächst sogar im Vergleich mit Russland – die am wenigsten liberale Macht. Der Sache nach verbreitete sich bereits die Rede vom Völkergefängnis, und die frühesten Vorkämpfer der italienischen Einigung wussten viel Negatives von den Zuständen in den österreichischen Gefängnissen, etwa dem »Spielberg« bei Brünn, zu berichten. Aber niemand konnte bestreiten, dass »der Despotismus« mit seinen Zensurmaßnahmen durch »Schlamperei« sehr gemildert war, und wenn der aus dem Rheinland stammende Metternich als der Führer der europäischen Restauration und zugleich als Symbol einer übernationalen Adelsherrschaft galt, so war er doch von vielerlei Befürchtungen erfüllt, die durchweg letzten Endes auf dem Gefühl beruhten, dass »die Revolution« unaufhaltsam sei und immer wieder ihr Haupt erhebe. Einen tragfähigen Ausgleich mit »dem Volk«, d. h. zunächst mit dem aufkommenden Bürgertum, brachte er nicht zustande, und so erschien ihm auch vieles bedrohlich, was dem Zerfall Österreichs in seine nationalen Bestandteile hätte entgegenwirken können, eben das Aufkommen eines noch überwiegend deutschen, zum Teil aber auch schon galizisch-jüdischen Bürgertums. Am meisten wirkte sich seine Revolutionsfurcht jedoch in den außerösterreichischen Gebieten des Deutschen Bundes aus, wo die Präsidialmacht Österreich am entschiedensten gegen die revolutionäre Unruhe vorging, die sich in den Anfängen der frühliberalen und dann auch radikalen deutschen Einheitsbewegung manifestierte: dem von studentischen Verbindungen wie den Burschenschaften getragenen »Wartburgfest« von 1817, der Ermordung des Schriftstellers Kotzebue durch den Studenten Sand im Jahre 1819, dem schon eher radikalen als liberalen »Hambacher Fest« von 1832. Die Reaktion bestand in den »Karlsbader Beschlüssen« von 1819, welche die sogenannte Demagogenverfolgung in Gang setzten bzw. legalisierten, und nach den Revolutionen von 1830 in den »Sechzig Artikeln«, durch die der Deutsche Bund für Maßnahmen des Staatsschutzes (wie man heute sagen würde) die Kompetenzen erhielt, die ihm für positive Maßnahmen fehlten. Das eigentümlich Negative und bloß Defensive der metternichschen Politik aber offenbarte sich wohl am stärksten in der Weigerung Österreichs, sich dem 1833 unter Führung Preußens gegründeten Deutschen Zollverein anzuschließen, weil es seine aufkommenden Industrien keinem Konkurrenzdruck aussetzen wollte. Die Folge war eine ökonomische Teilung des Deutschen Bundes, die als Vorspiel der politischen Teilung im Jahre 1866 gesehen werden kann. Anders als Preußen dehnte Österreich allerdings sein Gebiet aus, indem es sich mit Zustimmung der anderen Mächte 1846 nach einem Aufstand das letzte Stück eines unabhängigen Polens, den »Freistaat Krakau«, einverleibte. Aber dadurch zeichneten sich neue Nationalitätenprobleme ab.

Preußen galt als die schwächste der fünf Großmächte, und anscheinend waren die Staatsmänner und Bürokraten, welche die Entstehung des Zollvereins betrieben, nicht von der Hoffnung auf eine politische Einigung Deutschlands erfüllt. Aber diese Hoffnung breitete sich im liberalen Bürgertum mehr und mehr aus, das »Freiheit« und »Einheit« miteinander zu verbinden hoffte, und als der deutsche Staat, der diese Aufgabe erfüllen könnte, erschien am ehesten Preußen, obwohl das Verfassungsversprechen von 1815 nicht eingelöst worden war. Die Affäre der »Göttinger Sieben« von 1837 vereinte das ganze intellektuelle Deutschland im Protest, denn was der neue König von

Hannover, Ernst August, 1837 nach der Auflösung der Personalunion zwischen Hannover und England tat, stellte sich sogar als Rückschritt dar, denn er hob eine vorhandene Verfassung auf.

Die Hoffnungen, die man in Deutschland auf Preußen setzte, kamen auf einen Höhepunkt, als 1840 der neue König Friedrich Wilhelm IV. die Herrschaft übernahm – es waren ähnliche Hoffnungen, wie sie sich sechs Jahre später in Italien mit dem neuen Papst Pius IX. verbanden. Im gleichen Jahr nahm das deutsche Nationalgefühl einen besonders starken und allgemeinen Aufschwung, als nämlich im Zusammenhang mit der orientalischen Frage von 1840 französische Forderungen nach der Rheingrenze vehement zurückgewiesen wurden. Für Augenblicke erhielten auch die Verfassungshoffnungen neue Nahrung, als Friedrich Wilhelm IV. 1847 den »Vereinigten Landtag« einberief, eine Versammlung von Abgeordneten der Provinzialstände, zu denen auch der junge Otto von Bismarck zählte, der ein wahrer »Ultra« und Anhänger der einflussreichen »Kamarilla« um die beiden Brüder von Gerlach war. Um die gleiche Zeit schrieben die ebenfalls erst dreißigjährigen Intellektuellen Friedrich Engels und Karl Marx im Londoner Exil das »Kommunistische Manifest«. Die Revolution von 1848 rückte näher.

Russland blieb wie England und Spanien außerhalb dieser Revolution, aber es hatte gewissermaßen seine Revolution bereits 1825 gehabt, als eine Anzahl von Offizieren, die während der Napoleonischen Kriege Westeuropa und die liberalen Ideen kennengelernt hatten, eine Organisation bildeten, die in Russland eine Verfassung durchsetzen wollte. In der Person des Obersten Pestel besaß sie einen führenden Geist, für den Freiheit und Gleichheit ebenso wenig einen Unterschied aufwiesen wie um die gleiche Zeit für die radikalsten der deutschen Studenten, die Gießener »Schwarzen« unter Führung des Privatdozenten Dr. Karl Follen. Der Aufstand wurde im Dezember 1825, kurz nach dem Tode Alexanders I., in Gang gesetzt, aber er scheiterte rasch, und der neue Zar Nikolaus I. ließ fünf der »Dekabristen« hinrichten, darunter Pestel, und hundert nach Sibirien verbannen. Die nun gegründete Geheimpolizei, die »Dritte Abteilung der Kanzlei seiner Majestät«, arbeitete mit beträchtlicher Effizienz, und das Zarenreich galt nun in Europa als das Musterbild einer starren Despotie. Aber völlig unterdrückt wurde das geistige Leben nicht, und die Herausbildung der großen Richtungen der »Westler« und der »Slawophilen« vollzog sich mit großer Konsequenz.

Man kann zwar nicht sagen, dass die »reaktionären« Schulen in Frankreich,

England und Deutschland ohne innere Kraft und bleibenden Wert gewesen wären – neben de Maistre und de Bonald wären in England vor allem Samuel Taylor Coleridge und in Deutschland Adam Müller und Franz von Baader zu nennen –, aber die Slawophilen verfochten den Vorrang der Orthodoxie und die Legitimität des Zarentums mit einer Entschiedenheit, zu der in der deutschen »Sonderwegsdebatte« keine Analogie zu finden ist. Und außenpolitisch war das Russland Nikolaus' I., der mit einer preußischen Prinzessin verheiratet war, sehr erfolgreich: Im Frieden von Adrianopel und im Vertrag von Hunkiar-Skelessi schien die alte Auseinandersetzung mit der Türkei zu einem positiven Ende gebracht und die »Meerengenfrage« auch ohne die Eroberung Konstantinopels gelöst zu sein, und große Teile des Kaukasus wurden erobert. Die Polnische Revolution von 1830/31 wurde niedergeworfen und hatte die volle Einbeziehung des bisher autonomen Königreichs Polen in das Russische Reich zur Folge.

Metternich durfte sich noch 1847 insofern gerechtfertigt fühlen, als drei Jahrzehnte lang unter den europäischen Großmächten kein Krieg geführt worden war und die revolutionäre Unruhe außer in Frankreich zu keinen gravierenden Änderungen geführt hatte. Aber dass die großen Fragen ungelöst waren, stach mehr und mehr ins Auge. Dazu gehörte unter dem sozialen Gesichtspunkt vor allem der Gesamtcharakter der Gesellschaft: Noch hatte in allen großen Staaten eine »vorindustrielle«, eine adlige Schicht die Führung in Händen, aber erste schwerwiegende Veränderungen waren zu verzeichnen. In England hatte das hocharistokratische Whig-Kabinett des Lord Grey soziale Änderungen initiiert, die von ihm selbst als Zugeständnis gegenüber dem industriellen Bürgertum verstanden und gerechtfertigt wurden, und im Frankreich des Bürgerkönigs hatte der Adel viel von seiner einstigen Bedeutung verloren. »Staatskirchen« gab es nur noch wenige, und der »Kirchenstaat« nahm sich wie ein altertümliches Relikt aus. Würde nun eine »industrielle Führungsschicht« unter dem Feldzeichen der »Demokratie« sich an die Stelle des Adels setzen, oder war der Antagonismus von »vorindustriell« und »industriell« zu simpel, weil nicht Umbrüche, sondern lediglich Wandlungen und neue Synthesen dem Charakter des »Liberalen Systems« entsprachen? Von drängenderer Unmittelbarkeit waren die nationalen Fragen, wenn es richtig war, dass das übernationale dynastische Prinzip durch das Prinzip des Nationalstaates abgelöst werden musste, wie nicht nur Mazzini es unaufhörlich forderte.

Dann aber waren Erschütterungen schwerster Art zu erwarten, denn noch um 1840 konnte man eigentlich nur England und Frankreich »Nationalstaaten« nennen, und selbst für sie gab es das eine oder andere Problem nationaler Art. Aber unter dem Gesichtspunkt der Anzahl der Betroffenen und der Relevanz einer grundlegenden Änderung sind in nichtchronologischer Reihenfolge sechs *große Fragen* zu nennen:

1. Die deutsche Frage. Sie schien insofern die am wenigsten drängende zu sein, als die Deutschen ja in einem eigenen Staat lebten, der allerdings nicht mehr als ein Staatenbund war. Wenn daraus ein genuiner Nationalstaat entstehen sollte, dann würden die Ungarn und die Slawen Österreichs sich von den Deutschen trennen müssen, Dänemark würde nur noch ein Kleinstaat sein, und wenn man den preußischen Polen das Selbstbestimmungsrecht zugestehen würde, das man für sich selbst in Anspruch nahm, dann würde niemand eine überzeugende Grenzlinie ziehen können. Und selbst wenn die extreme Möglichkeit der Einbeziehung Ungarns und der Westslawen unverwirklicht bliebe, würde in der Mitte Europas ein deutsches Machtgebilde entstehen, das schwerlich ein bloßer Mitbewohner in Europa sein könnte, das aber gleichwohl nicht stark genug wäre, um über Europa zu herrschen. Man wird Metternich und seinesgleichen zugestehen müssen, dass sie nicht nur von der Sorge um ihre »adligen Privilegien« erfüllt waren, wenn derartige Zukunftsaussichten sie mit Angst und Widerstandswillen erfüllten.

2. Die italienische Frage. Die Italiener besaßen nicht einmal einen Staatenbund, und wenn Metternich Italien als einen »geografischen Begriff« bezeichnete, so hat Luigi Salvatorelli in seiner »Geschichte des 19. Jahrhunderts« dagegen nachdrücklich und mit Recht Einspruch erhoben.[4)] Aber das Einheitsgefühl der Italiener war tatsächlich relativ schwach und vor allem ungleichmäßig über die verschiedenen Regionen und Schichten verteilt. Wenn die Italiener einen Nationalstaat bilden wollten, dann mussten sie die Österreicher aus der Lombardei und Venetien vertreiben, die unter Österreichs Einfluss stehenden Fürsten der vielen Regionen und auch den bourbonischen König »beider Sizilien« stürzen und vor allem den Kirchenstaat zerstören, obwohl ihnen doch das Papsttum viele Jahrhunderte hindurch eine gewisse Weltgeltung gewährt hatte. Es ist nicht verwunderlich, dass in der Frühzeit des Risorgimento verschiedene Richtungen mit großer Erbitterung untereinander stritten, besonders die Nationaldemokraten Mazzinis und die »Neoguelfen« Giobertis, die ihr Vertrauen auf den Papst setzten.

3. Die polnische Frage. Im 18. Jahrhundert war das einst so mächtige Königreich der Polen unter die drei großen Nachbarn Russland, Preußen und Österreich-Ungarn aufgeteilt worden, und zwar nicht ohne eigene Schuld. Die napoleonische Zeit hatte eine gewisse Restitution zur Folge, weil das russische Teilungsgebiet zu einem konstitutionellen Königreich wurde, das nur in Personalunion mit Russland verbunden war. Die gescheiterte Revolution von 1830/31 zog den Verlust dieser Autonomie nach sich, und es resultierte das eigenartige Phänomen, dass die überwiegend adligen oder dem Adel verbundenen Emigranten zu Führern der internationalen Revolution wurden und 1848/49 großen Unternehmungsgeist an den Tag legten. Aber alle Anstrengungen waren vergeblich, und schon vor 1848 hätte klar sein müssen, dass das Wiedererstehen eines selbstständigen Polen den Zusammenbruch von allen drei Teilungsmächten voraussetzte. So entwickelte Adam Mickiewicz mit der Vorstellung von Polen als dem leidenden Christus der Völker einen der wirkungsvollen und folgenreichen Messianismen des 19. Jahrhunderts.

4. Die »orientalische Frage«, d.h. die Frage des künftigen Schicksals der kleinen christlichen Balkanvölker, die unter nomineller oder faktischer Herrschaft der türkischen Osmanen standen. Der Befreiungs- und Staatsbildungsprozess machte während des ganzen 19. Jahrhunderts mit Unterstützung vornehmlich Russlands allmähliche Fortschritte, war aber sogar um 1900 noch nicht am Endpunkt angelangt. Dieser Endpunkt konnte die Vertreibung der Türken vom europäischen Kontinent sein, möglicherweise aber darüber hinaus die Eroberung Konstantinopels und der Meerengen durch Russland. In diesem letzten Fall wurde als Folge wahrscheinlich, was bei der Wiederherstellung Polens die Voraussetzung war: ein Weltkrieg, und hier ein Weltkrieg zwischen England und Russland.

5. Die griechische Frage, die ein Teil der »orientalischen Frage« war, aber als erste gelöst wurde, wenngleich auf sehr unvollkommene Weise. Bereits 1832 wurde nach einem Jahrzehnt schwerer, aber vom europäischen »Philhellenismus« und auch von den Großmächten wirkungsvoll unterstützter Kämpfe ein Sohn des Königs von Bayern zum König eines freilich noch recht kleinen Griechenland gewählt.

6. Die irische Frage, die dadurch ihren Sondercharakter erhielt, dass es sich in erster Linie um eine soziale Frage zu handeln schien, bei der es um die »Emanzipation«, aber auch um die Wiedergewinnung des Besitzes der von England brutal unterdrückten und entrechteten katholischen Bauern außerhalb der

protestantischen Provinz Ulster ging. Soziale Erfolge blieben nicht aus, vornehmlich infolge des Wirkens Gladstones, aber die Existenz Ulsters ließ das Ziel der Bildung eines gesamtirischen Nationalstaats als unmöglich erscheinen, und bekanntlich gibt es auch in der Gegenwart noch eine »irische Frage«.

An vielen Punkten Europas waren um 1840 mit größerer oder geringerer Deutlichkeit die Ansätze zu weiteren Fragen wahrzunehmen, etwa die Frage nach der Zukunft der Katalanen, Basken und Navarreser in Spanien, der Tschechen, Slowaken und Kroaten in Österreich-Ungarn, der Flamen in Belgien. Von den Zeitgenossen wurde das Wort »Frage« wohl am häufigsten mit dem Adjektiv »römisch« verbunden, denn diese Frage blieb auch nach der Annexion des Kirchenstaates durch Italien im Jahre 1870 aktuell, weil der Papst auf die Unterstützung mehrerer Mächte zählen konnte.

Von rein innenpolitischer Natur war die »Schweizer Frage« mit dem Problem der staatenbündischen oder bundesstaatlichen Organisation, aber der »Sonderbundskrieg« von 1847, der daraus entstand, hatte eine wichtige auslösende Funktion für die Revolution von 1848/49. Diese Revolution hätte eine geradezu übermenschliche Aufgabe erfüllen müssen, wenn es ihr gelungen wäre, alle diese »großen Fragen« zu »lösen« und alle potenziellen Konflikte unter den Großmächten zu entschärfen.

Die Revolution von 1848

Die Ereigniskette, welche »die Revolution von 1848« ausmacht, war ganz gesamteuropäisch: Im Januar zwingt ein Volksaufruhr am südlichen Rand des Kontinents, in Palermo, den König »beider Sizilien«, Ferdinand II., für sein ganzes Reich eine Verfassung zu versprechen; am 22. Februar kommt es wegen des Verbots eines der »Bankette« zu schweren Unruhen in Paris, die infolge des halbherzigen, aber blutigen Widerstands des Militärs den Charakter eines revolutionären Aufstands annehmen. Guizot muss zurücktreten, und am 24. dankt Louis Philippe ab, die Republik wird proklamiert, und aus den Redaktionen der führenden Reformzeitungen, dem »National« und der »Réforme«, wird eine »provisorische Regierung« gebildet, die wenige Tage später das allgemeine Wahlrecht einführt, sodass die Zahl der Wähler von 270 000 auf ca. neun Millionen steigt; am 13. März erklärt Metternich seinen Rücktritt, als die »Staatskonferenz« seinem Vorschlag nicht folgt, mit militärischen Mitteln gegen die Straßenaufläufe von Studenten und Arbeitern vorzugehen; fast überall im Deutschen Bund werden durch Petitionen und Massendemonstrationen die sogenannten »Märzforderungen« nach Presse- und Versammlungsfreiheit usw. erhoben, die von den Regierungen der Einzelstaaten durchweg ohne Widerstand erfüllt werden.

Der preußische König Friedrich Wilhelm IV. vollzieht eine Art Kapitulation, als in Berlin vor einer demonstrierenden, aber nicht eigentlich feindseligen Menge zwei Schüsse aus den Reihen der zum Schutz des Schlosses aufmarschierten Soldaten fallen. Nun werden Barrikaden gebaut, und der erschrockene König, der das Militär abrücken lässt, muss die tiefe Demütigung eines Umritts zu Ehren der Gefallenen auf sich nehmen – eine Demütigung, die im sächsischen Röcken bei Lützen den dortigen Pfarrer, den Vater des vierjährigen Friedrich Wilhelm Nietzsche, mit tiefster Verzweiflung erfüllt.

Ende März kommt eine wichtige außenpolitische Frage ins Spiel, als sich in Kiel eine »provisorische Regierung« der Herzogtümer Schleswig und Holstein bildet, die gegen die vom dänischen König Friedrich VII. unter dem Einfluss der nationaldemokratischen »Eiderdänen« proklamierten Einbeziehung Schleswigs in den dänischen Gesamtstaat Widerstand leisten will und bald von Preußen unterstützt wird,[1] sodass im Namen und mit Unterstützung des Deutschen Bundes von Preußen ein Krieg gegen Dänemark geführt wird. Schon früher aber war in Italien ein Krieg ausgebrochen, weil die Mailänder Bevölkerung sich am 18. März gegen die Österreicher erhoben und in fünftägigen Kämpfen die Oberhand behalten hatte, sodass das Eingreifen des inzwischen zum Verfassungsstaat gewordenen Königreichs Sardinien unter dem König Karl Albert unumgänglich wurde. Sowohl im hohen Norden als auch im Süden Europas war also bereits Ende März ein Krieg zur Realität geworden, oder er stand unmittelbar vor der Tür.

Ein Krieg zeichnet sich jedoch auch im Osten ab, weil die radikale Richtung in der ungarischen Nationalbewegung unter Ludwig Kossuth in Budapest die Macht ergreift und auf starken Widerstand der nichtungarischen Nebenländer der »Stephanskrone« stößt, die vom Wiener Hof unterstützt werden. Damit rückt ein Bürgerkrieg in Sichtweite, der alle Merkmale eines Staatenkrieges trägt. Ein reiner Bürgerkrieg bricht dagegen in Süddeutschland aus, wo die Radikalen bereits stärker sind als die Liberalen und sich an die Spitze eines Bauernaufstandes gegen die verhassten »Standesherren«[2] stellen, nachdem sich ihre Hoffnungen auf einen raschen Umschwung in Deutschland infolge des Widerstands der Liberalen zerschlagen haben. Am 12. April proklamiert ihr Wortführer Friedrich Hecker in Konstanz die »deutsche Republik«, aber er wird bald von Bundestruppen besiegt und muss ins Ausland gehen.

Am Sitz des Bundestages, in Frankfurt, vollzieht sich nun der legitime Abschluss und Neuanfang einer Revolution, nämlich der Zusammentritt einer nach dem allgemeinen Wahlrecht gewählten verfassunggebenden Nationalversammlung, des »Paulskirchenparlaments«. Ganz Deutschland ist vertreten, aber die Tschechen in Böhmen haben überwiegend nicht gewählt, und ihr gemäßigter Wortführer František Palacký verlangt mit Nachdruck die Erhaltung des habsburgischen Gesamtstaates, d. h. er widerspricht der für die deutschen Abgeordneten noch selbstverständlichen Annahme, dass die Deutschen Österreichs dem deutschen Nationalstaat ebenfalls angehören sollen. Unter den Tschechen ist der Gegensatz zwischen Liberalen und Radikalen kaum weniger ausgeprägt, und auch in Prag kommt es zu einer Art Bürgerkrieg, weil sich die Radikalen zum sogenannten Pfingstaufstand erheben, der von dem österreichischen Feldherrn Fürst Windischgrätz niedergeworfen wird. Aber drei Tage vor der Eröffnung des Paulskirchenparlaments am 18. Mai hat in Wien ein zweiter Aufstand stattgefunden, der dort eine Art

Doppelherrschaft etabliert, während Kaiser und Hof sich nach Innsbruck zurückziehen. Doch dieser halb gelähmte Staat gewinnt durch den Sieg des Feldmarschalls Radetzky bei Custozza Ende Juli seine Position in Italien zurück, und er ergreift auch in Ungarn mithilfe eines kroatischen Heeres die Offensive.

Eine Art Doppelherrschaft und eine Lähmung der Zentralgewalt wird indessen auch in Deutschland zur Wirklichkeit, weil die Paulskirche zwar ein Reichsministerium und einen Reichsverweser hervorbringt, aber auf die Zusammenarbeit mit den – gewiss liberalisierten – Regierungen der Einzelstaaten angewiesen bleibt. Ende Juni nun erleidet »die Revolution« ihre erste und folgenreiche Niederlage, und zwar in Paris, wo die neue Partei der »Sozialisten« immer mehr mit ihren Forderungen – z. B. auf ein »Recht auf Arbeit« – in den Vordergrund getreten ist, obwohl die Wahlen den gemäßigten Republikanern die Mehrheit gebracht haben; die Entscheidung fällt im Juni-Aufstand, der von dem Kriegsminister Cavaignac blutig niedergeworfen wird.

Ein halbes Jahr nach dem Aufstand von Palermo, so kann man sagen, stand der europäische Kontinent in Flammen, und eine noch schlimmere Feuersbrunst zeichnete sich ab: Aufstände, Bürgerkriege, blutige Repressionen und auch regelrechte Kriege waren im Gange, neue Aufstände, Bürgerkriege, Repressionen und Kriege greifbar nahe. Die Revolution zeigte im Ganzen wenig Ähnlichkeit mit ihren Anfängen im Kirchenstaat, wo friedliche Kundgebungen auf den guten Willen der päpstlichen Regierung gestoßen waren, sodass sich Änderungen vollzogen, wie es sie seit Jahrhunderten nicht gegeben hatte. Nun mischten sich erstmals auch die nichtrevolutionierten Großmächte des Westens und des Ostens ein: England und Russland sahen durch den preußischen Krieg gegen Dänemark wesentliche handelspolitische und dynastische Interessen bedroht, und die aus rheinischen Liberalen gebildete Regierung Preußens musste sich fragen, ob sie um der »deutschen Sache« willen einen Weltkrieg in Kauf nehmen wolle, in dem sie außer den deutschen Staaten keine Verbündeten haben würde.

Von zentraler Wichtigkeit wurde nun das Geschehen in Frankfurt, das ja das Paradigma einer legitimen, gewaltlosen und parlamentarischen Revolution hätte sein können. Aber auch in Frankfurt kam es im Herbst zu Blutvergießen und zu Mordtaten an zwei Abgeordneten, und zwar im Zusammenhang mit dem Abschluss des Waffenstillstands von Malmö zwischen Preußen und Dänemark, der von England und Russland erzwungen worden war. Hier mussten erstmals gravierende Beschlüsse durch ein legal zustande gekommenes Parlament getroffen werden, das in sich schon das ganze Spektrum des künftigen Parteiensystems aufwies: von der radikalen Rechten über die Parteien der liberalen Mitte bis zur radikalen Linken; unvertreten waren lediglich die extreme Rechte und die extreme Linke: Bismarck, der nun der Adjutant der »Kamarilla« war, die den König unablässig zu entschiedenerem Widerstand anspornte, und Marx, der in seiner Kölner »Rheinischen Zeitung« ebenso hartnäckig zur sozialen Revolution und zum Krieg gegen Russland aufrief.

Aber die Hauptfrage der künftigen Gestalt Deutschlands ließ sich nicht nach »rechts« oder nach »links« lösen, und die Scheidelinien zwischen »Großdeutschen« und »Kleindeutschen« liefen durch alle Fraktionen hindurch. Das Ergebnis musste ja weitgehend von den Vorgängen in Österreich abhängen, und hier hatte sich nach einem neuen Aufstand in Wien und spektakulären Mordtaten der erregten Massen[3)] nach schwersten Kämpfen die kaiserliche Regierung durchgesetzt, deren neuer Ministerpräsident Fürst Felix Schwarzenberg fest entschlossen war, den österreichischen Gesamtstaat zu erhalten und ihn allenfalls als solchen in ein »Siebzigmillionenreich« der europäischen Mitte einzubringen.

So setzten sich die Kleindeutschen durch, und die Kaiserkrone wurde Friedrich Wilhelm IV. angeboten, dem es inzwischen ebenfalls gelungen war, die Doppelherrschaft in der Hauptstadt zu beseitigen. Aber die Delegation der Paulskirche unter Eduard Simson erfuhr eine demütigende Zurückweisung, und die Folge waren mehrere Aufstände in Deutschland, vor allem in Dresden (unter Teilnahme Richard Wagners) und der Pfalz sowie Baden (unter Teilnahme von Friedrich Engels), die rasch niedergeworfen wurden, und das Paulskirchenparlament, dessen Reste nach Stuttgart gegangen waren, nahm ein ruhmloses Ende. Es folgten noch einige Nachwehen, innerhalb deren für einen Augenblick ein Krieg zwischen Preußen und Österreich auszubrechen drohte, aber im Jahre 1851 war endgültig klar geworden, dass k e i n deutscher Nationalstaat in der Mitte Europas entstanden war und dass der Bundestag in Frankfurt seine Arbeit wiederaufnahm, als wenn keine Revolution stattgefunden hätte. Allerdings gab es in der folgenden »Reaktionszeit« keinen Metternich mehr, und Preußen war ein Verfassungsstaat geworden, freilich ein Verfassungsstaat auf der Grundlage des »Dreiklassenwahlrechts«, aber sein Bundestagsgesandter hieß nun Otto von Bismarck, und es dauerte nicht lange, bis dieser Mann in den Geruch kam, ein »Bonapartist« zu sein.

In Frankreich hatte die Revolution nämlich ebenso wenig wie in Deutschland die umwälzenden Resultate gehabt, welche die radikale Linke wünschte, aber aus den heftigen innenpolitischen Kämpfen war Louis Bonaparte im Dezember 1848 als Sieger, d. h. als vom Volk mit großer Mehrheit gewählter Präsident hervorgegangen – die Familie Bonaparte hatte also den Bannfluch von 1815 überstanden. Die Jahre 1849–1851 waren ein ständiges Ringen zwischen dem Präsidenten, dem Parlament und den starken außerparlamentarischen Bewegungen der Linken, denen im übrigen Europa große Siegeschancen zugeschrieben wurden, bis sich zur freudigen, zum Teil aber auch betretenen Überraschung aller Konservativen herausstellte, dass revolutionäre Volksbewegungen durch einen Mann des revolutionären Volks niedergeschlagen werden konnten, denn am 2. Dezember 1851 ergriff Louis Bonaparte durch einen Staatsstreich die Macht und ließ sich ein Jahr später vom Volk unter dem Namen »Napoleon III.« zum »Kaiser der Franzosen« wählen.[4)] Das allgemeine Wahlrecht konnte mithin, so ging nun vielen Konservativen auf, auch im antirevolutionären Sinne wirken. Daher wurde Frankreich für Bismarck in gewissen Grenzen zum Vorbild, nachdem es ihm bis dahin der verdammenswerte Herd der revolutionären Unruhe gewesen war, und er löste sich nun allmählich von seinen legitimistischen Freunden. Karl Marx dagegen, der noch am letzten Tag des Jahres 1848 seine Zeitung in roten Lettern als »Inhaltsanzeige des Jahres 1849« nichts Geringeres hatte verkünden lassen als die Prophezeiung »Revolutionäre Erhebung der französischen Arbeiterklasse, Weltkrieg«, ging nun endgültig in die Emigration nach London und begann mit der Arbeit an seinem Hauptwerk »Das Kapital«.

Aber noch in ihrer letzten Phase hatte die Revolution einen genuinen Krieg hervorgebracht, nämlich den Krieg zwischen Ungarn, das sich unter Kossuth für unabhängig erklärt hatte, und Österreich – einen Krieg, der nur durch das Eingreifen des russischen Zaren zugunsten Österreichs beendigt werden konnte, und zwar mit Strafmaßnahmen, die weit in die Zukunft des 20. Jahrhunderts vorauswiesen. Neun ungarische Generale wurden gehängt und vier erschossen; Hunderte von weiteren Verurteilten konnten ihr Leben nur durch Flucht ins Ausland retten, unter ihnen der Graf Julius Andrássy – der aber war zwei Jahrzehnte später österreichisch-ungarischer Außenminister und wurde insofern zu einer Symbolfigur für den Geist des 19.Jahrhunderts.

Zum Zeitpunkt der Kapitulation der Ungarn in Vilagos im Juni 1849 war auch ein anderer der Kriege der Revolutionszeit entschieden, nämlich der italienische Krieg zwischen Österreich und Sardinien-Piemont: Radetzky siegte im März bei Mortara und Novara. König Karl Albert dankte zugunsten seines Sohnes Viktor Emanuel II. ab, aber Piemont blieb ein Verfassungsstaat, und nun richteten sich alle Hoffnungen der italienischen »Patrioten« auf den kleinen Staat im Norden der Halbinsel, der bald einen Staatsmann ersten Ranges an seine Spitze stellen sollte, den Grafen Camillo Benso di Cavour, welcher ein Hauptmitarbeiter der Zeitschrift »Il Risorgimento« gewesen war. Inzwischen war Pius IX. unter französischem Schutz aus dem neapolitanischen Exil nach Rom zurückgekehrt, wo Mazzini als »Triumvir« einige Monate lang an der Spitze eines revolutionären Regimes gestanden hatte. Auch Italien schien mithin wie Deutschland in den alten Zustand zurückgekehrt zu sein, aber auch in Italien war eine neue Hoffnung entstanden, die sich weniger auf eine revolutionäre Bewegung als auf einen gefestigten Staat gründete.

Wenn man die Revolution von 1848 im Ganzen ins Auge zu fassen sucht, um sie unter Verzicht auf die Erzählung zahlloser Einzelheiten zum Gegenstand des Nachdenkens zu machen, dann findet sich zunächst die alte Einsicht bestätigt, dass diese Revolution in aller Unterschiedlichkeit und Vielfalt ihrer Verläufe nahezu überall sowohl einen sozialen als auch einen nationalen Aspekt aufwies. Unter dem ersten dieser Aspekte kann sie mit einer idealtypischen Möglichkeit zusammen gesehen werden.

Der soziale Urgegensatz ist jener zwischen »den Reichen« und »den Armen«. Nur in einer völlig egalitären Stammesgemeinschaft würde es ihn nicht geben, und dort würde möglicherweise bloß ein Gegensatz zwischen »Vätern« und »Söhnen«, also ein Generationenkonflikt bestehen. Aber schon die Geschichte der griechischen Poleis ist trotz – und vielleicht wegen – der Kleinheit und Übersichtlichkeit dieser Gebilde von »Klassenkämpfen« zwischen Reichen und Armen oder zwischen Adel und Volk erfüllt. Bereits in diesem »oder« liegt indessen eine wichtige Differenz beschlossen: Es war vorstellbar und oft genug auch eine Tatsache, dass verarmte oder ehrgeizige Adlige sich an die Spitze des »Volkes« stellten, um jene reich gewordenen Bürger zu bekämpfen, die ihnen den Rang abzulaufen drohten. Von Anfang an kommt dadurch ein Element der Komplexität in diese »Klassenkämpfe«, und es wurde in der ganzen Antike durch die Institution der Sklaverei noch verschärft. Gegen einen Sklavenaufstand schlossen sich die armen Freien sofort mit den reichen Freien zusammen. Und nirgendwo waren alle Armen »gleich arm«. Auch wo die Armen, wie in den Poleis und im republikanischen Rom, sich frei artikulieren und organisieren konnten, nahmen die »weniger Armen« häufig gegen die »ganz Armen« Stellung, weil sie von deren Sieg nichts Gutes für sich selbst erwarten konnten. Und während des ganzen Mittelalters hatte die große Mehrheit der Bevölkerung, nämlich die Bauern, keine offizielle Möglichkeit, ihren Gegensatz gegen den Adel und das Patriziat der Städte zu artikulieren, es sei denn in Gestalt ketzerischer Bewegungen. Im englischen und im deutschen Bauernkrieg sowie in den französischen »Jacquerien« standen meist wohlhabende Bauern und oft genug sogar Adlige an der Spitze, und meist waren regionale Umstände und Zielsetzungen von großer Wichtigkeit. Je stärker die Gesellschaft sich in der Neuzeit differenzierte, desto unwahrscheinlicher wurde die idealtypische Möglichkeit des »Klassenkampfes« zwischen »den« Armen und »den« Reichen«.

Aber sie blieb gleichwohl eine reale Möglichkeit, und in der Französischen Revolution hatte sie mit volkstümlichen Versen wie »Les aristocrats à la lanterne« eine Gestalt gewonnen, die keineswegs nur als bloßes »Schreckgespenst« im ganzen 19. Jahrhundert gegenwärtig blieb. Auch 1848 fehlte der ideologisch zugespitzte soziale Vernichtungswille nicht, und er kam nicht nur bei den französischen Blanquisten oder in den Untergangsprophezeiungen des »Kommunistischen Manifests« zum Ausdruck, sondern auch in dem sogenannten »Heckerlied« der süddeutschen Radikalen, in dem es hieß:

Wenn in Flammen stehen Kirche, Schul und Staat,
Kasernen untergehen, dann blüht unsere Saat.
Ja, 33 Jahre währt die Knechtschaft schon.
Nieder mit den Hunden von der Reaktion.[5)]

Aber die Bauern, die vor die Schlösser der Standesherren zogen und sie in Brand setzten oder zu setzen versuchten, hatten sehr konkrete Forderungen, und die bezogen sich zum guten Teil auf die Abschaffung der »Feudallasten« und in Österreich speziell der Leibeigenschaft. Fast überall wurden diese Forderungen von den Regierungen rasch erfüllt, und daraus resultierte ein Grundfaktum dieser Revolution: dass die Bauern bald als eine umwälzende Kraft aus der Bewegung ausschieden. Es blieben die Handwerksgesellen und die Studenten sowie diejenigen, in denen Friedrich Wilhelm IV. »fremde Agitatoren« erkennen wollte. Damit war tendenziell ein folgenreicher Schritt vollzogen, denn die Juden, die von links als reiche Händler und Wucherer, d.h. als hervorstechender Teil der »Reichen« angegriffen wurden, konnten jetzt als Vorkämpfer der Revolution auf der rechten Seite zum Gegenstand der Furcht werden. Aber es waren erregte Volksmassen, die in Frankfurt die

Abgeordneten Lichnowsky und von Auerswald töteten, die in Wien den Kriegsminister Latour aufhängten und die in Budapest den kaiserlichen Beauftragten Graf Lamberg umbrachten.[6)] Als Hintergrund und Möglichkeit blieb also der Vernichtungskampf der Armen gegen die Reichen während der ganzen Revolutionszeit präsent, und die Gewalttaten der Gegenseite behielten den militärischen Charakter, den sie in allen Volksaufständen und Bauernkriegen gehabt hatten. Aber trotz der Präsenz dieser dunklen und uralten Drohung blieb die Revolution von 1848 doch in der Hauptsache eine Angelegenheit des liberalen, die »Freiheitsrechte« einfordernden Bürgertums, das in Deutschland nach »Vereinbarungen« mit den fortexistierenden Regierungen der Einzelstaaten strebte und das in Frankreich die scheinbar schon siegreiche Volksrevolution des Februar aufzufangen und in ihrer erneuerten, schon von »Arbeitern« geprägten Gestalt im Juni zu besiegen vermochte.

Frankreich war das Land, in dem der nationale Aspekt keine Rolle spielte und der soziale Aspekt den modernsten Charakter hatte. Der älteste Nationalstaat Kontinentaleuropas konnte keine »nationalen« Ziele haben, und der soziale Aspekt wies weit in die Zukunft voraus. Die Einführung des allgemeinen Wahlrechts (genauer: des allgemeinen und gleichen Wahlrechts) war in noch höherem Maße ein revolutionärer Akt als die Proklamierung der Republik. Von einem kurzen Vorspiel während der Französischen Revolution abgesehen war die Verordnung vom 2. März weltgeschichtlich präzedenzlos, wenngleich keineswegs unvorbereitet, denn während die Liberalen fast überall nur eine Erweiterung des Wahlrechts anstrebten, hatten die englischen Chartisten schon seit Jahren für das allgemeine und gleiche Wahlrecht agitiert. Aber gerade aus der angelsächsischen Tradition ließ es sich schwerlich rechtfertigen, denn die grundlegende Forderung der amerikanischen Revolution »No taxation without representation« implizierte ja die Vorstellung, dass nur die Steuerzahler eine parlamentarische Vertretung beanspruchen durften. Dass diejenigen, die nicht durch Steuerzahlung zu den Staatsaufgaben beitrugen, aufgrund des allgemeinen Staatsbürgerrechtes bei der Festlegung dieser Staatsaufgaben, und das heißt vor allem über die Verwendung der Einnahmen, mitentscheiden durften, musste unter diesem Gesichtspunkt als Ungeheuerlichkeit erscheinen, und tatsächlich wurde in England während des ganzen Jahrhunderts die Höhe des Zensus zwar in drei großen Anläufen bedeutend gesenkt, aber das Prinzip blieb erhalten. In Frankreich wurde es dagegen nun aufgehoben, und der riesige quantitative Sprung von 270 000 auf neun Millionen Wähler musste zugleich eine qualitative Differenz bedeuten.

Erstmals tauchte die Möglichkeit, ja die Wahrscheinlichkeit auf, dass »die Armen« sich ohne einen blutigen Aufstand der Macht im Staate bemächtigen könnten. Aber gegen diese linke Hoffnung wurden sofort schwerwiegende »rechte« Bedenken geltend gemacht: Wenn die Armen über die Finanzen des Staates entschieden, würden dann nicht auch Analphabeten über die Bildung und Zivilisten über die Rüstung entscheiden? Und selbst die Befürworter dieses Wahlrechts mussten zugeben, dass Entscheidendes von seiner konkreten Ausgestaltung abhing. Was blieb von der Gleichheit, wenn das (im 19. Jahrhundert durchweg vorherrschende) Mehrheitswahlrecht unter Umständen dazu führte, dass 40 Prozent der Wahlberechtigten ohne jede Vertretung blieben? Lag es da für die Regierungen nicht allzu nahe, sich durch Manipulationen bei der Einteilung der Wahlkreise Mehrheiten zu verschaffen? Und zeigte nicht der Misserfolg der »Nationalwerkstätten«, dass das rasch durchgesetzte »Recht auf Arbeit« zu einer ökonomischen Katastrophe führen würde, wenn es von einer Mehrheit der Wahlberechtigten gebilligt worden wäre? Konnte das staatliche Interesse aus der Kakophonie der Stimmen vieler gesellschaftlicher Gruppen hervorgehen, oder musste der Regierung ein unabhängiger Entscheidungsspielraum vorbehalten werden?

Aber trotz aller Kritik, die geübt werden konnte und sofort geübt wurde, war die Einführung des allgemeinen und gleichen Wahlrechts in Frankreich der denkbar revolutionärste Schritt, und er musste die französische, ja die europäische Gesellschaft über kurz oder lang einer tief greifenden Veränderung unterwerfen, weil er zwar nicht die sofortige Einführung der Demokratie, wohl aber eine möglicherweise lang währende »Demokratisierung« in sich schloss.

Auch in Ungarn trat der nationale Aspekt weit hinter den sozialen zurück, aber nicht in der Weise, dass durch eine politische Maßnahme erst die Möglichkeit von weitreichenden sozialen Änderungen geschaffen wurde. Ungarn war wie Frankreich ein ausgeprägter Nationalstaat, dem »irredentistische« Bestrebungen fremd waren, aber er war überdies ein Adelsstaat, in dem nahezu jeder zehnte Einwohner zur magyarischen Aristokratie gehörte. So dachten diese Adligen nicht ernsthaft daran, das allgemeine Wahlrecht einzuführen, obwohl die Radikalen unter ihnen immerhin beachtliche Reformen zugunsten der leibeigenen Bauern ins Werk setzten. Aber die Emanzipation der verschiedenen Minderheiten wie der Kroaten, Slowaken und Rumänen lehnten sie ab, und dann führten sie einen verlustreichen Krieg um eine staatliche Selbstständigkeit, die im Kern bereits vorhanden und nur durch ein föderatives Band eingeschränkt war.

In Deutschland wurde wie in Frankreich das allgemeine Wahlrecht eingeführt, aber die nationalen Leidenschaften waren hier, zumal nach dem Ausscheiden der Bauern aus der revolutionären Bewegung, erheblich stärker als die sozialen. Der deutsche Nationalstaat schien ein natürliches Ziel zu sein, doch seiner Realisierung stellten sich nicht nur äußere Hindernisse in den Weg. Konnte man ernsthaft einen gesamtdeutschen Nationalstaat erstreben, der ein jahrhundertealtes Staatsgebilde, nämlich Österreich-Ungarn, zerstören und wahrscheinlich jene Hegemonie einer einzelnen Nation über den Kontinent herstellen würde, die England vom Beginn der Neuzeit an mithilfe des Begriffs des »Gleichgewichts« bekämpft hatte? Aber durfte man noch von einem deutschen Nationalstaat reden, wenn die Millionen der österreichischen und mithin auch der böhmischen Deutschen ausgeschlossen wurden? Gab es am Ende ein »europäisches Interesse«, dem gegenüber das Recht auf nationale Selbstbestimmung zurücktreten musste? Diese Frage konnte jedoch eigentlich nur im Hinblick auf Deutschland aufgeworfen werden, und ließ sich die Diskriminierung eines der größten Völker des Erdteils tatsächlich rechtfertigen? War das Prinzip der nationalen Selbstbestimmung am Ende ebenso ambivalent und strittig wie das soziale Prinzip des allgemeinen und gleichen Wahlrechts?

Von den Bewegungen der kleineren Nationen oder einzelner Teile größerer Nationen war diejenige der Schleswig-Holsteiner gegen die Dänen ganz überwiegend national. Diejenigen der Tschechen gegen die österreichischen Deutschen und der Kroaten gegen die Magyaren waren ebenso sozial wie national, und die Polen konnten sich weder im russischen noch im preußischen Teilungsgebiet ernsthaft regen.

Auf geradezu paradigmatische Weise hatte in Italien der nationale Aspekt den Vorrang vor dem sozialen. Weniges bekümmerte die Vorkämpfer des »Risorgimento« mehr als die weitverbreitete Gleichgültigkeit, welche die Bauern der Lombardei und des festländischen Venetien der österreichischen Fremdherrschaft gegenüber an den Tag legten. Auch im Kirchenstaat war es nicht in erster Linie soziale Unzufriedenheit, die zur Revolution führte, ebenso wenig wie in Süditalien, wo man eher von dem Separatismus der Sizilianer sprechen musste. Es war eine kleine bürgerliche und intellektuelle, humanistisch gebildete Schicht, die vom Gewinn einer nationalen Einheit Italiens träumte, die es aber weder im Mittelalter noch, genau betrachtet, während des römischen Imperiums gegeben hatte. Aber Gioberti und Balbo, Mazzini und Garibaldi sprachen die Sprache Dantes, und es gab trotz aller großen regionalen Unterschiede keinen Zweifel, dass die Einwohner von Reggio di Calabria weit eher verwandtschaftliche Gefühle für die Mailänder als für die Bewohner Wiens oder Münchens empfanden. Cavour gehörte zu dieser Schicht, und er stand ihr, mutatis mutandis, nicht feindlich gegenüber wie Bismarck, der in seiner Frühzeit der Meinung Ausdruck gab, notfalls werde das Landvolk die unruhigen, ja aufrührerischen Städte zerstören. Zwar ist es nicht ausgemacht, dass England einer großdeutschen Einigung mit Waffengewalt entgegengetreten wäre, und es ist kein völlig bedeutungsloses Faktum, dass der Frankfurter Reichsministerpräsident, der Fürst Karl zu Leiningen, ein Halbbruder der britischen Königin Viktoria war, aber der italienischen Einigung bezeugten alle britischen Liberalen große Sympathie, und es hätte trotz des scheinbaren Scheiterns der Revolution gegen 1850 keiner Prophetengabe bedurft, um vorauszusagen, dass von all den vielen Fragen, welche die Revolution gestellt, jedoch nicht beantwortet hatte, die italienische zuerst eine positive Lösung finden werde. Als Voraussetzung dazu bedurfte es indessen eines Krieges, wie er von den Radikalen während der Revolutionszeit immer wieder gefordert wurde, aber nie zustande kam: des Krieges der »liberalen« Westmächte gegen das »despotische« und sozial ganz »rückständige« Zarenreich. Doch sogar hier fehlte es nicht an Ambivalenz: für viele Liberale und zumal für die Sozialisten war Nikolaus I. vor allem der Todfeind »der Revolution« – aber war nicht auch Napoleon III., der diesen Krieg initiierte, im Kampf gegen »die Revolution« emporgekommen?

Der Krimkrieg und der Friede von Paris

Für alle Konservativen war Napoleon III. freilich die verkörperte, die in einem der bedeutendsten Staaten siegreiche Revolution, und der mächtigste Vorkämpfer des Konservativismus, der russische Zar Nikolaus I., hatte keinen größeren Wunsch, als den französischen Störenfried der »Ruhe Europas« niederzuwerfen. Umso paradoxer war der Ausgangspunkt für den Krieg »des Westens« gegen »den Osten«, den alle Revolutionäre in den Jahren 1848 und 1849 auf das Sehnlichste gewünscht hatten: Der »Sohn der Revolution«, eben erst durch einen Staatsstreich zum »Kaiser der Franzosen« geworden und durch ein Plebiszit triumphal bestätigt, suchte die Unterstützung der Katholiken zu gewinnen und mischte sich zugunsten der Lateiner in die alten Streitigkeiten der christlichen Konfessionen um die Grabeskirche in Jerusalem ein, sodass die Orthodoxen sich bedroht fühlten und an ihren natürlichen Protektor, den russischen Zaren, appellierten. Dieser aber begnügte sich nicht mit Einflussnahme oder Schlichtung, sondern er schickte seinen Gesandten Menschikow nach Konstantinopel, um vom Sultan die Anerkennung seines Protektorates über alle Christen des Osmanischen Reiches zu fordern. Das war unter den gegebenen Umständen die revolutionärste Forderung, die überhaupt erhoben werden konnte, denn sie hätte in der Praxis die Loslösung der christlichen Völker des Balkans vom türkischen Reich und damit eine außerordentliche Machtverschiebung zugunsten Russlands bedeutet. Zumal Österreich konnte eine so tief greifende Änderung des Status quo nicht akzeptieren.

Die Intentionen des Zaren gingen aber noch viel weiter: In diplomatischen Sondierungen, zumal in Gesprächen mit dem britischen Gesandten Seymour, fasste er eine »Teilung der Türkei« ins Auge, d. h. eine Aufteilung des weit über die ethnischen Grenzen der Türkei hinausgreifenden Osmanischen Reiches, die England den Besitz Ägyptens und damit die bessere Sicherung des Weges nach Indien gebracht und für ihn selbst die Herrschaft über den Balkan und über Konstantinopel bedeutet haben würde. Aber auch dieser große Plan war für Nikolaus nur eine Vorstufe, denn auf dessen Basis wollte er alle Mächte Europas gegen das Zentrum »der Revolution«, nämlich das Frankreich Napoleons III., einigen. Auf die Hilfe Österreichs und Preußens glaubte er zählen zu dürfen, denn beide Mächte gehörten, wie Russland, zur »Heiligen Allianz«, und Österreich war ihm wegen der entscheidenden Hilfe, die er bei der Niederwerfung der ungarischen Revolution 1849 geleistet hatte, anscheinend in besonderem Maße zum Dank verpflichtet. Aber niemand konnte von dem jungen Kaiser Franz Joseph und seinem eben erst wieder gefestigten Regime verlangen, dass er Beihilfe zu seiner eigenen Ausschaltung auf der Balkanhalbinsel leistete, und König Friedrich Wilhelm IV. von Preußen war trotz der alten und engen Verbindungen mit dem Zarenhof selbstbewusst genug, um die in barschem Ton gehaltene Aufforderung des Zaren zurückzuweisen. Auch England stellte sich gegen Nikolaus, obwohl das Angebot verlockend genug war, denn letzten Endes schien es doch zu gefährlich zu sein, dem weltpolitischen Rivalen den Besitz der Meerengen und damit die Kontrolle über die für England lebenswichtigen Getreideimporte zu überlassen. So kamen nicht Russland, Österreich und Preußen zusammen, sondern England und Frankreich, und der gemeinsame Zweck war die Verteidigung der Integrität der Türkei, d. h. des Osmanischen Reiches.

Doch auch hier spielten übergreifende Ziele eine Rolle: Napoleon III. wollte als legitimer Herrscher anerkannt sein und möglichst die Hegemonie über Kontinentaleuropa erringen; in England aber kam, anders als in allen anderen europäischen Staaten, der »öffentlichen Meinung« eine wesentliche Mitwirkung zu, und diese »öffentliche Meinung«, hauptsächlich verkörpert durch die »Times«, war entschieden russenfeindlich, nicht zuletzt aus der Erinnerung an jene Niederwerfung der ungarischen Revolution durch Nikolaus.

So einigten sich nicht, wie dieser gehofft hatte, die konservativen »Ostmächte«, um im Bündnis mit England den französischen »Sohn der Revolution« zu stürzen, sondern die »liberalen Westmächte« stellten sich der russischen Bedrohung der Türkei entgegen, während die »deutschen Mächte« Österreich und Preußen neutral blieben. Auf diese Weise kam es zu einem Krieg, der nach seinem Verlauf als ein »Kabinettskrieg« beschrieben werden kann. Während der gesamten Dauer der Feindseligkeiten verhandelten die Regierungen miteinander, meist in Wien, und nicht selten schien eine friedliche Lösung in Sichtweite. Die militärischen Aktionen beschränkten sich im Wesentlichen auf einen marginalen Teil des Russischen Reiches, nämlich auf die Krim, ja im Grunde sogar auf deren Haupthafen Sewastopol, und dieser »reale Teil« des Krieges lässt sich in kurzen Worten wiedergeben.

Nachdem der Sultan, vom Botschafter Englands an der »Pforte«, Stratford de Recliffe, beraten, das russische Ansinnen abgelehnt hatte, überschritten russische Truppen den Grenzfluss Pruth und rückten in die »Donaufürstentümer« ein, d. h. in die Moldau und in die Walachei, die der türkischen Oberhoheit unterstanden und die seit 1711 immer wieder einmal für jeweils mehrere Jahre von den Russen besetzt worden waren. Vom November 1853 an herrschte Kriegszustand zwischen der Türkei und Russland, und die Türken erlitten schon bald eine schwere Niederlage in der Seeschlacht von Sinope, sodass der Kampf um die Herrschaft über das Schwarze Meer entschieden zu sein schien. Aber schon ankerten britische und französische Flotten vor dem Bosporus, und wenn die vier Großmächte im Dezember ihre Vermittlerdienste anboten, so schlossen sie doch jede territoriale Verkleinerung der Türkei als Folge von Militäraktionen kategorisch aus. Faktisch und bald auch rechtlich wurden Frankreich und England mithin zu Verbündeten der Türkei, und Ende März 1854 erklärten die beiden Westmächte Russland den Krieg.

Österreich-Ungarn, das ja im Osten direkt an die »Donaufürstentümer« grenzte, geriet nun rasch unter starken Druck, und zwar sowohl von außen als auch von innen. Der Botschafter Hübner in Paris empfahl schon zum Zeitpunkt der englisch-französischen Kriegserklärung dringend den Abschluss eines Offensiv- und Defensivbündnisses mit den Westmächten, da nur so Österreich vor der Revolution, d. h. insbesondere vor Aufständen in seinen italienischen Besitzungen, gesichert werden und Russland von der Donau zurückgedrängt werden könne. Aber Kaiser Franz Joseph und der leitende Staatsmann Graf Buol von Schauenstein ließen sich nur auf eine begrenzte Zusammenarbeit mit den Westmächten ein, welche vornehmlich in der Erarbeitung der »Vier Punkte« bestand, die Russland als Friedensbedingungen übermittelt und vom Zaren nicht von vornherein kategorisch abgelehnt wurden. Die beste Hoffnung auf eine friedliche Lösung resultierte aus der Tatsache, dass Russland sich im Juli 1854 bereit fand, die Donaufürstentümer zu räumen. Diese wurden indessen bald darauf von österreichischen und türkischen Truppen besetzt, und das bedeutete nicht nur einen Gesichtsverlust für den Zaren, sondern auch eine Art von militärischer Niederlage, da nun starke russische Truppen in Bessarabien versammelt bleiben mussten und einem Einsatz auf der Krim entzogen blieben.

Dort waren nämlich inzwischen französische und englische Truppen gelandet und hatten sich unter schweren Kämpfen den Weg nach Sewastopol gebahnt. So entstand in Russland jene tiefe Erbitterung gegen das »undankbare Österreich«, die eine Konstante der Geschichte bis zum Ersten Weltkrieg bleiben sollte. Zwar verteidigten die russischen Truppen die Seefestung hartnäckig und geschickt, aber im Dezember schloss Österreich einen Allianzvertrag mit Frankreich und England, sodass es faktisch der feindlichen Seite zuzurechnen war, und im Januar 1855 fegte die immer erregtere öffentliche Meinung Englands die Regierung des von Gewissensqualen bedrängten Lord Aberdeen hinweg, an dessen Stelle nun der »most English minister« Lord Palmerston trat, der als der paradigmatische Liberale gegolten hatte und nun die nationalistischen Leidenschaften ohne Hemmung aufputschte. Jetzt waren diese Leidenschaften nämlich nicht mehr nur durch die überlieferte »Russophobie« genährt, sondern insbesondere durch den Umstand, dass die englische Armee schwere Rückschläge hatte hinnehmen müssen, deren Ursachen in einem entsetzlichen Orkan im November, aber auch in der unfähigen Führung durch den Befehlshaber Lord Raglan zu suchen waren.

England und Frankreich erlebten in diesem »Krim-Winter« eine sehr böse Zeit, und die neue Einrichtung der detaillierten Kriegsberichterstattung in der großen Presse brachte dem Publikum die Leiden der zu Zehntausenden an ihren Verwundungen und mehr noch an Seuchen und unzureichender Pflege zugrunde gehenden Soldaten so anschaulich nahe, dass eine heftige Kritik an den »oberen Ständen« aufkam, wie es sie seit den Kämpfen um die Reform von 1832 nicht mehr gegeben hatte.

Nikolaus I. starb am 2. März 1855, aber das implizierte zunächst nicht ein Analogon zum »Tod der Zarin«, der Friedrich den Großen im Siebenjährigen Krieg gerettet hatte. Nikolaus' Sohn Alexander II. setzte den Kampf nämlich fort, obwohl inzwischen auch Sardinien-Piemont auf die Seite der Westmächte getreten war, und erst im September kam es auf der Krim zu einer militärischen Entscheidung, als die Franzosen und Engländer in äußerst verlustreichen Kämpfen schließlich Sewastopol eroberten. Das bedeutete jedoch nicht notwendigerweise das Ende des Krieges, denn im November errangen auch die Russen einen wichtigen Sieg, indem sie die türkische Festung Kars einnahmen. Wenn es in Russland eine so selbstständige und mächtige »öffentliche Meinung« gegeben hätte wie in England, wären nun auch hier die »nationalen Leidenschaften« vermutlich übermächtig geworden, und sie hätten sich auf die unbestreitbare Tatsache stützen können, dass die Hilfsmittel bei Weitem nicht erschöpft und das riesige Territorium kaum angetastet war, sodass eine hohe Wahrscheinlichkeit bestand, Napoleon III. schon weit vor Moskau eine ähnliche Niederlage bereiten zu können wie dem ersten Napoleon durch die Inbrandsetzung der Hauptstadt. Aber Alexander II. und seine Ratgeber waren von einer solchen Öffentlichkeit nicht abhängig, und der Verlauf des Krieges hatte ihnen die inneren Schwächen Russlands sehr deutlich gemacht – Schwächen, denen sie durch umfassende Reformmaßnahmen wie insbesondere die »Bauernbefreiung« glaubten abhelfen zu können. So nahm Alexander am 16. Januar 1856 das alliierte und österreichische Ultimatum an, und zwei Monate später wurde der Friede von Paris geschlossen, der ebenso die Merkmale eines »Kabinettsfriedens« trug, wie der Krieg sich als ein »Kabinettskrieg« hatte verstehen lassen.

Kein vitales Interesse einer der fünf Großmächte wurde verletzt: Die großen Eroberungen, Sewastopol auf der einen und Kars auf der anderen Seite, wurden zurückgegeben, und dass die Donauschifffahrt für »frei« erklärt wurde, weil Russland sich bereit fand, seinen Teil der Donaumündung an die Moldau abzutreten, konnte als Sieg eines großen Prinzips betrachtet werden. Zwar musste der Zar auf die Schutzherrschaft über die christlichen Balkanvölker ausdrücklich verzichten, aber auch die türkische Souveränität erlitt ihrerseits ernste Einbußen, als die Christen entgegen den fundamentalen Bestimmungen des Korans die bürgerliche Gleichstellung erhalten sollten und überdies unter den Schutz der Großmächte gestellt wurden.

Ein gravierender, nicht leicht zu kompensierender Nachteil für Russland war nur im Artikel 11 enthalten, der die »Neutralisierung« des Schwarzen Meeres festlegte. Russland durfte in Zukunft, ebenso wie die Türkei, im Schwarzen Meer keine Kriegsschiffe und an dessen Küsten keine Festungen unterhalten. Wenn Russlands eigentliches Kriegsziel Konstantinopel gewesen war, so war es am Ende dieses Krieges davon erheblich weiter entfernt als an dessen Anfang. Aber wenn es, wie Palmerston und Marx behaupteten, tatsächlich nach »der Weltherrschaft« strebte, so behielt es Mittel genug, um auf diesem Wege voranzukommen, und die Westmächte, aber auch Österreich und Preußen, hatten den Krieg verloren, weil sie damit einverstanden waren, dass er wie ein Kabinettskrieg beendet wurde.

Gleichwohl waren die Machtverschiebungen, die er zur Folge hatte, nicht ohne Relevanz. Hinfort schien Frankreich an der Stelle Russlands die Hegemonialmacht des Kontinents zu sein. Preußen hatte sich isoliert und wurde kaum noch zu den Großmächten gezählt, wenn es auch zu den Pariser Verhandlungen zugelassen wurde. Österreich hatte sich mit Russland aufs Schwerste verfeindet, und trotz der Schwächung Preußens konnte es seiner Vorherrschaft im Deutschen Bund weniger sicher sein als vor dem Krieg, und die Tatsache, dass Sardinien-Piemont als kriegführende Macht auf dem Kongress eine Stimme erhielt, war voll dunkler Vorbedeutung für seine italienischen Besitztümer. Insofern schienen die beiden deutschen Mächte zu den Verlierern des Kabinettskrieges zu gehören, aber sie waren wegen ihres unterschiedlichen Verhaltens in eine ganz unterschiedliche Beziehung sowohl zu Russland wie zu Frankreich getreten, und daraus resultierten schwerwiegende Folgen.

Vermutlich hat es nie einen »realen« und »begrenzten« Krieg gegeben, der so sehr wie der Krimkrieg von »virtuellen« und »großen« Kriegen durchdrungen und mitbestimmt war: von Plänen, Stimmungen, Erwartungen, Befürchtungen und auch Situationen, aus denen jene »guerre universelle«, jener Weltkrieg hätte hervorgehen können, den insbesondere die österreichischen Staatsmänner so sehr fürchteten. Dass »die Revolution« keineswegs nur in der Fantasie von Friedrich Engels »die sechste Großmacht« war und dass mithin die Vorstellung vom großen Krieg »des Westens« gegen »den Osten« nicht außerhalb aller Möglichkeiten lag, geht aus den Äußerungen führender Politiker, die sich in der vielbändigen Aktensammlung zur Geschichte des Krimkrieges finden lassen, mit geradezu überwältigender Deutlichkeit hervor. So schrieb Kaiser Franz Joseph im Juli 1853 an König Friedrich Wilhelm IV.: »Dieser Feind aller göttlichen und menschlichen Ordnung ist die Revolution. Solange sie nicht gründlich besiegt ist, wird nicht die Zersplitterung der Kräfte der Continentalstaaten für die Neugestaltung des Orients abermalige Zuckungen des Geistes der Zerstörung im Abendlande hervorrufen?«[1)]

Friedrich Wilhelm wiederum ließ sich sicherlich nicht nur von Zweckpessimismus leiten, als er im August 1854 dem Zaren mitteilte: »Les nouvelles sur la recrudescence de l'esprit révolutionnaire dans toute l'Europe deviennent de jour en jour plus graves. On le sent même jusqu'en Prusse (et surtout à Berlin) quoique la Prusse jouisse encore de plus de ›santé‹ que les autres pays.«[2)] Wenn für Bismarcks Gegenspieler am Bundestag in Frankfurt, Anton von Prokesch-Osten, die Revolution »das absolute Böse« war, so handelte es sich schwerlich bloß um eine metaphysische Vorstellung, sondern sie muss mit Prokeschs Überzeugung zusammen gesehen werden, dass dem Nationalitätenprinzip der »höhere und versöhnende Begriff des Staates entgegengesetzt« sei, und es lässt sich kaum bezweifeln, dass den meisten der österreichischen Staatsmänner ein durchaus realistisches Bild von den zukünftigen Kämpfen zwischen Nationen und Nationalitäten vor Augen stand, die nach ihrer Meinung nur durch den Vorrang des »Reichsprinzips« überwunden werden konnten.[3)]

Wie sehr das »Gespenst des Kommunismus« dabei maßgebend war, geht mit besonderer Deutlichkeit aus einem bemerkenswerten Memorandum des österreichischen Feldzeugmeisters Hess vom 1. Mai 1855 hervor, in dem festgestellt wird, wenn das Ziel der endgültigen Befriedung Europas durch die Stärkung der konservativen Ordnung nicht erreicht werde, dann sei Europa ruiniert und die Fürsten würden »unter das Joch des Wütens des Kommunismus, des Radikalismus und der Volksexzesse« geraten.[4)]

Aber sogar in Österreich waren nicht ausschließlich konservative Motive zu verzeichnen. So sprach sich der Befehlshaber der Truppen in den Donaufürstentümern, General Coronini, dafür aus, in »diese schönen Länder« einen Strom deutscher Auswanderer hineinzuleiten, um durch »zivilisierende Aktivitäten … das trägere und elastischere einheimische Element zu überwuchern«; dann würde das »Anlage-Capital« mit hundertfachen Zinsen zurückgezahlt werden – es war die Sprache eines »Sozialdarwinisten avant la lettre«.[5)]

Lord Palmerston hingegen fürchtete »die Revolution« nicht, sondern er drohte verschiedentlich sogar damit, sie »zu entfesseln«. Aber er fürchtete die Macht Russlands als eine Gefahr für das britische Weltreich, und er wollte sie in einer Weise ausschalten, die lebhaft an viel spätere Pläne der deutschen Nationalsozialisten erinnerte: Er wollte Russland auf den historischen Kern des alten Großfürstentums reduzieren und ringsherum einen »Wall« von selbstständig gewordenen Staaten errichten, zu denen in erster Linie Polen gehören sollte. Und in der Tat trugen sich die polnischen Emigranten mit entsprechenden Plänen: Polnische Legionen sollten aufgestellt und an der Dnjeprmündung oder an der Ostseeküste an Land gebracht werden; gleichzeitig würde im russischen Kongresspolen ein großer Aufstand entfesselt werden. Kein Geringerer als der große Dichter Adam Mickiewicz reiste im Zusammenhang mit diesen Projekten 1855 nach Konstantinopel, wo er an der Cholera starb.

Auf die Unterstützung durch Napoleon III. konnten die Polen mit Bestimmtheit zählen, denn der Kaiser machte kein Hehl daraus, dass er sich zwar nicht als Vorkämpfer der »sozialen Revolution«, wohl aber als Förderer der »nationalen Revolutionen« in Europa betrachtete. Die Unterscheidung zwischen diesen beiden Arten der Revolution war den Zeitgenossen durchaus geläufig, so sehr der zusammenfassende Begriff noch im Vordergrund stand. Mit der italienischen Nationalbewegung war er ja seit seiner Jugendzeit verbunden, aber er orientierte sich auch am Prinzip des Nationalstaats, soweit dessen Durchsetzung seiner eigenen Position und derjenigen Frankreichs zugutekam. Die Polen ließ er zwar im Pariser Frieden fallen, aber indem er die Mitsprache von Sardinien-Piemont durchsetzte, machte er den Weg für Cavour frei, der, seit 1852 Ministerpräsident in Turin, von allen europäischen Staatsmännern die am meisten realistische Konzeption von »Revolution« hatte.

Preußen spielte zwar in der großen Politik dieser Jahre nur eine marginale Rolle, aber auch hier fehlte es nicht ganz an großen Plänen. Die »Kamarilla« der Anhänger des Legitimismus um den Generaladjutanten des Königs, Leopold von Gerlach, und dessen Bruder Ernst Ludwig war zwar eindeutiger »russophil« als irgendein anderer Kreis einflussreicher Männer in West- und Mitteleuropa, aber man begnügte sich doch nicht mit der Sympathie für den Zaren, sondern erwog im Herbst 1854 den Plan, die günstige Situation auszunutzen und das Frankreich Napoleons III. in einem Feldzug von wenigen Wochen niederzuwerfen.

Noch weitaus umfassender waren die Pläne, mit denen die Gegenseite der liberalen und also ganz »westlich« orientierten »Wochenblattpartei« sich trug. Auch hier war eine vollständige Änderung der Karte Europas das Ziel, die allerdings nicht so sehr dem Vorteil der Westmächte als demjenigen Preußens dienen sollte. Die Vorstellungen, die der Gesandte in London, von Bunsen, und der ehemalige Gesandte in Rom, von Usedom, in umfangreichen Denkschriften entwickelten, hatten einen so exzessiven und geradezu abenteuerlichen Charakter, dass sie die Kaltstellung der beiden zur Folge hatten, aber sie schlossen gleichwohl viel Symptomatisches und einiges Zukunftsvolle in sich.[6)]

Otto von Bismarck spielte als preußischer Gesandter am Bundestag in Frankfurt im Rahmen der preußischen Politik nur eine untergeordnete Rolle. Aber er löste sich während dieser Zeit mehr und mehr von seinen bisherigen Mentoren, den beiden Gerlachs, und er gelangte zu einem weit größeren Verständnis für die historische Bedeutung von Revolutionen, mithin auch für Napoleon III. Das bedeutete den Schritt von der »Prinzipienpolitik« der Legitimisten, zu denen er sich bis dahin gezählt hatte, zu jener »Realpolitik«, die für ihn ein feindliches Verhältnis zu Österreich implizierte, da die Machterweiterung Preußens nun seine oberste Maxime wurde. So konnte er im Februar 1854 in einem Privatbrief an den Ministerpräsidenten von Manteuffel verlangen, »nicht unsere schmucke und seefeste Fregatte an das wurmstichige alte Orlogschiff von Österreich zu koppeln«, und daran schloss er einen Satz an, in dem man den »neuen«, den »künftigen« Bismarck erkennen mag, der immerhin einiges von demjenigen realisieren würde, was von den Vorstellungen Napoleons, Palmerstons, Karl Marx' und der »Wochenblattpartei« während des Krimkriegs bloß »virtuell« blieb: »Die großen Krisen bilden das Wetter, welches Preußens Wachstum fördert, indem sie furchtlos, vielleicht auch sehr rücksichtslos von uns benutzt werden.[7)]

Die Einigung Italiens und die Gründung des kleindeutschen Nationalstaates

Es gab schwerwiegende Gründe dafür, dass in der Revolution von 1848, wie gezeigt worden ist, der nationale Aspekt der zentralen Frage stärker hervortrat als der soziale. Überall in Europa ging es um die Frage, wie sich der Fundamentalprozess vollziehen sollte, nämlich die Umwandlung oder die Ablösung des »Ancien Régime«, jener führenden Gesellschaftsschicht, die im Kern aus dem »Kriegeradel« des Mittelalters hervorgegangen war und trotz aller Wandlungen wesentliche Kennzeichen dieses Kriegeradels bewahrte. Die folgenreichsten Neuerungen aber hatten seit der Reformation ihren Ursprung nicht in der politischen Herrschaftsschicht, sondern im Bürgertum, in der Wissenschaft und auch im Volk: die Reformation, der Wissenschaftsglaube, der Rationalismus, die Säkularisierung, die industrielle Revolution, die Modernisierung.[1)]

Aber man darf nicht eine einfache Gegenüberstellung vornehmen. Der Adel hatte in der frühen Neuzeit gerade in seinem Widerstand gegen die absolutistischen Bestrebungen der Monarchien eine starke Tendenz zur »Liberalisierung« in sich, ja ohne diese Kämpfe und ohne die »freiheitliche« Einstellung großer Teile des Adels hätte es so etwas wie »Liberalismus« und »Aufklärung« schwerlich gegeben. Es genügt, an die englischen »Whigs«, an die adlig-bürgerlichen Salons im vorrevolutionären Frankreich, an Montesquieu und an Friedrich den Großen zu erinnern. Der politische Fundamentalprozess konnte so die Gestalt der »Ausweitung« annehmen, der Einbeziehung von zunächst schmalen bürgerlichen Schichten in das überlieferte Herrschaftssystem des Adels. Das beste Beispiel ist die englische Reform Bill von 1832, deren hochadlige Vorkämpfer sich betontermaßen von diesem Gedanken der Einbeziehung einer neuen Schicht, vornehmlich des Wirtschaftsbürgertums als des Trägers der Industrialisierung, leiten ließen. Als Extremfall konnte jedoch der Gedanke der Vernichtung aufkommen, wie ihn der Abbé Sieyès kurz vor dem Beginn der Französischen Revolution vertreten hatte: die von der germanischen Eroberung Galliens herrührende Adelskaste müsse von dem lateinisch-keltischen »Dritten Stand« zusammen mit der Geistlichkeit der römischen Kirche aus dem Lande getrieben werden. Es war diese Idee und die mit ihr eng verknüpfte Realität der »Aristokratenvernichtung«, welche die Revolution für die führenden Schichten ganz Europas und nach 1814 auch Frankreichs selbst zum Schreckgespenst machten.

Metternich und die anderen »Konservativen« fassten nun aber auch jene »Ausweitung« der politischen Rechte, die ihren natürlichen, aber vielleicht nur vorläufigen Endpunkt im allgemeinen Wahlrecht hatte, als eine Erscheinungsform der »Revolution« auf. Daher setzten sie das »monarchische Prinzip« mit seiner Einheit von »Thron und Altar« dem Prinzip der »Volkssouveränität« entgegen, das die scheinbar wohlmeinende Gestalt des Liberalismus, aber auch die düstere Erscheinungsform der »Demokratie«, ja diejenige des Kommunismus annehmen konnte, welcher kein Hehl daraus machte, dass er zusammen mit dem »Ancien Régime« auch die Oppositionellen, nämlich das liberale und sogar das demokratische Bürgertum vernichten wollte.

So konnte die vom aufgeklärten Denken geforderte Modernisierung zum einen »Konstitutionalisierung« bedeuten, d. h. Einführung einer Verfassung mit garantierten Freiheitsrechten und wachsender Anteilnahme zunächst des Bürgertums und dann im Zeichen des allgemeinen Wahlrechts auch des Volkes an der Politik, oder aber Herbeiführung einer ausschließlichen »Volksherrschaft«, d. h. einer radikalen Demokratie, die alles Abweichende und zuerst den Adel sowie »die Bourgeoisie« vernichten und einen Zustand vollkommener Gleichheit im Rahmen der Nation oder sogar der »zivilisierten Welt« herstellen würde. Aus dem Neben- und Gegeneinander dieser beiden Tendenzen resultierten die meisten Kämpfe der Revolutionszeit von 1848/49. Sie konnten jedoch nur dort eine »reine« Form annehmen, wo keine ungeklärten nationalen Fragen dazwischentraten, wo also Nationalstaaten vorhanden waren, wie etwa in England, in Frankreich oder auch in Russland. In England wurde der friedliche Revolutionsversuch der Chartisten mit friedlichen Mitteln abgewehrt, und jener Prozess der Ausweitung trat in eine neue Phase ein. In Frankreich realisierte sich das neuartige Phänomen des »Bonapartismus«, d. h. eines plebiszitären Volkskaisertums. In Russland behauptete sich der zarische Absolutismus ohne Einschränkungen.

Für Italien und Deutschland aber stand schon 1848 das Problem der nationalen Einheit im Vordergrund. In beiden Ländern war ja die Erbschaft des mittelalterlichen und übernationalen »Heiligen Römischen Reiches« noch eine unübersehbare Realität: In Italien residierte der Papst der katholischen Weltkirche, und er besaß seit vielen Jahrhunderten seinen eigenen Staat, den »stato pontificio«, der einen erheblichen Teil Mittelitaliens einnahm.

In Deutschland stand die Habsburgermonarchie in einer ununterbrochenen Kontinuität zum mittelalterlichen Reich, und sie bewahrte dessen übernationalen Charakter. Wer immer in Italien und in Deutschland die »nationale Einheit« anstrebte, weil er die Gliederung der Menschheit in Nationen für »natürlich« hielt, der musste zu diesen »Relikten der Vergangenheit« Stellung nehmen, die doch gerade den Ideen des »progressivsten« Teils der »Partei der Bewegung« besser entsprachen als die selbstgenügsamen, gegeneinander abgeschlossenen Nationalstaaten, auf welche die Vorstellungen der gewöhnlichen Liberalen hinauslaufen mussten. Das »Reaktionäre« mochte also sehr »fortschrittlich« sein, und so sahen die italienischen »Neoguelfen« um Gioberti die Dinge, denn ohne die universale Kirche konnte von einem »primato morale e civile« der Italiener nicht die Rede sein. Eine Einigung Italiens durfte also nicht gegen den Papst, sondern musste mit dem Papst erfolgen. Diese »gemäßigte« Einstellung wurde von Mazzini verworfen, der als »Triumvir« im republikanischen Rom von 1848/49 und in den Sechzigerjahren durch seinen Gefolgsmann Garibaldi regelrechte Kriege, Bürgerkriege, gegen den Papst führte.

Wer in Deutschland die nationale Einheit nur *mit* und nicht gegen Österreich erringen wollte, der musste nicht notwendigerweise ein Demokrat wie Mazzini sein, denn die Grenze verlief hier zwischen »Großdeutschen« und »Kleindeutschen«, und sogar ein erheblicher Teil der »Kleindeutschen«, d. h. der Anhänger einer Einigung Deutschlands durch Preußen, hätte das »große Deutschland« vorgezogen, wenn die Habsburgermonarchie sich nicht dem Anspruch widersetzt hätte, nur mit ihren deutschen Ländern in den Nationalstaat einzutreten.

Die Differenz zwischen Italien und Deutschland sprang mithin ebenso ins Auge wie die Ähnlichkeit. Die auffallendste Differenz war aber offensichtlich der Umstand, dass Italien zwar wie Deutschland aus mehreren Staaten bestand, dass es aber keine Entsprechung zum »Deutschen Bund« gab – und dass diese Staaten unter »Fremdherrschaft« standen. Die Lombardei und Venetien gehörten direkt zur habsburgischen Monarchie; in den Herzogtümern Parma und Modena regierten Dynastien, die eher österreichisch als italienisch waren, und Ähnliches galt für das Großherzogtum Toskana. Der Kirchenstaat reichte im Norden bis über Bologna hinaus, und obwohl die »Legationen« und die »Marken« nicht minder von italienischen Kardinälen regiert wurden als Umbrien und Latium, wurde diese Herrschaft schon von den »Carbonari« der Zwanziger und Dreißigerjahre und dann von Mazzini und dessen Anhängern als »fremd« empfunden. Das »Königreich der beiden Sizilien« wurde von Bourbonen regiert, und diese Dynastie galt schon wegen ihrer spanischen Ursprünge als ausländisch. Es mussten also die »Fesseln der Fremdherrschaft« abgeworfen werden, wenn Italien im Sinne Mazzinis ein Nationalstaat werden sollte.

Aber die »inneren Fesseln« waren noch gewichtiger. 1854 beschrieb der französische Schriftsteller Alfred Maury die Verhältnisse in Italien folgendermaßen: In Mailand und Turin finde der Reisende eine moderne Gesellschaft vor; Florenz biete ein Bild wie unter den Medici, Rom sei mittelalterlich, Neapel heidnisch und Apulien archaisch. Nicht nur die Schriften der italienischen Demokraten sind voller Klagen über die vielen »Munizipalismen«.[2)]

In Deutschland gab es nirgendwo eine solche Fremdherrschaft, denn der König von Dänemark und der König von England, die über Schleswig und Holstein bzw. (bis 1837) über Hannover herrschten, entstammten deutschen Geschlechtern und gewährten ihren deutschen Ländern ein hohes Maß an Selbstregierung. Österreich war zwar ein übernationaler Adelsstaat, aber die Dynastie und die wichtigsten Adelshäuser empfanden sich doch als deutsch.

Das Gebiet der »deutschen Zunge« war indessen unter einem anderen Aspekt dreigeteilt: Der Präsidialmacht des Deutschen Bundes Österreich stand im Nordosten der ungemein »staatliche« Militärstaat Preußen gegenüber, der auch große Gebiete im Westen besaß und durch seine führende Rolle im Zollverein schon seit 1834 einen ökonomischen Vorrang errungen hatte. Zwischen den beiden Großmächten lag jedoch das »dritte Deutschland«, das oft schlicht als »Deutschland« bezeichnet wurde und das aus drei Dutzend Staaten bestand, von denen freilich nur die »Mittelstaaten« wie Bayern und Württemberg politisch ins Gewicht fielen. Konnte dieses durch die Rivalität zweier Großmächte geprägte und im Übrigen ungemein buntscheckige Gebiet jemals ohne Revolution und Bürgerkrieg zu einer nationalen Einheit werden? Nicht wenige unter den Liberalen und Demokraten setzten ihre Hoffnungen weiterhin auf Preußen, denn es blieb auch in der »Reaktionszeit« ein Verfassungsstaat, und es schien trotz seiner polnischen Provinzen »deutscher« und von größerer militärischer und administrativer Effizienz zu sein als Österreich.

In entsprechender Weise existierte in Italien ein besonders »italienischer«, militärisch tüchtiger und moderner Staat, nämlich Sardinien-Piemont, das überdies eindeutiger als Preußen ein Verfassungsstaat war. Erst im Rückblick wurde seit 1860 bzw. in Deutschland seit 1866 deutlich, dass beide Staaten einen überragenden Staatsmann besaßen: Piemont den Grafen Camillo Benso di Cavour und Preußen den Freiherrn Otto von Bismarck. Cavour, obwohl dem höchsten Adel Italiens und Frankreichs nahestehend, war schon vor der Revolution ein überzeugter Freund jener adlig-bürgerlichen Schicht, die das »Risorgimento« trug, und also ein »gemäßigter Liberaler«. Wenn man einige Namen und Ereignisse übergeht, kann man sagen, der Weg seines Königs Karl Albert habe von dem »reaktionären« Ministerpräsidenten Clemente Solaro della Margarita zu dem fortschrittlichen Camillo Cavour geführt, während sich gut zehn Jahre später der neue preußische König Wilhelm I. in höchster Bedrängnis dem »Reaktionär« zugewandt habe, der in den Augen der Liberalen den »engen mittelalterlichen Geist« repräsentierte.[3)]

In Ähnlichkeit und Unterschied waren die Prozesse der nationalen Einigung in Italien und Deutschland aber auch direkt aufeinander bezogen: Die frühesten Vorstellungen zu einem Nationalstaat in Italien nahmen Bezug auf das Beispiel des deutschen Zollvereins. Bismarck wies in der preußischen Zweiten Kammer am 21. April 1849 den Vergleich zwischen Preußen und Sardinien ausdrücklich zurück und artikulierte dabei auf frappierende Weise seine starke Subjektivität.[4)] Die Gründung der »Società Nazionale« in Italien 1857 hatte (um ein wenig vorzugreifen) die Entstehung des »Nationalvereins« 1859 zur Folge, und 1860 gab es in Deutschland keine lebhafter diskutierte Frage als die, wie man sich zu dem französisch-piemontesischen Krieg gegen Österreich verhalten solle. Nichts griffen Bismarcks ehemalige Freunde, die Konservativen des »Preußischen Volksvereins«, 1861/62 heftiger an als »Kronenraub und Nationalitätenschwindel« nach dem Muster des »Raubstaats Italien«. Mit ebendiesem Italien aber schloss Bismarck im April 1866 ein Defensiv- und Offensivbündnis, das ihm den Sieg im deutschen Bürgerkrieg gegen Österreich sichern sollte. 1870 war dann Bismarcks Krieg gegen Frankreich die unmittelbare Ursache dafür, dass Napoleon III. seine Truppen aus Rom zurückzog und dass der Nationalstaat Italien mit der Inbesitznahme Roms aus der zweitausendjährigen, wenngleich gewiss in Verfall befindlichen Welthauptstadt die Metropole eines Staates machen konnte, der stolz den Anspruch erhob, die sechste der europäischen Großmächte zu sein.

Dieser flüchtige Vorblick hat deutlich werden lassen, dass Italien in dem Jahrzehnt zwischen 1859 und 1871 gegenüber Deutschland zunächst einen gewissen Vorsprung hatte und in mancher Hinsicht Vorbildcharakter gewann, also in jenen Sechzigerjahren, die man als das entscheidungsvollste und blutigste Dezennium des Jahrhunderts zwischen 1815 und 1914 charakterisieren muss, denn Piemont-Italien und Preußen-Deutschland führten jeweils drei Kriege um die nationale Einigung, und etwa um die gleiche Zeit spielten sich der amerikanische Bürgerkrieg von 1861–1865 sowie das mexikanische Abenteuer Napoleons III. von 1861–1867 ab, das mit der Hinrichtung eines habsburgischen »Kaisers«, des Erzherzogs Maximilian, durch die siegreichen »Rebellen« des Benito Juarez endete.

Der zeitliche Unterschied zwischen Italien und Deutschland war darauf zurückzuführen, dass Piemont einen mächtigen Freund besaß, der es auf die Bahn der nationalen Einigung stieß und auch danach trotz mancher Schwankungen ein verlässlicher Helfer blieb, nämlich Napoleon III., der gleichzeitig als konservatives Mitglied des europäischen Systems und als dessen nationalrevolutionärer Umgestalter erscheinen wollte. Es bedurfte freilich einer Initialzündung, die von Italien ausging, nämlich des Attentats des ehemaligen Mazzinianers Felice Orsini gegen den Kaiser am 16. Januar 1858, dem Napoleon nur um ein Haar entging.

Das geheime Treffen im Vogesenbad Plombières, zu dem er Cavour wenige Monate später einlud, bedeutete nichts anderes als eine Verschwörung zum Angriffskrieg, zum völlig unprovozierten Krieg gegen Österreich, der Piemont den Gewinn ganz Oberitaliens »bis zur Adria« eintragen, aber auch Frankreich einen Gewinn bringen sollte, nämlich die Abtretung von Savoyen – dem Stammland des piemontesischen Königshauses – und überdies von Nizza, wo Garibaldi geboren war.[5)]

Diesen Angriffskrieg kündigte Napoleon am 1. Januar 1859 auf dem diplomatischen Neujahrsempfang öffentlich mit einer allenfalls notdürftig verhüllten Wendung dem österreichischen Botschafter Hübner gegenüber an, der im Krimkrieg so nachdrücklich für das Bündnis mit Frankreich gewirkt hatte. Bald darauf wurde in Deutschland jene Flut von Flugschriften publiziert, die für oder gegen ein Eingreifen des Deutschen Bundes bzw. Preußens zugunsten Österreichs Stellung nahmen. Eine der interessantesten trug den Titel »Po und Rhein« und stammte von Friedrich Engels. Sie stellt einen der vielen Beweise dafür dar, wie sehr bei ihm ein kämpferischer Nationalismus als etwas Vorletztes und gleichwohl sehr Reales der idyllischen Konzeption von der Verwirklichung der klassen- und staatlosen Gesellschaft durch die unblutige Revolution des Proletariats der fortgeschrittenen Nationen vorgelagert war.[6)]

Österreich ließ sich durch die handgreiflichen Kriegsvorbereitungen Piemonts und Frankreichs provozieren und begann seine Verteidigung mit einem präventiven Angriff, der es manche Sympathien kostete. Innerhalb von knapp zwei Monaten, im Mai und Juni 1859, ging der Krieg durch die Schlachten von Magenta und Solferino verloren, und Preußens unentschiedene Haltung hatte gravierende Folgen: Kaiser Franz Joseph erhob in einem Tagesbefehl an seine Armee bittere Vorwürfe, dass es seine (strittigen) Bundespflichten nicht erfüllt habe, und wenige Tage später ließ sich Napoleon aus Sorge vor einem immer noch möglichen Eingreifen Preußens zum Vorfrieden von Villafranca herbei, der von seiner Seite eine schwere Verletzung des mit Cavour geschlossenen Geheimabkommens darstellte; denn Venetien sowie das »Festungsviereck« blieben bei Österreich, während er auf der Abtretung von Savoyen und Nizza beharrte.

Aber nun setzte die Volksbewegung fort, was die bewaffnete Macht begonnen hatte, und auch Napoleon war jetzt ohnmächtig. In einem präzedenzlosen Zusammenwirken brachten Demokraten und Liberale den größten Teil Italiens in ihre Hand bzw. in diejenige Viktor Emanuels II., des Sohnes Karl Alberts. Die wichtigste Rolle spielte dabei Garibaldi, der von Genua aus mit seinen »Tausend« einen Kriegszug gegen das Königreich beider Sizilien unternahm, der unter völkerrechtlichen Gesichtspunkten ein dreister Überfall war, der aber von Piemont und von der liberalen Palmerston-Russell-Regierung Englands unter der Hand unterstützt wurde und infolgedessen zu einem der triumphalsten Erfolge »der Revolution« wurde.

Doch die »Gegenrevolution« trug nicht wenig zu diesem Erfolg bei, denn aus genuiner Sorge vor einem zu eindeutigen Sieg Garibaldis, der nach Neapel auch Rom erobern wollte, ließ die Regierung in Turin ihre Truppen auf dem Wege durch die päpstlichen Gebiete der Marken und Umbriens auf Neapel marschieren – durch Gebiete, die nicht wieder herausgegeben, sondern mittels Volksabstimmungen ebenfalls annektiert wurden.[7)] Das »Regno d'Italia« war im Zusammenwirken des radikalen und des gemäßigten Flügels des italienischen Liberalismus mit dem stärksten Staat der Halbinsel geschaffen, und am 17. März 1861 wurde Viktor Emanuel (der sich, um die Kontinuität im Wandel zu betonen, weiterhin »den Zweiten« nannte) im Parlament zu Turin feierlich zum »re d'Italia per grazia di Dio e per volontà della nazione« proklamiert.

Freilich war bei den Plebisziten nur die schmale Oberschicht befragt worden, und unter Garibaldis »Tausend« hatten sich 100 Doktoren sowie 150 künftige Advokaten, aber kein einziger Bauer befunden. Weit schlimmer waren die noch jahrelang andauernden und auf sehr brutale Weise geführten

Kämpfe im Süden, die nach Meinung der piemontesischen Generäle gegen »Briganten« gerichtet waren, die aber auch Kennzeichen von Volksaufruhr und Partisanenkampf an sich hatten. Für eine künftige »Demokratisierung« bot sich also noch ein breiter Raum, und die Einheit war auch insofern nicht vollendet, als Rom und Latium sowie Venetien fehlten.

Aber die Hauptarbeit war getan, als Cavour im Juni 1861 überraschend starb. Was zu tun übrig blieb, konnten die weniger genialen Mitglieder seiner »Destra storica« leisten, die Rattazzi und Minghetti, die Sella und Lanza. Aber die Möglichkeit erhielten sie jetzt durch die Entwicklung in Preußen und Deutschland, die nun in den Vordergrund trat und aus der innerhalb eines knappen Jahrzehnts der kleindeutsche oder – wie manche sagten – der großpreußische Nationalstaat entstand.

Man kann die Geschichte der kleindeutschen Einigung nicht mit Bismarck beginnen lassen. Wenn er auch als preußischer Bundestagsgesandter in Frankfurt eine wichtige Rolle spielte, legte doch König Friedrich Wilhelm IV. das respektvolle Misstrauen ihm gegenüber nie ganz ab, das ihn veranlasst hatte, Bismarck während der Revolution von 1848 folgendermaßen zu charakterisieren: »Nur zu gebrauchen, wenn das Bayonett schrankenlos waltet.«[8] Dass er sich von seinem Mentor, dem Generaladjutanten des Königs und führenden Mitglied der hochkonservativen »Kamarilla«, Leopold von Gerlach, während der Fünfzigerjahre allmählich löste, und zwar in der Richtung eines besseren Verständnisses für Napoleon III. und die »Revolution«, trug schwerlich zur Vergrößerung seines Einflusses bei. Auch beim Bruder des Königs, dem späteren Wilhelm I., war er nicht beliebt, und mit dem Beginn der »neuen Ära« wurde er als Botschafter nach St. Petersburg geschickt und gewissermaßen kaltgestellt.

Eben mit dieser »neuen Ära« muss man anfangen, mit der Übernahme der Regentschaft durch Wilhelm I. im Herbst 1858, nachdem König Friedrich Wilhelm IV. regierungsunfähig geworden war. Wie König Karl Albert zu Beginn der Revolution Solaro della Margarita entlassen und die Liberalen an die Regierung berufen hatte, so entließ Wilhelm jetzt das konservative Ministerium der »Reaktionszeit«, in dem der Innenminister Ferdinand von Westphalen (der Halbbruder der Frau von Karl Marx) eine von den Liberalen besonders heftig bekämpfte Politik getrieben hatte, und stellte der neuen Regierung die Aufgabe, in Deutschland »moralische Eroberungen« zu machen, und das heißt die Einigung Deutschlands im preußischen Sinne, aber ohne feindliche Auseinandersetzung mit Österreich voranzutreiben.

In Italien war ein solcher Übergang der Monarchie zu den liberalen Ideen der Anfang des Einigungsprozesses gewesen, obgleich erst der Sohn Karl Alberts die Früchte ernten konnte, und es schien auch in Preußen durchaus möglich zu sein, dass die Monarchie im Einklang mit der liberalen Partei große Schritte auf die nationale Einheit hin machte. Wie stark diese Partei war, zeigte sich bald nach der Thronbesteigung Wilhelms im Sommer 1861, als die »Deutsche Fortschrittspartei« gegründet wurde, in der sich die »Altliberalen« und die Demokraten der Revolutionszeit zusammenfanden und die wenig später ihren ersten großen Wahlsieg errang.

Da aber hatte sich die Situation schon grundlegend geändert, und zwar durch einen Umstand, zu dem es in Italien kein Analogon gab. Der König und die Militärführung wollten eine Heeresreform durchführen, die die Armee wesentlich schlagkräftiger machen sollte und die insofern auch den Erwartungen und Hoffnungen der »Fortschrittspartei« entsprach, als diese in großen Teilen dem Gedanken keineswegs fernstand, die preußische Hegemonie in Deutschland notfalls mit Waffengewalt durchzusetzen. Eben erst hatten ja die Feierlichkeiten zu Friedrich Schillers hundertstem Geburtstag gezeigt, welche innere Macht die »nationale Idee« in Deutschland gewonnen hatte.

Aber der König und seine Berater, unter ihnen der Kriegsminister von Roon und der Generalstabschef von Moltke, wollten zugleich die noch lebendigen Reste des Geistes der »Freiheitskriege« gegen Napoleon I. beseitigen, nämlich die Idee von den »Bürgern in Uniform«, die zwar nicht bei den Linientruppen, wohl aber als milizartige »Landwehr« dem Vaterland dienten. Eben diese Landwehr erschien dem König und der Militärführung zu wenig diszipliniert, zu »demokratisch«. Auf der anderen Seite wollten die Abgeordneten nicht nur eine Verkürzung der regulären Dienstzeit von drei Jahren auf zwei Jahre durchsetzen, sondern sie benutzten die Gelegenheit auch, um faktisch die Grundsatzfrage aufzuwerfen, ob das Heer unter der Kommandogewalt des Obersten Befehlshabers ein »Königsheer« oder im Zeichen der parlamentarischen Budgethoheit ein »Parlamentsheer« sein solle. Damit hatte sich ein Kampf entsponnen, der um nichts Geringeres als um das Wesen Preußens geführt wurde, hatte doch der Franzose Mirabeau fast hundert Jahre zuvor in einem seiner berühmten Bonmots bemerkt: »Preußen ist kein Staat mit einer Armee, vielmehr eine Armee, die einen Staat besitzt.« Der Abgeordnete Johann Jacoby formulierte daher ein umstürzendes Postulat, als er verlangte, Preußen müsse nun von einem Militärstaat zu einem »Rechtsstaat« werden.

Der König und die anderen Protagonisten der altpreußischen Tradition setzten die Anfänge der Reform nun ohne die Zustimmung des Parlaments ins Werk, aber die Widerstände schienen unüberwindlich zu sein, und ein triumphaler Wahlsieg der Fortschrittspartei folgte dem anderen. Wilhelm dachte ernsthaft an Abdankung, und im Augenblick der höchsten Not wandte er sich, von der Militärpartei getrieben, an Bismarck, der inzwischen Botschafter in Paris war. Die Unterredung, die der König und der »rote Reaktionär« am 22. September 1862 in Babelsberg führten, war wahrhaft denkwürdig, denn Bismarck sprach einerseits die Sprache der feudalen Vergangenheit, indem er sich als den »Vasallen« seines Lehnsherrn bezeichnete, und andererseits scheute er sich nicht, von der Notwendigkeit einer Periode der »Diktatur« zu sprechen. So begann eine Zusammenarbeit, die mehr als ein Vierteljahrhundert dauerte.

Aber zunächst sah es so aus, als ob Lehnsherr und Vasall vor den Anforderungen der modernen Zeit stürzen würden, denn das »budgetlose Regime«, das Bismarck nun einführte, stieß noch viel mehr als das Wort von »Eisen und Blut« auf Empörung und hartnäckigen Widerstand. Zugleich gewann die Frage nach der Natur des »Deutschen Bundes« und nach dessen Stärkung durch grundlegende Reformen neue Aktualität. Wieder standen sich die »großdeutsche« und die »kleindeutsche« Auffassung schroff gegenüber, und wenn die ganze kleindeutsche Historikerschule die eine Seite unterstützte, so fand die österreichisch-großdeutsche Idee nicht wenige publizistische Vorkämpfer von Rang, die, wie etwa Constantin Frantz, in dem übernationalen Staatsaufbau Österreichs nicht nur, rückwärtsgewandt, das Erbe des »Heiligen Römischen Reiches«, sondern auch, mit dem Blick auf die Zukunft, das Vorbild einer späteren europäischen Föderation sahen.

Die Großdeutschen schienen vor dem Sieg zu stehen, als Kaiser Franz Joseph die deutschen Fürsten im August 1863 zu einer Versammlung in Frankfurt einlud, auf der ein Reformplan beschlossen werden sollte, der Österreich und Preußen zusammengeführt und Deutschland eine neue und eher »trialistische« Struktur gegeben hätte. König Wilhelm war sehr geneigt, der Einladung wie alle anderen Fürsten zu folgen, und Bismarck musste seine ganze Kraft und Energie aufwenden, um seinen König von diesem Entschluss abzubringen. An dieser Stelle konnte man nun zum ersten Mal mit Recht sagen, dass »der eiserne Wille eines einzigen Mannes« sich durchgesetzt habe,[9)] und Heinrich von Treitschke hätte seine Grundauffassung bestätigt sehen können, dass »Männer die Geschichte machen«. Aber gerade Treitschke äußerte sich damals sehr kritisch über den »Junker« Bismarck,[10)] und dessen frühere Verbündete, die Hochkonservativen, die sich jetzt teilweise zu »Sozialkonservativen« fortentwickelten,[11)] waren nicht minder ablehnend als die ganze liberale und demokratische Partei.

Aber wie der Krieg Napoleons gegen Österreich 1859 Cavour eine neue und entscheidende Chance eröffnet hatte, so wurde Bismarck nun durch die neue Aktualität der schleswig-holsteinischen Frage gerettet.[12)] Zusammen mit Österreich vermochte er einen Krieg zu führen, der nicht nur das Bundesland Holstein, sondern auch das dänische Schleswig zu Deutschland brachte und der ihn erstmals bei Teilen der Bevölkerung populär machte. Doch die Popularität schmolz rasch wieder dahin, als er den unvermeidlichen Konflikt mit dem Mitsieger Österreich so weit vorantrieb, dass er einen Plan zur Bundesreform vorlegte, der die revolutionäre Hauptforderung nach Bildung einer aus allgemeinen Wahlen hervorgehenden Volksvertretung aufgriff und damit das Vorspiel zum deutschen Bürgerkrieg von 1866 darstellte.

Es war wohl der Tiefpunkt von Bismarcks Laufbahn – und auch seiner Selbstgewissheit –, als der Student Cohen-Blind, ein Verwandter von Marx' Mitemigranten Karl Blind, am 6. Mai ein Attentat gegen ihn verübte, dessen Misslingen in der Öffentlichkeit nicht selten unumwunden bedauert wurde, und als sein alter Mentor Ernst Ludwig von Gerlach in der »Kreuzzeitung« einen Artikel mit dem Titel »Krieg und Bundesreform« publizierte, der Bismarcks Politik mit den schärfsten Worten anklagte. Abermals rettete ihn ein welthistorischer Zufall, der jedoch gleichwohl auf der Linie einer welthistorischen Tendenz lag – nach der Preußen durch den Zollverein die ökonomische Überlegenheit zufallen musste und damit auch die Möglichkeit zur besseren technischen Vorbereitung des Heeres. Es war dies der Sieg Moltkes bei Königgrätz. Jetzt schwenkten auch die wichtigsten Liberalen um, und der »Heereskonflikt« konnte durch die Annahme einer »Indemnitätsvorlage« zu einem versöhnlichen Ende gebracht werden. Wenn Cavour 1860 ganz Mittelitalien durch Volksabstimmungen zu Italien gebracht hatte, so nahm Bismarck schlicht Annexionen vor, indem er den König von Hannover, den Kurfürsten von Hessen und den Herzog von Nassau ihrer Throne beraubte und damit ebendas tat, was die Legitimisten für das Verbrechen der Verbrechen hielten und was Ernst Ludwig von Gerlach als die »grundgottlose Haupttat« seines ehemaligen Zöglings bezeichnete. Überdies verlor die Stadt Frankfurt ihre Selbstständigkeit. Die Gründung des »Norddeutschen Bundes« war also ein wahrhaft revolutionärer Vorgang, wie es schon die Befreiung Italiens »bis zur Adria« gewesen wäre, die Cavour nach dem Willen Napoleons 1860 hätte ins Werk setzen sollen. Bismarck hatte also recht gehabt, als er sagte: »Soll Revolution sein, so wollen wir sie lieber machen als erleiden.«[13)]

Man muss diesen Satz mit jenem Ausruf von Marx zusammennehmen, den dieser unter dem Eindruck der italienischen Ereignisse des Jahres 1860 getan hatte: »Die Reaktion exekutiert das Programm der Revolution!« »Die Revolution« war offensichtlich nicht das unbestreitbare Eigentum derer, die sich Revolutionäre nannten, und die Geschichte mochte noch manchen Revolutionär hervorbringen, den die »Revolutionäre« als einen Reaktionär beschimpfen würden.

Aber wenn der deutsche Bürgerkrieg, der Deutschland so sehr verkleinerte, der italienischen Einigung einen wichtigen Erfolg zuspielte, nämlich die Erwerbung Venetiens, so musste Bismarck noch vier Jahre warten und starke Widerstände überwinden, bevor er die deutsche Einheit vollenden und das »Deutsche Reich« gründen konnte. Am wichtigsten war der Widerstand der bayerischen »Patriotenpartei«, die »aus der faulen Gärung süddeutscher Zuchtlosigkeit« heraus, wie Bismarck sich schon früher voller Geringschätzung geäußert hatte, das »Unglück des Militarismus« von den »bisher so glücklichen Gefilden Süddeutschlands« fernhalten wollte. Aber im Herbst 1870 musste auch das Widerstreben des bayerischen Königs Ludwigs II. – des Gönners Richard Wagners – überwunden werden, der erst durch eine große Geldsumme anderen Sinnes gemacht werden konnte.

Es ist bis heute nicht zweifelsfrei geklärt, ob Bismarck den Krieg gegen Frankreich bewusst angestrebt hat oder ob erst die sogenannte *Emser Depesche* ihm die Gelegenheit gab, sich aus einer verzweifelten Notlage zu befreien, in die er sich durch die Förderung der hohenzollernschen Thronkandidatur in Spanien selbst begeben hatte.[14)] Aber angesichts der Kriegserklärung Napoleons kannte der nationale Enthusiasmus in Deutschland kaum noch Grenzen, und nach dem schnellen Sieg brachte Bismarck die deutsche Einigung durch die Proklamation eines »Deutschen Kaisers« und eines »Deutschen Reiches« zu einer Vollendung, die mit der mittelalterlichen, in Wien überlebenden Kaiseridee ebenso wenig zu tun hatte wie mit der Vorstellung eines übernationalen Reiches – jedenfalls in der Realität des neuen Nationalstaates, wenn auch nicht notwendigerweise in den Träumen, die mit diesen fast sakralen Begriffen verknüpft werden konnten.

So hatte der Spross des konservativsten Preußentums die revolutionärste Tat vollbracht, die es seit 1815 in Europa gegeben hatte, und der Premierminister Großbritanniens, Benjamin Disraeli, sprach im Unterhaus von der »deutschen Revolution«, deren Auswirkungen gravierender sein würden als diejenigen der Französischen Revolution. Im »Deutschen Reich« gab es hinfort ein auf dem allgemeinen und gleichen Wahlrecht beruhendes Parlament, dem freilich in Preußen ein nach ganz anderen Prinzipien gewählter Landtag gegenüberstand; das Reich sollte zwar als ein Bund seiner Fürsten verstanden werden, aber diese Fürsten, welche die Entthronung von drei Mitfürsten hatten erleben müssen, würden mehr und mehr zu Vasallen des preußischen Königs werden, der sich allerdings wohl seinerseits mehr und mehr als »deutscher Kaiser« verstehen würde. Österreich war zum Ausland geworden, wo die bis dahin herrschenden Deutschen vermutlich zu einer viel bekämpften Minderheit werden würden. Frankreich war nach der Annexion (ohne Volksabstimmung) Elsass-Lothringens als unversöhnlicher Feind zu betrachten.

Im Ganzen konnte man das Werk Bismarcks unter dem Hauptgesichtspunkt der Wandlung des Konservativismus wohl am besten folgendermaßen charakterisieren: Es bedeutete den Sieg des lebenskräftigsten Teils des europäischen Konservativismus durch ein besonders kühnes Bündnis mit »der Revolution«, aus dem eine starke Links-Rechts-Bewegung, aber ebensosehr eine schwere Gefährdung des Gesamtsystems resultierte. Auch insofern stach der Unterschied zu den so weitgehend ähnlichen Vorgängen in Italien ins Auge. Das »Deutsche Reich« war eine ganz eigentümliche Synthese, auch eine Synthese zwischen »monarchischem Prinzip« und »Volkssouveränität«, die sich fortentwickeln musste, deren Fortbildung indessen ganz besondere Schwierigkeiten im Weg standen, nicht zuletzt die überragende Position, die der »Reichskanzler Fürst Bismarck« nun einnahm, während in Italien eine schwache Regierung die andere ablöste.

Europa nach dem Deutsch-Französischen Krieg und der Berliner Kongress

Die schwersten Folgen des Krieges hatte das unterlegene Frankreich zu tragen. Im Frankfurter Frieden vom 10. Mai 1871 wurde ihm die für die damalige Zeit ungeheure Summe von fünf Milliarden Franken auferlegt, es musste das Elsass und Lothringen einschließlich des ganz französischsprachigen Metz abtreten, seine östlichen Departements blieben bis zur Bezahlung der Kontribution von deutschen Truppen besetzt, ganz wie es unter anderen Vorzeichen nach 1815 der Fall gewesen war. Noch schlimmer aber war die innere Verstörung. Im Aufstand der Kommune, der sich aus dem Gegensatz zwischen der Pariser Nationalgarde, die den Widerstand fortsetzen wollte, und der Regierung unter Thiers, die zum Waffenstillstand entschlossen war, entwickelte, machte sich erstmals der Sozialismus als neue politische Kraft bemerkbar, vornehmlich der »Mutualismus« Proudhons, der aber auf vielfältige Weise mit kleinbürgerlichen und anarchistischen Gruppen zusammenwirkte.

Paris musste von Versailles aus in schweren Kämpfen erobert werden, und dabei ließen sich die Aufständischen die Erschießung von Geiseln zuschulden kommen, darunter des Erzbischofs von Paris. Die Regierungstruppen antworteten mit einer Repression von großer Brutalität: An die 20 000 Kommunarden fielen ihr zum Opfer, und damit wurde der Abgrund zwischen den »zwei Frankreich« noch tiefer, als er seit dem jakobinischen Terror gewesen war, weit tiefer, als die Entsprechung in Deutschland je sein konnte, das nie einen so blutigen Bürgerkrieg erlebte. Aber nur der militante Teil der Linken blieb danach für ein Jahrzehnt aus dem politischen Leben ausgeschaltet. Die »Republikaner« dagegen, deren Führer Léon Gambetta versucht hatte, einen Volkskrieg südlich der Loire zu organisieren, errangen beträchtliche Wahlerfolge. Die Mehrheit der Nationalversammlung bestand aber aus den beiden monarchistischen Fraktionen der Legitimisten und der Orleanisten, und für einen Augenblick sah es so aus, als könnten die getrennten Flügel zusammenfinden, da der orleanistische Kronprätendent auf seine Ansprüche zugunsten des letzten Nachkommen des »älteren Zweigs«, des Grafen von Chambord, verzichtete. Aber der Enkel Karls X. und Sohn des 1820 von einem Fanatiker ermordeten Herzogs von Berry war nicht bereit, anstelle des traditionellen Lilienbanners die »revolutionäre« Trikolore als Staatsflagge zu akzeptieren, und daran scheiterte dieser Versuch. So wurde Frankreich zur einzigen Republik unter den Großstaaten Europas, die allerdings in Frankreich selbst schon die »Dritte« war. Zwar trat 1873 ein konservativ-klerikal gesinnter General an die Spitze des Staates, nämlich der Held des Krimkrieges, Marschall MacMahon, aber sein Widerstand gegen die vordringenden Republikaner war vergeblich. 1879 musste er demissionieren, und Frankreich wurde hinfort von einem Parlament regiert, das sich insbesondere durch die häufige Bildung instabiler Regierungen hervortat, sodass zu Anfang der Achtzigerjahre der russische Außenminister Giers die ersten und naheliegenden Gedanken an ein russisch-französisches Bündnis mit den Worten zurückwies, man verbünde sich nicht mit einer Fäulnis (»pourriture«). Aber die innere Kraft Frankreichs war gleichwohl bemerkenswert: Schon 1873 hatte es die Reparationen aufgebracht, und die letzten deutschen Truppen räumten das Land.

Auch Österreich war eine besiegte Großmacht, obwohl die Niederlage gegen Bismarck schon von 1866 datierte. Deren erste Folge war der »Ausgleich« mit Ungarn, der die »Doppelmonarchie« Österreich-Ungarn definitiv etablierte, eine Staatenunion, die infolge der gemeinsamen drei großen Ministerien (für Außenpolitik, Krieg und damit zusammenhängende Finanzen) mehr als eine bloße Personalunion und doch in gewisser Hinsicht weniger war, da alle zehn Jahre neue Verhandlungen über die Lastenverteilung stattfinden sollten, aus denen auch eine Trennung der beiden »Reichshälften« resultieren konnte. Früher als in Deutschland und Frankreich führten die antiklerikalen Liberalen ihren Kulturkampf gegen die katholische Kirche, die freilich seit dem Konkordat von 1855 eine ausgeprägte Staatsreligion war und auf deren Intoleranz und Geistesenge nicht selten sogar die Niederlage von 1866 zurückgeführt wurde. Die Verkündung des Unfehlbarkeitsdogmas durch das Erste Vatikanische Konzil im Sommer 1870 gab dem ehemals sächsischen Außenminister und nunmehrigen österreichisch-ungarischen »Reichskanzler«, dem Grafen Beust, die Gelegenheit zur Kündigung des Konkordats. Und Österreich wurde rascher wieder handlungsfähig als Frankreich nach 1871, aber die Verhandlungen zur Bildung einer großen antipreußischen Koalition mit Frankreich und Italien blieben erfolglos, weil Kaiser Franz Joseph sich im Juli 1870 für die Neutralität entschied. Im Inneren zeichneten sich indessen schwere Konflikte ab. Der Tscheche František Palaký, der 1848 so nachdrücklich für die Erhaltung des österreichischen Kaiserstaats eingetreten war, machte 1867 mit einer Anzahl von Gleichgesinnten einen »Pilgerzug« nach Moskau, um an panslawistischen Verbrüderungsfesten teilzunehmen, und viele andere Tschechen erhoben immerhin die Forderung nach einem dem ungarischen vergleichbaren »Ausgleich« mit Böhmen. Ähnliche Forderungen tauchten vonseiten der Kroaten gegenüber den Ungarn auf.

Die faktische Herrschaft der deutschen Liberalen geriet schon 1873 durch die ökonomische Krise in Gefahr, und ein Zeitalter der Nationalitätenkämpfe zeichnete sich ab, obwohl das Argument noch mit großer Überzeugungskraft vorgebracht werden konnte, die »Donaumonarchie« bewahre auf glückliche Weise das Erbe des übernationalen »Heiligen Reiches« und bedeute eben deshalb die Präfiguration des friedlichen und gleichberechtigten Zusammenlebens verschiedener Völker in einem Staat.

Italien durfte sich dagegen zu den Siegern der Kriege von 1866 und 1870 zählen. Nach der Gewinnung von Rom und Latium waren so gut wie alle Italiener in einem zentralistisch organisierten Nationalstaat vereinigt. Nur der italienische Teil des Trentino fehlte noch, doch ausgerechnet Mazzini hatte das geografische Prinzip wieder aufgegriffen und die Brennergrenze für Italien verlangt, und er hatte sogar vom Mittelmeer als dem »mare nostro« gesprochen. Aber noch spielten weder der Irredentismus noch die »Südfrage« eine nennenswerte Rolle, und das wichtigste Ziel der italienischen Außenpolitik lag in der Verhinderung einer Koalition katholischer Mächte, die auf eine Wiederherstellung des Kirchenstaates und also auf eine Lösung der »römischen Frage« im Sinne des Papstes gerichtet sein könnte. Die Gefahr war jedoch angesichts der antiklerikalen, durch das Infallibilitätsdogma besonders aufgerührten Stimmung unter den Liberalen aller Staaten und insbesondere dadurch gering, dass Pius IX., der »Gefangene im Vatikan«, 1874 durch die Bulle »Non expedit« den Katholiken die Teilnahme an den Wahlen verboten und dadurch die »Schwarzen« selbst aus dem politischen Leben ausgeschaltet hatte, während die »Roten« 1874 durch einen unbesonnenen Aufstand in Bologna unter Führung Bakunins viel von ihren Wahlchancen einbüßten. So war die Herrschaft der »bürgerlichen Liberalen«, zu denen aber nicht wenige Adlige zählten, ungefährdet, und das wichtigste innenpolitische Ereignis war die sogenannte »parlamentarische Revolution« von 1876, d. h. die Ablösung der »historischen Rechten« Cavours durch eine »Linke«, die sich soziologisch nur wenig von der anderen Fraktion unterschied und bald unter Führung des »Weinhändlers von Pradella«, Agostino Depretis, die Politik des »Transformismus« in Gang setzte, welche die Unterschiede noch stärker einebnete.

Weitgehend unberührt vom Krieg von 1870/71 waren von den Großmächten England und Russland geblieben. Das Russland Alexanders II., der seine Zuneigung zu seinem Onkel Wilhelm I. nie verbarg, hatte durch seine wohlwollende Neutralität Bismarcks großen Sieg erst möglich gemacht und im Schatten des Krieges die Aufhebung der »Pontus-Klausel« von 1856 erreicht. Von seinen Aktionen seit 1875 wird noch zu erzählen sein. England fühlte sich von der »deutschen Revolution« weniger betroffen, als der früher angeführte Satz von Disraeli vermuten lässt; wie Russland vor 1870 ganz Turkestan gewonnen hatte, so hatte es ab 1856 seine Herrschaft über Indien stabilisiert, und 1877 machte Disraeli als Ministerpräsident Königin Viktoria zur »Kaiserin von Indien«. Es war zu vermuten, dass der Gegensatz zu Russland der bestimmende Grundzug seiner Außenpolitik bleiben würde.

Innenpolitisch kam die »Demokratisierung« durch die Reform von 1867, die allerdings bei Weitem nicht die Einführung des allgemeinen Wahlrechts bedeutete, ein gutes Stück voran; die Whig-Partei wurde durch das Wirken von Gladstone endgültig zur Liberalen Partei und galt nahezu allen Liberalen Europas als Vorbild, aber der Schritt zur »Tory-Demokratie«, für den niemand stärker verantwortlich war als Benjamin Disraeli – völlig assimilierter und trotzdem (wie gerade Hannah Arendt hervorgehoben hat) »rassebewusster« Jude, Sozialtheoretiker und Romanautor –, war für die Konservativen vielleicht noch folgenreicher. Im Ganzen ist es nicht zu viel gesagt, dass das »Gleichgewicht Europas«, das Bismarck stark verändert, aber nicht umgestürzt hatte, der Insel vor den Küsten des Kontinents eine Stellung verschafft hatte, die im Einklang mit der führenden Rolle des Landes in der industriellen Revolution einer »Weltherrschaft« nahekam.[1)]

Die stärkste aller Veränderungen hatte sich indessen in der Mitte des Kontinents vollzogen, wo die ehemals schwächste Macht der Pentarchie, Preußen, nun in der Gestalt des »Deutschen Reiches« zur Zentralmacht Europas geworden war. Im Allgemeinen ist Preußen allerdings nur eine »halbhegemoniale« Stellung zuerkannt worden, denn eine Gleichsetzung mit dem Spanien Karls V. oder dem Frankreich Ludwigs XIV. und Napoleons I. ließ sich nicht vornehmen. Erst die »Krieg-in-Sicht«-Krise von 1875 ließ für einen kurzen Augenblick die Möglichkeit auftauchen, dass sich die Staaten Europas gegen die (Halb-)Hegemonialmacht zusammenschlossen. Zunächst musste Bismarcks Bemühen darauf gerichtet sein, feste organisatorische Grundlagen für den neuen Staat zu schaffen, und die Aufgabe wurde ihm dadurch erleichtert, dass er viele Einrichtungen des Norddeutschen Bundes übernehmen konnte. Aber diese Institutionen traten nun viel stärker in den Blick, und sie stellten in der Tat ein ganz eigenartiges Gebilde dar. Der deutsche Kaiser hatte als »Bundespräsidium« relativ wenig Macht, denn er war als Fürst nur der erste unter Gleichen, die als »Bundesrat« formell die Inhaber der Souveränität waren. Aber als »König von Preußen« bewahrte er dank Bismarck alle Befugnisse der Militärmonarchie, und als solcher hatte er nur die Volksvertretung des preußischen Landtags neben sich, der nach dem »Dreiklassenwahlrecht« gewählt und im Wesentlichen von den Konservativen, nicht zuletzt von den »Junkern« der ostelbischen Stammlande, beherrscht wurde.

Dem Reichskanzler, Bismarck, stand dagegen der auf dem allgemeinen Wahlrecht beruhende Reichstag gegenüber, und darin machten die Vertreter der Parteien, die dem Werk des Reichsgründers ablehnend oder feindlich gegenüberstanden, eine starke Minderheit aus: die Abgeordneten der katholischen »Zentrumspartei«,[2] der Polen aus den Provinzen Posen und Westpreußen, der »Welfen« des entthronten Königshauses von Hannover und bald auch der meist französisch gesinnten Elsass-Lothringer, die nicht zu Angehörigen eines neuen Bundestaates, sondern eines von einem Gouverneur regierten »Reichslandes« gemacht worden waren. Nicht einmal die Vertreter der preußischen Konservativen waren vor 1876 verlässliche Anhänger Bismarcks; mit Sicherheit konnte er nur auf die »Freikonservativen« und die »Nationalliberalen« zählen, zu denen unter dem massgeblichen Einfluss Heinrich von Treitschkes die meisten Anhänger der »Fortschrittspartei« geworden waren. Mit diesem Reichstag, der den von Bismarck besiegten Gegnern dieses kleindeutsch-evangelischen Reiches eine so vernehmliche Stimme gab und der natürlich das Budgetrecht besaß, musste der Reichsgründer es sehr schwer haben. Aber dieser Reichstag konnte den Reichskanzler nicht stürzen, welcher der einzige Reichsminister und nur dem Bundesrat verantwortlich war, in dem er selbst als preußischer Ministerpräsident und Außenminister die entscheidende Rolle spielte.[3]

Wenn man den Gesichtspunkt der Teilung der Macht als den wichtigsten ansah, war dieses System trotz des faktischen, jedoch notwendigerweise bloß temporären Übergewichts einer charismatischen Figur nahezu ideal; wenn der Gesichtspunkt des »Parlamentarismus« als der entscheidende gilt, wies es erhebliche Mängel auf – allerdings ist zu berücksichtigen, dass das parlamentarische System auch in Frankreich und sogar in England noch weit von seinem Idealtyp entfernt war. Für seine Zeit war das Regierungssystem des Deutschen Reiches eins der modernsten, und sehr viel musste von der Beantwortung der Frage abhängen, ob es positive Entwicklungsmöglichkeiten besaß oder ob es sich als starr erweisen würde.

Den schwersten Kampf hatte Bismarck in den ersten Jahren nach 1871 gegen das »Zentrum« zu führen, und er wurde dabei von den Linksliberalen geradezu enthusiastisch unterstützt, die sich als Erben der voltaireschen Aufklärung und als Protagonisten der Säkularisierung betrachteten. Sie sahen sich daher in einen großen »Kulturkampf« verwickelt – einen Kampf der progressiven weltlichen Kultur gegen die Enge und den Fanatismus des Mittelalters, die man dreißig Jahre zuvor allerdings gerade in Bismarck verkörpert gesehen hatte. Bismarck selbst sah die Auseinandersetzung auch jetzt unter einer Perspektive, die man »mittelalterlich« nennen mochte, nämlich als einen »Machtstreit zwischen Königtum und Priestertum«, und einer seiner meistzitierten Sätze entsprang diesem Zusammenhang: »Nach Canossa gehen wir nicht.«[4)]

Viel offenkundiger zur Gegenwart gehörig war seine Empörung darüber, dass sich »eine rein konfessionelle Fraktion auf rein politischem Boden« gebildet hatte,[5)] und damit schätzte er eine sehr zukunftsträchtige Tendenz falsch ein, denn derartige Parteien entwickelten sich während der nächsten hundert Jahre und darüber hinaus an vielen Stellen Europas. Aber das eigentlich aktuelle Motiv dürfte seine Sorge über die enge Verbindung zwischen Katholizismus und Polentum in Preußen gewesen sein, eine Verbindung, die sowohl auf der untersten Volksebene wie – durch den Einfluss des Hauses Radziwill – auf der höchsten Ebene des Kaiserhofes zum Tragen kam. Noch schwerer wog jedoch vermutlich seine Sorge vor einem Zusammenwirken der beiden »internationalen« Parteien, der »Schwarzen« und der »Roten«, wie man sie in Italien nannte; denn dadurch sah er den Nationalstaat gefährdet, den er gegen die übernationale Orientierung seiner früheren Mentoren und Freunde erkämpft hatte.[6)] Inzwischen hatten nämlich die Sozialisten, vorläufig noch in die Parteien der Lassalleaner und der Marxisten geteilt, einen beachtlichen Aufschwung genommen, und es zeigte sich bald, dass Bismarck einen Friedensschluss mit den Katholiken weit eher für möglich hielt als einen Ausgleich mit den Sozialisten, deren marxistischer Zweig einen solchen Ausgleich ja ob seiner Zielsetzung der »klassenlosen Gesellschaft« grundsätzlich ablehnte. Daher waren polemische Wendungen wie »Syllabus«, »Ketzerausrottung«

und »Tyrannenmord« im Munde Bismarcks wohl nur rhetorisches Beiwerk, und als die allgemein-weltlichen Programmpunkte wie staatliche Schulaufsicht und Zivilehe gesichert waren, begann er diese innenpolitische Frontlinie abzubauen.

Die erste schwierige Situation, mit der Bismarck sich in der Außenpolitik konfrontiert sah, war die sogenannte »Krieg-in-Sicht-Krise« des Jahres 1875. Es handelte sich um die Idee eines Präventivkriegs gegen Frankreich und deren Scheitern infolge einer Intervention Russlands und Englands. Bismarck selbst hat immer in Abrede gestellt, dass es sich überhaupt um eine genuine Krise gehandelt habe. Er habe die Idee eines solchen Krieges nie auch nur erwogen, und lediglich durch eine ebenso irreführende wie böswillige Zirkulardepesche, die der russische Reichskanzler Fürst Gortschakow nach seinem und des Zaren sowieso vorgesehenen Besuch in Berlin am 13. Mai 1875 den diplomatischen Vertretungen seines Landes und insofern der Öffentlichkeit übermittelt habe, sei der Eindruck einer solchen Intervention entstanden.[7)]

Aber es hatte sich keineswegs bloß um ein diplomatisches Ränkespiel gehandelt. Der Ausgangspunkt war vielmehr die sehr heftige Sprache der französischen Presse gewesen, in der die Idee der »Revanche« auf kaum verhüllte Weise zum Ausdruck gekommen war, nachdem die Bezahlung der Kriegsentschädigung und die Räumung der östlichen Departements dem Land wieder das Bewusstsein der eigenen Stärke zurückgegeben hatte.

Noch beunruhigender war die Verabschiedung des »Kadergesetzes«, durch das eine Umorganisation der Armee vorgenommen wurde, in deren Rahmen zahlreiche neuer Offiziersstellen geschaffen werden sollten, was insofern einer erheblichen Verstärkung der Armee gleichzukommen schien. Die Franzosen selbst behaupteten, es gehe lediglich darum, Tausende von stellungslos gewordenen Hauptleuten unterzubringen, aber da umfangreiche Pferdekäufe – auch in Deutschland – erfolgten, war die Beunruhigung im preußischen Kriegsministerium verständlich, und es wurde ein Pferdeausfuhrverbot erlassen. Tatsächlich scheint sich Graf Moltke sehr eindeutig für einen solchen Präventivkrieg ausgeprochen zu haben, was rasch in allen Hauptstädten bekannt wurde. Ein Artikel in der Berliner »Post« vom 9. April mit der Überschrift »Ist der Krieg in Sicht?« wurde vielfach als von Bismarck inspiriert angesehen, und das Bewusstsein einer Krise verbreitete sich rasch. Allem Anschein nach war der Artikel jedoch auf die Eigeninitiative seines Autors zurückzuführen, und Bismarck machte für die Krise, die in seinen Augen gar keine echte Krise war, die Zügellosigkeit einer in Frankreich wie in Deutschland allzu freien Presse verantwortlich. Aber dass ihm sowohl von Petersburg als auch von London dringende Aufforderungen zukamen, den Frieden zu wahren, war eine Tatsache, und so dürfte seine Einsicht in die Gefahren der deutschen Position zwischen einem wiedererstarkenden Frankreich und den beiden Flügelmächten, die eine abermalige und diesmal vollständige Niederwerfung Frankreichs nicht hinnehmen würden, vertieft worden sein.[8)]

Aber drei Jahre später erschien er aller Welt als der Schiedsrichter Europas und mindestens als der friedliebende »ehrliche Makler«, wie er selbst seine Rolle kennzeichnete. Die Ursache war der Ausbruch des russisch-türkischen Krieges im April 1877, des achten in einer Serie, zu der es in Europa kein Analogon gab. Diesmal entstand die Auseinandersetzung nicht, wie 1853, aus bloßen Ansprüchen des Zaren, und sie spielte sich nicht hauptsächlich im Schwarzen Meer und in Kleinasien ab. Der Ausgangspunkt war vielmehr ein Aufstand von Christen in Bosnien-Herzegowina im Jahre 1875 und der dadurch verursachte Krieg von Serbien und Montenegro gegen die Türken, der mit einer schweren Niederlage endete, sodass Russland auf den Plan gerufen wurde. Diesmal war die Begeisterung für das Eingreifen zugunsten der bedrängten Brüder noch viel stärker als ein Vierteljahrhundert zuvor, denn die panslawistische Agitation hatte die Lage verändert, und nun war ebenso häufig von den »blutsverwandten Slawen« wie von den »unterdrückten Mitchristen« die Rede.[9)] Diesmal stellte sich auch Österreich nicht auf die Seite der Gegner Russlands, sondern im Geheimabkommen von Reichstadt einigten sich Alexander II. und Franz Joseph 1876 nicht nur auf das gemeinsame Ziel der Befreiung der Christen, sondern auch auf die künftigen Annexionen: das 1856 verlorene Südbessarabien an Russland, Bosnien-Herzegowina an Österreich-Ungarn.

Russland begnügte sich diesmal nicht mit der Besetzung der Donaufürstentümer, sondern der Vorstoß zielte auf das Überschreiten des Balkangebirges, von wo aus die Dardanellen zu erreichen waren und vielleicht sogar Konstantinopel erobert werden konnte. Dieses Ziel wurde nach der Überwindung beträchtlicher Schwierigkeiten auf nahezu triumphale Weise realisiert, und im Januar standen die russischen Truppen an den Randbezirken Konstantinopels. Aber auch diesmal stellte sich England der russischen Expansion entgegen und schickte seine Flotten an die Meerengen. Daher wagten es die Russen nicht, die osmanische Hauptstadt, die schutzlos vor ihnen lag, zu besetzen und den ältesten ihrer Träume zu verwirklichen. So begnügten sie sich damit, am 3. März den Diktatfrieden von San Stefano abzuschließen, der nahezu alle russischen Wünsche auf dem Balkan erfüllte und vor allem ein Großbulgarien schuf, das bis Saloniki reichte und infolgedessen für die russische Schutzmacht einen direkten Zugang zum Mittelmeer eröffnete.

Aber die Engländer drohten nun mit dem Eingreifen ihrer Flotte und mit der Landung von Truppen bei Konstantinopel. Für einen Augenblick sah es so aus, als werde der Kampf um Sewastopol sich in weit monumentalerer Form als Kampf um Konstantinopel wiederholen. Da jetzt auch Österreich gegen die Russen Stellung nahm, schien es Alexander II. ratsam, der Einladung zu einem gesamteuropäischen Kongress zu folgen, um diesmal immerhin eine bessere Form des Friedens von Paris zu erlangen.

An der Vorbereitung dieses Kongresses war die deutsche Diplomatie stark beteiligt, als Ort wurde Berlin bestimmt, und Bismarck amtierte während seiner ganzen Dauer vom 13. Juni bis zum 13. Juli als Präsident, und zwar mit solcher Souveränität und so viel Geschick, dass selbst Englands Premierminister Disraeli, Lord Beaconsfield, neben ihm nur die zweite Geige spielen konnte. Das Resultat war nach mancherlei Schwierigkeiten und Wechselfällen für die Hauptbeteiligten zufriedenstellend und löste doch lang nachwirkende Irritationen bzw. Folgen aus. Das kaum entstandene Großbulgarien wurde in zwei Hälften geteilt, ein autonomes, wenngleich der Pforte gegenüber tributpflichtiges Fürstentum nördlich des Balkans und eine mit Verwaltungsautonomie versehene türkische Provinz Ostrumelien südlich davon, während Mazedonien ganz an die Pforte zurückgegeben wurde. Serbien und Rumänien erlangten die Unabhängigkeit, Russland gewann Südbessarabien zurück und behielt diesmal Kars und Ardahan sowie Batum. Österreich-Ungarn okkupierte gegen den heftigen Widerstand der muslimischen Einwohner Bosnien und die Herzegowina, ohne sie formell zu annektieren.[10)]

Im Endergebnis verschärfte sich die Feindschaft zwischen Russland und Österreich-Ungarn, und Russland war gegenüber Bismarck und Deutschland tief verstimmt, da es auf dem Kongress mehr Unterstützung erwartet hatte. Sicherlich war dabei die verletzte Eitelkeit Gortschakows nicht ohne Bedeutung, denn Graf Peter Schuwalow, formell sein Untergebener, hatte in weitgehender Übereinstimmung mit Bismarck eine größere Rolle gespielt als er, aber viel wichtiger war die durch die Presse geschürte Missstimmung im Land. Und auch Bismarck sah sich neuen innenpolitischen Problemen gegenüber, nämlich einer sozialen Unruhe, die in Attentaten einen Ausdruck fand und in der nicht bloß der Petersburger Botschafter von Schweinitz eine

Parallele zu russischen Vorgängen erblickte. Kurz vor dem Beginn des Kongresses schrieb dieser an den Staatssekretär des Auswärtigen Amtes von Bülow:[11] »So interessant die diplomatische Situation in diesem Augenblick auch ist, so hat doch die Frage nach den Rückwirkungen, welche die äußere Politik auf die innere ausüben wird, ebenso große Wichtigkeit in meinen Augen. Die Straflosigkeit und die Verherrlichung, welche der Vera Sassulitsch[12] zuteil wurden, hat ein entsetzliches Echo in unserem Lande gefunden. Seit fast hundert Jahren erwehren wir uns mühsam gegen die von Westen kommenden Lehren und Beispiele; wenn nun auch im Osten ein praktischer Kursus neuer revolutionärer Theorien eröffnet wird, so steigern sich unsere Schwierigkeiten ...«[13]

Der Botschafter meinte das Attentat des Handwerksgesellen Hödel gegen den Kaiser, bei dem dieser aber unverletzt geblieben war. Wenig später verübte ein Dr. Nobiling ein zweites Attentat, bei dem der Kaiser schwere Verletzungen davontrug. Beide Anschläge wurden nicht nur von Bismarck mit der starken Agitation der nunmehr zu einer einzigen Partei zusammengeschlossenen Sozialisten in Zusammenhang gebracht. In der Zeit des Berliner Kongresses musste Bismarck daher eine schwerwiegende innenpolitische Entscheidung treffen, welche die Sozialisten zum Gegenstand hatte, und wenig später hatte er eine gravierende außenpolitische Frage zu lösen, die das deutsche Verhältnis zu Russland betraf.[14]

Das Bismarcksche Bündnissystem

Bismarcks Außenpolitik kann von seiner Innenpolitik nicht eindeutig getrennt werden, aber dasselbe gilt für das Verhältnis von Außen- und Innenpolitik in allen auch nur tendenziell liberalen und demokratischen Staaten, solange sie den Anspruch auf uneingeschränkte Souveränität erheben, ja auch für autokratisch regierte Staaten in deren Nachbarschaft wie etwa Russland. Instabile innere Verhältnisse lassen eine starke und zielgerichtete Außenpolitik nicht zu, und eine Außenpolitik, die allzu sehr von mächtigen Strömungen der öffentlichen Meinung abweicht, wird innere Turbulenzen nach sich ziehen.

Bismarck hatte in der Zeit des Berliner Kongresses die schwerwiegende Entscheidung zur Auflösung des Reichstags zu treffen, und im Herbst wurde von einem in seinen Augen besser zusammengesetzten Reichstag das »Sozialistengesetz« verabschiedet, das die extreme Linke ebenso aus dem politischen Leben auszuschalten versuchte, wie diese in Frankreich als Folge der Kommune ausgeschaltet worden war, während sie in England und in Italien noch nicht als ernst zu nehmende Partei existierte. Aber in Frankreich war das Parteiensystem gerade dabei, sich zu rekonstituieren, und dazu gehört nun einmal die freie Existenz einer radikalen Linken so gut wie einer radikalen Rechten. Bismarcks Deutschland wäre das erste Glied des liberalen Systems gewesen, in dem einem der wesentlichen Bestandteile die Existenz genommen worden wäre, obwohl die nunmehr vereinigte sozialistische Partei die Anwendung von Gewalt nicht zum Programmpunkt erhoben hatte. Freilich trug sie noch starke anarchistische Tendenzen in sich, und die Grenze zwischen der Aufforderung zum »Klassenkampf« und der Aufstachelung zum »Klassenhass« war oft undeutlich genug. Es gelang Bismarck jedoch nicht, auch nur eine genuine politische Vernichtung durchzusetzen. Die Mitglieder der Sozialdemokratischen Partei wurden zwar höchst fühlbaren Restriktionen unterworfen, aber die Partei als solche wurde nicht verboten, sie konnte weiterhin an Wahlen teilnehmen und hatte also die Bühne des Reichstags zu ihrer Verfügung.

Dieser Umstand stellte jedoch lediglich unter Beweis, dass Bismarck k e i n Diktator oder gar Despot sein konnte, weil das System, zu dessen Schaffung er einen so großen Beitrag geleistet hatte, stärker war als er. Dass er indessen sich und seine Welt durch das Vordringen des Sozialismus bedroht fühlte und entschlossen war, den Kampf aufzunehmen, lässt sich nicht bezweifeln, und deshalb ist die Behauptung wenig glaubwürdig, die Wendung gegen die Sozialisten, die ja in der weitverbreiteten Volkserregung nach dem nobilingschen Attentat eine machtvolle Wurzel hatte, sei für Bismarck nur ein Vorwand gewesen, um seine neue protektionistische Wirtschaftspolitik gegen die Liberalen durchzusetzen; denn innerhalb weniger Jahre nahm ganz Europa mit der alleinigen Ausnahme Englands vom Freihandel auf mehr oder weniger deutliche Weise Abschied.

Auf das Sozialistengesetz und die Wirtschaftspolitik ist im zweiten Teil ausführlich zurückzukommen. An dieser Stelle ist vorgreifend nur festzustellen, dass auch im Hinblick auf die anderen europäischen Staaten zwischen Innen- und Außenpolitik eine Wechselwirkung von allerdings sehr unterschiedlicher Art gegeben war. So spielte für Österreich-Ungarn beim Abschluss des »Zweibundes« 1879 die innenpolitische Tatsache eine Rolle, dass durch das neue Ministerium Taaffe die Vorherrschaft der deutschen Liberalen vom Bündnis des »Eisernen Ringes«, d. h. der Koalition von Konservativen, Tschechen und Polen, abgelöst wurde und dass den deutschen Liberalen damit die Möglichkeit genommen werden sollte, beim Deutschen Reich Unterstützung zu finden. Dass Italien sich 1882 dem »Zweibund« anschloss, war nicht zuletzt auf die innenpolitische Beunruhigung durch die »römische Frage« zurückzuführen, und Crispi brachte keineswegs bloß seine persönliche Meinung zum Ausdruck, als er den Vatikan »unseren einzigen wahren Feind« nannte.[1)] Wenn Zar Alexander II. sich rasch bereitfand, zur Zusammenarbeit mit Deutschland und Österreich-Ungarn zurückzukehren, so war die bedrohliche innenpolitische Situation in Russland die Hauptursache, und seine Ermordung am 1. März 1881 war eine der Folgeerscheinungen.

Man sollte daher über der Fülle der Einzelheiten nicht den Kern der Sache aus dem Auge verlieren, und dieser ist darin zu sehen, dass Bismarck aus gutem Grund eine umfassende Gefährdung wahrnahm, die sowohl – außenpolitisch – seinen Staat wie – innenpolitisch – die Struktur dieses Staates und zugleich aller Staaten Europas betraf. Es dürfte erhellend sein, einige Stellen aus Briefen und Schriften von Marx und Engels zu zitieren, die auch im Deutschland von 1878/79 als Inspiratoren der Sozialdemokratischen Partei weithin bekannt waren. Am 4. Februar 1878 schrieb Marx an Wilhelm Liebknecht unter Bezugnahme auf den gerade aktuellen Triumph der Russen vor Konstantinopel, Engels und er ständen aufseiten der Türken, weil eine russische Niederlage die soziale Umwälzung in Russland und damit den Umschwung in ganz Europa sehr beschleunigen würde. Andererseits habe ein russischer Sieg jedenfalls die »Auflösung Österreichs« zur Folge, und wenn am Ende in Russland doch die Revolution ausbräche, wäre das gleichbedeutend mit dem »Totengeläute für Preußen«. Jedenfalls sei jetzt eine »Aufeinanderfolge europäischer Kriege« zu erwarten und deren Ergebnis werde »der Untergang aller dieser säbelrasselnden Shampowers« sein.

Engels wiederum schrieb einige Wochen später einen Artikel mit dem Titel »Die europäischen Arbeiter im Jahre 1877«, und darin sagte er mit großer Zuversicht folgende Entwicklung voraus: Die russische Revolution sei unvermeidlich, ob Russland nun auf dem bevorstehenden Kongress zurückweiche oder den Krieg wiederaufnehme. Dadurch werde eine gewaltige, aber schwerfällige Militärmacht verschwinden, die stets das Rückgrat des Despotismus gewesen sei; das aber bedeute die Befreiung Deutschlands von Preußen, die Befreiung Polens, das Erwachen der kleineren Nationalitäten Osteuropas aus den panslawistischen Träumen, den Beginn einer wirklichen Arbeiterbewegung in Russland und damit einen Riesenschritt hin auf das gemeinsame Ziel aller Revolutionäre, »die allgemeine Befreiung der Arbeit«.[2)]

Wenn man sich vergegenwärtigt, dass aufseiten der italienischen radikalen Linken häufig das »Verschwinden« der übernationalen und daher obsoleten Staaten Österreich und Türkei gefordert wurde, dass der Revanchegedanke in Frankreich eher stärker als schwächer wurde, dass sich bald nach dem Berliner Kongress unter russischen Offizieren die Meinung ausbreitete, der Weg nach Konstantinopel führe durch das Brandenburger Tor, dass in den (links)-liberalen Bewegungen ganz Europas die Überzeugung vorherrschte, der Weg der Liberalisierung und Säkularisierung müsse eine weitgehende Umgestaltung des Staatensystems zur Folge haben und dass nicht nur Marx den »gewaltsamen Umsturz aller bisherigen Gesellschaftsordnung« vorhersagte, dann springt ins Auge, wie viel sozialer und nationaler Sprengstoff in diesem Europa des Berliner Kongresses vorhanden war.[3)] Es war daher außerordentlich wahrscheinlich und zugleich verständlich, dass nicht nur Wilhelm I. und Alexander II., nicht nur Bismarck, Giers und in Italien Depretis[4)] und sogar Crispi, sondern große Teile der führenden Schichten in allen Staaten gewillt waren, der Drohung mit allen verfügbaren Mitteln entgegenzutreten.

Schon dem Drei-Kaiser-Bündnis von 1873 lag ja ganz unverhüllt das Ziel zugrunde, eine »Entmutigung aller auf Krieg und Unruhe spekulierenden Elemente in Europa« zustande zu bringen, und zu diesen Elementen wurde von der deutschen Diplomatie neben dem »Polonismus« und dem »Panslawismus« auch der »Pangermanismus« gezählt.[5] Die »Krieg-in-Sicht«-Krise machte die Permanenz der »Machtpolitik« wieder sichtbar, die Bismarck als »preußischer Junker« zwar von 1862 bis 1870 mit unvergleichlichem Erfolg betrieben hatte, der er aber als »Gegenrevolutionär« aus der Schule der Gerlachs gleichwohl distanziert gegenüberstand. Der Berliner Kongress schien Ausdruck einer gemäßigten, auf Ausgleich und Versöhnung abzielenden Machtpolitik zu sein, aber gleichzeitig machte Bismarck gegenüber den deutschen Sozialisten Prinzipienpolitik.

Sehr bald nach dem Kongress traten die machtpolitischen Gegensätze zwischen Russland und Österreich-Ungarn wieder hervor, obwohl (vielleicht auch weil) den beiden Mächten die erstaunliche Einigung gelungen war, dass – in der Praxis – der einen der Westteil und der anderen der Ostteil der Balkanhalbinsel als Einflussgebiet zugesprochen worden war. Daraus ergaben sich auch Spannungen zwischen Russland und Deutschland, die Bismarck veranlassten, gut zwölf Monate nach dem Ende des Kongresses doch jene Wahl zwischen den zwei Verbündeten des Drei-Kaiser-Abkommens zu treffen, die zu vermeiden er sich bis dahin so große Mühe gegeben hatte. Für diese Entscheidung war der »Antirevolutionär« Bismarck mindestens ebenso maßgebend wie der »Machtpolitiker«.

Der Anlass, wenngleich schwerlich der Grund dazu war ein nach der späteren und glaubwürdigen Versicherung des Betroffenen spontan geschriebener Privatbrief eines Neffen an seinen »lieben Onkel und Freund«, ein Brief, den der Absender wenig später für »nicht geschrieben« erklärt wissen wollte. Aber dieses Schreiben vom 15. August 1879 stammte vom russischen Zaren und war an den deutschen Kaiser gerichtet, der es seinem Reichskanzler zugänglich machte. Es enthielt im ersten Teil weiter nichts als Klagen über die Haltung der deutschen Vertreter bei der abschließenden Regelung einzelner Bestimmungen des Berliner Vertrages, welche angeblich immer die Auffassung der Österreicher unterstützten, die »uns systematisch feindlich« sei. Daraufhin griff Alexander die Presse ihrer beider Länder an, welche die gutnachbarschaftlichen Beziehungen zu vergiften beginne. Nach einem Hinweis auf die guten Dienste, die Russland 1870 der Reichsgründung geleistet habe, schloss das Schreiben mit der Befürchtung, dass die Folgen »für unsere beiden Länder verhängnisvoll« (»désastreuses«) werden könnten.

Bismarck fasste diese Wendung als ernste Drohung auf, aber wohl hauptsächlich insofern, als er die Verlässlichkeit des Zaren gegen die »deutschfeindlichen« Tendenzen der Panslawisten in Russland für nicht mehr gegeben hielt. Innerhalb von zwei Monaten kam es nun zu einer bewegenden Auseinandersetzung zwischen zwei überlieferten politischen Grundauffassungen, die bis 1866 eng miteinander verbunden gewesen waren und deren Zusammenhang gerade Bismarck zerstört hatte. Die eine beruhte auf der alten Überzeugung, dass das gegenwärtige Deutschland nicht weniger als das alte Preußen an der bewährten und gerade auch dynastisch abgesicherten Freundschaft mit Russland festhalten müsse – das war die Überzeugung Wilhelms I. Die andere ging von den aus der neuesten Zeit stammenden Vorstellungen aus, dass der Konflikt zwischen Russland und Österreich-Ungarn unlösbar sei und dass Deutschland sich für Österreich entscheiden müsse, mit dem es im Deutschen Bund und im alten Reich so lange Zeit verbunden gewesen sei. Der Kaiser vertrat die ältere Auffassung und der Reichskanzler die neuere, verändernde. Im Zeichen dieser Differenz entfaltete sich ein Konflikt zwischen dem Kanzler und dem Kaiser, der insofern die Erinnerung an 1862 hervorrief, als Wilhelm wie damals ernsthaft eine Abdankung erwog. Aber 1862 rettete ihn Bismarck vor dieser Möglichkeit, und 1879 war Bismarck gerade die Ursache des Gedankens, und der Kaiser gab erst nach, als Bismarck ihn durch die Drohung mit dem eigenen Rücktritt und zugleich dem des ganzen preußischen Ministeriums unter einen Druck gesetzt hatte, der für einen »Vasallen« gegenüber seinem »Lehnsherrn« schlechterdings nicht statthaft war. Die Briefe, die Bismarck während der überaus spannungsreichen Wochen des September und Oktober an den räumlich stets weit entfernten Kaiser richtete, sind zwar keine theoretischen »Staatsschriften«, aber Musterbeipiele einer konkreten politischen Analyse. Aus Gastein schrieb er am 24. August, er habe bisher immer »die größere Hinneigung zu Russland« befürwortet, aber der wachsende Einfluss der deutschfeindlichen Panslawisten in der führenden Schicht, insbesondere des Kriegsministers Miljutin, habe ihn anderen Sinnes werden lassen. Er könne die dynastische Verbindung der beiden Herrscher (von denen der eine ein Sohn und der andere ein Enkel der Königin Luise war) nicht mehr für eine sichere Grundlage der staatlichen Freundschaft halten, und nun führten ihn »die deutsche Stammesverwandtschaft, die geschichtlichen Erinnerungen, die deutsche Sprache …« als festere Gemeinsamkeiten zu der Überzeugung, dass ein Bündnis mit Österreich geschlossen werden sollte. In einem Brief vom 7. September nennt er den Hauptfeind unumwunden beim Namen, nämlich »die slawische Revolution«, und er fährt fort: »Mit der unberechenbaren Elementargewalt dieser slawischen Revolution ist für uns keine Verständigung möglich, und es ist nicht denkbar, dass der Kaiser, und vielleicht ebenso wenig, dass der Thronfolger sich von diesen Einflüssen wieder hinreichend emanzipieren werde, um dem von seiner Regierung künstlich erzeugten Deutschenhass seiner Untertanen Trotz zu bieten. Das Bewusstsein der deutschen Abstammung der Dynastie macht ihn schon ängstlich nach der Richtung hin, während der Mut und das Expansionsbedürfnis nach außen durch den Krieg krankhaft gesteigert ist, man könnte sagen, zum slawischen Napoleonismus.«

Was Bismarck im Auge hat, ist also nicht die innenpolitische »soziale Revolution« der Marx, Engels und Bakunin, sondern die »nationale Revolution«, die gerade durch eine Demokratisierung der bis dahin von der Aristokratie geführten Machtpolitik zustande kommt. Aber der »Napoleonismus« ist als solcher nicht slawisch, sondern Marx hatte den Begriff gerade auf Bismarck selbst angewandt, als er, tief verwundert, im Jahre 1859 den Satz schrieb: »Die Reaktion exekutiert das Programm der Revolution.«[6] Es handelte sich also um eine bestimmte Version der »sozialen Revolution«, und paradoxerweise wurde sie auch von Marx auf das Schärfste abgelehnt.

Wilhelm I. hatte schwerlich ein Empfinden für diese Komplizierungen, und er verhielt sich so, wie man es von einem Edelmann der Mitte des Jahrhunderts erwarten durfte. Er glaubte, die Dinge durch eine persönliche – und gut verlaufene – Unterredung mit dem Zaren am 4. September in der Grenzstadt Alexandrowo ins Reine bringen zu können, und er äußerte sich dazu einem Mitarbeiter gegenüber folgendermaßen: »Meine Lage ist eine überaus schwierige und peinliche, ich befinde mich in einem schauderhaften Dilemma, aber lieber will ich vom Schauplatz abtreten und die Regierung meinem Sohne übergeben, als dass ich wider meine bessere Überzeugung handle und eine Perfidie gegen Russland begehe.« Und am 10. September erklärte er sich zwar damit einverstanden, dass Bismarck in Wien mit Andrássy Gespräche führe, doch er fügte mit Nachdruck hinzu: »Aber zu irgendeinem Abschluss einer Konvention oder gar Alliance autorisiere ich Sie, meinem Gewissen nach, *nicht*.[7]

Aber Ende September hatte Bismarck den hartnäckigen Widerstand seines Herrn überwunden, und der deutsch-österreichisch-ungarische Bündnisvertrag wurde Mitte Oktober vom Kaiser ratifiziert, jener Vertrag, der unter dem Namen »Zweibund« zu einer Konstante der europäischen Politik bis 1914 bzw. 1918 geworden ist. Bismarck erreichte mit ihm längst nicht alles, was er anscheinend ernsthaft im Sinn hatte, nämlich eine durch Parlamentsbeschlüsse abgesicherte Wiederaufnahme der Konzeption des engeren und des weiteren Bundes, wie sie 1848 so oft – und durchaus zum Missvergnügen Bismarcks – erörtert worden war, und nicht einmal ein beiderseitiges Hilfsversprechen gegenüber dem jeweiligen Hauptfeind. Nur auf einen Angriff Russlands wurde Bezug genommen, nicht aber auf einen Angriff Frankreichs. Doch die höchste militärische Autorität in Deutschland, der Generalfeldmarschall von Moltke, fand daran nichts auszusetzen, denn wenn Deutschland nicht imstande wäre, einen Angriff Frankreichs aus eigenen Kräften abzuwehren, dann »könnte ein deutsches Reich auf die Dauer überhaupt nicht bestehen«.[8)]

Aber dieser Schwachpunkt wurde dadurch ausgeglichen, dass in Artikel II bestimmt wurde, wenn eine angreifende Macht von Russland unterstützt werde, so trete die in Artikel I stipulierte Verpflichtung des gegenseitigen Beistands mit voller Heeresmacht sofort in Kraft, d. h. im Falle eines gemeinsamen Angriffs von Frankreich und Russland gegen Deutschland. Damit hatte sich Bismarck die feste Basis für den Ausbau eines ganzen Systems von Bündnissen geschaffen, die allesamt vornehmlich dem Zweck dienten, Frankreich als die einzige unverrückbar feindselige Macht isoliert zu halten.[9)]

Die Grundkonzeption seiner außenpolitischen Strategie hatte Bismarck indessen schon zwei Jahre zuvor, während der Anfangszeit des russisch-türkischen Krieges, in dem sogenannten »Kissinger Diktat« mit dem folgenden viel zitierten Satz formuliert: Das Bild, das ihm vorschwebe, sei »nicht das irgendeines Ländererwerbes, sondern das einer politischen Gesamtsituation, in welcher alle Mächte außer Frankreich unser bedürfen und von Koalitionen gegen uns durch ihre Beziehungen zueinander nach Möglichkeit abgehalten werden«.[10)]

Für sich genommen, könnte man diesen Satz so verstehen, dass Bismarck sich vorgenommen hätte, alle anderen Mächte in dauernde Konflikte untereinander zu verwickeln, damit sie sich nicht gegen Deutschland zusammenschließen könnten. Aber der Anfang des Textes ist vielleicht aufschlussreicher als die Mitte, denn hier skizziert Bismarck einen Zustand, in dem England Ägypten und Russland »das Schwarze Meer« – also doch wohl die Meerengen und Konstantinopel – habe und der beide Länder dadurch zu saturierten Mächten wie Deutschland werden lasse, sodass sie ebenso sehr an der Erhaltung des »Status quo« interessiert sein würden. Wie bei der Einführung der Sozialpolitik im Inneren wollte Bismarck also auch in der Außenpolitik eine Hauptursache der Unruhe und des Veränderungswillens beseitigen, und wenn »Frieden« und »Ruhe« gleichbedeutend sind, erwies er sich mit dem Kissinger Diktat als der Friedenspolitiker kat 'exochén.

Die erste und wichtigste, wenngleich prekäre Frucht des Zweibundes konnte Bismarck bereits innerhalb kürzester Zeit ernten. Wilhelm I. hatte darauf bestanden, dass der Text dem Zaren mitgeteilt wurde, und schon am 14. November 1879 ließ Alexander II. seinen Onkel wissen, dass er das zwischen Deutschland und Österreich-Ungarn hergestellte Einvernehmen begrüße und damit die Hoffnung auf eine Wiederherstellung des Drei-Kaiser-Bündnisses verbinde. Tatsächlich wurde im Juni 1881, schon unter Alexander III., dem Sohn des ermordeten Zaren, das neue Dreikaiserbündnis unterzeichnet, das allerdings, anders als das Bündnis von 1873, ein Geheimvertrag war. Es sah im Artikel I vor, dass im Falle eines Krieges zwischen einem der Partner und einer vierten Macht die beiden anderen eine wohlwollende Neutralität bewahren würden. Damit wurde eine französisch-russische Koalition ausgeschlossen, und der »cauchemar des coalitions«, von dem Bismarck nach seiner eigenen Aussage bedrückt wurde, hatte damit den wichtigsten Teil seines Gewichts verloren. Hinsichtlich eines russisch-türkischen Krieges, der zweiten aktuellen Kriegsmöglichkeit im damaligen Europa, wurde bestimmt, dass auch hier die beiden Partner wohlwollende Neutralität bewahren würden, sofern zwischen den drei Höfen vorher ein Einvernehmen über die Resultate des Krieges erzielt worden sei – ein zweites San Stefano würde also nicht stattfinden können. In einem Zusatzprotokoll wurde festgelegt, dass Österreich-Ungarn Bosnien und die Herzegowina annektieren dürfe, sobald das für erforderlich gehalten werde, und dass die drei Mächte sich einer etwaigen Vereinigung der zwei Teile Bulgariens nicht widersetzen würden, wenn diese Frage »durch die Macht der Umstände« (»par la force des choses«) in den Vordergrund träte.[11)]

Die nächste Macht, die auf Bismarcks Deutschland zukam, war Italien. Die Anfangsschwierigkeiten des neuen Staates waren gegen Ende der Siebzigerjahre überwunden, obwohl die Sorgen wegen der »römischen Frage« nach wie vor groß waren. Schon im Jahre 1877 hatte Francesco Crispi als Präsident der Kammer eine Rundreise durch Europa gemacht und dabei auch Bismarck besucht. Im starken Selbstgefühl des Vertreters der jüngsten Großmacht hatte er dabei den Wunsch ausgesprochen, als Kompensation für die Gewinne Österreich-Ungarns in Bosnien-Herzegowina das Trentino zu erhalten, aber Bismarck hatte ihm nur Albanien angeboten. Nach dem Abschluss des Dreibundes wurden Territorialansprüche gegenüber Österreich völlig irrealisierbar, und Kompensationsansprüche ließen sich allenfalls noch dann erheben, wenn Österreich weitere Gebiete auf dem Balkan gewinnen sollte.[12)]

Zunächst aber richteten sich die italienischen Blicke nach Süden, auf die afrikanische Gegenküste. In Tunis lebte bereits eine beträchtliche Anzahl von italienischen Siedlern, und obwohl die Regierung Cairoli ausgeprägtermaßen eine Regierung der Linken war, unter der in den Augen von Wien und Berlin Italien »der Republik entgegentaumelte«, hoffte man, Abhilfe für die immer mannigfaltiger und klarer hervortretenden Probleme des italienischen Südens dadurch zu finden, dass man das nominell unter türkischer Herrschaft stehende Land als Siedlungskolonie in Besitz nahm.[13)] Aber die Franzosen waren schneller und okkupierten Tunis im Mai 1881. Cairoli wurde gestürzt, und an seine Stelle trat bis 1883 wieder Depretis, unter dem das neue Wahlgesetz verabschiedet wurde, das die Zahl der Wähler von 600 000 auf über zwei Millionen vermehrte. Nun war Italien reif für den Dreibundvertrag vom 20. Mai 1882, der in seinen Eingangssätzen so konservativ war wie nur möglich und der auch insofern eher dem übernational-aristokratischen Zeitalter Metternichs zuzugehören schien, als er auf italienischer Seite von dem Grafen di Robilant unterzeichnet wurde, dessen Mutter dem Geschlecht der Truchsess von Waldburg entstammte und der selbst mit einer Österreicherin verheiratet war.[14)] Als Ziel des Vertrages wurde bezeichnet, das monarchische Prinzip zu stärken, in den drei Staaten die soziale und politische Ordnung aufrechtzuerhalten und in der Außenpolitik »die Ruhe Europas« gegen alle Gefahren zu sichern. Aber der Artikel 2 nannte »Frankreich« mit ebenso großer Deutlichkeit als den potenziellen Angreifer, wie der Text des Zweibundes in Russland den gemeinsamen Feind namhaft gemacht hatte, und Deutschland und Italien verpflichteten sich zu gegenseitiger Hilfe bei einem unprovozierten Angriff. Die gleiche gegenseitige Unterstützung wurde für den Fall vorgesehen, dass die Partner sich einzeln oder gemeinsam dem Angriff von zwei anderen Großmächten ausgesetzt sehen würden. Deutschland durfte also die Waffenhilfe der sechsten Großmacht erwarten, wenn der Fall des russisch-französischen Angriffs eintrat, der nach dem Dreikaiserbündnis ausgeschlossen war.[15)] Freilich handelte es sich um eine Macht, die nach einer ihrer stärksten Traditionen dem Bündnispartner Österreich-Ungarn ebenso feindlich war wie Russland.

Es gab also für Bismarck gute Gründe, nach weiteren Sicherungen Ausschau zu halten. Deshalb trat er durch eine Akzessionserklärung dem Österreichisch-Rumänischen Vertrag vom 30. Oktober 1883 bei und vergrößerte dadurch sein Bündnissystem weit nach Südosten. Allerdings war dieser Partner noch weniger verlässlich als Italien, denn zwischen Rumänien und Österreich-Ungarn stand das zu Ungarn gehörende und überwiegend von Rumänen bewohnte Siebenbürgen.

Aber es gelang Bismarck sogar, zu Frankreich bessere Beziehungen herzustellen, und zwar durch die Unterstützung der kolonialen Expansionspolitik, welche die Regierung von Jules Ferry ebenso energisch vorantrieb wie den Kampf gegen die katholische Kirche. Dabei war die Besetzung Ägyptens durch England im Jahre 1882 sehr hilfreich, da sie »die Westmächte« voneinander trennte und England isolierte. Doch die Gewährung von viel Entgegenkommen und Freundlichkeit, die ebenfalls in der Berliner Kongo-Konferenz von 1884/85 erkennbar war und die auch die ersten Schritte der deutschen Kolonialpolitik erleichterte, brachte die Aktivität der »Patriotenliga« Paul Déroulèdes und der radikalen Linken unter Georges Clemenceau nicht aus der Welt, da die Liebenswürdigkeiten Bismarcks weithin und ganz richtig als ein Versuch betrachtet wurden, Frankreich die Abstandnahme von Revanchegedanken und den definitiven Verzicht auf Elsass-Lothringen nahezulegen. Als Ferry nach militärischen Misserfolgen in Südostasien durch gewaltige Kundgebungen unter dem Ruf »À bas le Tonkinois« gestürzt wurde, war Bismarcks offizielle These widerlegt, Deutschland sei von Freunden und nicht etwa, wie der Führer des Zentrums Ludwig Windthorst behauptet hatte, »von Feinden« umgeben.[16)] Zwar wurde 1884 der Drei-Kaiser-Vertrag um drei Jahre verlängert, aber es liefen glaubwürdige Gerüchte um, in denen von Gesprächen zwischen französischen und russischen Generalstäblern die Rede war. Mit dem Jahr 1885 zogen für Deutschland und auch für Europa härtere Zeiten herauf.

Die Krise von 1886/88 und die Anfänge der französisch-russischen Allianz

Der Ausgangspunkt dieser härteren Zeiten lag, wie es schien, im hintersten Winkel Europas, nämlich in Bulgarien, aber es handelte sich um die altbekannte Krisenregion, den Balkan, und diesmal waren der Einfluss und das Prestige Russlands so sehr gefährdet, dass in der Konsequenz das Dreikaiserbündnis an sein Ende kam.

Zunächst schien in Bulgarien, das durch den Berliner Vertrag wieder in das autonome Fürstentum nördlich des Balkangebirges und in die türkische Provinz Ostrumelien südlich davon geteilt worden war, alles nach den russischen Wünschen zu verlaufen. Im April 1879 wurde der junge Prinz Alexander von Battenberg aus dem Hause Hessen-Darmstadt, der als russischer Offizier im Feldzug von 1877/78 gekämpft hatte und ein Neffe der Zarin war, zum Fürsten von Bulgarien gewählt, wie es dem Wunsch Alexanders II. entsprach. Aber nach dem Abzug der russischen Truppen richteten die Russen ein geradezu klassisches Besatzungsregime ein, in dem sie alle wichtigen Positionen, zumal das Kriegsministerium, in ihren Händen hatten, sodass schnell schwere Spannungen entstanden. Durch den Übergang der Herrschaft auf Alexander III. wurden sie verstärkt, aber noch wichtiger war die Abneigung der Bevölkerung gegen das übermütige und anmaßende Regime der Fremden.

Im September 1883 wurde die Verfassung wieder in Kraft gesetzt, und eine neue, dem Parlament (der Sobranje) genehme Regierung nahm die Zügel in die Hand. Die russischen Generäle, tief gedemütigt, sahen sich gezwungen, das Land zu verlassen. Es handelte sich um ein frühes Beispiel für einen erfolgreichen Volkswiderstand gegen ein ausländisches Regime, und dadurch wurde deutlich, wie prekär die Verabredungen von Großmächten über die Zuweisung von »Einflussgebieten« sein konnten. Fürst Alexander stellte sich nun an die Spitze der Nationalbewegung, und nach einem Aufstand in Ostrumelien wurde im Oktober 1885 die Vereinigung der beiden Teile des Landes proklamiert. Unter stürmischer Begeisterung der Bevölkerung zog Alexander in Philippopel ein, und der Sultan ließ sich nach kurzer Zeit zu einem Arrangement herbei, das in der Praxis die Wiedervereinigung des Landes und die Herrschaft des Fürsten sanktionierte.

Der Zar kochte vor Wut und berief alle russischen Offiziere zurück. Die Einigung war ihm im Prinzip erwünscht, und im Dreikaiservertrag war darauf in positivem Sinne Bezug genommen worden, aber nun war sie überraschend und gegen den russischen Willen zustande gekommen. Sofort entstand der Verdacht, zumal bei den Panslawisten, dass Österreich und Deutschland hinter dieser Umwälzung steckten.

Doch auch die Serben und Griechen waren sehr beunruhigt, da sie die abermalige Entstehung eines Großbulgarien einschließlich Makedoniens fürchteten. Am 14. November erklärten die Serben Bulgarien den Krieg und ließen sich daran von den Österreichern nicht hindern, mit denen sie durch ein Geheimabkommen verbunden waren. Sie erlitten jedoch eine schwere Niederlage, und Battenberg bewährte sich als militärischer Führer sehr. Nur das Eingreifen Österreichs erzwang den Waffenstillstand und damit die Rettung von Nisch und Belgrad.

Die Russen waren nun doppelt empört, weil keine Konsultation stattgefunden hatte, wie sie doch im Vertrag vorgesehen war. Michail Katkow, der führende panslawistische Journalist, brachte in seinen »Moskowskie Wjedomosti« eine weitverbreitete Überzeugung zum Ausdruck, als er schrieb, Battenberg sei lediglich ein Werkzeug Englands, aber sein Handeln sei nur deshalb möglich geworden, weil es das Dreikaiserverhältnis gebe. Die Folgerung sprang ins Auge: Russland müsse wieder »freie Hand« gewinnen, es dürfe also nicht an Deutschland und Österreich gebunden sein.[1)]

Anfang März 1886 wurde zwischen Serbien und Bulgarien Friede geschlossen, und Alexander von Battenberg stand als Triumphator da. Wenn nicht nur England und zumal die Königin Viktoria, sondern auch Deutschland und Bismarck ihn unterstützt hätten, wäre der östliche Balkan für die Russen definitiv verloren gewesen. Aber Bismarck stellte sich scharf gegen ihn, zumal Alexander den Wunsch hatte, Viktoria, die einzige Tochter des Kronprinzen Friedrich Wilhelm, zu heiraten, sodass vor aller Welt eine deutsch-englisch-bulgarische Verbindung sichtbar geworden wäre. Bismarck trat diesen Plänen auf sehr harte Weise entgegen – anscheinend nicht nur aus Rücksicht auf Russland, sondern weil er fürchtete, Battenberg könne nach dem bald zu erwartenden Thronwechsel in Deutschland durch seinen präsumtiven Schwiegervater Friedrich III. zum Chef eines »Ministeriums Gladstone«, d. h. einer Regierung der Linksliberalen, gemacht werden.

Und die Russen gaben ihre Sache in Bulgarien noch längst nicht verloren. Neue Leute wurden nach Sofia geschickt, und zwar mit dem ausdrücklichen

Auftrag, die Absetzung Alexanders herbeizuführen. Was für Augenblicke wie eine welthistorische Tragödie ausgesehen hatte, endete nun wie eine Komödie oder wie ein Hintertreppenroman: Zuerst wird Alexander durch meuternde Truppen verhaftet und nach Russland, dann ins österreichische Polen verbracht. Durch loyale Kräfte zurückgerufen, erhält er ein sehr hartes Telegramm des Zaren, verzichtet auf den Thron und verlässt das Land. Die Eheschließung mit der Tochter des deutschen Kronprinzen bleibt ihm verwehrt; er heiratet unter dem Namen Graf von Hartenau eine Schauspielerin, lässt sich als österreichischer Offizier in Graz nieder und stirbt schon 1893 im Alter von 36 Jahren.

Aber bevor er Bulgarien verließ, hatte er drei Regenten ernannt, die alles andere als prorussisch waren. So wurde im Sommer 1887 Prinz Ferdinand von Coburg-Koháry zu seinem Nachfolger gewählt, der nicht nur als Deutscher angesehen werden konnte, sondern überdies Katholik war. So trat zum Ringen der Dynastien in den Augen Katkows und Pobedonoszews, des als äußerst reaktionär geltenden »Vorsitzenden des Obersten Synod«, noch jener Religionskampf hinzu, der die Russen schon seit längerer Zeit sehr beunruhigte, weil die katholische Kirche in Russisch-Polen auf geschickte und erfolgreiche Weise Missionsarbeit leistete. Jedenfalls war nun auch auf längere Sicht der östliche Balkan, den man schon als sicheren Besitz hatte ansehen dürfen, verloren, und der Weg zu den Meerengen war abermals um vieles schwieriger geworden.

Es ist leicht verständlich, dass nun in den oberen Chargen der russischen Armee ein Krieg gegen Österreich und die Eroberung Konstantinopels ausdrücklich ins Auge gefasst wurden. Aber die Verwirklichung war unmöglich, wenn Deutschland gegen einen russischen Angriff auf die Seite Österreichs treten würde, wie es der Zweibundvertrag vorsah, der kein Geheimnis war und dessen Wortlaut Anfang 1888 sogar ausdrücklich publiziert wurde. Kein Gedanke lag daher näher, als die Karte eines Bündnisses mit Frankreich auszuspielen. Im Augenblick ließ sie sich indessen noch nicht verwenden, da Alexander III. infolge des Vordringens der Radikalen in Frankreich und gewisser antimonarchischer Maßnahmen von größter Empörung erfüllt war, sodass sogar die diplomatischen Beziehungen für einige Zeit unterbrochen waren. Wie aus späteren Aussagen Bismarcks unzweideutig hervorgeht, war aber auch der deutsche Generalstab angesichts des beunruhigenden Tones der panslawistischen Presse mit Plänen eines Präventivkrieges gegen Russland und zugleich gegen Frankreich befasst, und die großen Reden Bismarcks während der Jahre 1887 und 1888 dienten nicht zuletzt dem Zweck, solchen Ideen entgegenzutreten, um den »Draht nach Russland« nicht abreißen zu lassen. Aber sie würden wohl einen anderen Ton gehabt haben, wenn nicht in Frankreich jene Ereignisse eingetreten wären, welche die Gefahr eines deutsch-französischen Krieges heraufzubeschwören schienen. Paradoxerweise waren auch sie mit dem Namen eines Mannes verbunden, dessen erstes Auftreten für den Zaren jeden Gedanken an ein Bündnis mit Frankreich obsolet werden ließ, mit demjenigen des Generals Georges Boulanger.

In Frankreich hatten die Wahlen vom Oktober 1885 eine offensive Rückkehr der Rechten, d. h. der Monarchisten, aber auch eine Stärkung der Radikalen gebracht, weil als Gegenzug eine »republikanische Union« gebildet worden war, die als eine Vorform der späteren »Volksfront« angesehen werden kann und die den Radikalen im Januar 1886 vier Ministersitze einbrachte, als ein neues Kabinett unter Freycinet gebildet wurde. Einen davon nahm als Kriegsminister General Boulanger ein, der die französischen Truppen in Tunis befehligt hatte und der vor allem ein persönlicher Freund von Georges Clemenceau war, dem maßgebendsten der Radikalen.

Wenig später war der Thronprätendent, der (orleanistische) Graf von Paris, so unbesonnen, die Hochzeit seiner Tochter mit dem portugiesischen Thronfolger mitten in Paris auf demonstrativ-prachtvolle Weise feiern zu lassen, sodass Sympathiekundgebungen der Anhänger nicht ausblieben. Die Antwort der linken Mehrheit in der Kammer war von demonstrativer Härte: Die Prätendenten und deren Erben wurden aus Frankreich verbannt, der Eintritt in die Armee und die Übernahme öffentlicher Funktionen wurde für alle Prinzen verboten. Boulanger ging noch darüber hinaus, indem er den angesehenen Herzog von Aumale aus der Armee ausschloss. Das war einer der Gründe, weshalb Alexander III. zu dem scheidenden und konservativ gesinnten Botschafter Frankreichs sagte, diese Regierung sei nicht mehr die Republik, es sei die Kommune.

Die kleinen Leute in Frankreich, traditionellerweise der Armee und dem Ruhm Frankreichs mit großer Hingabe zugetan, begeisterten sich für den »Général Jacobin«, und es waren ganz ähnliche Massenstimmungen, die Boulanger nun bald zum »Général Revanche« machten und Paul Déroulède auf seine Seite treten ließen. Die Berichte der deutschen Diplomaten zeichnen ein anschauliches Bild von der Kriegs- und Revanchestimmung, die in Paris herrschte und die vermutlich auch durch die Nachrichten von der ersten Reise Déroulèdes nach Russland gefördert wurde, wo dem Führer der Patriotenliga von vielen Panslawisten und nicht zuletzt von Katkow ein begeisterter Empfang bereitet wurde.[2)]

Aber die größte Kriegsgefahr ging von einer Aktion untergeordneter deutscher Stellen aus, nämlich der Verhaftung eines französischen Zollbeamten und angeblichen Spions namens Schnaebelé, der unter dem Vorwand einer Dienstbesprechung auf deutschen Boden gelockt worden war. Boulanger forderte jetzt ein Ultimatum, das unabsehbare Folgen gehabt hätte, aber die Regierung folgte ihm nicht, und Bismarck entschärfte die Situation, indem er die Freilassung Schnaebelés befahl. Im Mai 1887 wurde Boulanger nicht mehr in die neue Regierung Rouvier aufgenommen. Damit war die Boulanger-Krise im engeren Sinne zu Ende, aber der General blieb populär und als Abgeordneter aktiv. Seine Rückkehr in ein hohes Staatsamt schien also durchaus möglich, doch nach einem triumphalen Wahlerfolg im Januar 1889 brachte er trotz der begeisterten Zurufe einer großen Menge nicht den Mut auf, in den Ruf »À l'Élysée!« einzustimmen und den Versuch einer gewaltsamen Machtergreifung zu machen. Aber die Bewegung des »Boulangismus« ist im zweiten Teil in einem eigenen Kapitel zu behandeln.

Die wesentlichen Entscheidungen mussten von Bismarck abhängen, aber die bloße Tatsache seiner zentralen Position trug ihrerseits zur Verschärfung der Spannungen bei, und Katkow schrieb in dieser Zeit, es werde einem aus Berlin zu verstehen gegeben, dass man ohne Bismarcks Zustimmung sich weder niederlegen noch erheben könne; er regiere die ganze Welt und eben deshalb müsse Russland sich aus dieser Abhängigkeit befreien. Es kann in der Tat schwerlich bezweifelt werden, dass, wenn Bismarck signalisiert hätte, Österreichs Schicksal sei ihm gleichgültig und er werde den Dreibundvertrag nicht erneuern, wenig später der Krieg zwischen Russland und Österreich ausgebrochen wäre. Mit hoher Wahrscheinlichkeit wäre die Donaumonarchie dabei zerschlagen worden, sodass das Deutsche Reich die deutschsprachigen Länder der Monarchie und vielleicht noch das auf seine ethnischen Grenzen reduzierte Ungarn hätte übernehmen müssen.

In den Augen der »Alldeutschen« (die es aber 1886/88 als Organisation noch gar nicht gab) wäre diese Lösung die für Deutschland günstigste gewesen, aber Bismarck scheint sie nie auch nur erwogen zu haben. Wenn Bismarck umgekehrt seinem eigenen Generalstab grünes Licht gegeben hätte, würde es vermutlich zum Doppel-Präventivkrieg Deutschlands (und wohl auch Österreichs) gekommen sein, und wenn die Situation tatsächlich so günstig war, wie die Militärs behaupteten, hätte ein solcher Krieg mit einem Triumph enden können, sodass Bismarcks Dominanz zu einer vollen Hegemonie des Deutschen Reiches in Kontinentaleuropa geworden wäre, die England schwerlich durch einen Kriegseintritt hätte verhindern können. Dieser Möglichkeit hat Bismarck mit großer Entschiedenheit entgegengewirkt.

Auch hier erhebt sich freilich wieder die Frage, ob Bismarck nicht vielleicht die Krisensituation zu innenpolitischen Zwecken ausgenützt hat, indem er im Dezember 1886 eine Militärvorlage einbrachte, die eine nur mäßige Erhöhung der Truppenstärke vorsah, aber eine Festlegung auf sieben Jahre (»Septennat«) verlangte. Die von Bismarcks Gegnern beherrschte Mehrheit des Reichstags wollte zwar zustimmen, aber ihre wichtigste politische Waffe, das Budgetrecht, im Hinblick auf den größten Posten des Staatshaushalts nur für drei Jahre aufgeben. Bismarck griff nun auf die Fragestellung der ersten Jahre seiner Regierung, nämlich den »Verfassungskonflikt«, zurück und kennzeichnete die Alternative als diejenige zwischen »Kaiserlichem Heer« und »Parlamentsheer«. In drei großen Reden im Januar 1887 verteidigte er seine Position, löste dann den Reichstag auf und schuf so durch Neuwahlen eine ihm freundlich gesinnte Majorität aus den sogenannten »Kartell«-Parteien (den Konservativen, der Reichspartei und den Nationalliberalen), zu denen bei der Endabstimmung über das Septennat noch das Zentrum hinzutrat, das im Interesse der endgültigen Beilegung des »Kulturkampfes« entsprechende Winke aus dem Vatikan erhalten hatte.

Aber es ist sehr wohl möglich, dass für die scheinbar bloß innenpolitische Intention, einen gefügigen Reichstag zu schaffen, letzten Endes eine außenpolitische Zielsetzung maßgebend war. Ganz wie Bismarck den Zaren für »die Hauptstütze gegen die kriegerischen Velleitäten seiner Untertanen« hielt,[3)] so hielt er auch seine politischen Gegner in Deutschland für geneigt, kriegerische Pläne zu fassen oder den entsprechenden Emotionen der »öffentlichen Meinung« zu leicht nachzugeben. Deshalb erhob er in den erwähnten Reden unter Anführung vieler Zeitungsstimmen den Vorwurf der »Kriegshetzerei gegen Russland«, und man wird annehmen dürfen, dass seine »antidemokratische« Einstellung zum guten Teil seinem Misstrauen gegen die »popularis aura« entsprang, die von momentanen Leidenschaften geprägt sei und das Gegenteil der staatsmännischen und allein der Friedenssicherung fähigen Vernunft darstelle.[4)]

In diesem Zusammenhang formulierte Bismarck einen ungemein aufschlussreichen Satz, auf den in der »Schlussbetrachtung« zurückzukommen ist: »Die Politik zweier Großstaaten nebeneinander kann man vergleichen mit der Lage zweier Reisenden, die einander nicht kennen, in einem wüsten Walde, von denen keiner dem anderen vollständig traut; wenn der eine die Hand in die Tasche steckt, dann spannt der andere schon seinen Revolver, und wenn er den Hahn des anderen knacken hört, feuert er schon ...«[5] Daher müsse man das erste Misstrauen und die erste Verstimmung der anderen sorgfältig vermeiden. Ebendiese schwierige Aufgabe traute er aber dem »Parlamentssystem« offenbar nicht zu, und nur die weitere Erfahrung konnte lehren, ob er recht hatte, wenn er im Hinblick auf die Bewahrung des äußeren und des inneren Friedens den autoritären »Obrigkeitsstaat« über die freiheitliche »Demokratie« stellte. Im Jahre 1887 schloss Bismarck jedenfalls zwei Verträge ab, die als Geheimverträge so »diplomatisch« waren wie nur möglich und die dennoch klare Kriegsgefahren mit sich führten, so gewiss sie keinerlei Kriegswillen erkennen ließen.

Der erneuerte Dreibundvertrag vom 20. Februar enthielt zwar nicht in der vorzeigbaren Formulierung, aber doch in Form von Zusatzverabredungen eine gravierende Veränderung gegenüber dem ursprünglichen Abkommen von 1882 – eine Veränderung, die auf die Initiative Italiens zurückging, das nun schon seine ersten kolonialen Erfahrungen gemacht hatte und dabei war, in die »Ära Crispi« einzutreten. Es handelte sich um die oben erwähnte Kompensationsklausel,[6] und in gewisser Weise wurde Italien erst dadurch zur echten, mitentscheidenden Großmacht – aber es erhielt nun auch jenen »Revolver«, der es möglicherweise instand setzen würde, bei einer bestimmten Gelegenheit auf den eigenen Bundesgenossen zu feuern.

Im Juni 1887 folgte der »Rückversicherungsvertrag« zwischen dem Deutschen Reich und Russland, der an die Stelle des hinfällig gewordenen Dreikaiserabkommens trat. Er sicherte beiden Mächten die wohlwollende Neutralität der anderen im Falle eines Verteidigungskrieges gegen Österreich bzw. Frankreich. Indem Deutschland die historischen Rechte Russlands auf dem Balkan und insbesondere die Legitimität des vorherrschenden Einflusses Russlands in »Bulgarien und Ostrumelien« (!) anerkannte, ging es nicht über die Bestimmungen des Berliner Vertrages hinaus, aber es konnte als die Verpflichtung für Deutschland verstanden werden, Russland bei der Wiederherstellung des verlorenen Einflusses gegen Österreich behilflich zu sein. Am bedenklichsten war jedoch das »ganz geheime Zusatzprotokoll«, in dem Bismarck dem Zaren sogar Deutschlands wohlwollende Neutralität für den Fall zusicherte, dass dieser es für notwendig halten würde, (de) »garder la clef de son Empire«.[7] Mindestens diese Bestimmung widersprach eindeutig dem

Sinn des Dreibundes und auch jener »Mittelmeerentente« zwischen Österreich, Italien und England, die unter der wohlwollenden Förderung Bismarcks zustande kam und die potenziell die wichtigste Ausweitung seines Bündnissystems bedeutete.

In der letzten großen Rede, die Bismarck als Reichskanzler hielt, derjenigen vom 6. Februar 1888, ging es um eine Heeresverstärkung von besonderer Art, nämlich um die Eingliederung der Reserveformation der »Landwehr« in die Organisation der Linientruppen, eine Verstärkung, die – freilich eher auf dem Papier – die deutsche Armee um 600 000 Mann vermehrte. Der Hintergrund war die hasserfüllte Leidenschaft, mit der in der russischen Öffentlichkeit die unerwartete Permanenz der Herrschaft des Prinzen Ferdinand in Bulgarien beobachtet wurde, sodass die Frankreich gegenüber abgeklungene Kriegsgefahr im Osten einen neuen Höhepunkt erreichte. Und wieder trat Bismarck nachdrücklich für den Frieden ein, und zwar mit Wendungen, die sich im anhebenden Zeitalter des Imperialismus altväterlich ausnehmen mochten: Jede Großmacht, die außerhalb ihrer Interessensphäre auf die Politik anderer Länder einzuwirken suche, »die periklitiert außerhalb des Gebietes, welches Gott ihr angewiesen hat, die treibt Machtpolitik und nicht Interessenpolitik, die wirtschaftet auf Prestige hin. Wir werden das nicht tun …«[8)]

Aber diesmal hob Bismarck auch mit viel Zuversicht die Macht des Deutschen Reiches hervor, das infolge seiner hervorragenden Volksbildung über ein Korps von Offizieren und Unteroffizieren verfüge, »welches uns kein anderes Land der Welt nachmachen kann«. Er nannte die Franzosen »die kriegerischste und unruhigste Nation«, und er beendete die Rede mit einem Satz, der später häufiger zitiert wurde als jeder andere und unter der Bevölkerung große Begeisterung hervorrief: »Wir Deutsche fürchten Gott, aber sonst nichts in der Welt«. Darüber geriet der Nachsatz leicht in Vergessenheit, der mit der Haupttendenz der Rede vollständig übereinstimmte: »Und die Gottesfurcht ist es schon, die uns den Frieden lieben und pflegen lässt.«[9)]

Nach dem kurzen Zwischenspiel der »99 Tage« des Kaisers Friedrich III. bestieg dessen Sohn Prinz Wilhelm im Sommer des »Dreikaiserjahres« 1888 den Thron, und nun stand dem weltberühmten 75-jährigen Reichskanzler, dessen Sohn Herbert als Staatssekretär das Auswärtige Amt leitete, ein junger »Souverän« von 29 Jahren gegenüber. Negative Einflüsterungen über die »Dynastie Bismarck« waren nicht ohne Einfluss auf das Verhalten des neuen und von Anfang an sehr selbstbewussten Kaisers, aber der wichtigste Faktor innerhalb des Bündels von Spannungen, das Bismarcks Kanzlerschaft im

März 1990 an ihr Ende brachte, war ein innenpolitischer, der indessen ebenfalls außenpolitische Konnotationen hatte. Es handelte sich um die Frage der Verlängerung und der eventuellen Verschärfung des »Sozialistengesetzes«, und wie Bismarck zu der frühen Alternative »Königsheer oder Parlamentsheer« zurückgekommen war, so griff er nun die berühmt-berüchtigte Wendung von »Blut und Eisen« auf, die er aber nun auf die Innenpolitik verschob: Die soziale Frage sei »nicht mit Rosenwasser zu lösen, sondern mit Blut und Eisen«, sagte er im Januar 1890 zu einem Gesprächspartner.[10)] Und auch dem Kaiser gegenüber machte er Vorschläge, deren Realisierung mit einiger Wahrscheinlichkeit einen Bürgerkrieg oder doch bürgerkriegsartige Turbulenzen herbeigeführt haben würde. Die Vermutung dürfte zulässig sein, dass Bismarck die innenpolitischen Turbulenzen und die daraus resultierende außenpolitische Unsicherheit der Staatsführung abwenden wollte, die mit dem ungehinderten Aufstieg einer großen Partei des »Klassenkampfes«und damit tendenziell des Bürgerkrieges sowie mit den möglicherweise sehr militanten Reaktionen der Gegner verbunden sein mussten. Gleichwohl ehrt es den jungen Kaiser ebenso wie den greisen Reichspräsidenten des Jahres 1932/33, dass sie die Verantwortung für ein solches Blutvergießen nicht auf sich nehmen wollten. Das für die »Kartell«-Parteien katastrophale Ergebnis der Reichstagswahl vom 24. Februar 1890 sprach eine deutliche Sprache.

Aber für den »neuen Kurs«, der ab 1890 eingeschlagen und der von Bismarck von seinem Ruhesitz nahe Hamburg heftig kritisiert wurde, war nicht nur die Nichtverlängerung des Rückversicherungsvertrages durch die Nachfolger verantwortlich, obgleich Russland und Frankreich nun wie mit Naturgewalt auf ein Bündnis zutrieben, das die Panslawisten und die »Patriotenliga« so zielbewusst vorbereitet hatten. Nun konnte auch Zar Alexander III. nicht mehr umhin, 1891 beim französischen Flottenbesuch in Kronstadt stehend die Marseillaise anzuhören und im nächsten Jahr dem Abschluss einer »Militärconvention« zuzustimmen, bevor im Jahre 1894 ein regelrechtes Bündnis geschlossen wurde. Noch wichtiger und in höherem Maße der »Macht der Umstände« geschuldet war die Tatsache, dass sich Wilhelm II. und die Nachfolger Bismarcks einem Zeitalter gegenübersahen, zu dessen Anfängen Bismarck selbst einen freilich zurückhaltenden und vorsichtigen Beitrag geleistet hatte und das nun immer häufiger aus guten Gründen das »Zeitalter des Imperialismus« genannt wurde.

Imperialismus und Anfänge der deutsch-englischen Flottenrivalität

Es ist nicht von vornherein klar, wie der Begriff »Imperialismus« zu verstehen ist, obwohl er für viele Jahrzehnte in der politischen Alltagspolemik von größter Bedeutung war. Am neutralsten dürfte die Kennzeichnung sein, es handle sich um die politische Angliederung schwächerer Staaten – oder auch Stammesgebiete – an stärkere Staaten aus Gründen des politischen Prestiges und/oder wirtschaftlicher Betätigung, welche ihrerseits von der Errichtung kleiner Handelsstationen bis zu planvoller Siedlungspolitik reichen könne. Es ist aber schon fraglich, ob der Terminus »wirtschaftlicher Imperialismus« berechtigt ist. Wenn ein großer Staat aus Gründen ökonomischer Art das Wirtschaftsleben eines kleineren Staates dominiert, ohne dass diese Situation politisch-machtmäßig fixiert wird, sollte man wohl besser nicht von »Imperialismus« sprechen, da am Ende alle Arten von ökonomischen Differenzen und Ungleichgewichten unter diesen Begriff gebracht werden könnten, sodass er jede konkrete Bedeutung verlöre und letztlich das Ideal der Selbstgenügsamkeit aller Staaten das Denken bestimmen würde.

Man kann den Imperialismus bis in die Anfänge der Geschichte zurückverfolgen: Babylon, Assyrien, Ägypten, Alexander der Große, Rom, die deutschen Kaiser des Mittelalters, Spanier und Portugiesen im Zeitalter der Entdeckungen, Engländer und Franzosen während des 18. Jahrhunderts in Amerika und in Indien und so weiter – stets handelte es sich um »Imperien«, um »Reiche«, die geschaffen wurden, und nicht um Nationalstaaten. Die Geschichtsschreibung weiß vom Aufstieg und vom Niedergang solcher Imperien zu berichten und auch von Aufständen in ihrem Inneren. So etwas wie ein »antiimperialistisches Denken« ist wohl frühestens bei Bartolomé de las Casas zu erkennen, der das – »genozidale« – Vorgehen der Spanier und Portugiesen bei der Eroberung von Süd- und Mittelamerika als christlicher Priester leidenschaftlich anprangerte. Mit Sicherheit liegt es bei Turgot und anderen Denkern der Aufklärung wie Raynal vor, wo häufig die Vorstellung leitend ist, dass Kolonien nach einiger Zeit vom Mutterland abfallen würden wie reife Früchte von einem Baum. Die erfolgreiche Separation der amerikanischen Kolonien von England war ein großes Beispiel. Diese Auffassung geht dann in die radikale Tradition des 19. Jahrhunderts ein; sie ist bei William Gladstone ebenso spürbar wie bei Richard Cobden.

Der »moderne Imperialismus« ist von früheren Imperialismen vielleicht am ehesten dadurch abzuheben, dass er schon vom Antiimperialismus und verwandten Bestrebungen wie etwa dem Sozialismus begleitet wurde und teilweise ausdrücklich gegen sie gerichtet war, d. h. dass er auch zur »Ableitung innerer Spannungen« dienen konnte. Er begann keineswegs erst mit Bismarcks Entlassung, aber Bismarck zählte doch eher zu den Gegenkräften, obwohl unter ihm das deutsche Kolonialreich begründet wurde und für einige Zeit viel von »Bismarcks Imperialismus« die Rede war.[1)] In gewisser Weise ist ab 1890 tatsächlich eine »neue Qualität« zu konstatieren. Aber die Anfänge lagen früher.

In unserem Zusammenhang ist der moderne Imperialismus nicht als solcher und in seinen Einzelheiten wichtig, da er ja primär von Europa aus gegen die nichteuropäische Welt gerichtet war, sondern nur insoweit, als er die Beziehungen zwischen den europäischen Großmächten veränderte und schließlich zur Konstellation des Weltkriegs beitrug. Vieles ist daher lediglich in Kürze zu erwähnen bzw. zu wiederholen.

Ein politischer Imperialismus im engsten Sinne war der russische Drang nach Konstantinopel und den Meerengen. Die Unterstützung der christlichen Balkanvölker ist dagegen mit der Kategorie der »nationalen Befreiungskämpfe« verknüpft, so gewiss daraus schwere Spannungen mit Österreich-Ungarn und England resultierten und so gewiss es leicht ist, den Imperialismus als das eigentliche Motiv darzustellen. Aber dieser Imperialismus hätte nicht sein können, was er war, wäre er nicht mit den »Freiheitskämpfen unterdrückter Völker« verbunden gewesen; sein Neuanfang ist auf das Jahr 1876 zu datieren, und er setzte sich bis zum Ausbruch des Weltkriegs fort.

Einen Neuanfang bedeutete auch die Inbesitznahme von Tunis durch Frankreich im Jahre 1881. Die Enttäuschung der Italiener, denen Tunis als Siedlungskolonie vor Augen stand, war der Ausgangspunkt für den »Dreibund«, der Italien paradoxerweise mit dem Hauptgegner seines »Risorgimento«, mit Österreich-Ungarn, zusammenbrachte, obwohl die irredentistische Bewegung Österreich zerstören und ihm mindestens wichtige Gebiete nehmen wollte.

1882 erfolgte die Besetzung Ägyptens durch die Engländer, nachdem seit 1876 schon die »Europäische Schuldenkommission« als eine Art von französisch-englischem Finanzkondominium eine weitgehende Herrschaft über das formell noch unter osmanischer Herrschaft stehende Land ausgeübt hatte. Dagegen hatte sich eine einheimische Bewegung unter Oberst Arabi Pascha, einem Abkömmling von Fellachen, gerichtet, für welche die Orientierung am Islam und der Einfluss geistlicher Berater kennzeichnend war. Darin wurde schwerlich schon eine Präfiguration der islamisch-fundamentalistischen Bewegungen des 20. Jahrhunderts gesehen, wohl aber schien der Suezkanal bedroht zu sein, den der Franzose Lesseps gebaut hatte und dessen Aktienmehrheit von den Engländern erworben worden war. So erschien im Mai 1882 ein französisch-englisches Geschwader vor Alexandrien, und die Folge war ein Aufruhr gegen die einheimischen Christen, der vierzig Todesopfer forderte.

Der Sultan in Konstantinopel sah sich außerstande, der Forderung einer Botschafterkonferenz zu entsprechen und Truppen nach Ägypten zu schicken, um das Land zum Gehorsam gegenüber den »Beschlüssen Europas« zu zwingen, und auch die französische Regierung Freycinet kam zu keinem Entschluss. So griffen die Engländer allein zu, beschossen im Juni 1882 Alexandrien und waren faktisch die Herrscher über das Land, nachdem sie im September Arabi Pascha besiegt hatten. In England läuteten die Glocken, obwohl Gladstone als Premierminister sein schlechtes Gewissen kaum verhehlte; die Folge war eine weitgehende Isolierung Englands und vor allem der große Aufstand der »Mahdis« im Sudan, dem bei der Eroberung Khartums im Januar 1885 der englische Befehlshaber Gordon Pascha zum Opfer fiel. In England griffen Bestürzung und Niedergeschlagenheit um sich, obwohl der »Seeweg nach Indien« durch den Suezkanal nun gesichert war.

Frankreich hatte unter Jules Ferry eine sehr erfolgreiche Kolonialpolitik geführt, aber die grundsätzliche Opposition, vor allem durch Clemenceau verkörpert, war von Anfang an viel mächtiger gewesen als in England, und die Niederlage von Lan-Son in Hinterindien führte zum innenpolitischen Umschwung.

Die Situation der Jahre 1883/85 war daher für Deutschland günstig, da England nicht nur zu Frankreich in einem gespannten Verhältnis stand, sondern auch in Südafrika einen ersten Krieg gegen die Buren führte. Der Bremer Kaufmann Lüderitz brachte 1883 die Bucht von Angra Pequena in Südwestafrika an sich, und Bismarck wich vor der unverhüllten Feindseligkeit der Engländer nicht zurück, als Gustav Nachtigall 1884 Togo und Kamerun unter deutsche Schutzherrschaft stellte. Der Abenteurer Karl Peters erwarb mit fragwürdigen Methoden das spätere Deutsch-Ostafrika.

Nicht weniger fragwürdig war das Verfahren, mit dem der belgische König Leopold II. das riesige Kongogebiet als eine Art von Privateigentum an sich brachte. Die Berliner Kongokonferenz 1884/85 gewährte ihm die Anerkennung, aber sie beschloss auch das Verbot des Sklavenhandels und stipulierte die Handelsfreiheit für alle Nationen.

Italien hielt weiterhin nach Siedlungskolonien Ausschau, und unter Crispi, der nicht selten »der italienische Bismarck« genannt wurde,[2)] schien es den bedeutendsten Erfolg aller europäischen Kolonialmächte zu erringen. Der Vertrag von Uccialli vom Mai 1889 mit dem neuen Negus Menelik stellte nach dem italienischen Text ganz Abessinien unter italienisches Protektorat, aber der amharische Text lautete anders, und so kam es schließlich nach mancherlei Scharmützeln zu einem großen, jedoch mit unzureichenden Mitteln geführten Kolonialkrieg, bei dem Crispis Waffenkamerad aus der Zeit von Garibaldis Unternehmen der »Tausend«, Oreste Baratieri, nach einigen kleineren Erfolgen im März 1896 die schwere Niederlage von Adua erlitt, sodass der 81-jährige Crispi unter lauten Verwünschungen im Parlament und auf den Straßen Roms zurücktreten musste.[3)]

Von besonders großer Bedeutung war das Aufkommen der »imperialistischen Idee« in England. 1883 behauptete der Historiker John Robert Seeley in seinem Buch »The Expansion of England« mit negativem Akzent, das bisherige Kolonialreich sei mehr infolge glücklicher Umstände als durch festen Willen, ja »in a fit of absent-mindedness« zustande gekommen, aber das müsse nun anders werden. In der Tat hatte Gladstone sich weit mehr um die Innenpolitik als um die Kolonialpolitik gekümmert, und Richard Cobden hatte sogar behauptet, Englands Seeherrschaft sei eine »Anmaßung«. Das Ziel der englischen Politik müsse darin bestehen, den Freihandel auf die ganze Welt auszudehnen und dadurch das Reich des ewigen Friedens zu begründen. Nun aber traten überzeugte Vorkämpfer des »Empire« in den Vordergrund, unter ihnen Cecil Rhodes, der Ministerpräsident der südafrikanischen Kapkolonie, der sich vornahm, eine Verbindung »vom Kap bis Kairo« zu schaffen, und Joseph Chamberlain, ehemals der Radikalste unter den Radikalen, der 1895 unter der dritten Regierung Salisbury Kolonialsekretär wurde. Um die gleiche Zeit sprach der weltbekannte Schriftsteller Rudyard Kipling von der »Bürde des weißen Mannes« und von den tückischen Völkern des Ostens, die »halb Teufel, halb Kinder« seien, sodass Härte unbedingt erforderlich sei, obwohl er sich mit der viel zitierten Wendung von der »Bürde des weißen Mannes« unzweifelhaft als Vertreter jenes »liberalen Imperialismus« zu erkennen gab, der nicht dauerhaft unterdrücken, sondern die Entwicklung der farbigen Völker zur »Mündigkeit« vorantreiben wollte. Doch gerade weiße Einwanderer erwiesen sich als das größte Hindernis für diese Konzeption, nämlich die »Buren« in Südafrika, Abkömmlinge von Holländern, gering an Zahl, aber groß an Tatkraft und Entschlossenheit. Dem Griff der Engländer der Kapkolonie entzogen sie sich durch die Gründung ihrer eigenen Freistaaten, Transvaals sowie des Oranje-Freistaates, und sie widersetzten sich erfolgreich einem von Rhodes inszenierten überfallartigen Unternehmen, dem sogenannten »Jameson Raid« von 1896, der unverkennbar ökonomische Hintergründe hatte, aber die Sache der (englischen) »Ausländer« zu verfechten behauptete, denen die Buren keine politischen Rechte geben wollten.

Und hier stießen zum ersten Mal seit 1883/84 englische und deutsche Interessen heftig aufeinander, jedoch in einer neuen Konstellation und auf sehr veränderte Weise.[4)] Der junge Kaiser Wilhelm II. hatte von Anfang an durch die Impulsivität seines Auftretens deutlich gemacht, dass die Bismarck-Zeit nun zu Ende sei und ein »neuer Kurs« eingeschlagen werde. Schon 1891 erregte er im Bereich der Innenpolitik großes und peinliches Aufsehen durch eine Rede bei der Rekrutenvereidigung der Potsdamer Garderegimenter, in der er gesagt hatte, mehr denn je erhebe der Unglaube und der Missmut sein Haupt im Vaterlande empor und es könne vorkommen, »dass ihr eure eigenen Verwandten und Brüder niederschießen oder -stechen müsst«.[5)] Und im Januar 1896 behauptete er in einer Rede vor aller Welt: »Aus dem Deutschen Reich ist ein Weltreich geworden.« Wenig später erklärte von Bülow in einer Reichstagsrede: »Wir wollen niemanden in den Schatten stellen, aber wir verlangen auch unseren Platz an der Sonne.«[6)] An die Stelle von Bismarcks auf die Erhaltung des Friedens ausgerichteter Status-quo-Politik sollte also eine über den ganzen Planeten hin ausgreifende »Weltpolitik« treten.

Diese »Weltpolitik« ist gerade in Deutschland hart getadelt worden: dadurch habe sich das Reich von Bismarcks Kontinental- und Friedenspolitik abgewandt und den Grund für den Weltkrieg gelegt. Hiermit habe der »Griff nach der Weltmacht« begonnen, der als Hybris zu betrachten sei und das Scheitern in sich getragen habe.[7)] Aber es sollten zunächst einige Unterscheidungen getroffen werden.

Sowohl für die Zeitgenossen als auch für die spätere Literatur war es so gut wie selbstverständlich, dass das Bismarcksche Deutschland so etwas wie eine »Halbhegemonie« in Europa ausgeübt habe, und es ist an die zitierte Äußerung Katkows zu erinnern, ohne Bismarcks Einverständnis könne man sich weder niederlegen noch erheben.[8] Das stärkste, immer wieder vorgebrachte Argument für die Schuld der deutschen Politik am Ersten Weltkrieg besteht in der Feststellung, die stärkste Militärmacht der Welt habe die zweite Flottenmacht werden wollen und dadurch sei der Krieg mit England unvermeidbar geworden.

Aber die »stärkste Militärmacht der Welt« ist eo ipso eine »Weltmacht«, und insofern kann sie allenfalls nach der »Weltherrschaft« greifen, aber keinem der maßgebenden Männer des wilhelminischen Deutschland kam dieser Gedanke. Deutschland war jedoch, so könnte man sagen, eine Weltmacht ohne ausreichende territoriale Basis und ohne weltweiten Besitz, und deshalb habe es nicht auf einer Stufe mit den echten Weltmächten wie Großbritannien und Russland gestanden. Aber Russland war nicht im gleichen Sinne eine Weltmacht wie England.

Während Englands Flotten überall »die Wogen beherrschten« (»ruled the waves«), konnte eine russische Kriegsflotte nicht einmal im Mittelmeer auftauchen. Russland glich einem groß gewachsenen Menschen, dessen Jacke unten an den Ärmeln fest zugenäht ist, sodass er die Hände nicht frei zu bewegen vermag. Die wenigen eisfreien Häfen, die es besaß, boten Kriegsschiffen keinen Zugang zu den Weltmeeren, da das Schwarze Meer durch die Türkei abgesperrt war und die Ostsee leicht durch Deutschland blockiert werden konnte. Russland war also keine Weltmacht, sondern eine riesige Kontinentalmacht, ganz wie die USA bis etwa 1900 eine solche Kontinentalmacht waren. Eine Weltmacht in der englischen Bedeutung des Wortes konnte Deutschland in der Tat nur werden, wenn es eine große Flotte baute, und diesen Sinn hatte offenbar jene Äußerung Wilhelms II. aus dem Jahre 1896, die keine Beschreibung eines gegenwärtigen Zustandes war, sondern eine Antizipation der Zukunft in sich schließen musste.

Aber Deutschland konnte auch zu einer Kontinentalmacht werden, wenngleich nicht zu einer solchen nach dem Muster Russlands und der USA, die beide in relativ dünn besiedelte Gebiete expandierten und die dort lebenden Völker völlig unterworfen oder so gut wie ausgerottet hatten. In einem festen Bund mit Österreich-Ungarn konnte dem Deutschen Reich der Balkan, ja das Gebiet bis hin zu den Ostgrenzen der Türkei als ein gigantisches »Entwicklungsgebiet« zur Verfügung stehen, und im Weltkrieg wurde dieses kontinentale »Weltreich« neuer Art für einen langen Augenblick zur Wirklichkeit. Es hätte jedoch einer sehr klugen und großzügigen Politik bedurft, die weder Kolonial- noch gar Ausrottungspolitik gewesen wäre, um diese Vision zu realisieren, die in mancherlei »Mitteleuropa«-Plänen einen Niederschlag fand, und aller Wahrscheinlichkeit nach wäre ein Entscheidungskampf mit Russland unumgänglich gewesen, sofern ein umfassendes Abkommen über die Teilung der Einflussgebiete sich als unmöglich erwiesen hätte. Aber im Prinzip hatte Deutschland zu einer »Kontinentalpolitik« nach dem Muster Russlands ebenso viel Recht wie dieses, und auch eine »Weltpolitik« nach dem Beispiel Englands oder Frankreichs war weder sachlich unmöglich noch moralisch verwerflich. Freilich war sowohl die Kontinental- als auch die Weltpolitik mit dem Stigma des »Spätkommens« behaftet, doch das eine wie das andere Vorgehen konnte gerade dadurch informierter und lernwilliger sein. Eins allerdings war so gut wie aussichtslos: sowohl Kontinentalpolitik als auch Weltpolitik treiben zu wollen. Eben das geschah in der Praxis, aber beides vollzog sich mit halbem Herzen und, was die »Weltpolitik« betrifft, mit viel unnötigem Auftrumpfen.

1896 erregte der Kaiser bei den Engländern, die sich bis dahin gern als die »germanischen Vettern« des Deutschen Reiches gesehen hatten, erstmals große Empörung, als er dem Präsidenten des burischen Transvaal-Staates, Paulus Kruger, nach der Niederschlagung des »Jameson Raids« Glückwünsche aussprach, und zwar mit dem Zusatz, die Selbstbehauptung der Buren sei umso höher zu schätzen, als sie sich ohne den Appell an befreundete Mächte vollzogen habe. Allerdings entsprach dieses »Krüger-Telegramm« der öffentlichen Meinung in Deutschland auf das Beste, aber in England wurde es meist dem Kaiser persönlich zugerechnet.

Die schweren Spannungen zwischen England und Frankreich, die aus der kolonialen Rivalität erwuchsen und ihren Höhepunkt in der sogenannten »Faschoda-Krise« des Jahres 1898[9)] fanden, und auch die Auswirkungen des spanisch-amerikanischen Kriegs des gleichen Jahres setzten Deutschland in Stand, im Pazifik einige kleinere Erwerbungen zu machen, die sein Kolonialgebiet um einen winzigen Prozentsatz vermehrten.

Im Jahre 1900 kam es in China zu schweren fremdenfeindlichen Unruhen durch die sogenannten »Boxer«, in deren Verlauf der deutsche Gesandte v. Ketteler ermordet wurde. Daraufhin wurde ein internationales Expeditionskorps aus Soldaten der wichtigsten »Kulturstaaten« gebildet, und auf Verlangen des Kaisers erhielt der deutsche Generalfeldmarschall von Waldersee den Oberbefehl. Im Prinzip hätte das der Anfang einer überstaatlichen Politik sein können, die um die gleiche Zeit auch in der Forderung Joseph Chamberlains artikuliert wurde, ein dauerhaftes Bündnis zwischen den »drei germanischen Nationen« (Großbritannien, Deutschland und USA) zu schließen, aber Wilhelm II. hielt bei der Abfahrt des deutschen Kontingents im Juli 1900 eine Ansprache, die als »Hunnenrede« bekannt wurde[10)] und die fast unglaubliche Folge hatte, dass die Deutschen, die nach fast unbestrittener Meinung als das am besten gebildete und in der Wissenschaft führende Volk der Erde galten, zunächst von einzelnen Stimmen und dann im Weltkrieg von einer umfassenden Propaganda als »Hunnen« bezeichnet werden konnten.

Indessen darf keinesfalls übersehen werden, dass um 1900 evident wurde, wie groß die deutschen Fortschritte auf industriellem Gebiet waren und wie sehr Großbritannien in Rückstand zu geraten drohte. Das Gefühl der Kraft und des Aufstiegs in Deutschland war mithin überaus verständlich, so grell und prahlerisch auch das Kleid war, mit dem der »Wilhelminismus« es bekleidete. Eine gewisse Nervosität in England war die nur allzu naheliegende Entsprechung, aber dem stand ein altes und wohlbegründetes Macht-, ja Überlegenheitsempfinden gegenüber.[11)]

Dem ersten Flottengesetz von 1898 wird eine innere Notwendigkeit und Berechtigung nicht abzusprechen sein, denn Deutschland lag um diese Zeit hinsichtlich der Flottenstärke bloß an sechster Stelle und noch hinter Russland und Italien. Außerdem waren die USA und Japan als neue Weltmächte in unübersehbarem Aufstieg begriffen. Noch handelte es sich also um ein bloßes »Mithalten«, und in diesem Sinne war »Weltpolitik« schlechterdings unvermeidbar.

Aber es stellte sich bald heraus, dass Wilhelm II. im Jahre 1897 nicht nur zum Zweck des »Mithaltens« den bisherigen Botschafter in Rom, Bernhard von Bülow, zum Staatssekretär des Auswärtigen Amtes und den Admiral Alfred Tirpitz zum Staatssekretär des Reichsmarineamtes berief. Beide Männer vertraten die »Weltpolitik« im Sinne des Kaisers als »Flottenpolitik«, und sie wurden dabei von einer starken Strömung in der Öffentlichkeit unterstützt, die gerade an die Überlieferung der Revolution von 1848 anknüpfen konnte: den Willen, nicht mehr machtloses Land der »Dichter und Denker« zu sein, sondern Macht und Teilhabe an der »großen Politik« zu gewinnen –, und beide verstanden es, diese Strömung durch geschickte Propaganda sehr zu fördern. Im Jahre 1900 wurde Bülow Reichskanzler, und Tirpitz legte dem Reichstag eine neue Flottenvorlage vor, die den Bau von 34 Schlachtschiffen innerhalb von 16 Jahren vorsah. Damit würde die deutsche Flotte zur zweitstärksten der Welt werden, und England musste sich herausgefordert fühlen.

Von nun an war die deutsch-englische Flottenrivalität der Hintergrund aller Ereignisse, so aussichtsreich zu manchen Zeiten die Chance einer Verständigung auch zu sein schien.[12)]

Krisen um Marokko und Bosnien-Herzegowina

Wenn die deutsche Flottenpolitik als solche nichts Neuartiges und Überraschendes, sondern ein beinahe zwangsläufiges Produkt des Wettbewerbs der Großmächte im Rahmen des »Imperialismus« oder – wie man auch sagen könnte – der anhebenden »Globalisierung« war, so gewann sie ihren besonderen Charakter nicht nur durch den zähen Willen des Großadmirals Tirpitz, eine »Risikoflotte« zu bauen, d.h. eine Flotte, die stark genug wäre, jeden Angriff Englands auf Deutschland zu einem »Risiko« werden zu lassen. Ihr kam vielmehr eine starke Volksstimmung entgegen, die in ihren Anfängen weitgehend aus der Empörung über den englischen Krieg gegen die Buren von 1899 bis 1902 hervorging. Als der neue englische König Eduard VII. im Sommer 1901 nach Deutschland reiste, um seine todkranke Schwester Viktoria, die Mutter Wilhelms II., noch einmal zu sehen, konnte er nur mühsam von der Polizei gegen die Zornesbekundungen großer Menschenmengen abgeschirmt werden.

Eine vergleichbare Empörung war ja sogar in England selbst zu verzeichnen, wenngleich bloß unter Radikalen und dezidierten Linksliberalen. Aber es war ein späterer Premierminister, Henry Campbell-Bannerman, der die »barbarischen Methoden« seiner Landsleute beklagte und dabei jene »Konzentrationslager« im Auge hatte, in denen Tausende von Frauen und Kindern zugrunde gegangen waren. Und im Zusammenhang dieses Krieges hatte der englische Ökonom J.A. Hobson mit deutlich »antisemitischen« Untertönen seine Lehre vom Imperialismus entwickelt, die für Lenin so wichtig werden sollte. Aber als die Engländer gegenüber den besiegten Buren ein sehr kluges und versöhnliches Verhalten an den Tag legten, ging der Volkszorn über eine unmenschliche Politik bald in die Abneigung gegen einen Konkurrenten über, die durch ein propagandistisches Dauerfeuer von oben und von unten – von Tirpitz, von den »Alldeutschen« und vom »Flottenverein« – virulent gehalten wurde. Ihr entsprachen in England die »naval scares«, die jedes Mal auftraten und nicht zuletzt von großen Teilen der Presse inszeniert wurden, wenn in Deutschland wieder eine neue »Flottennovelle« zur parlamentarischen Behandlung anstand. Auf beiden Seiten waren die Verhältnisse ja schon

»demokratisch« genug, um »Öffentlichkeit« und »Propaganda« zu wichtigen, ja potenziell entscheidenden Faktoren werden zu lassen. So war in England fast jede Brust von Stolz geschwellt, als 1905 die erste »Dreadnought« vom Stapel lief, ein Schlachtschiff von bisher unbekannter Dimension und Stärke, und umgekehrt nahm fast die ganze deutsche Nation begeisterten Anteil, als Deutschland das Ringen nicht aufgab, sondern Schlachtschiffe von gleicher Größe zu bauen verstand. So war diese Flottenrivalität eine permanente Krise, aber es ist gleichwohl unwahrscheinlich, dass sie ohne das Mitwirken anderer Krisen zu einem großen Krieg hätte führen können.

Die Jahrhundertwende war indessen keineswegs nur durch den Beginn dieser Dauerkrise gekennzeichnet, sondern nun waren erstmals schwere Niederlagen europäischer gegen außereuropäische Mächte zu verzeichnen, und man mochte darin Vorzeichen für einen Abstieg Europas sehen. Die Sieger waren jedoch ebenfalls imperialistische Mächte: die eine halbeuropäisch, die Vereinigten Staaten von Amerika, und die andere, Japan, ethnisch eng verwandt mit einer Macht, an deren Aufteilung die Europäer dachten, nämlich China.

1898 griffen die Amerikaner in die Auseinandersetzung zwischen Spanien und großen Teilen der Bevölkerung Kubas ein, einer der letzten Reste des einstmals riesigen Kolonialreiches. Auch diese Auseinandersetzung wurde auf sehr grausame Weise und nicht zuletzt durch die Einrichtung von Konzentrationslagern seitens der Spanier geführt. Die Amerikaner mochten sich also als Helfer bei einem antikolonialen Befreiungskampf sehen, wie sie ihn selbst mehr als hundert Jahre zuvor durchgekämpft hatten. Aber sie eigneten sich beim Friedensschluss die Philippinen an und führten dort einen unerbittlichen Kampf gegen Partisanen, die ebenfalls den Anspruch hätten erheben können, antikolonialistische Freiheitskämpfer zu sein, die jedoch in der Welt kaum wahrgenommen wurden. Handelte es sich also um die Verwandlung einer antiimperialistischen Macht in ihr Gegenteil, oder kam ein neuartiger Imperialismus auf, der manche Kennzeichen des Antiimperialismus bewahrte oder sich zunutze machte? In Spanien trat nach der Niederlage die »Generation von 1898« hervor, der sich sowohl Miguel de Unamuno als auch José Ortega y Gasset zurechneten und die sich vor die schwierige Alternative des Rückzugs auf die großen Traditionen der Vergangenheit oder aber der aktiven Zustimmung zur »Europäisierung«, d. h. der »Modernisierung« des Landes gestellt sah.

Der Krieg zwischen Russland und Japan war seitens der Russen auch ein Gegenzug gegen das englisch-japanische Bündnis, das 1902 mit antirussischer Tendenz abgeschlossen war und das vonseiten Japans der Erhaltung der Position dienen sollte, die das »Preußen Asiens« nach dem Sieg über China (1895/96) in Korea und der Mandschurei errungen hatte.

Aber auch Russland hatte sich in der Mandschurei festgesetzt und den wichtigen Hafen Port Arthur in Besitz genommen. Im Februar 1904 wurden die diplomatischen Beziehungen durch Japan abgebrochen, und es entspannen sich schwere Kämpfe um Port Arthur, wo ein großer Teil der Pazifik-flotte Russlands eingeschlossen war. Sehr rasch wurde die militärische Überlegenheit der Japaner erkennbar, die ihrerseits hauptsächlich auf der überlegenen Kampfmoral der Mannschaften sowie der Tüchtigkeit und Todesbereitschaft der Offiziere aus dem Samurai-Adel beruhte, sodass auch hier eine unerwartete Synthese des »Alten« und des »Neuen« an den Tag trat. Die Entsetzung von Port Arthur misslang, und nach monatelangen schweren Kämpfen wurde die Festung Anfang Januar 1905 übergeben. Vorher hatte der Zar die verhängnisvolle Entscheidung getroffen, die Baltische Flotte auf den Kriegsschauplatz zu schicken, und dadurch hätte es leicht zu einem Krieg mit England kommen können, da die Russen in der höchst voreiligen Annahme, den japanischen Feind vor sich zu haben, im sogenannten Doggerbank-Zwischenfall englische Fischerboote beschossen, wobei einige Fischer zu Tode kamen. Als die Flotte nach einer Fahrt von nahezu einem halben Jahr in Ostasien eintraf, wurde sie von den Japanern Ende Mai 1905 bei Tsushima fast vollständig vernichtet.

Zu diesem Zeitpunkt war die russische Revolution von 1905/06 bereits ausgebrochen, nachdem eine große, von dem Popen Gapon geführte und im Ganzen durchaus zarentreue Arbeiterdemonstration vor dem Winterpalast in St. Petersburg ein blutiges Ende gefunden hatte. Nun folgten im ganzen Lande schwere Unruhen und auch Meutereien von Matrosen, u. a. auf dem Panzerkreuzer *Potemkin* im Schwarzen Meer. Im Zuge der »sozialen Revolution« wurden auf dem Lande, zumal im Baltikum, zahlreiche Gutshöfe niedergebrannt, und in den Städten bildeten sich »Sowjets«. Hand in Hand damit ging eine »nationale Revolution« der »Fremdvölker«, und wichtige Führer der Sozialdemokratischen Arbeiterpartei traten aus der Verborgenheit der Emigration und der Redaktions- oder Schreibstuben an das Licht einer erregten Öffentlichkeit, so vor allem Leo Trotzki – damals noch nicht dem »bolschewistischen« Parteiflügel zugehörig – als Vorsitzender des Sowjets in St. Petersburg. Im Rückblick stellt sich vieles als eine Präfiguration der beiden Revolutionen von 1917 dar. Aber diesmal hatte der Zar zu seinem Glück keine Alliierten, die ihn unbedingt im Krieg halten wollten. So konnte durch die Vermittlung des amerikanischen Präsidenten Theodore Roosevelt Anfang September 1905 ein relativ günstiger Friede mit Japan geschlossen werden, und in Russland warf das loyal gebliebene Heer die Revolution nieder, während der Zar sich zur Gewährung der »Oktoberverfassung« bereitfinden musste, die Russland mindestens formell in einen konstitutionellen Staat mit Parlament und Freiheitsrechten der Bürger umwandelte. Wie nach der Niederlage im Krimkrieg wurde nun wieder ein großes Werk der Agrarreform in Angriff genommen, und zwar durch den Ministerpräsidenten Stolypin, der allerdings schon 1911 einem Mordanschlag zum Opfer fiel.

Aber wie nach 1856 war Russland nun für einige Jahre stark geschwächt, und nicht zuletzt diese Schwäche prägte den Verlauf der Krisen um Marokko und Bosnien-Herzegowina, die ganz »europäisch« waren, obwohl es sich formell um Gebiete handelte, die Teile des Osmanischen Reiches bildeten.

Marokko war zwar kein altes Krisengebiet wie Bosnien, aber es spielte für Frankreich eine ähnliche Rolle wie Tunis 1881: Es lag vor der Haustür, und es war mehr ein Stammesgebiet als ein genuiner Staat, obwohl es den stolzen Namen »Scherifisches Reich« trug und in Tanger den Sitz eines Sultans hatte. Das Gebiet bot sich zur friedlichen und partiell kriegerischen Durchdringung durch Frankreich geradezu an, aber es entwickelte sich auch mehr und mehr zur Pflanzschule eines neuen militärischen und patriotischen Geistes, verkörpert vornehmlich von Hubert Lyautey, einem der ebenso geschickten wie entschlossenen Kolonisatoren, die – fern von den innenpolitischen Kämpfen im Heimatland nach dem Sieg der »Dreyfusards« – eine ältere und gleichwohl in gewisser Weise modernere Geisteshaltung repräsentierten. Voraussetzung für diese Aktivität war aber die »Entente« zwischen Frankreich und England, die zunächst nur der Regelung kolonialer Differenzen diente und vor dem Ausbruch des Weltkriegs nie zu einem formellen Bündnis wurde, die allerdings für die Deutschen genug Grund zur Beunruhigung bot. Eine »Weltmacht« redet überall in der Welt mit, und wenn Marokko ohne Mitsprache Deutschlands von Frankreich in Besitz genommen worden wäre, hätte Deutschland das als schwere Beeinträchtigung seiner Position ansehen müssen, zumal der französische Außenminister Delcassé seine feindselige Einstellung nicht verbarg.

Friedrich von Holstein, die graue Eminenz der deutschen Außenpolitik, riet daher zu einem energischen Auftreten gegen Frankreich, und es war so etwas wie eine Weltsensation, als Kaiser Wilhelm II. am 31. März 1905 in

Tanger landete, um dadurch die Souveränität des Sultans herauszustellen und die Forderung nach freier wirtschaftlicher Betätigung aller Nationen zu unterstreichen. Wenn es je eine Chance für einen erfolgreichen Angriffskrieg gegen Frankreich gab, so war sie in diesem Augenblick gekommen, da Russland sich in den Nöten von Krieg und Revolution befand. Aber der Kaiser war auch einem »Präventivkrieg« grundsätzlich abgeneigt, und Holstein konnte nicht weitergehen als bis zu dem Vorschlag einer Konferenz über Marokko.

Delcassé wollte Widerstand leisten, musste aber Anfang Juni zurücktreten, und der neue Ministerpräsident Rouvier betrieb Deutschland gegenüber eine sehr vorsichtige Politik. Um die gleiche Zeit schien Wilhelm II. ein entscheidender Erfolg seiner friedlichen Politik in den Schoß zu fallen, denn er veranlasste den Zaren bei einer Zusammenkunft in Björkö, einen Vertrag zu unterzeichnen, der zwar formell nicht im Gegensatz zum russisch-französischen Bündnis stand, der dieses jedoch in seinen Grundfesten erschüttert haben würde. Aber auf beiden Seiten sanktionierten die Regierungen den Vertrag nicht, und auch Holsteins Aktion endete mit einem Misserfolg. Am 15. Januar 1906 wurde die Konferenz von Algeciras eröffnet, doch von den zwölf teilnehmenden Staaten wurde Deutschland bei wichtigen Fragen wie der Organisation der marokkanischen Polizei nur von Österreich-Ungarn und von Marokko selbst unterstützt. Es sah sich also in einer bedenklichen Isolierung, die auch als eine abwehrende Reaktion der anderen gegen sein auftrumpfendes Vorgehen zu betrachten war. Zwar wurde eine gewisse Internationalisierung der Frage durch die Verabschiedung der »Algeciras-Akte« erreicht, aber Holstein trat zurück, weil er seine Konzeption gegen die »Friedenspolitik« des Kaisers nicht hatte durchsetzen können. Von den Alldeutschen und auch dem einflussreichen Publizisten Maximilian Harden[1)] wurden der Kaiser und die Regierung unverzeihlicher Schwäche beschuldigt.

Ebenso wenig wie 1905/06 wurden die deutschen Erwartungen im Jahre 1911 bei der zweiten Marokkokrise erfüllt, die jedoch weiter nichts als eine Fortsetzung der ersten war. Diesmal war es der Staatssekretär des Auswärtigen Amtes selbst, Alfred von Kiderlen-Wächter, der eine harte Linie vertrat, und zwar zunächst in Zusammenarbeit mit den Alldeutschen[2)] sowie mit der Firma der Gebrüder Mannesmann. Auch diesmal war eine Art Weltsensation zu verzeichnen, nämlich die Entsendung des kleinen und veralteten Kanonenboots »Panther« an die Westküste Marokkos, die den eindrucksvollen Namen »Panthersprung nach Agadir« erhielt und allerdings durch eine Maßnahme der Franzosen, nämlich die Besetzung von Fez, provoziert war. Diese Angelegenheit endete mit einem Abkommen, das Marokko in der Praxis Frankreich überließ und Deutschland einen kleinen Teil von Französisch-Kongo einbrachte.

Wenig Sympathien erwarb sich Deutschland auch auf der zweiten Friedenskonferenz im Juni 1907 in Den Haag, weil es den russischen und schwerlich ganz altruistischen Vorschlag der Etablierung eines internationalen Schiedsgerichts am energischsten ablehnte und dadurch viel mehr an Kritik auf sich zog als England, das jede Änderung des bisherigen (und höchst fragwürdigen) Seekriegsrechts verhinderte.

Seit 1907 wurde mehr und mehr vom »Dreiverband« als der Gegenformation zum »Dreibund« gesprochen, nachdem England und Russland sich über ihre weltpolitischen Differenzen verständigt hatten. In Deutschland sprach man nun immer häufiger von der »Einkreisung«. Dieser Sprachgebrauch setzte bei den Gegnern, wohl eher zu Unrecht, aggressive Intentionen und nicht ein gemeinsames Sicherungsbedürfnis gegen die drohende »Hegemonie Deutschlands« voraus, die man oft genug für eine Tatsache hielt.[3)]

Als hegemonial oder aggressiv konnte man in der Tat das Verhalten Deutschlands und Österreichs in der Bosnienkrise von 1908/09 ansehen, die, anders als die Marokkokrise, mit einem großen Erfolg für die »Mittelmächte« endete – aber mit einem ungemein folgenreichen, ja schließlich verhängnisvollen Erfolg.

1877/78 hatte Europa im Zuge eines Prozesses, der von Bosnien ausgegangen war, dicht vor einem großen Krieg gestanden, und im Ergebnis waren die formell weiterhin zum Osmanischen Reich gehörigen Provinzen Bosnien und Herzegowina von Österreich-Ungarn im Einverständnis mit Russland okkupiert worden. Schon die Erinnerung an diese schwere Krise der Vergangenheit gab der neuen Krise von 1908/09 ein anderes Gewicht, als es der erste Teil der Marokkokrise gehabt hatte. Es ließ sich ja behaupten, trotz der alldeutschen Propaganda sei im deutschen Volk ebenso wenig eine tiefe Anteilnahme an Marokko zu verspüren gewesen wie bei den Russen an den ostasiatischen Aktivitäten ihrer Regierung. Bosnien und Serbien dagegen waren eine Herzenssache für den Panslawismus, und sie hatten für den Dreibundpartner Deutschlands, für Österreich-Ungarn, eine schlechthin vitale Bedeutung.

Aus der Ferne gesehen, scheint zwar der Tatsache, dass Österreich-Ungarn im Oktober 1908 die »Annexion« von Bosnien-Herzegowina verkündete, nur wenig Gewicht zuzumessen zu sein, da das Land ja seit dreißig Jahren im festen Besitz – wenngleich nicht im Eigentum – Österreichs war, aber die Serben sahen darin einen Anschlag auf ihre nationale Idee, das großserbische Reich, und auf die Möglichkeiten von deren Verwirklichung. Die Russen sympathisierten wie 1875 mit den »slawischen Brüdern«, die nun fast vollständig an die Stelle der »unterdrückten Christen« getreten waren.

Die großserbische Idee mag man nun den nationalen und demokratischen Befreiungsbewegungen zurechnen, aber sie wies weit deutlicher als die nationale Idee der Italiener auf künftige Unterdrückung anderer Völker hin, denn in Bosnien gab es zwar eine Mehrheit von orthodoxen Serben, jedoch ebenfalls starke Minderheiten von katholischen Kroaten und von Muslimen. Bekanntlich ist auch zu Beginn des 21. Jahrhunderts Bosnien-Herzegowina durch internationale Beschlüsse von Serbien getrennt; daher ist die These, das »feudal-reaktionäre« Regime Österreich-Ungarns habe sich einer zukunftsvollen »nationalen Befreiungsbewegung« in den Weg gestellt, oberflächlich. Und Österreich hatte noch einen ganz anderen Grund zum Misstrauen gegen Serbien und zur Bekämpfung der großserbischen Propaganda: 1903 war der serbische König Alexander I. mitsamt seiner Frau[4)] und nahezu seiner gesamten Familie ermordet worden, sodass die »Dynastie Obrenowitsch« ausgelöscht war, und an deren Stelle trat nun die seit Langem rivalisierende Familie Karageorgewitsch. Man konnte es den Österreichern also schwerlich verdenken, wenn sie glaubten, mit einem »balkanischen Mörderregime« und nicht einem »europäischen Kulturstaat« konfrontiert zu sein. Andererseits bedeutete die Annexion ohne Zweifel einen Verstoß gegen den Berliner Vertrag von 1878, der nur im Einvernehmen sämtlicher Großmächte abgeändert werden konnte. So trug der scheinbar formelle Akt, der nur einen längst vorhandenen Zustand zu bekräftigen schien, alle Voraussetzungen für eine große internationale Krise in sich.[5)]

Dabei hatte es anfangs eher freundlich ausgesehen. Der Anlass war nicht etwa ein Vorgang in Serbien, sondern die »jungtürkische Revolution« von 1908, die nach ihrem Programm das Osmanische Reich in eine konstitutionelle Monarchie umwandeln wollte. Darin aber schienen sowohl für Österreich-Ungarn als auch für Russland Gefahren beschlossen zu sein, und ähnlich wie 1876 die Monarchen in Reichstadt trafen sich im Herbst 1908 die Außenminister von Aehrenthal und Iswolski in Aehrenthals Schloss Buchlau, um die Situation zu besprechen und Abmachungen zu treffen. Es scheint, dass Iswolski dem Vorschlag des Österreichers zugestimmt hat, aber er stellte diese Zusage bald in Abrede, als er merkte, welchen Sturm der Empörung das Annexionsdekret von Anfang Oktober 1908 sowohl in Russland als auch in Serbien hervorrief. Auch Bülow erkannte durchaus die Fragwürdigkeit des allzu raschen Vorgehens der Österreicher, und in einem Schreiben an Wilhelm II. rechtfertigte er seine Zustimmung auf eine Weise, die an Bismarcks Argumente im Jahr 1879 erinnerte,[6] obwohl er sich auf eine – zweifelhafte – russische Zustimmung berufen konnte: »Die von Österreich-Ungarn geplante Annexion von Bosnien und der Herzegowina wird möglicherweise das Signal für die Unabhängigkeitserklärung Bulgariens wie für die Vereinigung Kretas mit Griechenland bilden. Nachdem sich aber Baron Aehrenthal bereits des russischen Einverständnisses versichert hat, und wie die gegenwärtige Lage in Europa ist, können wir dem österreichischen Wunsche nicht entgegentreten. Unsere Lage würde eine wirklich bedenkliche werden, wenn Österreich-Ungarn das Vertrauen zu uns verlöre und von uns abschwenkte. Solange wir beide zusammenstehen, bilden wir, ähnlich wie während 50 Jahren der alte Deutsche Bund, einen Block, an den sich niemand so leicht heranwagen wird … Im Besitz dieser beiden Provinzen sieht Seine Majestät der Kaiser Franz Joseph und mit ihm das offizielle Österreich einen Ersatz für den Verlust der italienischen Provinzen und seiner früheren Stellung in Deutschland.«[7]

Die Frage drängte sich mithin auf, ob das viel gefürchtete »Absinken« Deutschlands zum »Juniorpartner« entweder Englands oder Russlands wirklich so sehr zu befürchten war, denn der »Juniorpartner« Österreich-Ungarn stellte hier den stärkeren Partner ganz in den Dienst seiner eigenen Politik: Abhängigkeit einer Großmacht von der anderen ist eben mindestens bis zu einem gewissen Grade Wechselabhängigkeit, und das befürchtete Abschwenken Österreichs zum Dreiverband war schwerlich eine reale Möglichkeit, da Russland keinen größeren Wunsch hatte als eine Verständigung mit Deutschland auf Kosten Österreichs.

Aber es kam noch ein weiterer Gesichtspunkt allgemeiner Art hinzu, und der deutsche Gesandte in Belgrad, Prinz von Ratibor, formulierte ihn bereits im Februar 1908 in einem Schreiben an Bülow folgendermaßen: »In Bosnien beginnt sich eine Bewegung geltend zu machen, wie sie wohl ausnahmslos in einem durch eine europäische Macht okkupierten unkultivierten Lande in die Erscheinung tritt, sobald die zivilisatorische Arbeit des Eroberers ihre Wirkung in weiten Kreisen auszuüben beginnt. Mit der Kultur erwacht das Nationalbewusstsein und der Wunsch der einheimischen Bevölkerung nach Beteiligung an der Verwaltung und nach modernen Einrichtungen.«[8]

So wenig Österreich in jenem eindeutigen Unrecht war, wie die Serben und bald auch die Russen behaupteten, so gewiss stellte es sich einer historischen Kraft entgegen, die es selbst herangezogen hatte und die eines Tages auch den Engländern in Indien und den Franzosen in Algerien entgegentreten würde. Weder die eine noch die andere Macht hat später ihre Position ohne Kampf aufgegeben, und ob Österreich »zukunftsvoll« gehandelt hätte, wenn es die Kroaten in Bosnien und Südungarn sowie die Muslime einem »Südslawien« überlassen hätte, muss nach den Erfahrungen eines ganzen Jahrhunderts fraglich erscheinen. Aber das Empfinden von historischem Recht war sowohl der großserbischen Bewegung als auch dem russischen Panslawismus inhärent, und die heftigen Proteste aus Belgrad und St. Petersburg brachen nicht ab, auch nicht als eine Einigung zwischen Österreich und der Türkei erfolgt war, ja sie steigerten sich im Laufe des Winters zu einer ausgesprochenen Kriegsgefahr.

Die Franzosen und Engländer stellten sich ganz überwiegend auf die Seite Russlands, aber die Russen waren durch den Krieg und die Revolution von 1904/05 noch zu sehr erschöpft, als dass sie an einen Krieg hätten denken können, und sie machten daraus so wenig ein Hehl wie aus ihrem Willen, aus diesem Schwächezustand möglichst bald herauszukommen. So hatte die feste Haltung Deutschlands den Erfolg, dass eine Note an Iswolski, die nicht weit von einem Ultimatum entfernt war, angenommen wurde und ein Akkord der Mächte zustande kam, mit dem Serbien gezwungen wurde, die Annexion anzuerkennen und sich feindlicher Aktivitäten gegenüber Österreich zu enthalten. Aber die Äußerungen der russischen Presse und auch mancher Diplomaten des Dreiverbandes waren erschreckend. So berichtete der deutsche Militärbevollmächtigte v. Hintze am 24. Februar aus Petersburg, die endgültige Lösung der orientalischen Frage werde in drei bis fünf Jahren erwartet, sobald Russland stark genug sei, um loszuschlagen. Der Dumapräsident Chomjakow sagte zu dem serbischen Gesandten, Russland werde jede Vergewaltigung Serbiens als den Beginn eines europäischen Brandes betrachten, in den man jetzt nicht eingreifen könne, der aber in der Zukunft auflodern werde, wenn Russland imstande sei, sein Wort zu erheben.

Der deutsche Botschafter in Petersburg, Graf von Pourtalès, berichtete am 1. April 1909 Folgendes: »Bereits am nächsten und den darauf folgenden Tagen [nach der Annahme des deutschen Vermittlungsvorschlags] war in Petersburg die Version verbreitet, die Lösung der Krisis sei durch eine plumpe Drohung Deutschlands, welches Russland ein Ultimatum gestellt habe, erfolgt. Russland … sei nichts anderes übrig geblieben, als auf die deutsche Drohung hin nachzugeben.« Aber noch düsterere Vorahnungen weckt einer der folgenden Abschnitte: »Es ist deutlich zu erkennen, dass Sir Arthur Nicolson, verstimmt über die durch unsere Aktion erfolgte Lösung der bosnischen Krisis, nunmehr auf das Eifrigste bemüht ist, die Legende von der deutschen Drohung zu verbreiten und dadurch die deutsch-russischen Beziehungen zu vergiften. Er hofft, auf diese Weise zu erreichen, dass die überstandene bosnische Krisis bei Russland wenigstens einen tiefen Groll gegen Deutschland hinterlasse.«[9)]

Aber auch die Denkweise Englands gründete in alten Traditionen, und der Außenminister Sir Edward Grey sagte im Gespräch mit einem russischen Diplomaten, England habe stets mit derjenigen Macht kämpfen müssen, die eine alle anderen Kontinentalmächte dominierende Stellung erlange, und Deutschland werde eine solche Position gewinnen, wenn es mit Russland allein [ohne Frankreich] einen Krieg führe. Die Folgerung im Blick auf 1914 lag auf der Hand.

Aber den schärfsten Blick in die Zukunft tat der deutsche Gesandte in Belgrad in einem Schreiben an Bülow vom 22. Juni 1909: Nicht »die indolente und indifferente Klasse des serbischen Bauernvolkes«, sondern das Häuflein der »ganz oder halb Gebildeten …, die hier wie überall die öffentliche Meinung bilden und leiten«, wolle sich aus gekränkter Nationaleitelkeit nicht mit der Tatsache der Annexion abfinden – »Man wird deshalb wie der Jäger auf dem Anstand liegen, um den geeigneten Augenblick zu einem wirksamen Schuss zu erfassen …«[10)]

Der Gesandte von Reichenau ahnte zweifellos nicht, um was für einen sehr konkreten Schuss es sich am 28. Juni 1914 handeln würde. Eines jedoch war so gut wie sicher: Wenn durch eine Aktion Serbiens – oder auch nur einzelner Serben – eine neue bosnische Krise heraufzöge, würde sie schwerlich eine ähnliche Lösung finden wie im März 1909. Zunächst aber sollten die Probleme des europäischen Südostens durch die Balkankriege der Jahre 1912/13 eine neue Gestalt gewinnen. Es war ausgerechnet der Dreibundpartner Italien, der durch seinen Angriff gegen das formell osmanische Tripolitanien und die Cyrenaika den Stein ins Rollen brachte.

Die Balkankriege 1912/1913

Das Italien der Nach-Crispi-Ära, schon unter dem beherrschenden Einfluss von Giovanni Giolitti, hatte in der Erinnerung an die Fehlschläge von Tunis 1881 und Abessinien 1896 seinen nächsten Ausgriff auf die Gegenküste des Mittelmeers, nämlich auf Tripolis und die Cyrenaika, sorgfältig vorbereitet, und zwar durch Gespräche sowohl mit dem Dreiverband als auch mit den anderen Mächten des Dreibundes.[1)] Dennoch handelte es sich bei der im September 1911 angelaufenen Aktion nicht um eine bloße »Besetzung« oder »Inbesitznahme«, sondern man muss von einem unprovozierten Angriffskrieg gegen das Osmanische Reich sprechen, der auf unerwartet heftigen Widerstand gerade auch der einheimischen Bevölkerung stieß. Sogar in Italien selbst kam es in einigen Gegenden zu Unruhen vonseiten radikaler Sozialisten, bei denen der Parteisekretär von Forlí, Benito Mussolini, eine führende Rolle spielte.

Andererseits reichte die Sympathie für die Erwerbung von Kolonialgebieten, die für das übervölkerte Land Siedlungsraum erschließen sollte, bis tief in die Reihen der Sozialistischen Partei hinein, und es sah sogar so aus, als stehe in Italien eine Regierungsbeteiligung des – schon weitgehend »reformistisch« gesinnten – »Partito Socialista Italiano« bevor. Im Sommer 1912 gewann die Auseinandersetzung sogar in etwa den Charakter eines Krieges zwischen zwei Großmächten, und die Türkei sperrte aus Furcht vor einem italienischen Angriff mehrere Wochen lang die Meerengen vollständig, sodass den Russen die Wichtigkeit der Dardanellen für ihren Handel besonders drastisch vor Augen geführt wurde. Der Friedensschluss zwischen der Türkei und Italien am 18. Oktober 1912 kam nur deshalb so rasch zustande, weil inzwischen der »Balkanbund« geschlossen war und dessen Krieg mit der Türkei vor der Tür stand.

Noch immer befand sich ja ein großer Teil der Balkanhalbinsel unter türkischer Herrschaft, vornehmlich Makedonien einschließlich Salonikis, aber auch die weiten Gebiete im Norden davon, zu denen das »Wilajet Kossowo« gehörte, jenes »Amselfeld«, das die Serben »Altserbien« nannten und das den Ausgangspunkt ihres nationalen Selbstverständnisses bildete. Hier hatte ja im Mittelalter jene Schlacht stattgefunden, mit der die jahrhundertelange Türkenherrschaft und eine »Unterdrückung« begann, die nicht selten mit dem Leiden Christi verglichen wurde. Andererseits konnten die Türken gerade hier auf die Unterstützung großer Teile der Bevölkerung zählen, denn sowohl unter den Slawen als auch unter den nichtslawischen Albanern gab es zahlreiche Muslime, und lange Zeit hindurch hatten gerade muslimische Albaner im Osmanischen Reich wichtige Positionen eingenommen.

Andererseits waren die »unterdrückten christlichen Balkanvölker« inzwischen selbstständige Königreiche. Rumänien, Bulgarien, Serbien und Griechenland umschlossen den türkischen Restbesitz sowohl vom Norden als auch vom Süden her. Besonders aktive Türkenfeinde waren bulgarische Intellektuelle, die bereits 1893 die »Innere Mazedonische Revolutionäre Organisation« (»IMRO«) gründeten, die, in »Komitees« gegliedert, durch Überfälle und Anschläge ihrer »Komitadschis« die türkischen Behörden ständig in Unruhe hielt. Wie in Marokko war viel von »Reformen« und von der Mitwirkung europäischer Mächte die Rede.

1903 besuchte Zar Nikolaus Kaiser Franz Joseph in Mürzsteg, und die beiden Großmächte einigten sich auf ein gemeinsames Reorganisationsprogramm, das unter anderem die Aufstellung einer von europäischen Offizieren befehligten makedonischen Gendarmerie vorsah. Die Ausführung wurde indessen von der Hohen Pforte verschleppt, und es wurde rasch deutlich, dass Bulgarien und Serbien zwar gemeinsam Makedonien befreien wollten, jedoch sehr unterschiedliche Auffassungen über die Zukunft des Landes hatten. Die Bulgaren wollten es ganz für sich haben, aber die Serben beanspruchten mindestens das Kossowo mit dessen Hauptstadt Üsküb (heute Skoplje).

Alle diese Pläne standen jedoch im Schatten von Großmachteinflüssen und -interessen – in erster Linie Österreich-Ungarns, das seit 1908 Bosnien-Herzegowina besaß und daher serbenfeindlich war, und Russlands, das inzwischen auch in Sofia wieder großen Einfluss hatte. Es waren die russischen Gesandten in Belgrad und Sofia, Hartwig und Nekljudow, die am meisten dazu taten, dass im März 1912 zunächst ein serbisch-bulgarisches Bündnis zustande kam, aus dem durch Absprachen mit Griechenland und Montenegro dann der sogenannte Balkanbund entstand, der von Anfang an unter russischem Protektorat ein Kriegsbündnis gegen die Türkei und damit auch gegen das Regime der »Jungtürken« war. Dem Abschluss gingen Aufstände in Albanien voran, dessen Bevölkerung zwar überwiegend muslimisch war, wo sich aber im Zuge der Reformen allmählich ein nationales statt eines konfessionellen, d. h. gemein-islamischen Empfindens unter den Stämmen herausgebildet hatte. Der Sieg der Jungtürken bei der Parlamentswahl vom März/April 1912 verschärfte daher die Situation, statt sie zu beruhigen.

In Makedonien wurde nun neben der bulgarischen IMRO auch eine serbische Geheimorganisation tätig, nämlich die Gesellschaft »Vereinigung oder Tod« unter dem Obersten Dimitrijewitsch-Apis, die wenig später eine nicht mehr nur balkanische, sondern welthistorische Bedeutung erlangte.

Im Oktober 1912 brach der von den Großmächten mit einiger Nervosität erwartete Krieg aus.[2)] Die Hauptkämpfe fanden im östlichen Thrakien statt, und die Bulgaren drangen bis zur Tschataldscha-Linie vor, der letzten türkischen Verteidigungslinie, nur vierzig Kilometer vor Konstantinopel. In Makedonien und Albanien konnten sich die Türken nur in den Städten Janina und Skutari behaupten, in Thrakien auch noch in Adrianopel. Anfang Dezember wurde zwischen der Türkei und Bulgarien sowie Serbien und Montenegro ein Waffenstillstand abgeschlossen, dem die Griechen jedoch nicht beitraten, weil sie Janina im Epirus noch nicht erobert hatten. In Makedonien waren die Serben bis Üsküb vorgedrungen und hatten also das Kossowo besetzt; den Bulgaren gelang es dagegen nicht, Saloniki zu gewinnen, denn die Stadt kapitulierte vor den Griechen, und sie wurde zwar gemeinsam besetzt, aber daraus resultierten erste Spannungen zwischen den Verbündeten.

Im Februar wurden die Kampfhandlungen wieder aufgenommen, nachdem eine Fraktion der Jungtürken unter Talaat Bey und Enver Pascha die friedenswillige Regierung gestürzt hatte, obwohl »Europa« sich zwecks Klärung der Streitfragen bereits in Gestalt einer Botschafterkonferenz unter Vorsitz des englischen Außenministers Sir Edward Grey in London versammelt hatte. Heftige Kämpfe entbrannten um Adrianopel, Janina und Skutari. Immerhin wurde am 30. Mai 1913 der Friedensvertrag von London unter Dach und Fach gebracht. Die Türkei verzichtete auf den gesamten Balkan mit Ausnahme des Gebiets unmittelbar vor Konstantinopel. Die Lösung der »albanischen Frage« wurde den Großmächten übertragen. Zugleich erfolgte eine Regelung der rumänischen Forderungen gegenüber Bulgarien: Das siegreiche Land musste Silistria an die neutral gebliebene Balkanmacht abtreten und den Makedo-Rumänen kulturelle Rechte einräumen. Damit konnte der »große Befreiungskampf der Balkanchristen« als abgeschlossen gelten.

Aber schon in diesen ersten Anfängen zeigte sich, dass der »Befreiungsnationalismus«, mit dem nahezu alle Liberalen Europas sympathisiert hatten, sehr rasch in einen Macht- und Unterdrückungsnationalismus umschlug, ohne dass eine scharfe Grenze hätte gezogen werden können. Dass Hunderttausende von Muslimen nach Konstantinopel flüchteten, mochte man als unvermeidliches Schicksal der Besiegten ansehen, obwohl es ein düsteres Omen war, dass nun nicht ganz selten der Terminus »Rassenkrieg« Verwendung fand.[3)] Ähnliches mag sogar für die ungemein brutalen Zwangsbekehrungen zur orthodoxen Kirche gelten, die zumal die Serben im Kossowo vornahmen. Aber musste die Nachricht, in der Umgebung von Monastir seien achtzig Prozent aller mohammedanischen Dörfer in Brand gesteckt und zerstört worden, nicht den Willen zu einer »humanitären Intervention« auslösen? Waren die Grausamkeiten geringer als jene »bulgarischen Gräuel«, gegen die Gladstone mit so viel Erbitterung zu Felde gezogen war? Doch in Frankreich und England berichteten allenfalls die Blätter der radikalen Linken darüber.

Begreiflicherweise galt die Aufmerksamkeit vor allem dem Streit unter den Verbündeten von gestern, der ausbrach, kaum dass die Tinte unter dem Friedensvertrag mit der Türkei getrocknet war. Serbien und Griechenland schließen ein Abkommen gegen Bulgarien und sichern sich gegenseitig Gebiete in Makedonien zu. Die Bulgaren führen gegen diese Bedrohung einen Präventivschlag, aber die Kriegserklärung Serbiens hat für sie ernste Niederlagen zur Folge, die sich zur Katastrophe auswachsen, als Griechenland und Rumänien dem serbischen Beispiel folgen, sodass die Hauptstadt Sofia in große Gefahr gerät.

Auch die Türkei geht wieder zum Angriff über, und statt der vier Mächte gegen die Türkei kämpfen nun vier Mächte unter Einschluss der Türkei gegen den erfolgreichsten der Balkanstaaten. Nach kaum vier Wochen müssen sich die Bulgaren zu einem Waffenstillstand bereitfinden, und im Frieden von Bukarest verliert Bulgarien im August 1913 die ganze Süddobrudscha an Rumänien und muss zugunsten Griechenlands auf Saloniki verzichten. Auch an die Türkei verliert Bulgarien im September durch den Frieden von Konstantinopel einige seiner Eroberungen. Schon während der Kampfhandlungen kommt es zu großen Massenfluchten auch christlicher Bevölkerungsteile, und jede Seite richtet gegen die andere schwere Anklagen wegen »Grausamkeiten« und »Gräueltaten«.

Das Hauptergebnis der beiden Kriege war die außerordentliche Vergrößerung Serbiens auf beinahe das Doppelte seines Gebietsumfangs und das Anderthalbfache seiner Bevölkerung (90 000 qkm, 4,5 Millionen). Dadurch war es nun fast ebenso groß wie Bulgarien und kein »Kleinstaat« mehr; sein Selbstbewusstsein steigerte sich entsprechend. Rumänien war mit 7,5 Millionen Einwohnern weiterhin der größte der Balkanstaaten. Griechenland hatte beinahe seine ethnischen Grenzen erreicht.

Am stärksten musste von den Großmächten natürlich Österreich-Ungarn beunruhigt sein, und am 4. Juli 1913 sagte der Außenminister Graf Bechtold zu dem deutschen Botschafter fast wörtlich das Gleiche, was sein Vorgänger Graf Andrássy 35 Jahre früher gesagt hatte: Die Südslawenfrage – das heißt der ungestörte Besitz der von Südslawen bewohnten Provinzen – sei eine Lebensfrage für die Monarchie wie auch für den Dreibund. Gegenüber einem am Balkan übermächtigen Serbien würden die südslawischen Provinzen der Monarchie nicht zu halten sein ... Die Monarchie würde demgemäß möglicherweise gezwungen werden einzugreifen, falls Serbien im Verein mit Rumänien und Griechenland Bulgarien vernichtend schlagen und Serbien sich Länderstrecken aneignen würde, die über das Gebiet etwa Altserbiens hinausgingen. Monastir könne keinesfalls Serbien überlassen bleiben.[4)]

Aber Österreich griff nicht zugunsten Bulgariens ein, und Monastir (Bitolj), weit südlich von Üsküb (Skoplje) gelegen, wurde serbisch, denn Wien fand nicht die volle Unterstützung Deutschlands. Nur im Hinblick auf die Grenzen des künftig selbstständigen Albaniens und hinsichtlich der Verhinderung eines direkten serbischen Zugangs zur Adria hatte es durch die Vermittlung Deutschlands und Englands einen Erfolg zu verzeichnen. Eine der schlimmsten Folgen für Österreich war, dass das ebenfalls in seinem Selbstbewusstsein sehr gestärkte Rumänien trotz seiner fragilen und geheimen Zugehörigkeit zum Dreibund nun begehrliche Blicke auf Siebenbürgen warf, das großenteils von Rumänen bewohnt wurde, aber von alters her zur »Stephanskrone« gehörte, d. h. ein Teil Ungarns war. Zu allem Überfluss erwuchsen aus dem gemeinsamen Engagement in Albanien auch Spannungen mit dem Dreibundpartner Italien, das seine Ansprüche auf das Trentino und Triest zwar nicht offen artikulierte, aber doch nicht auf glaubwürdige Weise aufgegeben hatte. Österreich musste sich also stärker bedroht und gefährdet fühlen als jemals zuvor.

Doch auch Russland befand sich in einer schwierigen Lage, und noch im Februar 1913 zeigte der deutsche Reichskanzler dafür viel Verständnis, als er an den Grafen Bechtold schrieb: »Auch muss man bei objektiver Prüfung zu dem Ergebnis kommen, dass es für Russland bei seinen traditionellen Beziehungen zu den Balkanstaaten beinahe unmöglich ist, ohne einen ungeheuren Verlust an Prestige einem militärischen Vorgehen Österreich-Ungarns gegen Serbien tatenlos zuzusehen. Die Vertreter einer friedlichen Richtung, die wir in den Herren Kokowzow und Sasonow zweifellos erblicken dürfen, würden von dem Sturm der öffentlichen Meinung einfach fortgeweht werden, falls sie versuchen sollten, sich ihm entgegenzustellen.«[5)]

Aber Österreichs einzige Hoffnung auf Selbstbehauptung als multinationale Großmacht beruhte auf dem Bündnis mit dem Deutschen Reich. Wenn Deutschland den Frieden bewahren und also den sonst zwangsläufig eintretenden Kontinentalkrieg vermeiden wollte, der sich mit nur allzu großer Wahrscheinlichkeit zum Weltkrieg ausweiten würde, dann durfte es Österreich-Ungarn zwar in dessen faktischem Besitz verteidigen, musste es aber von jeder aggressiven Aktion abhalten, es sei denn, etwas völlig Unerwartetes träte ein. Aber so wenig wie in Russland oder in Frankreich gab es in Deutschland unter den Militärs jene Flexibilität, die für eine solche Politik erforderlich gewesen wäre. Vielmehr hatten allgemeine und düstere Vorstellungen über den zwangsläufigen Gang der Weltgeschichte mehr und mehr an Einfluss gewonnen. So schrieb der Generalstabschef von Moltke im Februar 1913 an seinen österreichischen Kollegen Conrad von Hötzendorff: »Nach wie vor bin ich der Ansicht, dass ein europäischer Krieg über kurz oder lang kommen muss, in dem es sich in letzter Linie handeln wird um einen Kampf zwischen Germanentum und Slawentum. Sich hierauf vorzubereiten, ist Pflicht aller Staaten, die Bannerträger germanischer Geisteskultur sind. Der Angriff muss aber von den Slawen ausgehen. Wer diesen Kampf kommen sieht, der wird sich darüber klar sein, dass für ihn nötig ist: die Zusammenfassung aller Kräfte, die Ausnutzung aller Chancen, vor allem aber das volle Verständnis der Völker für eine weltgeschichtliche Entscheidung.«[6)]

In weniger als einem Jahr nach dem Ende der Balkankriege hat sich aus dieser Situation heraus tatsächlich der Weltkrieg entwickelt. Aber weder Moltke noch Conrad hätten den tatsächlichen Anlass voraussehen können. Und wenn der balkanische Anlass als solcher vielleicht nicht einmal einen wirklichen Kriegsgrund bildete, so gab es der Gründe noch mehrere, doch niemand weiß, ob die große Explosion, die George Kennan die »Urkatastrophe des Jahrhunderts« genannt hat, ohne den Funken dieses Anlasses überhaupt stattgefunden hätte.

Der Weltkrieg

Aber nicht nur die Balkankriege und die neue Gestalt der alten »orientalischen Frage« gehören zur unmittelbaren Vorgeschichte des Weltkriegs. Andere Krisen entwickelten sich parallel dazu, und eigenständige Entscheidungen wurden getroffen.

Von besonderer Bedeutung war das Scheitern der Haldane-Mission im Jahre 1912. Wenn es ein »deutschfreundliches« Mitglied im englischen Kabinett gab, so war es der Kriegsminister Lord Richard Haldane, der Deutschland seine »geistige Heimat« zu nennen pflegte. Und wenn Außenminister Edward Grey viel für die Stärkung der »Entente« getan hatte, so gebot ihm schon das einfachste Eigeninteresse, in der Flottenfrage einen Ausgleich mit Deutschland anzustreben. Der Kompromiss schien auf der Hand zu liegen: Deutschland würde das Tempo des Flottenbaus verringern, und England würde seine Neutralität in einem etwaigen Konflikt zusagen. Aber die Deutschen wollten eine unbedingte Neutralitätszusage, und die Engländer machten zur Voraussetzung, dass Deutschland zum Objekt eines »unprovozierten« Angriffs würde, sodass sie sich praktisch die Entscheidung vorbehielten, wie der konkrete Fall zu beurteilen sei. Wilhelm II. und Tirpitz waren jedoch so oder so nicht bereit, wesentliche Konzessionen zu machen, sondern sie legten sogar auf herausfordernde Weise eine neue Flottennovelle vor. Daher blieb die mit großen Hoffnungen begrüßte Haldane-Mission ohne positives Resultat.

Das deutsch-russische Konfliktpotential wurde 1913/14 durch die »Liman-von-Sanders-Affäre« sehr vergrößert, nämlich durch die auf türkischen Wunsch erfolgte Übernahme des Oberbefehls über die um Konstantinopel stationierte türkische 1. Armee durch den deutschen General Liman von Sanders, dem zugleich weitere wichtige Aufgaben übertragen wurden. Die Russen sahen darin eine außerordentliche Bedrohung ihrer Position an den Meerengen, und Außenminister Sasonow war auch persönlich aufs höchste empört, weil man ihm bei einem Besuch in Berlin von den Planungen keine Kenntnis gegeben hatte.[1)] Es ließ sich zwar nicht leugnen, dass ein englischer Admiral die türkische Flotte kommandierte, aber die Russen mussten jetzt den Eindruck haben, dass der »Schlüssel« ihres Reiches nun in feindliche

Hände kam, und in geheimen Besprechungen wurden ganz konkrete Pläne für eine handstreichartige Eroberung der Meerengen und Konstantinopels ventiliert.[2)] Die Krise konnte jedoch zu Anfang des Jahres 1914 beigelegt werden, da Deutschland sich nachgiebig zeigte und damit einverstanden war, dass Liman von Sanders den Oberbefehl über die zentrale Armee aufgab und sich mit der Position eines Generalinspekteurs und türkischen Marschalls begnügte. Aber diejenigen Kräfte am Zarenhof, die immer noch dem einstigen Dreikaiserbündnis nachtrauerten, sahen sich nun noch mehr als bisher in den Hintergrund gedrängt.

Eine außerordentliche Verschärfung der Lage resultierte aus der großen deutschen Heeresvermehrung im Jahre 1913. Diese war ihrerseits weitgehend durch die Sorge begründet, gegenüber Russland definitiv ins Hintertreffen zu geraten, das seine Armee nicht nur verstärkte, sondern auch durch organisatorische Reformen schlagkräftiger machte und überdies mithilfe französischer Kredite das strategische Bahnsystem in seinen Westgebieten zügig ausbaute. Sie hatte aber auch den eigenartigen Grund, dass in Deutschland längst nicht ein so hoher Anteil an Wehrpflichtigen tatsächlich einberufen wurde wie in Frankreich. So stimmten im Reichstag sogar die Sozialdemokraten dem Gesetzentwurf zu, der die deutsche Armee um nahezu 150 000 Soldaten vermehrte und auf eine Friedensstärke von insgesamt 750 000 Mann brachte. Frankreich zog sofort nach, indem es die dreijährige Dienstzeit wieder einführte und dadurch mit Deutschland von Neuem gleichzog, freilich bloß mittels einer fast vollständigen Einberufung aller zum Wehrdienst nur einigermaßen Tauglichen, wovon Deutschland immer noch weit entfernt blieb.

Der Generalstab hatte allerdings die Aufstellung von drei weiteren Armeekorps gefordert, aber das preußische Kriegsministerium widersetzte sich mit dem Argument, dann könne die Homogenität des Offizierskorps, d.h. der hohe Anteil von Adligen, nicht mehr gewahrt bleiben. Die für die damaligen Verhältnisse ungeheuren Kosten von nahezu einer Milliarde Mark wurden durch eine einmalige Vermögenssteuer aufgebracht, der die Konservativen heftigen Widerstand leisteten. Den »two-power standard«, den England für seine Flotte beanspruchte, hätte die deutsche Armee auch dann nicht erreichen können, wenn nicht das Heer lange Jahre zugunsten der Flotte benachteiligt worden wäre.

Die Öffentlichkeit nahm leidenschaftlichen Anteil an der Debatte. Dabei gab es neben vielen auftrumpfenden, nicht selten schroff gegen die »Flaumacher« in der Regierung wetternden Stimmen – vor allem aus den Reihen der »Alldeutschen« und des »Wehrvereins« – auch sehr pessimistische Töne, und der Reichskanzler Bethmann Hollweg war eher der zweiten als der ersten Tendenz zuzuzählen. Aber nicht nur in Deutschland, sondern auch in den übrigen Ländern war nicht selten die Meinung zu hören, der Spannungszustand sei bis ins Unerträgliche angewachsen und die Explosion müsse in aller Bälde stattfinden.

Es gab indessen auch Gegentendenzen und Gegenwirklichkeiten, und der historische Rückblick zeigt, dass Europa 1878, 1886/88, 1905, 1909 und 1913 ebenfalls am Rande des großen Krieges gestanden hatte und dass der Friede trotzdem bewahrt geblieben war. Die bedrohliche Frage der Bagdad-Bahn, aus der alle Gegner des »Imperialismus« die Unvermeidbarkeit des Krieges abgeleitet hatten, wurde im Sommer 1914 in Verhandlungen zwischen Deutschland, England und Frankreich auf zufriedenstellende Weise gelöst, aussichtsreiche Verhandlungen über eine Aufteilung der portugiesischen Kolonien in Afrika waren in der Schwebe, die »Kulturstaaten« Europas schienen im Juni 1914 nichts anderes im Sinn zu haben als festliche Veranstaltungen und die Erwartung langer Urlaubswochen. Die sozialistischen Parteien und deren pazifistische Verbündete unter den Linksliberalen durften zuversichtlich erwarten, dass sie über genügend Stärke verfügten, um dem etwaigen Kriegswillen der fremden und der eigenen »Militaristen« erfolgreich entgegenzutreten. In Deutschland und Frankreich hatten sie ja im Januar 1912 bzw. im Frühjahr 1914 große Wahlsiege errungen, und in Frankreich befand sich die Linke sogar an der Regierung.

So mochte es doch als ein unseliger Zufall gelten, dass am 28. Juni 1914 der österreichische Thronfolger Franz Ferdinand und seine ihm morganatisch angetraute Gattin, die Herzogin Sophie von Hohenberg, geborene Gräfin Chotek, bei einem Besuch in der bosnischen Hauptstadt Sarajewo einem Attentat bosnischer Serben zum Opfer fielen. Um eine bloße Velleität fanatischer Jugendlicher handelte es sich jedoch nicht, denn der Erzherzog hatte vorher an einem großen Manöver teilgenommen, das in der Nähe Sarajewos stattfand, und der 28. Juni war der »Sankt-Veits-Tag«, der Nationalfeiertag der Serben. Der Verdacht drängte sich daher nur allzu sehr auf, dass die serbische Regierung oder zum Mindesten eine der nationalistischen Geheimorganisationen wie die »Schwarze Hand« des Obersten Dimitrijewitsch ihre Hand im Spiel gehabt hatte. Ein geradezu grotesker Zufall lag aber insofern vor, als wenige Stunden zuvor schon ein erstes und erfolgloses Attentat stattgefunden hatte, das den Thronfolger hätte warnen müssen, und dass erst ein Fahrfehler des Chauffeurs das Thronfolgerpaar in die unmittelbare Nähe des Attentäters Gavrilo Princip und seiner Komplizen gebracht hatte.

Das Entsetzen und die Empörung waren in ganz Europa gewaltig – mit der merkwürdigen Ausnahme der Hofkreise in Wien und in Budapest, denn Kaiser Franz Joseph hatte in der unebenbürtigen Eheschließung des Thronfolgers einen Verstoß gegen die göttliche Ordnung gesehen, und dem ungarischen Ministerpräsidenten Stephan Tisza war Franz Ferdinand geradezu verhasst, weil er eine »trialistische« Lösung der Probleme der Monarchie anstrebte, welche die Slawen – möglicherweise unter Einschluss Serbiens – zum dritten Staatsvolk gemacht und den Einfluss der Ungarn sehr verringert haben würde. So wurde das Verbrechen von der Regierung als Gelegenheit betrachtet, nun endlich mit den Serben gründlich abzurechnen und sich keinesfalls mit einer bloßen Entschuldigung zu begnügen. Dieser Wille blieb trotz einigen Schwankens die Konstante der Politik Österreich-Ungarns in der Julikrise, und wenn ein solcher Wille bereits »Kriegsschuld« impliziert, waren die Österreicher zweifellos die Kriegsschuldigen. Aber noch am 29. Juli stellte ein englischer Politiker im »Daily Express« eine Überlegung an, die sehr deutlich macht, weshalb ein österreichischer »Marsch auf Belgrad« an vielen Stellen Europas als völlig berechtigt angesehen worden wäre: »If the Afghans had been seeking a greater Afghanistan at the expense of India, and had assassinated a Prince and Princess of Wales in the streets of Peshawar, I am not sure that the vocal part of the British nation would not have called for a march to Candahar.«[3)]

Aber der österreichische Wunsch nach Bestrafung Serbiens[4)] ließ sich nur realisieren, wenn Deutschland einverstanden war, denn es war in hohem Grade wahrscheinlich, dass Russland auf die serbische Seite treten würde. Die Zusage wurde in Berlin tatsächlich erteilt, nachdem Graf Hoyos am 5. Juli ein Handschreiben Franz Josephs überbracht hatte. Für Wilhelm II. war die Idee der »monarchischen Solidarität« dabei keineswegs nur marginal, aber die deutsche Regierung ließ sich vor allem von der Überlegung leiten, dass Russland noch nicht kriegsbereit sei und dass daher gute Chancen bestanden, die Auseinandersetzung zu lokalisieren oder aber den Krieg gegen Russland unter günstigen Bedingungen zu führen. Es gab also die unbedingte Bereitschaft zur Unterstützung einer militärischen Aktion Österreichs gegen Serbien, aber sie war durch den Umstand gemäßigt, dass Österreich auf den ursprünglichen Wunsch, Serbien zu annektieren oder unter dessen Nachbarn aufzuteilen, verzichtete und die Achtung der territorialen Unversehrtheit Serbiens versprach. Damit verknüpft war die bedingte Bereitschaft, einen »Kontinentalkrieg« gegen Russland und ggf. auch gegen dessen Verbündeten Frankreich zu führen, falls eine Intervention zugunsten Serbiens erfolgen würde. Das Hinzutreten der bedingten zur unbedingten Bereitschaft spricht für eine Kriegsschuld Deutschlands, die jedoch wieder relativiert wird durch den Umstand, dass Berlin die Österreicher zu schnellem Handeln aufforderte, um im Zeichen der nach wie vor günstigen Stimmung in Europa vollendete Tatsachen zu schaffen – etwa durch die Besetzung Belgrads –, um so eine Intervention vonseiten Russlands zu erschweren und den großen Konflikt zu vermeiden.

Aber die Österreicher wollten ihr Ultimatum, das kaum erfüllbare Forderungen enthielt, erst am 15. Juli überreichen, und aus strategischen Gründen untergeordneter, aber verdächtiger Art rieten die Deutschen nun sogar zu einem Aufschub bis zum 23. Juli, weil man die Abreise des französischen Präsidenten Poincaré aus St. Petersburg abwarten wollte. Tatsächlich wiesen die Serben dann nur die weitestreichende Forderung Österreichs zurück, nämlich die Teilnahme von österreichischen Beamten auf serbischem Boden an den Untersuchungen über die Urheber des Attentats, und nahmen die anderen ebenfalls recht harten Forderungen an.[5] Der österreichische Gesandte, Baron Giesl, las die Antwort nur flüchtig durch, erklärte sie für unzureichend und reiste ab. Schon an einem der folgenden Tage beschossen die Österreicher Belgrad vom gegenüberliegenden Ufer der Donau aus. Das hatte einen weitgehenden Umschwung der öffentlichen Meinung in Europa zur Folge, und nun wirkte Bethmann Hollweg mit Nachdruck in Wien auf ein Einlenken Österreichs hin. Am 30. Juli ließ er dem Grafen Bechtold Folgendes mitteilen: »Wir sind zwar bereit, unsere Bündnispflicht zu erfüllen, müssen es aber ablehnen, uns von Wien leichtfertig und ohne Beachtung unserer Ratschläge in einen Weltbrand hineinziehen zu lassen.«[6]

Wien ließ sich jedoch weder auf das empfohlene Gespräch mit St. Petersburg ein, noch akzeptierte es einen Vermittlungsvorschlag von Sir Edward Grey. Die Automatik der Bündnisse war nicht anzuhalten, und die Nachricht von der russischen Generalmobilmachung am 31. Juli bedeutete die Entscheidung, denn nun mobilisierte auch Deutschland, und auf beiden Seiten setzten sich die Millionenarmeen in Bewegung.

Noch schien indessen eine Chance zu bestehen, den Weltkrieg zu vermeiden, denn es sah für einen Augenblick so aus, als wolle England neutral bleiben und auch Frankreich vom Eintritt in den Krieg zurückhalten. Aber nun erwies sich der »Schlieffen-Plan« als verhängnisvoll, der den siegreichen Blitzkrieg gegen Frankreich zur Voraussetzung für einen erfolgreichen Feldzug gegen Russland machte. Da der Durchmarsch durch das neutrale Belgien ein unverzichtbarer Bestandteil dieser Planung war, erfolgte am 4. August die Kriegserklärung Englands an das Deutsche Reich, nachdem Deutschland in den Tagen zuvor sowohl Russland als auch Frankreich den Krieg erklärt hatte. Der »Weltbrand« hatte begonnen, und inmitten einer überbordenden nationalen Begeisterung eilten überall die Männer zu den Fahnen. Auch die sozialistischen Parteien bewilligten die Kriegskredite, wenngleich nicht ganz ohne Ausnahmen (der russischen und der serbischen Sozialisten), und der nach dem Tode August Bebels bekannteste Sozialistenführer in Europa, Jean Jaurès, fiel in Paris dem Attentat eines nationalistischen Fanatikers zum Opfer.

Und doch war die Situation nicht nur nach der einen Richtung, derjenigen des großen Krieges, verändert. Sofort wurde nämlich die Frage nach »der Kriegsschuld« bzw. nach »den Kriegsschuldigen« in einem Ausmaß aufgeworfen, zu dem es 1870 nur schwache Analogien gegeben hatte. Dieser Umstand ließ insofern einen Wandel im Bewusstsein der Öffentlichkeit erkennen, als die traditionelle Auffassung, dass die Führung von Kriegen souveränes Recht der Staaten sei und die Frage nach der »Kriegsschuld« daher keine Bedeutung habe, nicht mehr galt. Schon nach kurzer Zeit waren die wichtigsten »Schuldthesen« von den Zeitungen und einer kämpferischen Literatur formuliert:

An erster Stelle ist die alliierte These zu nennen, weil sie die unmittelbar einleuchtendste war und die stärkste Wirkung zeitigte: es liege ein Angriff Deutschlands gegen die Zivilisation vor, und als Beleg dienten nicht nur Zitate von Nietzsche, Treitschke und aus der »Hunnenrede« Wilhelms II., sondern mehr noch die in der Tat beklagenswerten Ereignisse beim deutschen Vorgehen gegen meist imaginäre »Franctireurs« in Belgien, die bald zu Gräuelmärchen über abgehackte Kinderhände und dergleichen übersteigert wurden.

Nur in Deutschland war die These vom »Überfall« der Tripel-Entente auf die Mittelmächte glaubwürdig, aber sie wurde sogar von Wilhelm II. geteilt, und die Auffassung, man sei angegriffen, ja sogar überfallen worden, war in der Bevölkerung allbeherrschend. Dabei spielte die Tatsache, dass Deutschland nach Westen hin und wenig später auch im Osten angriff, ebenso wenig eine Rolle wie auf alliierter Seite die bis dahin vorherrschende Überzeugung, dass Deutschland das beste Bildungswesen der Welt habe und in der Wissenschaft führend sei.

Weit weniger verbreitet und weniger motivierend war die nüchterne Einschätzung, dass Deutschland dem angegriffenen Österreich unter Inkaufnahme eines europäischen Krieges defensive Hilfe geleistet habe. Denn man konnte die Augen nicht vor der Tatsache verschließen, dass der weit stärkere und modernere Staat von einem schwächeren und in vieler Hinsicht antiquierten Staatswesen entweder ins Schlepptau genommen worden war oder aber Österreich zum Instrument eigener und weitergehender Zielsetzungen gemacht hatte.

Die vierte und umfassendste Schuldthese war die marxistische und zunächst nur von wenigen Linkssozialisten vertretene: Es handle sich um einen unvermeidbaren Zusammenstoß der imperialistischen Mächte; schuldig seien mithin nicht so sehr Staaten und Staatsmänner als vielmehr Klassen, die Klassen der nationalen Bourgeoisien und der mit ihnen verbundenen Adelsschichten.

Gegen jede dieser Thesen ließen sich einige gewichtige Argumente vorbringen:

ad 1) Deutschland war für einen wirklichen Präventivkrieg nicht ausreichend vorbereitet; an der Spitze der Regierung standen keine »Tatmenschen«, sondern geradezu »Philosophen« wie Bethmann Hollweg und Generalstabschef von Moltke. Wer die ebenso impulsiven wie widerspruchsreichen Marginalien liest, die Wilhelm II. im Laufe der Julikrise diplomatischen Schriftstücken hinzufügte, und wer die Denkschrift des Generalstabs vom 29. Juli an den Reichskanzler zur Kenntnis nimmt, der muss zu der Überzeugung kommen, dass es an der Spitze des Reiches keinen entschlossenen Willen zum Weltkrieg oder auch nur zum Kontinentalkrieg gab.[7)] Die vorherrschenden Empfindungen waren nicht Zuversicht und Optimismus, sondern Sorge und Angst vor einem »Zuspätkommen«. Von einigem Belang ist auch die Tatsache, dass es in Deutschland – anders als in Frankreich und England – keine Ideen gab, die über das eigene Land hinausreichten, sondern dass immer nur von der Verteidigung der (deutschen) Kultur gegen die (angloamerikanische) Zivilisation und die (russische) Barbarei die Rede war.

ad 2) So gewiss die Deutschen gute Gründe hatten, den Ausgleichsbemühungen Greys zu misstrauen – denn man wusste durch einen Spion, dass er über eine englisch-russische Marinekonvention verhandelt hatte, obwohl er das ausdrücklich in Abrede stellte –, sind doch seine bekannte Äußerung, in Europa gingen die Lichter aus, und vor allem die pessimistische Aussage, nach dem Krieg werde es überall in Europa Regierungen der Arbeiterpartei-

en geben, glaubwürdig genug, um den Verdacht zu entkräften, er habe zielstrebig auf diesen Krieg hingearbeitet.[8)]
ad 3) Die nüchternen Argumente verloren sichtlich an Gewicht, wenn man die auftrumpfenden und hochmütigen Wendungen aus Reden des Kaisers, die Agitation der Alldeutschen vor dem Krieg und die nun bald in Deutschland zutage tretende, teilweise ganz exorbitante »Kriegszieldiskussion« danebenstellte.
ad 4) Ein Ausgleich aus Vernunft schien keineswegs unmöglich, und ohne ein starkes Gefühl von nichtökonomischen Gegensätzen wäre der millionenfache Enthusiasmus unmöglich gewesen, der sich in allen Nationen ausbreitete und für eine beträchtliche Zeit die Stimmen der Linkssozialisten fast unhörbar machte. So sprachen sowohl Lenin als auch Rosa Luxemburg gleich von einem »Zusammenbruch der Internationale«, der für sie mit dem »Verrat der Reformisten« identisch war.

Obwohl der Hamburger Historiker Fritz Fischer aus einem tief moralischen Empfinden heraus 1961 die alliierte Kriegsschuldthese auf ungemein wirkungs- und folgenreiche Weise wieder aufgegriffen hat,[9)] wird man bei der Erörterung der Kriegsschuldfrage am ehesten dem deutschen Reichskanzler Bethmann Hollweg recht geben müssen, der bereits am 30. Juli 1914 bei einer Sitzung des preußischen Staatsministeriums sagte, alle Regierungen und die große Mehrheit der Völker seien an sich friedfertig, »aber es sei die Direktion verloren und der Stein ins Rollen geraten«.[10)] Nichts anderes wollte Lloyd George zum Ausdruck bringen, als er nach dem Krieg vom »Hineinschlittern« der Regierungen und der Völker in den Krieg sprach.

Gleichwohl haftet dieser Erklärung etwas Unzureichendes an, und sie sollte durch eine freilich hypothetische Erwägung ergänzt werden. Der Massenjubel in allen Hauptstädten Europas in den Augusttagen von 1914 kann schwerlich bloß politische Ursachen gehabt haben. Führte nicht gerade der höchste Stolz der Europäer, nämlich in »Kulturstaaten« zu leben, dazu, dass nach mehr als vierzig Friedensjahren diese Kultur weithin nur noch als eine einschnürende, gefängnisartige »Zivilisation« empfunden wurde, aus der ein »Ausbruch« möglich sein müsse? Rührte die eigentliche Kriegsschuld nicht vielleicht aus der Bedrängnis durch die Zivilisation her, und lag sie insofern nicht gerade bei den »Volksmassen«?

Im Folgenden soll der Verlauf des Krieges in knappstem Umriss dargestellt werden, aber nicht der Chronologie nach, sondern so, dass er als ein Komplex von Kriegen betrachtet wird, die zum Teil nur Varianten früherer Kriege – wirklicher und potenzieller –, zum Teil aber völlig neue Phänomene waren. So soll er auf eigentümliche Weise vor dem Hintergrund der europäischen Geschichte analysiert werden. Zum Abschluss kann dann die Frage gestellt werden, welche Fäden des gewaltigen Gewebes als »neuartig« charakterisiert werden können. Abwandlungen früherer Kriege waren:

1. Der deutsch-französische Krieg

Er hatte keinen autonomen Ursprung wie im Jahr 1870, sondern er war eine Folge von Bündnisverpflichtungen, und die Bündnisverpflichtung Frankreichs gegenüber Russland hätte vermutlich auch dann existiert, wenn Bismarck 1870/71 auf die Annexion Elsass-Lothringens verzichtet hätte. Denn nach der Niederlage und dem Verlust seiner halbhegemonialen Position hätte Frankreich wohl in jedem Falle Anlehnung an Russland gesucht. Aber ein mitwirkender Faktor war die Idee der »Revanche« und einer Wiedereroberung der verlorenen Provinzen ohne Zweifel.

Für Deutschland blieb die Erinnerung an den schnellen Sieg von 1870/71 insofern bestimmend, als die Grundidee des Schlieffen-Planes sonst gar nicht hätte aufkommen können. Tatsächlich schien es schon Anfang September so, als sei der Blitzsieg mit Händen zu greifen, aber der Rückschlag an der Marne – ob echte Niederlage, zufälliges Unglück oder Folge individuellen Versagens – schuf eine völlig neue Situation, für die das Eingreifen des britischen Expeditionskorps mitursächlich war. So wurde dieser zweite deutsch-französische Krieg auf französischem Boden vonseiten der Verteidiger als französisch-englischer Koalitionskrieg geführt, und die Folge waren die Jahre des Stellungskrieges und der ebenso blutigen wie vergeblichen Durchbruchsversuche auf beiden Seiten: in Flandern, in der Champagne, im Artois sowie in der »Blutabzapfungsschlacht« um Verdun.[11)] Ein militärischer Sieg winkte am ehesten den Deutschen, und zwar im Frühjahr 1917, als unter den Nachwirkungen der Offensiven des »Blutsäufers« Nivelle und nicht ohne Einfluss der Nachrichten von der ersten russischen Revolution verbreitete Meutereien im französischen Heer stattfanden und im Hinterland durch die Affären der Zeitung »Le Bonnet Rouge« und des Innenministers Malvy ein wahrer »Abgrund des Verrats« sich auftat. Aber die deutsche Oberste Heeresleitung unter den Generälen Hindenburg und Ludendorff erfuhr davon nichts, da alle Gefangenen schwiegen, und konnte daher die Gelegenheit nicht nutzen. Im Frühjahr 1918 stand die große Ludendorff-Offensive vor dem Durchbruch, wieder wurde die Marne erreicht, und wichtige französische Politiker der radikalen Linken wie Laval und Renaudel verlangten den Frieden.[12)] Doch im August bedeutete der »schwarze Tag des deutschen Heeres« den Anfang der endgültigen Niederlage, die gleichwohl nicht eigentlich militärisch war, sondern aus Erschöpfung und aus dem Bewusstsein des unaufhörlichen Zustroms der amerikanischen Truppen hervorging. Aber bis zum 9. November hatte kein Franzose und kein Engländer deutschen Boden betreten.

2. Der russisch-türkische Krieg und der Krieg auf dem Balkan

Der achte russisch-türkische Krieg schloss die sonderbarste Verkehrung in sich. Diesmal fuhr keine englisch-französische Flotte durch die Dardanellen, um den Türken zu Hilfe zu kommen und den Krieg nach Russland zu tragen wie im Krimkrieg, und es tauchten auch keine englischen Schlachtschiffe auf, um die siegreichen Russen vom Angriff auf Konstantinopel abzuhalten wie 1877, sondern ein deutscher Panzerkreuzer, die »Goeben«, passierte mit dem kleinen Begleitkreuzer »Breslau« die Meerengen, um nach formeller Indienststellung durch die Türken russische Anlagen im Schwarzen Meer zu beschießen.

Der »Schlüssel« des Russischen Reiches war zum Pfropfen geworden, welcher der »Weltmacht« den Ausgang in die Welt und die Versorgung durch die genuinen Weltmächte sperrte. Aber wenige Monate später erschien die imponierendste Flottenmacht, die sich je auf kleinem Raum zu Kampfhandlungen versammelt hatte, vor den Meerengen, um die Sperre zu beseitigen. Engländer und Franzosen kämpften nun gegen die Türken statt für sie, aber nach großen Verlusten, auch der bei Gallipoli gelandeten Truppen, erlitten sie eine schwere Niederlage, die zugleich das vorläufige Ende der politischen Laufbahn des Initiators des Unternehmens bedeutete, des Ersten Lords der Admiralität Winston Churchill. Unter den von Deutschen unterstützten türkischen Truppen zeichnete sich Kemal Pascha besonders aus, der später »Atatürk« heißen und die erste erfolgreiche Gegenbewegung gegen die triumphierenden Alliierten führen würde. Um die gleiche Zeit spielte sich im Osten der erste umfassende und von einer Regierung in Gang gesetzte Völkermord der Epoche ab, derjenige an den Armeniern, denen Kollaboration mit den im Kaukasus vordringenden Russen vorgeworfen wurde.

Der ebenfalls etwa gleichzeitige Balkankrieg hing diesmal nicht so eng mit dem russisch-türkischen Krieg zusammen wie 1854/55 und 1877/78, aber die Verbindung war gleichwohl unübersehbar. Serbien war ja der erste Verbündete Russlands in diesem Krieg, und es war auch eine Niederlage Russlands, als das Land im Oktober 1915 durch das Zusammenwirken österreichischer, deutscher und bulgarischer Truppen besiegt und vollständig besetzt wurde. Es war eine Niederlage der Alliierten insgesamt, als Rumänien, das auf die Seite des Dreiverbandes getreten war, Ende 1916 von Deutschland zum Frieden gezwungen wurde. Damit war also Deutschland zusammen mit seinen drei Alliierten Österreich-Ungarn, Bulgarien und der Türkei auf dem ganzen Balkan siegreich, und so hatte sich in gewisser Weise und für kurze Zeit ein neues Weltreich gebildet. Aber es wies einen »weichen Unterleib« auf, da die Alliierten nach einer brutalen Vergewaltigung Griechenlands in Saloniki unter dem französischen General Sarrail eine »Orient-Armee« hatten stationieren können, die im Herbst 1918 die Bulgaren zur Kapitulation zwang und damit das Schlusskapitel des Weltkriegs, die Niederlage der »Mittelmächte«, einleitete.

3. Der Krieg Italiens gegen Österreich (und zu einem erheblich späteren Zeitpunkt auch gegen Deutschland)

Was über vierzig Jahre in Italien bloß eine halbverborgene und von den Regierungen bekämpfte Unterströmung gewesen war, nämlich der Irredentismus, tauchte nach dem Ausbruch des Krieges, bei dem Italien sich sofort als neutral erklärte, da der Bündnisfall infolge des aggressiven Verhaltens Österreichs gegenüber Serbien nicht gegeben sei, sofort wieder auf und verband sich mit einer »Interessenpolitik« reinsten Wassers. Der Außenminister Sidney Sonnino verhandelte sowohl mit Österreich als auch mit den Alliierten, die ihm im »Londoner Vertrag« mehr an Gewinn zu bieten vermochten als Österreich, obwohl dieses unter deutschem Druck bis an die Grenze des Möglichen gegangen war und mehr an Land angeboten hatten, als von Italien später erobert wurde. So trat die sechste europäische Großmacht am 23. Mai 1915 in den Krieg ein, den sie als letzten Krieg des Risorgimento verstehen wollte und der nun tatsächlich jenes »bagno di sangue« (Blutbad) zur Folge hatte, das nach der Meinung gar nicht weniger Schriftsteller in den bisherigen Kriegen des Risorgimento zum Schaden der inneren nationalen Einigung gefehlt hatte. 700 000 junge Männer fielen, und die Niederlage von Caporetto im Herbst 1917 war eine der katastrophalsten im ganzen Weltkrieg. Immerhin wurde der österreichisch-deutsche Vormarsch an der Piave zum Halten gebracht; im Ganzen behauptete sich jedoch Österreich, von Deutschland unterstützt, sehr viel besser als in einem der früheren Kriege des Risorgimento, und erst inmitten des allgemeinen Zusammenbruchs errang Italien im Oktober 1918 den Sieg von Vittorio Veneto. Aber die eigentliche Verantwortung sowohl für das »Blutbad« als auch für den schließlichen Triumph ist nicht der Regierung Salandra-Sonnino zuzuschreiben, sondern den Männern, die an der Spitze jener zügellosen Agitation standen, welche den Widerstand Giolittis und der Parlamentsmehrheit überspielte: dem Dichter Gabrile D'Annunzio und dem führenden Mann der Sozialistischen Partei Italiens Benito Mussolini. Hier artikulierte sich etwas ganz Neuartiges, und deshalb ist darauf zurückzukommen.

4. Der Krieg zwischen den »deutschen Mächten« und Russland

Der Krieg der noch bis 1887 verbündeten »Kaisermächte« gegeneinander hat als neuer Krieg zu gelten. Aus österreichischer Sicht bedeutete er gleichwohl die radikale Fortsetzung einer Feindseligkeit, die im Krimkrieg wesentlich zur Niederlage Russlands beigetragen hatte und die seit 1878 ein beständiger Faktor der europäischen Politik war. Für Preußen-Deutschland konnte er nach der langen Periode der preußisch-russischen Freundschaft allenfalls als eine Wiederholung des Siebenjährigen Krieges betrachtet werden, denn die erzwungene Beteiligung am Feldzug Napoleons gegen Russland muss außer Betracht bleiben. Da die Last der Verteidigung als Folge des Schlieffen-Planes in den ersten Wochen fast ganz auf Österreich fiel, geriet Deutschland durch das überraschend schnelle Vordringen der »Dampfwalze« unter den Generälen Samsonow und Rennenkampf in schwerste Gefahr, und die erfolgreiche, durch viel Glück begünstigte Abwehr unter den bis dahin kaum bekannten Generälen Hindenburg und Ludendorff wurde in Deutschland rasch zu einer Art Mythos. Die Österreicher erlitten dagegen eine schwere Niederlage, sozusagen ein Stalingrad ante festum, als eine große Armee von mehr als hunderttausend Mann in Przemysl eingeschlossen wurde und kapitulieren musste.

Ludendorff klagte damals, Deutschland sei nur mit »todkranken Ländern« wie Österreich-Ungarn und der Türkei verbündet, aber ohne die Mitwirkung der Österreicher und der Türken hätten Hindenburg und Ludendorff auf dem östlichen Kriegsschauplatz nicht die großen Erfolge erringen können, die im Februar 1917 die erste russische Revolution und dann nach einer letzten Kraftanstrengung durch die »provisorische Regierung« im November die »Oktoberrevolution« der von Deutschland unterstützten Bolschewiki zur Folge hatte. Der Separatfriede von Brest-Litowsk vom März 1918 bestätigte den vollen Sieg Deutschlands im Ostkrieg und praktisch die Herrschaft über nahezu alle nichtrussischen Teile des ehemaligen Zarenreiches einschließlich der Ukraine und bis hin nach Georgien. Er bedeutete aber zugleich die Konfrontation mit einem völlig neuartigen, in gewisser Weise selbst geschaffenen Phänomen, dem bolschewistischen Staat und seiner Selbstidentifizierung mit der universalen Friedenssehnsucht. Darauf ist ebenfalls zurückzukommen.

5. Der Krieg zwischen Deutschland und England

Auch für ihn gab es keine Präzedens, sofern man von der napoleonischen Periode absieht. England war der einzige Verbündete Friedrichs des Großen gewesen, und trotz jener Aussage Disraelis über die »deutsche Revolution« betrachteten viele Engländer die Deutschen im Bismarckreich als »germanische Vettern« und nächste Verwandte. Die Königin Viktoria war der Abstammung nach eine halbe Deutsche, und sie war mit einem Deutschen, dem Prinzgemahl Albert aus dem Hause Coburg, verheiratet, Kaiser Wilhelm II. war seinerseits ein Enkel Viktorias und ein halber Engländer. Vielleicht war gerade die Anglophilie des deutschen Kaisers ein Hauptgrund für den Flottenbau, der indessen von den Engländern vermutlich zu Unrecht als schwere Gefahr betrachtet wurde und deshalb bereits zu Beginn des Jahrhunderts in der englischen Öffentlichkeit – nicht nur vonseiten verantwortungsloser Journalisten – die Forderung aufkommen ließ, der deutschen Flotte ein »Kopenhagen« zu bereiten, d. h. sie zu überfallen und zu versenken. Aber vermutlich brach der Krieg 1914 nicht wegen der Flotte, sondern wegen der alten englischen Politik der »balance of power« auf dem Kontinent aus, und es stellte sich bald heraus, dass nicht die deutschen Schlachtschiffe, sondern die noch nicht sehr zahlreichen Unterseeboote eine tödliche Gefahr für die völlig von der Getreideeinfuhr abhängige Insel bedeuteten. Kapitänleutnant Weddigen versenkte mit seiner U 9 schon im September 1914 drei mächtige Schlachtkreuzer auf einen Schlag. Hier drängt sich am stärksten eine der zahlreichen kontrafaktischen Überlegungen hinsichtlich des »Hätte« oder »Wäre« auf: Wenn Deutschland die Hälfte der Kosten für die Schlachtflotte, die nun untätig, aber nicht ohne Wirkung[13)] in den Häfen lag, auf den Bau von U-Booten verwandt hätte, wäre England dann nicht spätestens nach einem Jahr zur Kapitulation gezwungen gewesen? In der Realität wurde der nach vielen Wechselfällen, zu denen die Versenkung der *Lusitania* und die unentschiedene Seeschlacht im Skagerrak gehörten, und nach langem Zögern im Februar 1917 verkündete »unbeschränkte U-Bootkrieg« gerade wegen der anfänglich sehr großen Erfolge zur Hauptursache des Eintritts der USA in den Krieg. Andererseits war die – formell zweifellos ebenfalls völkerrechtswidrige – englische Blockade für Deutschland nicht minder eine tödliche Gefahr, und der »Steckrübenwinter« des Jahres 1916/17 trug mehr dazu bei, die Moral der deutschen Bevölkerung zu untergraben, als alle Propaganda gegen die »Hunnen«.

Als Deutschland im Oktober 1918 unter Berufung auf die »14 Punkte« des amerikanischen Präsidenten Wilson um Waffenstillstand bat, da durfte England als der eigentliche Sieger des Weltkriegs gelten. Es hatte der deutschen Flotte auf ganz legale Weise ein gigantisches »Kopenhagen« bereitet – das allerdings erst einige Monate später durch die Selbstversenkung der immer noch stattlichen Überreste in Scapa Flow zu Ende gebracht wurde –, es hatte den wichtigsten ökonomischen Konkurrenten mindestens für die nächste Zeit ausgeschaltet, und wenn es auf dem Kontinent noch so etwas wie eine Hegemonialmacht gab, so war es das geschwächte und beinahe ausgeblutete Frankreich. Aber dieser Triumph wäre schwerlich zustande gekommen, wenn es nicht den dritten der »neuen Kriege« gegeben hätte:

6. Der amerikanisch-deutsche Krieg

Zu ihm ließ sich nicht einmal das kleinste Präzedens anführen, denn die Beziehungen der USA zu Preußen und dann zu Deutschland waren immer ausgezeichnet gewesen, und erst in den letzten Jahrzehnten vor 1914 war das bis dahin vorherrschende Empfinden »protestantischer« und »germanischer« Verwandtschaft dadurch beeinträchtigt worden, dass die linksliberale Haupttendenz des im Ganzen noch recht embryonalen geistigen Lebens in den USA die alte Anklage gegen den »Feudalismus« von England auf Deutschland übertrug. Bis heute ist in Amerika umstritten, was letzten Endes den entscheidenden Wandel herbeigeführt hat: die Gefährdung der Verbindung mit England durch die deutschen U-Boote, die Interessen der Rüstungsindustrie oder die Sorge vor einer deutschen Welthegemonie. Die deutsche Gegeneinwirkung war trotz der großen Zahl von Amerikanern deutscher Abstammung ziemlich schwach, und als der deutsche Staatssekretär Zimmermann gegenüber dem amerikanischen Botschafter Gerard Hoffnungen auf die Deutschamerikaner setzte, erwiderte dieser mit stupender, wenngleich schwerlich ganz ernst gemeinter Brutalität, in diesem Falle würden sich 500 000 Laternenpfähle finden, um diese Gefahr auszuschalten.[14)]

Von einer gewissen Hilflosigkeit zeugte auch das Telegramm, mit dem derselbe deutsche Staatsmann die mexikanische Regierung aufforderte, den USA den Krieg zu erklären und die in den Vierzigerjahren geraubten Gebiete wie Texas und Arizona zurückzuerobern. Es wurde vom britischen Geheimdienst dechiffriert und trug nicht wenig zur amerikanischen Kriegsbereitschaft bei, die dann zwar faktisch nur zu einem recht begrenzten militärischen Eingreifen führte, aber schon durch ihre Existenz und die mit Sicherheit zu erwartenden Folgen die Entscheidung brachte.

Die Folgen – der weltgeschichtliche Wandel

Der Kampf um die deutschen Kolonien, das Kriegsgeschehen in Mesopotamien, der Luftkrieg und das kurze Eingreifen der Japaner können außer Acht gelassen werden, wenn man die Frage stellt, was dieser Erste Weltkrieg, der in Wahrheit ein europäischer und erst am Ende durch die Intervention einer nichteuropäischen, aber ihrer Bevölkerung nach halbeuropäischen Macht entschiedener Krieg war, im Ganzen bedeutete und unter Beweis stellte.

Er bewies vor allem, dass das Deutsche Reich ohne Zweifel die stärkste und bestorganisierte Macht Europas war – viel stärker, als es jemals selbst geglaubt hatte. Es hätte zusammen mit Österreich die kontinentalen Rivalen, Frankreich und Russland, mit hoher Wahrscheinlichkeit vollständig besiegt, und selbst gegen die Tripel-Allianz hätte es sich trotz des Abfalls Italiens ohne das Hinzutreten der USA mindestens behauptet. Unter dem europäischen Gesichtspunkt handelte es sich also um einen weiteren Hegemonialkrieg, aber zugleich doch auch um einen europäischen Einigungskrieg, der eine konsequente Fortsetzung der deutschen Einigungskriege Bismarcks gewesen wäre. Bei einem Erfolg hätte dieses vereinigte Kontinentaleuropa die Position der (kollektiv) ersten Weltmacht bewahrt, aber dann im Rahmen eines drei- oder viergliedrigen Weltstaatensystems. Heute kann in England immerhin die Frage gestellt werden, ob das Land nicht mit seiner Intervention einen verhängnisvollen Irrweg beschritten habe, der schließlich zum Verlust seines Empire geführt und die Deutschen lediglich daran gehindert habe, schon 1915 oder 1916 jene »Europäische Union« zu schaffen, deren führende Macht sie dann von 1989/90 an wurden.[15)]

Aber dieses interessante Gedankenexperiment berücksichtigt die einfache Tatsache nicht, dass ein Europa, das vom Deutschen Reich Wilhelms II. geeinigt worden wäre, kein föderatives Gebilde hätte sein können, innerhalb dessen alle Glieder, so wie heute, von den gewaltigen Zahlungen der ökonomisch stärksten Macht profitiert hätten, sondern dass es unter der Herrschaft einer siegestrunkenen Militärmacht, einer »eisernen Ferse«, gestanden hätte. Eben dadurch hätte sich die Schere der Vorkriegszeit noch weiter geöffnet, die Schere zwischen der selbstgewissen und sympathieerweckenden Kultur der Franzosen und auch der Italiener und jenem Volk, das Tirpitz das »unbeliebteste Volk der Erde« nannte, von dem Bethmann Hollweg sagte, »wir« seien für die anderen »zu sehr Parvenü und überhaupt zu eklig«, und angesichts dessen Kurt Riezler ausrief: »Und das will ein Weltvolk sein und England besiegen!«[16)] Auch ein siegreiches Deutschland in einem zwangsweise geeinten Europa hätte also das »deutsche Grunddilemma« nicht aus der Welt geschafft, dass Deutschland »zu stark ist, um in Europa zu wohnen, und zu schwach, um über Europa zu herrschen«.[17)] So wenig sein heutiger Zustand Bewunderung verdient oder endgültig sein muss, so wenig gibt es einen zwingenden Grund, Deutschlands Niederlage von 1918 zu beklagen.

Nach menschlichem Ermessen war mit dem Ausgang des Ersten Weltkriegs die Möglichkeit der hegemonialen Einigung Europas durch Deutschland für immer dahin. Ein weitgehend umgestaltetes Europa war die Folge: Österreich verschwand bis auf einen kaum lebensfähigen Rest, die Tschechen und Slowaken, die Polen und die Bewohner des Baltikums bildeten selbstständige Staaten, Frankreich war wie vor 1870 wieder die Hauptmacht des außerrussischen Kontinents. Möglicherweise tauchte dadurch indessen jene föderative Möglichkeit für ganz Europa auf, die vor Bismarcks Kriegen im »Deutschen Bund« eine Wirklichkeit gewesen war.

Aber vielleicht musste man zu ganz anderen und widerspruchsreichen Überlegungen kommen, wenn man sich die Frage stellte, was im Weltkrieg und durch den Weltkrieg an wirklich Neuem, zuvor nicht Dagewesenem hervorgebracht worden war.

An erster Stelle war der Krieg selbst zu nennen: die ungeheure materielle Zerstörungskraft der so weitgehend durch technische Erfindungen und wissenschaftliche Errungenschaften bestimmten Kampfführung, die viele Millionen an Opfern gefordert hatte. Durfte nun jenes politische System noch überdauern, das System der gezogenen Revolver von einzelnen Personen bzw. Mächten, wie Bismarck es auf so plastische Weise charakterisiert hatte?[18) Musste nicht ein Bund an die Stelle jener einzelnen »Waldbewohner« treten, der das Leben der Individuen und das Dasein der Kulturen sicherte? Für diese Lösung sprach vor allem, dass die nunmehr stärkste Weltmacht sich diesen Gedanken durch den Mund ihres Präsidenten ganz zu eigen zu machen schien. Allerdings würde daraus nicht mehr ein europäischer Bund unter dem überlieferten »Machtgedanken« entstehen, sondern ein umfassender Völkerbund, der von den USA geleitet, aber nicht beherrscht werden würde. Diese Möglichkeit verschwand nie, aber sie wurde von Anfang an durch den Umstand geschwächt, dass ausgerechnet die USA dem Völkerbund nicht beitraten, sondern sich in eine relative Isolierung zurückzogen.

An zweiter Stelle ist die besondere Gestalt des allgemeinen Friedenswunsches hervorzuheben, die durch die zweite russische Revolution und den Sieg der Bolschewiki zustande kam. Dieser erste moderne Ideologiestaat der Geschichte sah die »Wurzel des Unheils« nicht in jenem System souveräner und bewaffneter Staaten im »Wald der Verständigungslosigkeit«, sondern in dem ökonomischen System der Konkurrenz- oder Marktwirtschaft, das er zu beseitigen suchte, indem er die Umwandlung des Krieges in den Bürgerkrieg postulierte und die »schuldigen Klassen« zur Verantwortung zog, d. h. indem er den Adel, das Bürgertum und den wohlhabenderen Teil der Bauernschaft der sozialen und gutenteils auch physischen Vernichtung auslieferte. So vollzog sich der erste große Kulturbruch auf europäischem Boden, das nie zuvor Geschehene, die grundsätzliche Aufkündigung des sozialen Friedens in einem Staat, der sich nun sehr rasch zu einem kriegsfähigen und -willigen Machtstaat entwickelte, dessen Missionsidee aber gleichwohl in allen Teilen der Welt Anhänger und Sympathisanten zu gewinnen verstand.

Diese »Weltrevolution« gegen die älteste und umwälzendste aller Revolutionen, diejenige des individualistischen Liberalismus und der Marktwirtschaft, konnte mit dem »Völkerbund« zu keinem Ausgleich gelangen, obwohl eine gewisse Ausgangsähnlichkeit nicht zu verkennen war. Doch die

Kämpfe dieser Zukunft würden zwar auch Macht- und Staatenkämpfe sein, aber sich doch wesentlich von den Kämpfen des bismarckschen Staatensystems unterscheiden.

Neuartig waren aber auch die Vorgänge, die zum Kriegseintritt Italiens führten. Enthusiasmus und entfesselte Emotionen hatte es bei Kriegsausbruch unter den Massen aller in den Krieg eintretenden Staaten gegeben, aber jeder einzelne war davon überzeugt, dass sein Land als angegriffenes einer unbedingten Notwendigkeit folgte. In Italien aber wollten einige Intellektuelle wie D'Annunzio und Mussolini den Krieg um seiner selbst willen, und sie erzwangen das »Blutbad«, das alle anderen Europäer bloß aus dem Zwang der Not akzeptierten. Dabei hatte der Krieg für sie seinen Selbstwert nicht als Abenteuer und Bewährungsprobe, sondern als Vollendung des Nationalstaates und Behauptung seiner Souveränität. Sowohl vom Völkerbundgedanken als von der Klassenkampfidee gesehen, handelte es sich mithin um nichts anderes als um eine extreme Reaktion jenseits aller geltenden Moralvorstellungen. Aber wie sahen die Dinge aus, wenn der Völkerbundgedanke geschwächt war und wenn die Realität des Klassenkampfes eine heftige und nicht etwa von vornherein unberechtigte Reaktion hervorrief? Konnte die extreme, sich über alle traditionellen Werte hinwegsetzende Reaktion dann nicht als modern und fortschrittlich erscheinen, ja bis zu einem gewissen Grade gar modern und fortschrittlich *sein*?

Ganz neuartig war auch der Friede von Versailles, von dem Lenin sagte, er sei hundertmal schlimmer als das Diktat von Brest-Litowsk. Nie zuvor in der europäischen Geschichte waren einer besiegten Großmacht so harte und durch die Fixierung des Kriegsschuldvorwurfs so entwürdigende Bedingungen auferlegt worden. Aber andererseits war auch nie zuvor in der Weltgeschichte ein immerhin möglicher, aus weitverbreitetem und verständlichem Hass hervorgehender Vernichtungsfriede dadurch verhindert worden, dass die humanitäre Ideologie eines überragend mächtigen Staates ins Spiel kam. Ebendies geschah mit Deutschland, das einen Frieden erhielt, der zu hart war, als dass es ihn innerlich hätte akzeptieren können, und zu mild, um ihm auch alle potenzielle Macht zu nehmen.

Vielleicht waren es die Klügsten unter den Intellektuellen, die vorhersagten, dass aus einem solchen Frieden ein neuer Weltkrieg hervorgehen müsse. Aber sie hätten einschränkend hinzufügen sollen, dass nicht schon der Friede als solcher, sondern erst das Zusammenwirken mit dem ganz Neuartigen des im Krieg entstandenen Bolschewismus und der schon ab 1919 aufkommenden Bewegungen des »Faschismus« einen zweiten Weltkrieg heraufführen *konnten*. Die Geschichte Europas und der Welt nach 1918 ist vornehmlich die Geschichte dieser Möglichkeit, welche den Zeitgenossen häufig genug als Zwangsläufigkeit erschien.

Teil II

Kräfte, Tendenzen, Bewegungen

Die demografische und die industrielle Revolution

Häufig werden »Kräfte« und »Bewegungen« oder auch »Tendenzen« in einen Gegensatz zu »großen Männern«, »bloß politischer Geschichte« und »Diplomatiegeschichte« gestellt. Sie werden zum Gegenstand der »Wirtschaftsgeschichte« oder der »Sozialgeschichte« gemacht, und hier ist nicht selten von »unbezwinglichen Kräften« und »anonymen Mächten« die Rede, welche die Entwicklung vorantreiben, ohne dass auch nur ein einziger Name einer einzelnen Person erwähnt zu werden braucht.

Sicherlich gibt es solche Kräfte, Bewegungen und Tendenzen, aber die Frage drängt sich auf, ob nicht oftmals ein »dialektisches« Verhältnis zu den Einzelpersönlichkeiten oder »Helden« vorliegt. Eines unter zahlreichen Beispielen ist die unpersönliche – oder besser von zahllosen Einzelpersonen und deren Hoffnungen und Interessen bestimmte – Tendenz zur deutschen Einheit und ihre Verwirklichung durch Bismarck. Ähnliches lässt sich von den vielgestaltigen Kräften des »Frühsozialismus« sagen, die erst nach der auslesenden Zusammenfassung durch Marx und Engels zu großer geschichtlicher Wirkung gelangten.

Die ursprünglichste natürliche Kraft, die bis vor Kurzem – siehe die »Einkindpolitik« der Volksrepublik China – von politischen Entschlüssen der Staatsmänner und Parlamente so gut wie unbeeinflussbar war, ist die Kraft der Natur im Menschen, die Sexualität, die in der ganzen bisherigen Geschichte mit dem Drang zur Fortpflanzung identisch war und die erst in jüngster Zeit eine Art von Autonomie erlangt hat. Ein starkes Ansteigen der Bevölkerungszahl kann zu den gleichen Konsequenzen führen wie eine rapide Verschlechterung der Naturbedingungen bei gleichbleibenden Bevölkerungsverhältnissen – etwa der Einbruch einer Eiszeit oder jahrelange Trockenheit. Dann bleiben keine anderen Wege übrig als entweder die Auswanderung der Überzähligen oder die Erschließung bzw. Eroberung neuer Räume durch die ganze Gemeinschaft. Beispiele dafür sind die griechische Kolonisation in der Antike, die zahlreichen Völkerwanderungen, von denen die germanische der ersten Jahrhunderte nach Christus nur die bekannteste ist, die Eroberung und Erschließung des amerikanischen Kontinents durch europäische Einwanderer seit dem 17. Jahrhundert. Freilich wirkten kulturelle Gründe verschiedener Art häufig mit, und manchmal waren sie entscheidend – man denke an die Vertreibung der Hugenotten in Frankreich und deren Einwanderung in Preußen. Trotzdem ist es zulässig zu sagen, dass hier der naturhafteste, anonymste, »kraftmäßigste« Faktor in der menschlichen Geschichte vorliegt. Bei Feldzügen zur Landeroberung mag sogar der Vergleich mit animalischen Phänomenen wie den Verhaltensweisen von Raubameisen oder Ratten naheliegen.

Freilich ist der Mensch niemals *nur* ein biologisches Wesen, das sich auf der Futtersuche befindet und seiner eigenen Fortpflanzung sozusagen ausgeliefert ist. Die Fortpflanzung kann durch Religionen, Ideologien oder Überzeugungen gefördert oder gehemmt werden – etwa durch das biblische Vermehrungsgebot auf der einen Seite und durch asketische Lehren auf der anderen. Schon in den ältesten Zeiten kam es zu Regulierungsversuchen, etwa durch Infantizide. Diese wiederum wurden durch das Christentum mit dem schwersten Stigma belegt. Selbst auf diesem Gebiet der »Natur im Menschen« sind also mannigfaltige Faktoren kultureller und geschichtlicher Art wirksam. Es ist eine Grundtatsache der neueren Geschichte, dass etwa ab 1750 eine »demografische Revolution« in Europa stattfand und dass sie zuerst in England mit einer »industriellen Revolution« verknüpft war, obgleich von einer einseitigen Verursachung der einen Umwälzung durch die andere nicht die Rede sein darf. Zunächst sind einige Zahlen aufzuzählen und wichtige Entwicklungen in aller Kürze zu skizzieren:

Großbritannien ohne Irland hatte um 1750 ca. 7 870 000 Einwohner. 1800 betrug die Zahl 10 925 000 und fünfzig Jahre später 20 900 000. Innerhalb eines halben Jahrhunderts hatte sich die Bevölkerung also ungefähr verdoppelt. Der Geburtenüberschuss war ständig sehr hoch: 1750 starben von 1000 Menschen 33, während 36,9 geboren wurden, und schon 1790 betrug das Verhältnis 28,6 zu 37,7: Der Geburtenüberschuss war also von 3,9 auf 9,1 gestiegen, 1820 betrug er sogar 15,5 und 1860 immerhin 13,2. 1910 hatte Großbritannien ohne Irland 41 Millionen Einwohner. Innerhalb eines halben Jahrhunderts hatte sich die Bevölkerungszahl mithin abermals fast verdoppelt. Ein Rückgang des Geburtenüberschusses zeichnete sich indessen schon dadurch ab, dass die Urbanisierung große Fortschritte gemacht hatte, und detaillierte Bevölkerungsstatistiken stellen regelmäßig unter Beweis, dass in den Städten weniger Kinder geboren werden als auf dem Land. Schon 1870 lebten in England 57 Prozent der Bevölkerung in Städten mit mehr als 10 000

Einwohnern; 1901 hatte London mehr als viereinhalb Millionen Einwohner, entsprechende Zahlen für Liverpool, Manchester und Birmingham waren 685 000, 544 000 und 522 000. Zu berücksichtigen ist indessen auch die starke Auswanderung, vornehmlich nach den USA; allein in dem Jahrzehnt von 1881 bis 1890 betrug sie mehr als zweieinhalb Millionen.

In Irland dagegen sank die Bevölkerungszahl von 1845 bis 1851 von 8 300 000 auf 6 600 000. Die Ursache war die »Kartoffelkrise« von 1845–1847, die einer Kombination von natürlichen und kulturellen Faktoren entsprang, und zwar der Kartoffelkrankheit einerseits und dem ständigen Elend des von einer angloirischen und protestantischen Großgrundbesitzerschicht beherrschten keltisch-katholischen Kleinpächtertums andererseits. Hunderttausende verhungerten in der Krise, der heute nicht selten der Charakter eines Genozids zugeschrieben wird, und Millionen wanderten nach Nordamerika aus.

Frankreich war um 1750 mit 23 Millionen Einwohnern weitaus menschenreicher als England, aber siebzig Jahre später hatte es nur um sieben Millionen zugenommen, und ab 1861, als gut 37 Millionen erreicht waren, gab es keine nennenswerte Vermehrung mehr. Hauptursache war die von Napoleon eingeführte Erbgesetzgebung, welche die Bauern veranlasste, zum »Zweikindersystem« überzugehen, um eine Zersplitterung des Besitzes zu vermeiden.

In den Ländern des Deutschen Bundes ohne Österreich lebten im Jahr 1816 23,5 Millionen Menschen, und die Bevölkerung hatte einen jährlichen Zuwachs von 1,09 Prozent zu verzeichnen. 1855 betrug die Einwohnerzahl ca. 34,5 Millionen; der jährliche Geburtenüberschuss betrug ungefähr gleichbleibend zehn pro Tausend. Das Deutsche Reich hatte 1875 ca. 43 Millionen Einwohner und 1910 65 Millionen; es wies damit einen zumal für Frankreich beängstigenden Zuwachs auf. Aber die Geburtenrate sank während dieser Zeit von ca. 38 auf ca. 28, und nur weil die Sterbeziffer noch stärker absank – offenbar hauptsächlich infolge der Fortschritte von Medizin und Hygiene – blieb der Geburtenüberschuss bis zur Jahrhundertwende ungefähr gleich. Danach begann er zu sinken.

Die stärkste Bevölkerungsvermehrung war im europäischen Teil Russlands zu verzeichnen, der im Jahre 1859 ca. 58 Millionen Einwohner zählte und kurz vor dem Ausbruch des Weltkriegs 112 Millionen – eine Entwicklung, die für Deutschland nicht weniger besorgniserregend war als der deutsche Bevölkerungszuwachs für Frankreich.

Die auffallendste Verschiebung vollzog sich jedoch im Verhältnis Gesamteuropas gegenüber dem Rest der Welt. 1850 betrug seine Bevölkerung noch 202 Millionen und machte damit 22,7 Prozent der Weltbevölkerung aus, 1913 waren die Zahlen 468 Millionen und 27,2 Prozent. Die Nordamerikaner freilich hatten sich relativ (aber großenteils durch die europäische Einwanderung) noch viel stärker vermehrt, und sie zählten nun 82 Millionen.

Soweit die nicht durchweg verlässlichen Statistiken ein Urteil erlauben, stagnierten Asien und Afrika, die von den großen »Checks« wie Hungersnöten und Seuchen viel stärker betroffen waren. Der »Imperialismus« der großen Staaten Europas hatte also auch demografische Hintergründe. Aber er untergrub gleichzeitig die Vorrangstellung Europas, indem er die Verbesserungen der medizinischen und hygienischen Verhältnisse weit über die bisherigen Grenzen ausdehnte.

Aus dem Anwachsen der Bevölkerung und den demografischen Verschiebungen resultierten auch bei Theoretikern schwerwiegende Sorgen. Die erwähnten »Checks« sind ein Begriff, der vornehmlich durch Malthus bekannt wurde. Er postulierte eine grundlegende Disproportionalität zwischen der Reproduktionsfähigkeit des Menschen und der Produktivkraft der umgebenden Natur, auf die er doch angewiesen ist. Die menschliche Vermehrung vollzieht sich exponentiell, d. h. von Generation zu Generation wie 1:2:4:8; der Ertrag des Bodens dagegen wächst bloß linear, d. h. wie 1:2:3:4, weil immer nur neues Ackerland unter den Pflug genommen werden kann und alle Anstrengungen zur Verbesserung der Qualität des Bodens nie das exponentielle Maß erreichen, sondern vielmehr dem »Gesetz des – relativ – abnehmenden Bodenertrags« unterliegen. Diese sich immer weiter öffnende Schere wird unter natürlichen Umständen durch die Reduzierung der Bevölkerungszahl infolge von Hungersnöten und Seuchen geschlossen; es kann ihr aber auch durch menschliche Klugheit (den »prudential check«) entgegengewirkt werden, d.h. durch rationale Beschränkung der Geburten. So wurde Malthus' Abhandlung von 1798 »An Essay on the Principle of Population, as it Affects the Future Improvement of Society, with Remarks on the Speculations of Mr. Godwin, M. Condorcet, and Other Writers« zur theoretischen Grundlage der Moderne, da es mindestens tendenziell von der Bezwingung der mächtigsten Naturkraft im Menschen durch die planende Vernunft handelte und dadurch das Zeitalter der Geburtenbeschränkung eröffnete, das dann allerdings seine eigenen und eigenartigen »Scheren« hervorgebracht hat. Aber was an Malthus' Lehre in die Zukunft wies, wurde doch erst durch seine Schüler, die »Malthusianer«, wie John Stuart Mill verwirklicht, die künstliche Mittel empfahlen, während Malthus selbst als der Geistliche, der er war, auf ganz »reaktionäre« Weise nur die Enthaltsamkeit als Methode zugelassen hatte. Andererseits entwickelte sich Malthus selbst neben seinem Freund David Ricardo zu einem der Gründerväter der »Nationalökonomie«, und insofern können ihm auch seine schärfsten Kritiker eine »progressive« Rolle nicht absprechen. Und was hätte ein schrofferer Gegensatz zu der überlieferten Kirchenlehre des »Mehret euch und erfüllet die Erde!« sein können! Aber ein genauerer Blick auf die Nationalökonomie von Malthus und Ricardo würde zeigen, dass sie, von der Demografie ausgehend, zugleich eine Theorie der Industriellen Revolution war und die praktische Perspektive in sich schloss, diese Revolution in England weiterzutreiben und für lange Zeit auf England zu beschränken.

Auf wirtschaftlichem Gebiet führte die »industrielle Revolution« zu noch erstaunlicheren Zuwächsen als bei der Bevölkerungsentwicklung. Dass sie von der »demografischen Revolution« als solcher nicht verursacht war, stellt schon das Beispiel Russlands unter Beweis. Eher darf von einer Wechselwirkung gesprochen werden, und am sichtbarsten war diese in England. Aber auch eine andere Wechselwirkung ist nicht außer Acht zu lassen, nämlich diejenige mit der »landwirtschaftlichen Revolution«: In England wird durch die »Enclosure Acts« ein großer Teil des uralten Gemeindegrunds in Privatbesitz überführt und damit einer rationelleren Bewirtschaftung erschlossen, und ähnliche Wirkungen haben auf dem Kontinent die »Gemeinheitsteilungen« und auch die Bauernbefreiung.

Noch viele andere Faktoren wären zu nennen, durch welche die industrielle Entwicklung Englands begünstigt wurde, wenngleich meist auf indirekte Weise: der relativ offene, d. h. gegenüber dem »Bürgertum« nicht abgeschlossene Adel; die frühe, von ausländischen Besuchern oft mit Staunen konstatierte Mobilität der Bevölkerung mit ihren starken Einwirkungen auf die Politik, die von einem »allgemeinen Wahlrecht« noch weit entfernt war; die Existenz der »Dissenters«, die ihre fortwährende, aus dem Bürgerkrieg des 17. Jahrhunderts herrührende politische Diskriminierung durch eine sehr erfolgreiche, von wechselseitiger Unterstützung getragene Handelstätigkeit ausglichen; der Einfluss der früh geförderten und in erster Linie pragmatisch orientierten Wissenschaft; die beispiellose Menschenballung in London; die sich rasch ausbreitende Mentalität des »improvement«; die günstigen Naturbedingungen, in erster Linie die großen Kohle- und Eisenerzvorkommen;

aber auch streckenweise das Vorbild des Auslandes, das durch eine Art von »Industriespionage« wirksam wurde, etwa bei der Seidenraupenzucht. Den wesentlichsten Anstoß bedeuteten aber die großen Erfindungen, vornehmlich die entscheidende Verbesserung der Dampfmaschine durch James Watt und nicht zuletzt der Weg vom Werkzeug zur Maschine in der Textilindustrie, geprägt von Männern wie John Kay, Richard Arkwright und Samuel Crompton. Durch ihre Erfindungen bzw. Verbesserungen entstand aus dem Spinnrad die Spinnmaschine (»mule«), die nicht nur quantitativ weitaus mehr an Garn zu produzieren vermochte, sondern auch die Qualität verbesserte, sodass der Wettbewerb gegen die indischen Kattune gewonnen werden konnte. Nebenwirkungen waren freilich der Niedergang des indischen Textilgewerbes und die großen Hungersnöte in Bengalen. Die Heimarbeit der Handweber und Handspinner ging nun auch in England ihrem qualvollen Ende entgegen, und die »mule-spinners« wurden zu den ersten und bestbezahlten Fabrikarbeitern.

»Ent-Menschlichung« und »Ent-Natürlichung« wurden weithin als die Grundkennzeichen dieser Revolution empfunden, welche die künstlich erzeugte Dampfkraft an die Stelle der Kraft von Armen und Beinen setzte, die Arbeitsteilung vorantrieb und durch das »Fabriksystem« die Landschaft Nordenglands so tief greifend veränderte, dass sich zeitgenössischen Beobachtern, wie etwa dem Dichter Robert Southey, der Vergleich mit der »Hölle« aufdrängte. Die Herren dieser »Hölle« aber waren »die Unternehmer«, welche die Erfindungen zu nutzen wussten und die Erfinder in ihre Dienste nahmen wie etwa Matthew Boulton, der aufs Engste mit James Watt zusammenarbeitete.

Im Ganzen war bald ein außerordentlicher Vorsprung Englands zu konstatieren, das in den neuartigsten Industriezweigen weitaus mehr produzierte als der gesamte Rest der Welt. Um 1850 sahen die Vergleichszahlen zwischen Großbritannien, Frankreich, dem Deutschen Zollverein und Belgien (in tausend Tonnen bzw. PS) folgendermaßen aus:
Kohlenförderung bzw. -verbrauch 37000 – 7000 – 5000 – 3500;
Dampfkraftkapazität 1290 – 370 – 260 – 70;
Roheisenproduktion 2200 – 400 – 200 – 140;
Rohbaumwollverbrauch 266 – 60 – 17 –10.

Nie zuvor hatte es derartige Unterschiede zwischen den Produktionskapazitäten einzelner Länder gegeben. Aber in den anderen Staaten setzte bald eine große Aufholjagd ein, die zum Teil durch politische Ereignisse gefördert oder sogar bedingt wurde, etwa dadurch, dass sich während der Herrschaft Napoleons III. in Frankreich und während der »Reaktionszeit« in Preußen die gesellschaftlichen Aktivitäten stark auf den wirtschaftlichen Bereich konzentrierten. Im Folgenden sollen einige Einzelentwicklungen (unter Einschluss Großbritanniens) kurz umrissen werden.

Mit der Industrieproduktion mussten die Verkehrskapazitäten wachsen, und oft genug schufen diese erst die Voraussetzungen für jenes Wachstum. So erlangte der 1761 eröffnete Kanal des Herzogs von Bridgewater zwischen Worsley und Manchester eine überragende Bedeutung für die Entwicklung der englischen Kohlegebiete. Die englische Handelsflotte wuchs zwischen 1760 und 1800 von ca. 500 000 auf über zwei Millionen Tonnen. 1819 fand die erste Überquerung des Atlantiks mit einem Dampfer, der »Savannah«, statt, und wenig später tauchten die ersten Eisenschiffe auf. Noch wichtiger für die Eisenindustrie war der Eisenbahnbau. 1825 wurde die unter der Leitung von George Stephenson erbaute Strecke von Stockton nach Darlington dem Verkehr übergeben, im September 1830 folgte die Strecke zwischen Liverpool und Manchester. Damit war das Ende der Postkutschen ebenso besiegelt wie das der Handweberei. Alles, was konkurrenzunfähig war, war dem Untergang geweiht, sofern es nicht durch Staatseingriffe wie Zölle und Subventionen am Leben erhalten wurde: Der Siegeszug der industriellen Revolution ist zugleich der Leidenszug ihrer vielen Opfer.

Aber die freigesetzten Arbeitskräfte fanden meist eine neue Beschäftigung. Die gewaltige Binnenwanderung, die zumal der Bahnbau hervorrief, führte auch zur Integration des in den schottischen und irischen Agrargebieten aufgestauten Bevölkerungsüberschusses – das Elend, das Friedrich Engels zu Beginn der Vierzigerjahre in Manchester beobachtete, war zum guten Teil das Elend irischer Einwanderer, die sich glücklich schätzten, dem noch größeren Elend in ihrer Heimat entronnen zu sein. Wenn die Suche nach Existenzmöglichkeiten und nach Mehrverdienst zweifellos der elementarste der Impulse war, die diesen Wandel in Gang hielten, so spielte doch das subtilere Motiv des Verlangens nach weniger Gebundenheit und mehr Freiheit eine nicht zu unterschätzende Rolle.

Belgien befand sich für einige Zeit an der Spitze der kontinentaleuropäischen Entwicklung. Aber es waren Engländer – z. B. Vater und Sohn Cockerill –, die sich große Verdienste um den Aufbau der wallonischen Industrie erwarben. Die Eisenbahnen wurden hier von Anfang an als Staatsbahnen gebaut.

Frankreich verfügte seit geraumer Zeit über eine florierende Textilindustrie in und um Lyon, doch auch hier ging der Fortschritt nicht ohne die Hilfe von zahlreichen englischen Ingenieuren und Facharbeitern vonstatten. Mit der Einführung des Jacquard-Webstuhls begann die Expansion der Seidenherstellung, aber auch die Arbeitslosigkeit der Handweber, die schwere soziale Unruhen zur Folge hatte. Trotz ihres Rückstands entwickelten die Franzosen früher als die Engländer eine »industrielle Ideologie«, und zwar in den Spuren von Henri de Saint-Simon, der oft zu den »Frühsozialisten« gezählt wird. Seine Zeitschrift »Le Producteur« kam erheblich früher heraus als die Werke der Engländer Ure und Babbage, denen Marx später den positiven Aspekt seiner Schilderung des Aufstiegs der Bourgeoisie gutenteils entnahm.

Hinsichtlich der Eisenbahnen wurde 1842 durch Gesetz ein Kompromiss zwischen dem englischen Prinzip der Privatbahnen und dem belgischen der Staatsbahnen erreicht; die Streckenführung wurde ganz zentralistisch auf Paris ausgerichtet. Die Zahl der Eisenbahnkilometer stieg von 10 000 im Jahre 1860 über 26 000 im Jahre 1880 auf ca. 50 000 zu Beginn des Weltkriegs. Die Finanzierung erfolgte großenteils durch Kredite, und so entstanden große Finanzinstitute wie der »Crédit mobilier« der Brüder Péreire. Erfindungen wie das Bessemer-Verfahren 1856 und das Thomas-Gilchrist-Verfahren gegen Ende der Siebzigerjahre leisteten einen bedeutenden Beitrag zur Entwicklung der Eisenindustrie.

Auch die deutsche Industrie entfaltete sich gutenteils in den Fußstapfen des englischen Vorbilds. Die Englandreisen des Freiherrn vom Stein und später Friedrich Harkorts sowie vieler anderer Unternehmer wiesen manche Ähnlichkeiten mit der heutigen Industriespionage auf. Die Lokomotive für die 1835 in Betrieb genommene erste Eisenbahnstrecke zwischen Nürnberg und Fürth wurde von George Stephenson geliefert. Das englische Vorbild war auch für Friedrich List maßgebend, der durch die Einführung von Schutzzöllen die noch schwache deutsche Industrie gegenüber der englischen konkurrenzfähig machen wollte. In der Tat errang die Maschinenbaufirma August Borsig in Berlin im Wettbewerb mit den Engländern bald bedeutende Erfolge. Das deutsche Streckennetz wuchs von 6000 Kilometern im Jahre 1850 auf 63 000 beim Ausbruch des Weltkriegs. Seit 1879 erfolgte stufenweise die Verstaatlichung.

Das Ruhrgebiet entwickelte sich zunächst sehr langsam. 1857 wurden in Deutschland erst 11 Millionen Tonnen Steinkohle gefördert, aber 1875 war die Zahl auf 34 Millionen gestiegen und 1912 auf 175 Millionen. Im engsten Zusammenhang damit entwickelten sich die Eisen- und Stahlindustrie sowie der Maschinenbau. Alfred Krupp beschäftigte 1846 nicht mehr als 122 Arbeiter, bei seinem Tode im Jahre 1887 waren allein in der Gussstahlfabrik 21 000 Mann beschäftigt, 1914 gab die Weltfirma Krupp insgesamt 100 000 Menschen Arbeit. Die Rüstungsaufträge waren dabei zweifellos sehr wichtig, aber sie bildeten keineswegs das Ganze. 1913 betrug die deutsche Stahlproduktion, an der die Fabriken der Gebrüder Stumm im Saargebiet einen beträchtlichen Anteil hatten, fast 14 Millionen Tonnen, während die englische im gleichen Jahr nur 6,5 Millionen aufzuweisen hatte.

Aus der industriellen Revolution resultierten mithin ebenso wie aus der demografischen Revolution gravierende Verschiebungen, die Besorgnisse und Ängste hervorrufen mussten – hier insbesondere in England, das innerhalb eines Jahrhunderts sein gewaltiges Übergewicht verloren hatte und Gefahr lief, ins Hintertreffen zu geraten. Nicht der geringste Grund dafür war die Tatsache, dass die Technologieentwicklung in Deutschland vielfach wissenschaftlicher betrieben wurde als in England und dass gerade in den am meisten auf die Wissenschaft gegründeten Industrien wie der chemischen Deutschland nun unzweifelhaft an der Weltspitze stand.

Was unter politischen Gesichtspunkten von Liberalen als »Zurückgebliebenheit« gekennzeichnet wurde, nämlich die Macht des Staates gegenüber der »Gesellschaft«, hatte in der Industrie sehr positive Auswirkungen, denn die staatliche Förderung von Industrie und Gewerbe, wie sie insbesondere der Leiter der Abteilung für Handel, Gewerbe und Bauwesen im preußischen Finanzministerium, Christian Wilhelm Beuth, betrieb, war in der damaligen Welt ohne Beispiel. Die Zahl der Dampfmaschinen in Preußen stieg von rund 1500 im Jahre 1849 auf fast 74 000 um 1900.

Vergleichbare Entwicklungen waren im Rahmen vielfältiger internationaler Zusammenhänge in Kommunikationstechnik (Telefon, Telegraf, Schnellpresse) und Elektrizität zu verzeichnen. Die stromerzeugende Industrie wurde bald überwiegend öffentliches Eigentum und wurde so neben der Eisenbahn zu einem Faktor dessen, was man sehr wohl »deutschen Sozialismus« hätte nennen können; die Elektroindustrie dagegen, hauptsächlich in den großen Firmen Siemens und AEG verkörpert, blieb in Privathand. Ein Gegengewicht zu dieser Konzentrationstendenz bildete das Aufkommen des Elektromotors, aber Siemens hatte gleichwohl im Jahre 1914 nicht weniger als 82 000 Mitarbeiter.

In der Automobilindustrie stachen deutsche Namen besonders hervor: Gottlieb Daimler, Nikolaus August Otto, Wilhelm Maybach, Carl Benz, Rudolf Diesel. Aber 1906 wurden in Turin von Giuseppe Agnelli die Fiat-Werke gegründet, und schon zu diesem Zeitpunkt hatte sich gezeigt, dass die oberitalienische Industrie hinter der deutschen kaum zurückblieb – allerdings wurde dadurch der Unterschied zu dem immer noch weitgehend agrarischen Süden vertieft. Eine genuine Massenproduktion von Kraftfahrzeugen gab es indessen vor dem Ersten Weltkrieg nur in den USA, und zwar durch Henry Ford und sein Modell »T« seit 1908. Fünf Jahre später wurde in Detroit die folgenreiche Umstellung auf das Fließband vorgenommen.

Mehr noch als die anderen Industriezweige war die Luftfahrt vor 1914 von vornherein eine internationale Angelegenheit, und es genügt, die Namen der amerikanischen Brüder Orville und Wilbur Wright, der Deutschen Otto Lilienthal und Ferdinand Graf von Zeppelin sowie des Franzosen Louis Blériot als der bedeutendsten Pioniere zu nennen. Hier kam das eigentlich Charakteristische der industriellen Revolution besonders deutlich zum Vorschein: dass es immer wieder neue und oft ganz unerwartete Anfänge gab, welche die angebliche und zumal von den Sozialisten stets beschworene »Stagnation des Kapitalismus« immer von Neuem überwanden – wie es heute die Kernkraft, die Computer und die Unterhaltungselektronik getan haben und wie es morgen die Biotechnologie tun wird.

Zusammenfassend lassen sich als Grundelemente der ersten und noch fast ausschließlich europäischen industriellen Revolution folgende Faktoren nennen: die zentrale Bedeutung der nichtstaatlichen, nichtgeplanten Aktionen, der »privaten Initiative«, obgleich es sogar in England an staatlicher Unterstützung und Förderung nicht völlig fehlte. Beobachtern fiel insbesondere jene »Ent-Menschlichung« und »Ent-Natürlichung« eines immer umfangreicheren Teils der menschlichen Arbeit ins Auge: Dampf- statt Pferdekraft, Maschine statt Werkzeug, Fabrik anstelle von Werkstatt. Der weitgehenden Entqualifizierung der ausführenden Arbeit entsprach die wachsende Rolle von Organisation, Kombination, Vermittlertätigkeit, Ausbildung; die immer stärkere Trennung der »Produktionsfaktoren«; die Bildung einer Unternehmerschicht und einer »Arbeiterklasse«; die Tendenz zum Großbetrieb und zur Massenproduktion. Die wichtigste soziale Konsequenz war die Ausbildung einer breiten »Mittelschicht«, und dem entsprach der Bedeutungsverlust der bisher führenden Stände, des Adels und der Geistlichkeit, ohne dass sich diese Sachverhalte sofort auf den Staat ausgewirkt hätten. So entfalteten sich notwendigerweise Emanzipationstendenzen, die das Verlangen nach Besserung der wirtschaftlichen Lage und nach politischer Mitwirkung in sich schlossen. Die Folge war eine »Sensibilisierung« immer größerer Massen, nicht zuletzt durch die Einführung der Massenproduktion auch im Kommunikationsbereich (Zeitungen, Zeitschriften, Bücher). Daraus wiederum resultierten Konflikte mit den Trägern der traditionellen Verhältnisse und der gegebenen Machtverteilung. Hauptvorkämpfer der »Partei der Bewegung«, die sich der »Partei der Beharrung« entgegenstellte, war für geraume Zeit der Liberalismus.[1)]

Der Liberalismus in Angriff und Verteidigung

Die Wurzeln des Liberalismus sind älter als die liberale Ideologie und erst recht älter als die demografische und die industrielle Revolution. Die Grundvoraussetzung für das eine wie das andere war vermutlich die abendländische Differenz zwischen Staat und Kirche, aus der Konflikte besonderer Art entsprangen. Wo Staat und Kirche als »Gemeinde« (arabisch: »umma«) identisch sind, wie in den islamischen Ländern, in denen mehrfach am Tag offiziell zur Gottesverehrung aufgerufen wird, ist allenfalls in einigen Hof- und Bildungskreisen so etwas wie Libertinismus, Skeptizismus und Freigeisterei möglich. Die bewusstseinsschärfende und potenziell individualisierende Differenz im westlichen Teil der Christenheit wurde durch die Existenz mehrerer eng verbundener und gleichgeordneter, trotzdem jedoch sehr unterschiedlicher Staaten sowie selbstverwaltender Städte sehr gestärkt und durch die Reformation auf einen ersten Höhepunkt geführt. Jetzt konnten Individuen angesichts der konkurrierenden Wahrheitsansprüche mehrerer Kirchen in eine Situation der Ratlosigkeit geraten. Gewissenskonflikte und als Ausweg das Verlangen nach Objektivität und Wissenschaftlichkeit wurden möglich. Ein großes Beispiel ist Pierre Bayle, der in seiner Jugend vom Protestantismus zum Katholizismus gelangte und sich dann wieder dem ursprünglichen Glauben zuwandte, aber nun auf reflektierte und skeptische Weise, sodass er mit seinem zuerst 1695/97 erschienenen »Dictionnaire historique et critique« zu einem der wichtigsten Wegbereiter der Aufklärung wurde. Ein ganz konkreter Ausgangspunkt war für die Aufklärung nicht minder die Polemik gegen die Religionskriege der Vergangenheit, denen man die ausgleichende und allen Menschen gemeinsame »Vernunft« entgegensetzte. Es war nicht schwer zu erkennen, dass die so verstandene Vernunft eine Verweltlichung oder Säkularisierung der Gottesvorstellung bedeutete, die sich als konflikterzeugend erwiesen hatte. Aber auch der christliche Begriff des »Paradieses« wurde in gewisser Weise festgehalten und als »Naturzustand« oder »societas naturalis«, in der es weder Eigentum noch Streit gab, der »societas civilis« entgegengesetzt, die nun als »Zivilisation« oder »bürgerliche Gesellschaft« nicht mehr über sich hinauswies, sondern als ein endgültiger

Zustand aufgefasst wurde. Ungemein wichtig für die allmähliche Entfaltung eines liberalen Denkens war aber auch die Forderung christlicher Sekten (in England der »dissenters«) nach Gewissensfreiheit und kaum weniger der Widerstand des Adels gegen die absolutistischen Anfänge des modernen Staates. Der Aufstand der französischen »Fronde« wurde zwar von Kardinal Mazarin im Auftrag des jungen Ludwig XIV. niedergeschlagen, aber die Forderungen nach Selbstverwaltung und Freiheit der Staatsbürger klingen moderner als die Dekrete des »Sonnenkönigs«.

Paradoxerweise zielte der absolutistische Staat insofern in eine ähnliche Richtung, als er besonders in den katholischen Ländern einen harten Kampf gegen die Vormachtstellung der Kirche und vornehmlich gegen den Jesuitenorden führte. So existierten schon im 17. Jahrhundert eine Fülle von differenten Mächten und Bestrebungen, deren jede ihrer eigensten Tendenz nach »despotisch« war und die sich doch gegenseitig einschränkten und mäßigten, sodass sich mindestens ansatzweise das »Liberale System« als ein in der Weltgeschichte präzedenzloses Ganzes herausbildete – ein System, in dem Forderungen nach »Emanzipation«, d. h. Gleichberechtigung sogar von »Ketzern« und von Juden aufkommen konnten – Forderungen, an die die christlichen und jüdischen »Schutzbefohlenen« (»dhimmis«) in muslimischen Ländern nicht einmal zu denken vermochten. Dies war der Rahmen für die demografische und die industrielle Revolution, welche die Entwicklung ihrerseits mächtig vorantrieben. »Der Liberalismus« als Ideologie und Bewegung ist damit nicht etwa identisch, aber er stellt doch die kennzeichnendste Ausdrucksform dar. Da von den politischen Kämpfen liberaler Parteien schon im ersten Teil die Rede war und da davon auch in den nächsten Kapiteln noch zu handeln sein wird, soll im Folgenden der Blick nur auf einige der bedeutendsten liberalen Denker gerichtet werden.

John Locke, Zeitgenosse und Vorkämpfer der »Glorreichen Revolution« von 1688/89, hatte in seiner Jugend ähnliche Erschütterungen gekannt wie Pierre Bayle, da er sich in der Schule unter Mitschülern befand, von denen einige zu den Anhängern Cromwells und der Republik zählten, während nicht wenige den hingerichteten König Karl I. betrauerten. So wendet er sich in seinem »Second Treatise on Government« (1690) mit großer Entschiedenheit gegen alle Formen des Absolutismus, denen er nicht die Qualität des »civil government« zugesteht, weil der Verzicht auf die natürlichen Rechte des Individuums beim Eintritt in die »bürgerliche Gesellschaft« (»civil society«) nur dann legitim ist, wenn die Mitwirkung an den Beschlüssen der Gemeinschaft gesichert ist. Lockes liberale Doktrin ist vor allem eine Lehre von der Entstehung des Staates und von dessen daraus resultierendem Wesen. Dabei orientiert er sich offensichtlich an der Gründung der Staaten der »Pilgrim Fathers« in Nordamerika, die durch einen Vertrag zwischen Individuen erfolgte und daher von Anfang an diesen Individuen weitgehende Rechte garantierte. Dazu zählt Locke vor allem das Recht auf Eigentum, das er, im Gegensatz zu anderen Naturrechtslehrern, schon im Naturzustand begründet und mithin als ein »vorstaatliches« Recht ansieht. Er übernimmt zwar die These, dass die Erde ursprünglich Gemeineigentum aller Menschen gewesen sei, aber durch Arbeit können die einzelnen Menschen Rechtsansprüche auf Sondereigentum erwerben, das sie (mit positivem Akzent) »for their private uses« verwenden können, ohne dass irgendeine Autorität es ihnen entziehen dürfte. Das Land, das ein Mann bebaut, ist also sein unantastbares Eigentum, sofern er es nicht »to the prejudice of his neighbour« verwendet.

Über Geld und »größere Besitztümer«, die es ja auch in den puritanischen Kolonien Neuenglands gab, spricht sich Locke nur ziemlich unbestimmt aus, und er erklärt jedenfalls eine andere der amerikanischen Realitäten für legitim, nämlich die Eroberung unkultivierten Landes zum Nachteil von dessen nomadischen, d. h. indianischen Bewohnern. Lockes freiheitliche Gesellschaft ist also ein aus Verträgen hervorgehender Staat unabhängiger und hart arbeitender Individuen, die sich wechselseitig ihre Freiheit und ihr Eigentum garantieren. Anders als für Hobbes ist für Locke dieser Zustand aber im Naturzustand und im Naturrecht begründet, sodass er an den theologischen Begriff der »Kinder Gottes« anknüpfen und »Natur« mit »Vernunft« gleichsetzen kann: »The state of Nature has a law of Nature to govern it, which obliges everyone; and reason, which is that law, teaches all mankind who will but consult it, that being all equal and independent, no one ought to harm another in his life, health, liberty or possessions.«[1)]

Wenn Freiheit, Arbeit und Eigentum so sehr im Vordergrund stehen, dann kann die Differenz von Glaubensüberzeugungen nicht von Belang sein – aber der Grund ist für Locke nicht Gleichgültigkeit, sondern die abermals theologisch begründete Überzeugung, dass die »salvation of souls« keine menschliche Aufgabe oder Prätention sein darf, und so macht sich Locke in seinem »Brief über Toleranz« (ebenfalls 1690) zum Vorkämpfer der Glaubensfreiheit, und er schließt in seine Forderung ausdrücklich auch Nichtchristen, nämlich Juden ein: »If a Jew do not believe the New Testament to be the word of God, he does not thereby alter anything in men's civil rights«[2)] – und das ist ein

Satz, der in hohem Maße »christlich« ist, denn in einem islamischen Staat wäre es unvorstellbar, dass ein Christ oder ein Jude, der nicht an das Prophetentum Mohammeds glaubt, jemals »bürgerliche«, d. h. politische Gleichberechtigung erhalten könnte. Ganz konsequent ist Locke in dieser Hinsicht jedoch nicht: Katholiken und Atheisten schließt er von der Toleranz aus, die Ersteren wegen ihrer intoleranten oder (wie man sagen könnte) totalitären Tendenzen, die Zweiten, weil dann alle »Bande« des Gemeinwesens gelöst wären.

Locke macht also noch nicht – wie es Adam Smith achtzig Jahre später tun wird – den ökonomischen Egoismus der Einzelnen zum einzigen und genügenden »Band« der Gesellschaft, weil eine »unsichtbare Hand« aus dem scheinbaren Chaos des Spiels der individuellen Interessen schließlich das Gemeininteresse hervorbringt, und offenbar ist ihm der Gedanke nicht fremd, die Befreiung der Individuen von der Herrschaft absolutistischer Monarchen und intoleranter Geistlicher könne zur »Anarchie« und damit zur Auflösung aller Ordnung führen; denn er hebt mit Nachdruck hervor, nicht anders als gegen Räuber und Gewalttätige müsse man sich auch im Staatsleben gegen jede Gefährdung von »Freiheit und Eigentum« wehren. Ob aber auch das Streben nach Eigentum gemeingefährlich werden könnte und ob der Widerstand dagegen seinerseits für das Zusammenleben verhängnisvoll zu werden vermag, darüber hat John Locke nicht nachgedacht. Sein Liberalismus war ein ursprünglicher, dessen Probleme noch nicht explizit waren.

Die erste große Schwierigkeit taucht in dem Augenblick auf, in dem der Liberalismus zur Demokratie Stellung nehmen muss, weil die idealtypische Orientierung Lockes an der auf Verträgen basierenden Gesellschaft von nahezu gleichen (Klein-)Eigentümern unhaltbar war – und in der bunt gemischten, wenngleich noch weitgehend »ständischen« Gesellschaftsordnung Europas war sie von Anfang an unzutreffend. Aber in der ersten Hälfte des 19. Jahrhunderts lag hier die Erfahrung der Französischen Revolution vor, in der die »kleinen Leute« von Paris als »Sansculotten« zugunsten der »Hütten« Krieg gegen die »Paläste« hatten führen wollen und die Forderung erhoben hatten: »Les aristocrats à la lanterne!« Wer sich danach als Liberaler für das »demokratische Prinzip« aussprach, musste vor allem nachweisen, dass er nicht einer »Pöbelherrschaft« das Wort redete, und das suchte Carl von Rotteck zu tun, der einer der maßgebenden deutschen »Frühliberalen« und Mitherausgeber des überaus einflussreichen »Staatslexikons« war. In dem einschlägigen Artikel des Lexikons stellt er das demokratische Prinzip dem aristokratischen Prinzip als demjenigen des »Privilegs und der Bevorrechtung« gegenüber. Zum Wesen des Staates gehöre die Idee der rechtlichen Herrschaft des Gesamtwillens; ein Staat, der aus Herren und Knechten oder aus Siegern und Besiegten besteht, sei also überhaupt kein Staat im eigentlichen Sinne. Aber das bedeute keineswegs, dass im Staat keine Ungleichheiten bestehen sollten; diese dürften nur nicht erblich fixiert sein. Dass alle »natürlich Unvollbürtigen« vom Stimmrecht ausgeschlossen werden, ist nach Rotteck gerechtfertigt, und er versteht darunter nicht nur die Unmündigen oder Entmündigten, sondern auch die abhängigen Leute wie Knechte oder Dienstmädchen, von denen eine unabhängige und rationale Stimmabgabe nicht erwartet werden könne. Die allmähliche Verbreitung der politischen Bildung und überhaupt der Intelligenz werde aber eines Tages auch diesen Menschen die Fähigkeit zur Wahrnehmung des Wahlrechts bringen. Das Voranschreiten zur Mündigkeit liege im Plan der Weltregierung, werde jedoch durch eine gewalttätige Revolution nicht gefördert, sondern behindert. So spricht sich Rotteck für die friedlichen, aber umfassenden Reformen Josephs II. aus und verteidigt den Sohn der Maria Theresia gegen die Verwünschungen durch Adel und Priesterschaft. Aber er schreckt sogar vor der Verteidigung der Französischen Revolution nicht zurück, da sie keine Zerstörungen angerichtet haben würde, wenn sich nicht die Monarchen auf die Seite des aristokratischen Prinzips gestellt hätten.

Rotteck sieht indessen auch Gefahren im »demokratischen Prinzip« beschlossen: In Verbindung mit dem republikanischen Prinzip führe es nur allzu leicht zu Anarchie, Ochlokratie und zur Tyrannei eines Usurpators. Auch im Miteinander der Staaten sei eine Verteilung der Stimmenzahl nach »Aktien«, d. h. nach Besitz und Größe, vernünftig. Mit Rottecks Liberalismus lässt sich also ein Zensuswahlrecht vereinbaren, und dem Prinzip »one man, one vote« würde er so wenig zugestimmt haben wie dem Prinzip »one state, one vote«, das bekanntlich heute in der Vollversammlung der Vereinten Nationen verwirklicht ist, aber im »Sicherheitsrat« ein mächtiges Korrektiv besitzt. Das Korrektiv für das Prinzip »one man, one vote« und für die daraus nicht selten resultierende »Pöbelherrschaft« ist für Rotteck wie schon für Locke die Realität »vorstaatlicher« Rechte auf individuelle Freiheit und individuelle Rechte, welche sogar durch eine Mehrheit von hundert Prozent nicht aufgehoben werden kann.

In der Revolution von 1848 trat in Deutschland erstmals eine Denkweise in den Vordergrund, die sich mit starker Betonung »demokratisch« nannte und ihren Gegensatz zu den bisherigen Parteien des Liberalismus unterstrich. Aber wenn man zur Veranschaulichung einen Blick auf das Programm der »Radikalen« wirft, dann drängt sich die Frage auf, ob nicht John Locke im Rahmen der deutschen Verhältnisse zur Jahrhundertmitte ähnliche Forderungen hätte erheben müssen. Eine nicht bloß äußerliche Übereinstimmung besteht ja schon darin, dass der föderative Aufbau des künftigen einheitlichen und republikanischen Deutschlands »nach dem Muster der amerikanischen Freistaaten« erfolgen sollte. Und hätte nicht auch Locke die Aufhebung der erblichen Monarchie, die »Ersetzung der Beamtenscharen durch wohlfeile Regierung«, die Ablösung des stehenden Heeres durch eine Volkswehr, die Abschaffung aller Vorrechte, insbesondere des Adels, die Trennung von Kirche und Staat sowie die Aufhebung aller Klöster verlangen müssen? Lag es nicht immerhin im Bereich des von Locke noch Ungedachten, wenn »die Ausgleichung des Missverhältnisses zwischen Arbeit und Kapital vermittelst eines besonderen Arbeiter-Ministeriums« gefordert wurde, das »dem Wucher steuern, die Arbeit schützen und derselben einen Anteil am Arbeitsgewinn sichern« solle?

Musste der Liberalismus nicht »sozial« werden, sobald er die Freiheit erkämpft hatte und dann nicht umhin kam, sich Rechenschaft darüber zu geben, dass die Freiheit der einen sich tatsächlich »to the prejudice« von vielen auswirkte, oder durfte er weiterhin darauf vertrauen, dass die »Kräfte des Marktes« von sich aus den Ausgleich und die Gerechtigkeit herbeiführen würden, die es für einen vielleicht nicht sehr kurzen Augenblick nicht zu geben schien? Offensichtlich hielten die radikalen Demokraten das Eingreifen der Politik für erforderlich, und sogar ein Eingreifen in großem Maßstab. Ob John Locke dieser Konzeption zugestimmt hätte, ist überaus zweifelhaft, aber das Endziel, das in diesem Programm formuliert wird, hätte zweifellos seine Zustimmung gefunden: »Sicherheit des Eigentums und der Person, Wohlstand, Bildung und Freiheit für alle ohne Unterschied der Geburt, des Standes und des Glaubens.«

So umfasste der Liberalismus schon um die Mitte des 19. Jahrhunderts ein breites Spektrum: Die Betonung konnte auf dem Individuum oder auf der Gesamtheit liegen; die Freiheit konnte über die Gleichheit und die Gleichheit über die Freiheit gestellt werden; die Rechte des vorhandenen Eigentums konnten verteidigt werden, es mochte aber auch im Rahmen der Tendenz zum Eigentum für alle eine weitgehende Um- und Neuverteilung des Eigentums ins Auge gefasst werden. Eine unüberschreitbare Grenze gab es nur gegenüber dem »Konservativismus« auf der einen Seite, der die vorhandenen Unterschiede und Ungleichheiten als solche bejahte, und gegenüber dem freilich noch schwachen »Sozialismus«, der die »Aufhebung des Privateigentums« verlangte, auf der anderen. Aber die innerliberalen Gegensätze waren gravierend genug. Befürchtungen gegenüber dem Vorrang der Masse und der Zerstörungskraft einer »demokratischen Revolution« waren schon 1835 auf eindrucksvolle Weise von Alexis de Tocqueville artikuliert worden, und wenn die Revolution von 1848/49 in allen Ländern etwas unter Beweis stellte, dann war es dies, dass die Vertreter des liberalen Bildungsbürgertums sich lieber mit den »alten Mächten« verbündeten, die ihnen ja weit entgegenkamen, als mit der »radikalen Demokratie«, von der verschlungen zu werden sie fürchteten.

Ein klassisches Zeugnis der Sorgen und Befürchtungen des primär individualistischen Liberalismus angesichts des Anwachsens einer kollektivistischen Spielart, die sich meist »demokratisch« nannte, ist die Abhandlung von John Stuart Mill »On Liberty« von 1859. Sie ist nicht zuletzt gegen Auguste Comte und dessen »sozialen« Begriff der Freiheit gerichtet, der für Mill einen »Despotismus der Gesellschaft über das Individuum« in sich schließt. Damit rührt Mill an eine Grundparadoxie des Liberalismus: Er ist im Kampf gegen die überlieferte »Autorität« emporgekommen, und er hat gegen sie seine Hauptforderungen weitgehend durchgesetzt, nämlich Gedanken- und Meinungsfreiheit, die durch freie Institutionen gesichert sind. Aber er könnte aus sich selbst heraus eine neue und stärkere Autorität entwickeln, wenn die Meinungsfreiheit zur Angriffswaffe von Demagogen wird, die den Umsturz zum Ziel haben und daher einer Konzentration aller Kräfte das Wort reden müssen. Mill sucht dem durch die Unterscheidung von »Meinungen« und »Handlungen« zu begegnen: Die Meinung, dass Getreidehändler Ausbeuter der Armen seien oder dass Privateigentum Raub sei, muss in der Presse frei vertreten werden können; doch wer vor dem Hause eines Getreidehändlers vor einem erregten Mob aufreizende Reden hält, der muss bestraft werden.

Aber die durch einen überschießenden, »Meinungen« und »Aktionen« nicht auseinanderhaltenden Liberalismus herbeigeführte Umsturzgefahr ist nicht einmal die schlimmste; viel eigenartiger und gefährlicher ist die Macht einer unbestrittenen Mehrheitsmeinung selbst, die nämlich viel tiefer als die bloß politische Macht eines Tyrannen in die Einzelheiten des Lebens eindringt, indem sie »die Seele selbst versklavt« (»enslaving the soul itself«). Gerade in einer liberalen Gesellschaft ist Schutz gegen »die Tyrannei der vorherrschenden Meinungen und Empfindungen« erforderlich. Und so setzt Mill zu einer Kritik dessen an, was die spätere Kulturkritik »Massengesellschaft« nennen wird, und er verbirgt dabei nicht, dass nur der Liberalismus eine solche Gesellschaft hervorbringen kann: »Thus the mind itself is bowed to the yoke: they like in crowds, they exercise choice only among things commonly done … peculiarity of taste, eccentricity of conduct are shunned equally with crimes.«[3] Die gegenwärtige Tendenz gehe dahin, die Mittelmäßigkeit zur Hauptmacht der Menschheit zu erheben, und zwar durch Regierungen, die sich zum Organ der Tendenzen und Instinkte der Massen machen.

Daraus resultiert eine der merkwürdigsten und gravierendsten Umkehrungen, die in der Geschichte des Liberalismus zu verzeichnen sind: James Mill, der Vater, hatte noch mit ganz negativem Akzent die »few« als die Privilegierten, ja als »Räuber« in scharfen Gegensatz zu den »many« gestellt. John Stuart, der Sohn, ergreift dagegen die Partei der »Wenigen«, da sie die Vernünftigen und Gebildeten sind – im Gegensatz zu den von irrationalen Trieben und Wünschen geleiteten Massen, aber nicht zuletzt auch deshalb, weil der Unterschied zwischen »den Wenigen« und »den Vielen« die Gesellschaft davor bewahrt, im Konformismus zu erstarren, und deshalb schreckt John Stuart Mill nicht vor der Prophezeiung zurück, Europa werde trotz seiner edlen Geschichte zu einem anderen China werden, wenn die Individualität nicht imstande sein werde, sich gegen diese innere Unterjochung zu behaupten. So ist für John Stuart Mill nicht mehr das Vorkämpfertum für die Rechte der Mehrheit gegen traditionelle Privilegien, sondern die Verteidigung der Rechte von Minderheiten die zeitgemäße Aufgabe des Liberalismus. Daher mag man seinen Liberalismus einen »bildungsaristokratischen« nennen, aber man sollte wohl besser von einem »selbstkritischen« Liberalismus sprechen, wie er um die gleiche Zeit etwa von Ernest Renan vertreten wurde, von einer Ideologie, die sich von anderen Ideologien dadurch unterscheidet, dass sie sich selbst gegenüber nicht einschränkungslos affirmativ ist und also auch ein Recht des Gegners anzuerkennen vermag.

Allerdings setzte sich Mill den Angriffen eines neuen Gegners aus, als er die zu schützende Minderheit nicht so sehr als die »gebildete«, sondern als die »reiche« oder »wohlhabende« zu verstehen schien, indem er erklärte, wenn sozialistische Meinungen weiterhin vordrängen, könnte es in den Augen der Majorität »schändlich« (»infamous«) werden, mehr Eigentum als der Durchschnitt zu besitzen, und die schlechten Arbeiter könnten das Prinzip der

Gleichheit aller Löhne durchzusetzen versuchen. Hier rührt Mill an einen der heikelsten Punkte des Liberalismus: Eine gebildete Minderheit mag ein bloß zeitweiliges Phänomen sein und eines Tages durch eine »gebildete Gesamtheit« ersetzt werden – aber lassen sich die freien Wirkungsmöglichkeiten einer »unternehmerischen Schicht« und die daraus hervorgehenden Reichtumsunterschiede jemals aufheben, wenn man der Überzeugung ist, dass die »private Initiative« den unverzichtbaren Motor alles erfolgreichen Wirtschaftens darstellt? Ist die Behauptung, die Auswirkungen des unternehmerischen Handelns seien auch für die Ärmsten segensreich, einleuchtend genug, um eine prinzipielle Differenz zu rechtfertigen, die dem liberalen Grundbegriff von der »gleichen Freiheit« zu widersprechen scheint? Und kann nicht eines Tages die Frage auftauchen, ob nicht eine unorganisierte Mehrheit vor einer einheitlich handelnden und tatkräftigen Minderheit geschützt werden müsse?

Aber wie immer man über Zukunftsfragen denken mochte: Seinem vorherrschenden Erscheinungsbild nach war der Liberalismus im ganzen 19. Jahrhundert ein Individualismus, der »Freiheit« primär als Freiheit der Individuen, d. h. als deren wirtschaftliche und geistige Bewegungsfreiheit verstand, die gegen die immer noch starken Kräfte der gegebenen und institutionalisierten »Verhältnisse« erkämpft werden müsse. Insofern schien er nicht nur mit »Herrschaft« und »Befehl und Gehorsam«, sondern sogar mit der Trennung zwischen Leitung und Ausführung, ja mit der Arbeitsteilung als solcher unvereinbar zu sein. Deshalb wurde er von seinen Gegnern immer als eine Macht der Zerstörung, Zersetzung, Auflösung und Atomisierung verstanden, die auf universalen Anarchismus hinauslaufen müsse, da sie Freiheit ohne Verpflichtung und Dienst verspreche. Die Liberalen setzten dem die These entgegen, dass Freiheit die Ordnung nicht ausschließe, sondern sogar hervorbringe. Aber niemand konnte bestreiten, dass der Liberalismus mindestens tendenziell gegen »Unterdrückung« als solche und im Ganzen die Stimme erhob, dass er also auch für unterdrückte Gruppen wie die Negersklaven, die von den Türken beherrschten Balkanvölker, für die der politischen Rechte nicht teilhaftigen Frauen, ja sogar (im 19. Jahrhundert freilich noch undenkbar) für die Homosexuellen eintreten musste.

Es gab freilich vor dem Ende des Jahrhunderts kaum einen Liberalen, der nicht einige dieser gedanklich zu ziehenden Konsequenzen abgelehnt hätte, so wenig er deren innere Möglichkeit verneinen konnte, und daraus entstand jener realistische oder selbstkritische Liberalismus der Tocqueville, John Stuart Mill und Renan, der größere Freiheit innerhalb der »Verhältnisse« oder bei bloß sehr allmählicher Umwandlung der Verhältnisse erstrebte. Aber eine angreifende Kraft blieb – jedenfalls von den traditionellen und übernationalen Mächten der Kirche, des Adels und der Erbmonarchie her gesehen – der Liberalismus in allen seinen Erscheinungsformen, und zumal in der Gestalt der »offensiven Nationalismen«, die sich durchweg gegen übernationale Staaten richteten, welche ohne einen übernationalen Adel und ohne eine übernationale Kirche nicht lebensfähig waren. Diese Kämpfe sind zunächst zu skizzieren, und dann kann der Übergang zur Arbeiterbewegung und zum Frühsozialismus gemacht werden, die von vielen Beobachtern für Folgen und Früchte des Liberalismus gehalten wurden.[4)]

Traditionelle Realitäten in der Umwandlung

Alteuropa war wesentlich bestimmt durch weit aus der Vergangenheit herkommende, vor- und übernationale Mächte: die Monarchie als Spitze dynastischer Staaten, den Adel, die Kirche bzw. die Kirchen. Diese wurden seit dem 18. Jahrhundert von Kräften und Tendenzen in Zweifel gezogen oder angegriffen, die eine besondere Nähe zur demografischen und industriellen Revolution aufwiesen oder sich zuschrieben und die auf diese oder jene Weise miteinander zusammenhingen: der Rationalismus der »Aufklärung«, der Individualismus des Liberalismus, der auch Völker als mit Rechtsansprüchen ausgestattete Individuen auffassen konnte, das Prinzip der Volkssouveränität, der Demokratismus und der Nationalismus, der Egalitarismus und schließlich der Sozialismus.

Der Untergang dieses »Alteuropa« wurde schon früh konstatiert oder prognostiziert, meist mit Wehmut: Talleyrand klagte um 1800, nie wieder werde es die »douceur de vivre« geben, die bis 1789 geherrscht habe. De Maistre rief 1819 vor seinem Tod aus: »Je meurs avec l'Europe«, und noch 1914 klagte Sir Edward Grey beim Ausbruch des Weltkrieges: »In Europa gehen die Lichter aus, wir werden sie nie wieder leuchten sehen.«

Diese auf Veränderung abzielenden Tendenzen waren jedoch selbst übernational und nicht auf einzelne Nationen oder auch Klassen beschränkt; meist verstanden sie sich selbst als »international«. Es war jedoch merkwürdig, dass zahlreiche Ansätze und Präfigurationen in »Alteuropa« selbst zu finden waren: die Reformation und die Herabsetzung der universalen Kirche zu einer »Konfession« unter anderen Konfessionen, die Kämpfe der Stände gegen die tendenziell absolutistische Monarchie, die Existenz eines Bürgertums schon während des Mittelalters. So kam es auch bis 1914 nicht zur Vernichtung, sondern zu einer Wandlung jener traditionellen Mächte, wenngleich jeweils unter dem Druck anonymer und parteimäßiger Kräfte.

Die Monarchie als solche wurde erstmals in der Französischen Revolution bekämpft und für einige Jahre in Frankreich tatsächlich durch eine Republik ersetzt. 1792 forderte Saint-Just, die Könige als die Raubtiere, die sie seien, wieder in die Wildnis zu verjagen. Der Antirevolutionär Chateaubriand schrieb 1820, die Monarchen flüchteten vor der steigenden (demokratischen) Flut von Stockwerk zu Stockwerk ihrer Schlösser, bis sie sich kopfüber in die Tiefe stürzten. Leopold Ranke erklärte nach 1830 immer wieder, der Kampf zwischen monarchischem Prinzip und Volkssouveränität sei die Signatur der Zeit. Der Republikanismus war stark vom Vorbild der an Schulen und Universitäten noch so lebendigen Antike und kaum weniger von demjenigen der Vereinigten Staaten bestimmt. In Deutschland war er besonders gegen »die Fürsten« gerichtet, und in Frankreich führte er 1848 zur Zweiten und ab 1871 zur Dritten Republik. Aber nur in Frankreich war die Entscheidung endgültig; im größeren Teil des übrigen Europa war das Resultat eine allmähliche Parlamentarisierung und der Übergang zur »konstitutionellen Monarchie«, doch selbst in England spielten die Monarchen noch für viele Jahrzehnte nach der Reform von 1832 eine bedeutende Rolle.

So war das Europa von 1914 noch durchaus ein monarchisches Europa: der Zar aller Reußen, der deutsche Kaiser, der Kaiser von Österreich und König von Ungarn, die Könige von Großbritannien, von Italien, von Dänemark, von Serbien, von Montenegro usw. boten bei ihren Begegnungen und verwandtschaftlichen Besuchen im Glanz ihrer Uniformen ein eindrucksvolles Bild, aber sie waren nicht mehr durchweg, was sie in ihren Ursprüngen gewesen waren: Kriegsherren und faktische Oberkommandierende ihrer Truppen, von Priestern Geweihte und deshalb »von Gottes Gnaden« Herrschende. Nur auf die Kaiser der untereinander längst zerstrittenen »Ostmächte« trafen die uralten Kennzeichnungen noch zu, und selbst in ihrem Falle bloß mit Einschränkungen.

Der Adel gehört notwendig zur Monarchie; allenfalls kleine Bauernvölker wie die Bulgaren stellten aus bestimmten historischen Gründen eine Ausnahme dar. Der Adel ist die führende, weil Großgrund besitzende Schicht des agrarischen Staates, und er ist, meist gleichzeitig, die Krieger- bzw. Offiziersklasse des Militärstaates; generell bildet er die politische und kommunizierende Klasse. Dabei waren aber ganz unterschiedliche Akzentuierungen möglich. Gerade in England war der Adel als Großgrundbesitzerschicht führend, aber er bildete wegen der eigentümlichen Erbgesetzgebung, welche die Adelstitel den ältesten Söhnen vorbehielt und die jüngeren Söhne in die »gentry« zurücktreten ließ, keine abgeschlossene Kaste, sondern blieb dem Handel sowie der Industrie gegenüber offen. In Preußen handelte es sich um einen ausgeprägten Kriegeradel, der jedoch durch die Monarchen zum Offiziersadel gemacht worden war. In Österreich war der hohe Adel nach außen in hohem Maße exklusiv, aber im Inneren ganz egalitär. In Russland war er der

Idee nach ein reiner Dienstadel, der Herkunft nach war er indessen – wie auch die Dynastie der »Selbstherrscher« – zu einem guten Teil deutsch. In Frankreich war der Adel nach den Revolutionen von 1789, 1830 und 1848 am ehesten zu einer bloßen Luxusklasse abgestiegen, aber sogar hier kam ihm in Armee und Diplomatie noch immer beträchtliche Bedeutung zu.

Das allgemeinste Kennzeichen des Adels war der Vorrang der Geburt, d. h. der Verdienste der Vorfahren, und der Lebensführung, die weitaus wichtiger waren als das bloße Geld, so wenig in der Regel das »Vermögen« als Grundlage fehlen durfte. Die frühesten Zeugnisse für die Geringschätzung und Abwertung des »Bürgerlichen« stammen vom Adel: Mit »Geldprotzen« und »Neureichen« wollte man nichts zu schaffen haben. Fast überall in Europa wirkten große Adelssitze prägend für den regionalen Kulturcharakter. Aber schon waren mancherlei Vermischungen und Verdünnungen zu konstatieren: Junge Aristokraten heirateten bürgerliche Erbinnen – oftmals zum Zweck der Neuvergoldung ihrer Wappen; Bürgerliche kauften adlige Güter. Wenn 1866 erst dreißig Prozent des preußischen Offizierskorps aus Bürgerlichen bestanden, so war dieser Anteil 1914 auf sechzig Prozent gestiegen. Man mochte mithin durchaus von einer lautlosen »Entadligung« oder von Verbürgerlichung, ja sogar von Demokratisierung sprechen.

Aber nach wie vor war der Lebensstil des Adels gerade für Nichtadlige attraktiv: Unter Napoleon I. erschienen die jakobinischen Generäle auf Hoffesten wie unter dem Ancien Régime in weißseidenen Kniehosen (»culottes«) mit Strümpfen und gesticktem Frack. Die Jagd war das Hauptvergnügen dieser gesamteuropäischen Gesellschaft; Opernaufführungen, Bälle, Tänze wurden großgeschrieben: »Der Kongress tanzt.« Metternich und Georg IV. von England waren als die regierenden bzw. herrschenden Lebemänner ihrer Zeit keineswegs Ausnahmeerscheinungen. Freilich war um die gleiche Zeit auch die »volkstümliche« Turnerderbheit Friedrich Ludwig Jahns und seiner Anhänger zu verzeichnen. Der Aristokrat von der Marwitz ließ seine Denkschriften von dem »bürgerlichen Intellektuellen« Adam Müller verfassen; der wichtigste Mitarbeiter Metternichs, Friedrich Gentz, war der Sohn eines kleinen Beamten; ein bürgerlicher Schweizer, Carl Ludwig (von) Haller, legte die umfassendste Begründung des monarchischen Prinzips und der Adelsherrschaft vor. Die Treffpunkte von Adel und (Bildungs-)Bürgertum waren nicht zuletzt – wie schon vor 1789 – die Salons geistreicher Frauen wie diejenigen Juliette Récamiers in Paris und Rahel Levin-Varnhagens in Berlin. Die Söhne des »Bürgerkönigs« Louis Philippe besuchten öffentliche Schulen, aber andererseits gab es auch in rein bürgerlichen Kreisen die Neigung, sich gegenseitig aus nichtigen Anlässen herauszufordern und Duelle zu veranstalten. Die Verleihung des Adels war die geachtetste aller sozialen Ehren, und der Erwerb einer Gutsherrschaft galt oft als erster Schritt.

Zunächst lässt sich noch nirgendwo in dieser Gesellschaft so etwas wie ein »soziales Bewusstsein« finden. Die englische Literatur der Frühzeit der industriellen Revolution, wie etwa das Gesamtwerk von Jane Austen, handelt meist von den häuslichen und gesellschaftlichen Ereignissen im Leben der Gentry, und das ändert sich erst ab Ende der Dreißigerjahre durch den »sozialen Roman«, insbesondere durch Dickens. Freilich blieb die Erinnerung an die Französische Revolution und an deren Terror immer sehr lebendig. Sie fand ihren Ausdruck ebenso sehr im Interventionsprinzip der Heiligen Allianz wie in Tocquevilles Werk über die »Demokratie in Amerika« von 1835, aber auch in der Rückkehr auch des liberalen Adels auf die Seite der »alten Mächte« während der Revolution von 1848.

Ganz besonders symptomatisch war aber von da an der Übergang hochrangiger Adliger zur »Arbeiterbewegung« bzw. zum Sozialismus oder zum Anarchismus: die Gräfin Hatzfeld, die Fürsten Bakunin und Kropotkin und am Ende des Jahrhunderts vor allem Graf Leo Tolstoj. Ebenso charakteristisch war jedoch die Hinwendung des zunächst ganz weltbürgerlichen italienischen Adels und der ihm nahestehenden Kreise des Bürgertums zum Patriotismus. Die große Tänzerin Fanny Elssler wurde zunächst vergöttert und dann in den Vierzigerjahren ausgepfiffen – weil sie Österreicherin war.

Österreich war in der Tat das Musterbild des dynastischen und übernationalen Staates, der durch Eroberungen und kluge Heiratspolitik entstanden war und dennoch kein bloß zufälliges Gebilde darstellte, wie schon der Name »Donaumonarchie« erkennen lässt. Die große Wirtschaftseinheit, die so entstanden war, bildete zugleich potenziell einen Schutzwall für die kleinen westslawischen Völker und auch die Magyaren gegen die etwaige Einbeziehung in ein russisches bzw. deutsches Imperium. Daher konnte der Sozialdemokrat Karl Renner behaupten, eine Auflösung Österreichs würde reaktionär sein, wie sich ja auch Rosa Luxemburg mit ökonomischer Begründung gegen die von Pilsudski erstrebte Trennung Polens vom Russischen Reich aussprach.

Aber die Deutschen und im Hoheitsgebiet der Stephanskrone die Ungarn waren trotz der beträchtlichen Mitwirkungsmöglichkeiten der anderen Völker und Stämme so etwas wie »Herrenvölker«, und außer den Tschechen und den Kroaten waren alle anderen Nationalitäten des Reiches sprachlich und kulturell mit bedeutenden Entitäten außerhalb des Staates verbunden: die Polen Galiziens mit den Polen Russlands, die Ruthenen der Westukraine mit den Ruthenen der Ostukraine, die Italiener in der Lombardei und Venetien und nach 1866 bloß noch im Trentino mit dem Königreich Italien. Das ließ sich nur dadurch rechtfertigen, dass hier sehr unterschiedliche Entwicklungsstufen vorlagen und dass es z. B. den Polen in Österreich viel besser ging als ihren Landsleuten in Russland. Aber gerade hier vollzogen sich ständig schwerwiegende Änderungen. Die vom Staat betriebene »Alphabetisierung« zog häufig eine Nationalisierung der nichtdeutschen Völker nach sich.

Historiker und Philologen weckten alte Erinnerungen, und das expandierende Pressewesen trug zur Verbreitung bei. So war es unklar, ob Österreich bzw. Österreich-Ungarn ein obsoletes oder ein zukunftsvolles Gebilde darstellte. Jedenfalls wurde es zu einem herausgehobenen Schauplatz für eine tendenzielle Gesetzmäßigkeit: den wachsenden Mitwirkungs- und Mitbestimmungsanspruch von bisher »geschichtslosen« Gruppen nationaler und sozialer Art, der aus der Ausweitung von Verkehr und Kommunikation notwendig hervorging. Der Weg Österreichs von 1848 über die verlorenen Kriege von 1859 und 1866 zum »Ausgleich« mit Ungarn von 1867 und vom Abschluss des »Zweibundes« 1879 bis zu den Schüssen von Sarajewo im Juni 1914 ist im ersten Teil mit einiger Ausführlichkeit verfolgt worden. Hier sind nur einige Bemerkungen zum »Nationalitätenkampf« im sogenannten »Völkerkerker« hinzuzufügen.

Die Deutschen waren in ihren führenden bürgerlichen Kreisen »österreichisch« und zentralistisch gesinnt, und sie blieben auch nach den Abmachungen von 1867 im cisleithanischen Teil der Doppelmonarchie noch für geraume Zeit die maßgebende Kraft, selbst als unter dem Grafen Taaffe von 1879 bis 1893 der sogenannte »Eiserne Ring« regierte, eine Koalition aus slawischen (meist adligen) Konservativen und Klerikalen. Aber das Empfinden des Bedrohtseins wuchs, und so entstanden in dieser Zeit drei neuartige Tendenzen unter den österreichischen Deutschen: die deutschnationale Georg von Schönerers, die den Anschluss an das Deutsche Reich erstrebte und sowohl antirömisch als auch antijüdisch war; die christlich-soziale um den langjährigen Bürgermeister von Wien, Karl Lueger, die den populären »Antisemitismus« lediglich aufgriff und in erster Linie den Weg einer katholischen Sozialreform einschlug; sowie die sozialdemokratische unter Viktor Adler und Karl Renner, die marxistisch und betont international war, aber auch »reformistische« Strömungen in sich barg.

Als die Tschechen 1911 ihre eigene sozialdemokratische Partei gründeten, zeigte sich, dass die »internationale Sozialdemokratie« Österreichs im Kern eine deutsche Partei war, in deren Führung allerdings – für niemanden auffälliger als für den jungen Adolf Hitler – Juden eine wichtige Rolle spielten.

Die Tschechen waren 1848 unter der Führung von František Palacký aus Furcht vor einem Großdeutschland betont »österreichisch«; aber schon wenig später entstanden aus der Forderung nach Gleichstellung der tschechischen mit der deutschen Sprache schwere Kämpfe. Prag war noch gegen Ende des Jahrhunderts eine kulturell deutsche Stadt – nicht zuletzt durch das jüdische Bürgertum – mit einer deutschen Universität und einer großen tschechischen Unterschicht, aus der allmählich eine Anzahl eigener Intellektueller hervorging. Als 1897 Verordnungen des polnischen Ministerpräsidenten Grafen Badeni bestimmten, dass jeder Staatsbeamte beide Sprachen in Wort und Schrift beherrschen müsse, entwickelte sich auf deutscher Seite ein heftiger Widerstand, der den Rücktritt Badenis erzwang. Auf tschechischer Seite wurden die »Alttschechen« durch die radikaleren »Jungtschechen« abgelöst, und wenig später bildete sich die tschechische Sozialdemokratie. Obwohl die Hoffnungen sich noch ganz überwiegend auf die von Erzherzog Franz Ferdinand verkörperte »trialistische Lösung« richteten, kamen erste Gedanken an eine staatliche Selbstständigkeit auf, die jedoch nur durch eine Niederlage Österreich-Ungarns in einem Weltkrieg verwirklicht werden konnten.

Ernster zu nehmen waren die Selbstständigkeitsbestrebungen, die es sogar unter den Ungarn gab und die unter der Führung des jüngeren Kossuth 1905 auf die Einführung der magyarischen Kommandosprache im ungarischen Heer hinwirkten. Aber Kaiser Franz Joseph trat dem mit Entschiedenheit entgegen, und die ungarische »Adelsnation« stellte ihre soziale Herrschaft über ihre nationale Unabhängigkeit, als der Kaiser mit der Einführung des allgemeinen Wahlrechts drohte. So wurde dieses Wahlrecht 1906/07 nur im cisleithanischen Österreich zum Gesetz, und Ungarn zählte bis zum Ende des Krieges unter diesem Gesichtspunkt zu den »zurückgebliebenen« Teilen Europas.

Auf die entsprechenden Bemühungen um Autonomie oder sogar Selbstständigkeit unter den Polen, Kroaten, Slowaken und Slowenen ist hier nicht einzugehen. Dass Österreich-Ungarn nach dem Weltkrieg in seine einzelnen Nationen und Stämme auseinanderfiel, ist bekanntlich sowohl auf äußere als auch auf innere Einwirkungen zurückzuführen. Aber es ist bemerkenswert, dass man sich an nicht wenigen Stellen des ehemaligen Reiches schon während der Zwischenkriegszeit und dann erst recht während des »Kalten Krieges« mit viel Nostalgie der »kakanischen« Zeiten erinnerte, d. h. der übernationalen und dynastischen, weitgehend vom Adel geprägten Monarchie. Zwar konnte niemand an eine Rückkehr zu den alten Verhältnissen denken, aber gleichwohl ist die Frage ganz aktuell, ob und unter welchen Bedingungen übernationale Zusammenschlüsse moderner und zukunftsträchtiger sind als jene eifernden und engherzigen Nationalstaaten, die sich dem österreichischen Prinzip so überlegen glaubten, nachdem sie aus dessen Kriegsniederlage hervorgegangen waren.

Auch der übernationalen Realität der katholischen Kirche wurde während des ganzen 19. Jahrhunderts wieder und wieder der Untergang vorausgesagt, und der »Kirchenstaat«, das »Patrimonium Petri«, das aus anderthalb Jahrtausenden der abendländischen Geschichte nicht wegzudenken war, verschwand 1870 tatsächlich von der Landkarte. Aber im Ganzen vermochte die katholische Kirche paradoxerweise die demokratischen Tendenzen des Zeitalters besser zu adaptieren als Österreich, und um die Mitte des Jahrhunderts war aus der aristokratischen Prälatenkirche des Ancien Régime bereits weitgehend eine Volkskirche geworden, die es verstand, Massen zu mobilisieren und in den Kampf zu schicken. So rief die Wallfahrt zum »Heiligen Rock« in Trier unter den Liberalen zunächst viel Spott und dann fassungsloses Erstaunen hervor, da so gewaltige Massen einfacher Menschen dem Ruf ihrer Geistlichen folgten.

Auch hier vollzog sich eine »Demokratisierung«, d. h. zahllose Menschen, die bis dahin nur im lokalen Bereich gelebt hatten, überschritten die bisherigen Grenzen und wurden sich ihres gemeinsamen Willens bewusst – sicherlich nicht zuletzt deshalb, weil die Kunde von den vielfältigen kirchenfeindlichen Aktivitäten bis in das letzte Dorf gedrungen war und die bäuerliche und kleinbürgerliche Bevölkerung zum Widerstand herausforderte. Eine politische Tendenz war nicht mehr zu verkennen, als in der Revolutionszeit erstmals »Katholikentage« stattfanden und die Anfänge einer katholischen Partei sich abzeichneten, die von früh an einen »sozialen« Charakter trug, wie schon die Namen des Bischofs von Ketteler und des »Gesellenvaters« Kolping zeigen. Aber gerade durch diese Demokratisierung entstand eine schroffere Gegnerschaft gegen den Liberalismus, die Säkularisierung und die »moderne Zivilisation«, und es trat ein »Ultramontanismus« hervor, getragen von eifrigen und nicht selten fanatischen jungen Priestern, die »volkstümlich« waren, weil sie selbst zum größten Teil aus dem »Volk« stammten. Papst Pius IX., dessen Pontifikat in seinen Anfängen 1846 von so vielen liberalen Hoffnungen begleitet war, verdammte nun 1864 in dem »Syllabus« zu der Enzyklika »Quanta cura« ausdrücklich die Lehre, dass der Papst sich mit dem Fortschritt, dem Liberalismus und der »modernen Zivilisation« aussöhnen und vergleichen könne.

Für das Denken der Liberalen und auch der liberalen Katholiken war das ein ungeheurer Affront, und noch größer waren Empörung und Entsetzen, als das Erste Vatikanische Konzil, gegen starke Widerstände in seinem Inneren, im Sommer 1870, unmittelbar vor dem Ausbruch des Deutsch-Französischen Krieges, das Dogma von der »Unfehlbarkeit des Papstes« verkündete, das von vielen so verstanden wurde, als schlösse der Papst für sich Irrtümer auch in politischen und kulturellen Fragen aus. Es war sowohl Folge als auch Ursache, dass vorher wie nachher in fast ganz Europa »Kulturkämpfe« geführt wurden, in denen meist die staatliche Forderung nach einem säkularen Staatsbürger- und Familienrecht, liberale Angriffe gegen den kirchlichen Dogmatismus und nationalistische Empörung über päpstliche bzw. klerikale Herrschaftsansprüche eng miteinander verknüpft waren.

So war angesichts der überragenden Bedeutung der Kirche in Italien Cavours Forderung nach einer »freien Kirche im freien Staat« eine gravierende Herausforderung, und durch die »leggi Siccardi« wurde die Kirche schon vor der Einverleibung des Kirchenstaates weit zurückgedrängt. Nach 1870 trat die Feindschaft zwischen Vatikan und Quirinal innerhalb von Rom selbst an die Stelle des Gegensatzes zwischen Rom und Florenz, und der Papst betrachtete sich hinfort als »Gefangener im Vatikan«, der durch das »Non expedit« den Gläubigen die Teilnahme am politischen Leben des weltlichen Staates verbot.

Aber selbst das war schwerlich eine »Entdemokratisierung«, denn die Furcht vor den »Schwarzen«, die mithin trotz ihrer politischen Passivität recht lebendig waren, bestimmte wie kaum etwas anderes die Politik des italienischen Staates, und sie wurde durch die aufkommende Furcht vor den »Roten« verstärkt, nachdem man die außenpolitische Gefahr durch den Dreibund mit Deutschland und Österreich-Ungarn abgewendet hatte.

In Österreich hatte die Verkündung des Infallibilitätsdogmas unmittelbar die Kündigung des Konkordats von 1855 zur Folge, gegen das von liberaler Seite ständig die heftigsten Angriffe gerichtet worden waren. In der Schweiz waren schon nach dem »Sonderbundkrieg« von 1847 zahlreiche antikatholische Gesetze verabschiedet worden, und 1873 wurden sogar die diplomatischen Beziehungen zur Kurie abgebrochen.

Frankreich schien nach der Niederlage von 1870/71 unter dem Präsidenten MacMahon eine katholische Renaissance zu erleben, aber nach dem Sieg der antiklerikalen Kräfte drehte sich der Wind gründlich. 1880 wurden die Jesuiten vertrieben, 1884 wurde allen Ordensleuten verboten, an öffentlichen Schulen Unterricht zu erteilen, 1886 wurde sogar der Religionsunterricht aufgehoben, und durch Jules Ferry schien die »laizistische Republik« zu ihrer Vollendung gelangt zu sein. Aber die Dreyfus-Affäre erteilte den regierenden Radikalliberalen eine Lehre und zeigte, wie groß der Einfluss der Kirche im Heer und auch in der Öffentlichkeit immer noch war, und so setzte nach dem mühevollen Triumph der »Dreyfusards« gleich mit dem Anfang des neuen Jahrhunderts eine schroff antikatholische Politik ein, die vornehmlich von Georges Clemenceau und dem ehemaligen Priester Emile Combes geführt wurde. Dazu gehörten der Abbruch der Beziehungen zum Vatikan 1904 und die radikale Enteignung des Kirchengutes im Januar 1907. Aber sogar hier ging die Kirche nicht daran zugrunde. Gerade die radikale Feindschaft, die ihr begegnete, erzeugte einen »renouveau catholique«, als dessen Repräsentant Charles Péguy gelten kann. Der laizistische Antimilitarismus schien Frankreich auf bedrohliche Weise zu schwächen und lenkte nationale Empfindungen in den katholischen Widerstand; schließlich wurde der Jesuitenschüler Foch zum ersten Generalissimus der alliierten Armeen und formell zum Sieger des Weltkrieges.

Für Bismarck war nicht das Unfehlbarkeitsdogma der Ausgangspunkt für den Kampf gegen die katholische Kirche, sondern, wie gezeigt worden ist, die Polenfrage sowie die Existenz des »Zentrums«. Im Juli 1871 wurde die katholische Abteilung des preußischen Kultusministeriums aufgehoben, im Januar 1872 erfolgte die Ernennung des entschiedenen Liberalen Adalbert Falk zum Kultusminister, im Juli 1872 wurde das Gesetz gegen die Jesuiten verabschiedet. Was für Bismarck eine politische Auseinandersetzung war, auch wenn er gelegentlich vom uralten Kampf zwischen Königtum und Priestertum sprach, wurde von führenden Liberalen als ein »Weltanschauungskampf« verstanden, und 1873 prägte der große Arzt Rudolf Virchow den Begriff »Kulturkampf«, indem er erklärte, früher sei die Kirche die Trägerin der ganzen humanen Entwicklung gewesen, aber nachdem die Laien ihre Gleichberechtigung erlangt hätten, habe sich die Kirche zum Dogmatismus, zu hierarchischer Überhebung und zum italienischen Exklusivismus entwickelt. Daher handle es sich um einen »großen Kulturkampf«, d.h. um den Kampf des modernen und weltlichen Kulturstaates gegen die dogmatischen Verengungen eines vergangenen Zeitalters.

Auf der anderen Seite setzte Pius IX. den modernen und weltlichen Staat mit dem »totalen« Staat gleich, indem er Ende Juni 1872 in einer Allokution vor deutschen Klerikern an den Traum des Nebukadnezar erinnerte und mit einer überaus feindseligen Metapher sagte: »Wer weiß, ob nicht bald sich das Steinchen von der Höhe löst, das den Fuß des Kolosses zerschmettert?«[1] Ludwig Windthorst wiederum, die führende Persönlichkeit des Zentrums und einst ein Anhänger des entthronten Königs von Hannover, polemisierte im preußischen Landtag gegen den »heidnischen« und »hegelschen« Staat.

Im Rückblick nehmen sich die preußischen Kulturkampfgesetze nicht wie ein Vernichtungsangriff gegen die Kirche aus, sondern eher als Maßnahmen zur Säkularisierung etwa der Eheschließung, wie sie mehr oder weniger in allen Staaten durchgesetzt wurden. Aber sie wurden von Priestern und Volk als Vernichtungsangriff empfunden, und sie lösten einen Widerstand aus, dessen Stärke gerade die Liberalen überraschte, die ihre Hoffnungen auf die Entstehung des »Altkatholizismus« gesetzt hatten. Lange Jahre hindurch waren die Auswirkungen gravierend: Viele Bischofsstühle und Pfarrstellen waren infolge von Anordnungen oder auch Verhaftungen vakant, und das religiöse Leben war weitgehend lahmgelegt. Aber gerade dadurch gewann das Zentrum an Kraft, und die katholische Bevölkerung wurde in starkem Maße »politisiert«. Die Polemik der liberalen und häufig nicht ganz grundlos für »jüdisch« erklärten Presse gegen die »Reichsfeinde« förderte außerdem das Auftreten eines Antisemitismus, der bis dahin nur als die Gegnerschaft der jüngeren Religion gegenüber der älteren Mutterreligion präsent gewesen war.

Bismarck aber erkannte immer deutlicher, wie wünschenswert ein Friedensschluss angesichts des Aufstiegs der sozialistischen Bewegung sein würde. Allerdings zogen sich die »Friedensverhandlungen« ab 1878, dem Zeitpunkt der Inthronisation des neuen Papstes Leo XIII., noch über zehn Jahre hin. 1882 wurden die Beziehungen zwischen Preußen und der Kurie wieder aufgenommen, und im Jahre 1885 übertrug Bismarck dem Papst wie einem Souverän das Schiedsrichteramt im sogenannten Karolinenstreit zwischen Deutschland und Spanien. 1886 und 1887 wurden die Friedensgesetze verabschiedet. Sie stellten einen Kompromiss dar, mit dem der Staat seine weltliche Souveränität behauptete, z. B. die staatliche Schulaufsicht und die obligatorische Zivilehe, während die Kirche die Rückgängigmachung des

Ordensgesetzes und der Bestimmungen über Anstellung und Vorbildung der Geistlichen erreichte. Wie alle Kompromisse erregte auch dieser viel Missmut auf beiden Seiten, aber die Katholiken hörten nun im Selbst- und im Fremdverständnis auf, »Reichsfeinde« zu sein, und das Zentrum spielte nach Bismarcks Entlassung eine immer größere Rolle in der deutschen Politik. Es blieben freilich nicht wenig schmerzende Narben.[2)]

So wurden im Verlauf des Jahrhunderts Monarchie, Adel und Kirche zwar stark geschwächt, aber nicht vernichtet, und neuartige Synthesen zeichneten sich schon ab, bevor das Kriegsende eine abermalige Schwächung herbeiführte. Aber für die »Friedensschlüsse« der Achtzigerjahre war der Aufstieg der jüngsten und potenziell größten aller Parteien von entscheidender Bedeutung gewesen, und gleichwohl zeichnete sich von früh an die Möglichkeit ab, dass auch diese Bewegung, deren Hauptkraft »das System« stürzen wollte, ebenfalls in dieses System einbezogen wurde. Es handelte sich um die »Arbeiterbewegung« und den Sozialismus, die als so wichtig gelten müssen, dass ihre Geschichte auf mehrere Kapitel zu verteilen sein wird.

Frühe Arbeiterbewegungen und die Anfänge des Sozialismus

Man kann die Geschichte der industriellen Revolution als eine Geschichte der Erfindungen, der Firmengründungen, der Preiskämpfe, der Bankrotte und der Zusammenschlüsse schreiben; aber große Massen von Menschen und unmittelbare politische Wirkungen kommen erst ins Spiel, wenn von den Reaktionen und Aktivitäten der Arbeiter die Rede ist. Auseinandersetzungen zwischen Gesellen und Meistern, »compagnonnages« der Gesellen, Arbeitsverweigerungen und eine Art von Aussperrungen hatte es bereits seit vielen Jahrhunderten gegeben, doch eine neue Qualität entstand erst dadurch, dass größere Mengen von Menschen an denselben Plätzen betroffen waren, d.h. dass Industriestandorte entstanden waren. Es war ein entscheidender Schritt, dass Massen von Menschen sich nicht mehr primär als Spinner und Weber, als Köhler und Bergleute, als Bandwirker und Schneider verstanden, sondern als »working men«, die vornehmlich durch ihr Verhältnis zu ihren Arbeitgebern und damit gemäß ihrem Selbstverständnis durch die Tatsache charakterisiert sind, dass sie nicht den »vollen Ertrag« ihrer Arbeit erhalten, sondern dass die »undertakers« oder »capitalists« aus ihnen Profite bzw. Zins und Renten herauspressen. Gleichwohl wäre es falsch, von vornherein »die Arbeiterbewegung« wahrzunehmen. Es handelte sich vielmehr zunächst um »Bewegungen« sehr unterschiedlicher Art, in denen allerdings eine Tendenz zur Vereinheitlichung angelegt war. Diese wiederum war unabtrennbar von der »Bewusstseinsbildung« durch die aufkommenden Lehren der »Sozialisten«, die in aller Regel selbst *keine* Arbeiter waren.

Am wichtigsten war zunächst natürlich England. Bei den »riots« von 1779 in Lancashire wurde Arkwrights Fabrik in Birkacre zerstört, also ein Schlüsselunternehmen eines der prominentesten Erfinder-Unternehmer; Schrecken und Panik verbreiteten sich in der ganzen Region. Der »Mob« demolierte die Werkzeuge, die zu Maschinen geworden waren, die »water-frames« und die »jennies«. Vielleicht handelte es sich um einen Versuch der »Volksseele«, eine als bedrohlich empfundene Entwicklung im Keim zu ersticken, eben die industrielle Revolution. Um 1810 erregte der »Luddismus« großes Aufsehen, der als »Maschinenstürmerei« galt, aber wohl eher eine Abwehrreaktion privilegierter Spezialarbeiter, der »croppers«, gegen die Entqualifizierung ihrer Arbeit darstellte. Anscheinend wirkten aber auch Einflüsse der Französischen Revolution mit, in der die Pariser Kleinhandwerker und -händler eine so große Rolle gespielt hatten und in der Babeuf und seine Mitverschworenen eine ausgeprägte Gleichheitslehre vertreten sowie den »Krieg der Armen gegen die Reichen« proklamiert hatten. Nach dem Ende der napoleonischen Kriege setzte eine machtvolle Agitation für eine Parlamentsreform ein, offenbar in der Hoffnung, durch stärkere Einflussnahme auf die Wahlen die Leiden der Nachkriegszeit mildern zu können. Die gewaltsame Auflösung einer Massenversammlung auf dem Sankt-Peters-Feld in Manchester wurde unter dem Namen »Peterloo« zu einer bewegenden Volkslegende. Die Auffassungen der Menge wurden am eindrucksvollsten von Percy Bysshe Shelley formuliert, einem Sohn der Gentry:

Men of England, wherefore plough
For the Lords who lay you low?
Wherefore weave with toil and care
The rich robes your tyrants wear?
The seeds ye sow another reaps;
The wealth ye find another keeps;
The robes ye weave another wears;
The arms ye forge another bears.[1)]

Ein Gefühl des Ausgebeutetwerdens, der Entfremdung und des Hasses gegen feindselige »Tyrannen« hatte sich also in weiten Teilen des Volkes ausgebreitet, aber auch Angst vor undurchschaubaren Entwicklungen und möglichen Krisen. Mehr und mehr wurden auch »aus der Tiefe des Volkes« Forderungen laut, die Dinge in die eigenen Hände zu nehmen. Gefördert und dann enttäuscht wurden sie durch die »Reform Bill« der Whig-Regierung des Lord Grey, den ersten großen Akt der legalen Wahlrechtserweiterung und insofern der »Demokratisierung« des Jahrhunderts, der aber gerade die Arbeiter großenteils weiterhin vom Wahlrecht ausschloss. Und gegen die Whigs und die Whig-Regierung richtete sich die gewaltige Volksbewegung des sogenannten »Factory Movement« in Nordengland, die unter der Führung von radikalen Tories wie Richard Oastler sich zunächst vor allem gegen die Kinderarbeit, aber letzten Endes gegen die Zustände in den Fabriken und auch gegen das neue, im Geist malthusianische, »Armengesetz« von 1834 richtete. Bisher hatte es in England nichts gegeben, das dieser leidenschaftlichen Volksbewegung vergleichbar gewesen wäre, die ein »Ultra-Tory« in Gang setzte, dessen

Motto schon nach zeitgenössischen Begriffen so »reaktionär« wie nur möglich war: »The altar, the throne, and the cottage.« Ein erster Erfolg war die Verabschiedung des dritten »Factory Act« im Jahre 1833, der die Arbeit der Kinder, der Frauen und der Jugendlichen regulierte, und schließlich wurde im Jahr 1847 das »Zehnstundengesetz« verabschiedet, das auch die erwachsenen männlichen Arbeiter zwar nicht formell, aber doch tendenziell einbezog. All das ging unter leidenschaftlichen Auseinandersetzungen vor sich, in denen Oastler aufs Heftigste die »kapitalistische Klasse« angriff, die ihren Reichtum aus dem Blut und den Muskeln der armen Kinder herauspresse, während die Gegenagitation der Unternehmer die Behauptung aufstellte, Oastler sei lediglich ein Soldschreiber der westindischen Sklavenbesitzer, welche die Aufmerksamkeit des Publikums von der Bewegung zur Sklavenemanzipation ablenken wollten. Aber auch die liberalen Sympathisanten, die Oastler hatte, rückten nun von ihm mit dem Vorwurf ab, er versuche, »Klasse gegen Klasse« zu hetzen.

Seit 1838 kam indessen, zunächst mit dem »Factory Movement« eng verbunden, der »Chartismus« als eine Bewegung auf, an deren Spitze vornehmlich Arbeiter standen. Er verlangte die Einführung des allgemeinen und gleichen Wahlrechts für alle erwachsenen Männer und machte sich insofern »bürgerliche« Forderungen zu eigen, aber er war ganz unverkennbar eine Arbeiterbewegung, die zu einem Teil auch die Proteste der als Berufsgruppe zum Untergang verurteilten Handweber in sich aufnahm. Der unbestrittene Anführer war allerdings ein angloirischer Landedelmann, Feargus O'Connor, und der maßgebende Journalist war ein Jurist aus wohlhabendem Hause, auch er ein Ire: James »Bronterre« O'Brien, der Herausgeber des »Poor Man's Guardian«. Julian Harney und William Lovett aber waren echte Arbeiter bzw. Handwerker, und die Bewegung beschränkte sich bald nicht mehr auf friedliche Agitation für »bürgerliche« Forderungen. Die »Physical force«-Fraktion rief nach einer gewalttätigen Revolution, und die Regierung des Lord Melbourne musste zu militärischen Vorbereitungen greifen, als die Chartisten begannen, die übrige Bevölkerung durch »torch-light meetings« zu erschrecken und ihre Jugend an abgelegenen Plätzen von früheren Soldaten drillen zu lassen. 1842 befand sich England scheinbar am Rande einer Revolution. Aber am 10. April 1848 erlitt die Bewegung eine entscheidende Niederlage, als die Regierung auch zivile Kräfte als »special constables« mobilisierte und gegenüber einem gigantischen Demonstrationszug der Chartisten ohne blutige Kämpfe die Oberhand behielt.

Das Frankreich Louis Philippes, eben erst aus der Revolution von 1830 hervorgegangen, wurde 1832 und 1834 durch Aufstände der Seidenweber in Lyon erschüttert. Auch diese wurden von der Überzeugung getragen, dass die Unternehmer bzw. die Verleger die Schuld am Elend der Massen trügen und dass eine »neue Welt« ohne Kapitalisten möglich sei, in der alle ein auskömmliches Leben haben würden. Ab 1840 war dann in Paris schon dauernd von »Sozialismus« und von »Sozialisten« die Rede, und 1848 herrschte die Überzeugung vor, dass »die Arbeiter« die Februarrevolution gemacht hätten und jetzt die Herren seien. Aber dann erfolgte ein schwerer Rückschlag durch die Niederwerfung des Juni-Aufstandes von 1848 und wenig später durch den Staatsstreich von Louis Napoleon im Dezember 1851.

In Deutschland war schon in den Dreißigerjahren viel über den »Pauperismus« und gelegentlich über die »Proletairs« geschrieben worden, die nach den Worten des bedeutenden Konservativen Franz von Baader in die bürgerliche Gesellschaft einbezogen werden müssten. Aber politische Bewegungen gab es doch nur unter Handwerksgesellen, die ins westliche Ausland gegangen waren, und unter diesen zirkulierten Zeitschriften wie »Der Geächtete«, in denen »das Geldsystem« aufs Heftigste angeklagt und nicht selten mit »Rothschild« oder auch »den Juden« in engste Verbindung gebracht wurde, während zugleich ein deutscher Nationalismus nicht als Gegensatz zu dem selbstverständlichen Internationalismus empfunden wurde. Aus einer Abspaltung, dem »Bund der Gerechten«, ging dann in London der »Bund der Kommunisten« hervor, der indessen in Deutschland vor 1848 so wenig wahrgenommen wurde wie der »Bund der Geächteten«. Allgemein bemerkt wurden aber die Unruhen in den schlesischen Webergebieten 1844. Die Berliner »Vossische Zeitung« veröffentlichte das »Weberlied«, in dem es heißt:

Die Herren Zwanziger die Henker sind
die Dierig ihre Schergen …
Ihr Schurken all, ihr Satansbrut,
Ihr höllischen Dämone!
Ihr fresst der Armen Hab und Gut,
Und Fluch wird euch zum Lohne.[2)]

Aber was im Rückblick als der schmerzvolle, jedoch unumgängliche Übergang zu einer neuen Produktionsweise, nämlich der Maschinenweberei, erscheint, erhielt durch Heinrich Heine nach der blutigen Unterdrückung der Unruhen eine Wendung ins Allgemeine und Weltgeschichtliche, die auch den kaum überhörbaren Unterton von Antisemitismus zum Verschwinden brachte:

Im düstern Auge keine Träne,
Sie sitzen am Webstuhl und fletschen die Zähne:
»Deutschland, wir weben dein Leichentuch,
Wir weben hinein den dreifachen Fluch –
Wir weben, wir weben …
Ein Fluch dem Gotte, zu dem wir gebeten
In Winterkälte und Hungersnöten …
Ein Fluch dem König, dem König der Reichen,
Den unser Elend nicht konnte erweichen …
Ein Fluch dem falschen Vaterlande,
Wo nur gedeihen Schmach und Schande …«
Wir weben, wir weben.[3)]

1848 war dann auch in Deutschland viel von »Sozialisten« und »Kommunisten« die Rede, aber praktische Wirksamkeit erlangte am ehesten die »Arbeiterverbrüderung« unter ihrem führenden Kopf Stefan Born, über den Friedrich Engels mit herabsetzender Intention bemerkte, er heiße eigentlich »Buttermilch«. Es war dies eine Gruppierung, die mit ihren Forderungen nach Verkürzung der Arbeitszeit und Erhöhung der Löhne einen ausgesprochen reformistischen Weg einschlug.

Als frühe und reformistische Arbeiterbewegung darf man auch noch den »Allgemeinen Deutschen Arbeiterverein« ansehen, der unter der Führung von Ferdinand Lassalle im Mai 1863 in Leipzig gegründet wurde. Er war gewissermaßen der deutsche Chartismus, der die Forderung nach dem allgemeinen Wahlrecht und nach einem »friedlichen und legalen Wege« der Umwandlung besonders hervorhob. Lassalle, dessen jüdische Herkunft zur Polemik weit weniger Anlass gab als diejenige von Karl Marx, war eine charismatische Persönlichkeit, und wenn die Gespräche, die er mit Bismarck führte, ohne praktische Auswirkungen blieben, so waren sie doch potenziell von hoher Relevanz: Der »feudale« Staat und die »reformistische« Arbeiterbewegung verbündeten sich zum Kampf gegen die Fortschrittspartei und deren Wirtschaftsliberalismus. Bismarck war bereit, Arbeiterassoziationen mit Staatshilfe zu versehen, und Lassalle brachte als der Fichte-Schüler, der er war, die Hochschätzung des Staatsbegriffs in das Bündnis ein. Allerdings war das letzte Ziel auch Lassalles die »Beseitigung der Klassengegensätze«, und Bismarck wäre schwerlich lange ein Gefährte auf dem Wege geblieben, der durch Lassalles frühen Tod im Duell um eine Frau rasch an ein Ende kam. Aber jedenfalls war der ADAV für viele Arbeiter der Anfang eines neuen

Selbstbewusstseins, wie es in dem von Georg Herwegh gedichteten »Bundeslied« artikuliert wurde:

Mann der Arbeit, aufgewacht!
Und erkenne deine Macht!
Alle Räder stehen still,
Wenn dein starker Arm es will.

Dies war aber nun sicherlich eine nur negative Macht. Es ist unklar, ob die verschiedenen Arbeiterbewegungen von sich aus ein Zukunftsbild hervorgebracht hätten, das wesentlich von der Forderung der Wiederherstellung einer idealisierten Vergangenheit abgewichen wäre, wie sie in jenem Motto Oastlers oder auch in dem Verlangen eines englischen Chartisten zum Vorschein kam: »Eine Fülle von Roastbeef, Plumpudding und Starkbier bei drei Stunden Arbeit am Tag!«[4]

Der »Sozialismus« wurde von Bildungsbürgern, Aristokraten und auch »Kapitalisten« entwickelt, aber immer im Hinblick auf die Arbeiterbewegungen und das »Elend der zahlreichsten und ärmsten Klasse«. Vorläufer waren die vielen »Staatsromane«, meist Inselutopien nach dem Vorbild von Thomas Morus' »Utopia« – in der Regel Konstruktionen eines »gerechten Lebens«, immer von überschaubaren Zahlen der Beteiligten ausgehend und insofern vergangenheitsorientiert; seit der Mitte des 18. Jahrhunderts weit eher Flucht vor der industriellen Revolution als deren Bewältigung. Die frühesten direkten Bezugnahmen sind bei den »antikapitalistischen« Schriftstellern Englands zu finden, die wie Thomas Spence das Verschwinden des kommunalen Gemeineigentums beklagen oder wie Charles Hall das Städtewesen und die nutzlosen, bloß dem Luxus dienenden Manufakturen für das Elend der Nachkriegszeit verantwortlich machen. Nicht selten sind damit Vernichtungsforderungen gegenüber denjenigen verknüpft, die sich die vom Volk geschaffenen Güter aneignen: den »Reichen«, aber auch dem Adel und der Gentry. Für Piercy Ravenstone ist das Anwachsen des »Überbaus« beängstigend, der durch sein Gewicht mehr und mehr die »Basis«, nämlich die landwirtschaftliche Produktion, erdrückt, und er vergleicht die Kapitalisten, die das »kalte und trübe System« der Gegenwart bestimmen, mit Ungeziefer, dessen man nur dadurch Herr werden könne, dass man die Laken verbrenne, in denen es sich eingenistet habe.

Aber von »Sozialismus« kann man erst dort sprechen, wo konkrete Lösungen für die Not und die Entfremdung der Gegenwart angeboten werden, und es war Robert Owen, einer der erfolgreichsten Unternehmer Englands, der durch sein humanitäres Wirken in der Baumwollfabrik New Lanark weit über die Grenzen Englands hinaus bekannt wurde und der dann jene Lösung für die Probleme der industriellen Revolution anbot und praktisch ausarbeitete, die man die »gärtnerische Lösung« nennen könnte. Etwa 2000 Individuen sollten jeweils in »villages of unity and cooperation« in produktiver Verbindung von Landwirtschaft und nutzenbringender Kleinindustrie ein autarkes Leben führen, in dem es weder institutionalisierte Autoritäten noch eine verfestigte Arbeitsteilung geben würde. Nur der etwaige Überschuss, der als solcher indessen kein Ziel wäre, würde mit anderen Gemeinwesen ausgetauscht werden, und der die Grenzen überschreitende Verkehr der Menschen untereinander würde nicht von einem kommerziellen Profitinteresse, sondern von Freundschaft und Wohlwollen bestimmt sein. So würde die ganze Menschheit alle bisherigen Trennungen nach Nationen, Religionen oder Rassen überwinden und endlich unter dem Zeichen der Vernunft in naturgewollter Harmonie zusammenleben. Die praktischen Versuche, die Owen in Amerika unternahm, fanden große Aufmerksamkeit, scheiterten freilich alle nach längerer oder kürzerer Zeit. Die »Oweniten« gaben ihre Ideen jedoch nicht auf und blieben noch für Jahrzehnte eine starke Strömung im englischen Sozialismus.

Noch akzentuierter war die »gärtnerische Lösung« in der Konzeption der »Phalansteren« von Charles Fourier, in denen die Arbeit zum reinen Vergnügen werden sollte, nicht zuletzt deshalb, weil die sexuellen Repressionen der bisherigen Gesellschaft aufgehoben sein würden, ohne dass eine regellose Promiskuität an deren Stelle treten würde. So würde die verkrüppelnde »Zivilisation« durch ein endloses Weltalter intensivsten und freiesten Lebens der Individuen abgelöst werden, und darin würde die »Erlösung« der Menschheit von ihrer bisherigen und unseligen Geschichte beschlossen sein. Da Fourier, anders als Owen, über kein Vermögen verfügte, war er nicht in der Lage, praktische Versuche anzustellen, aber auch nach seinem Tod stellten seine Schüler, die Fourieristen, die Propagierung seiner Projekte nicht ein und wurden zu einer einflussreichen Strömung im geistigen Leben Frankreichs. Beide Gruppierungen, die »Fourieristen« nicht minder als die »Oweniten«, lehnten jede Art von revolutionärem Sozialismus entschieden ab und waren insofern dem reformistischen Zweig der Bewegung zuzurechnen, obwohl sie die Umwälzung, die sie im Auge hatten, für fundamentaler hielten als diejenige der Umstürzler, etwa der »Physical force«-Fraktion der Chartisten und der Anhänger von Louis Auguste Blanqui in Frankreich.

Von ganz anderer Art war die Konzeption des Grafen Henri de Saint-Simon und der »Saint-Simonisten«. Wenn hier überhaupt von »Sozialismus« gesprochen werden darf, so handelte es es sich um einen »postindustriellen« Sozialismus, der die Bankiers und die »Industriekapitäne« (wie Thomas Carlyle die Unternehmer später nennen würde) als die schöpferischen Organisatoren in den Mittelpunkt stellte, aber so, dass deren Arbeit vor allem der Verbesserung des Loses der »armen Klasse« dienen sollte. Zugleich handelte es sich um einen ausgeprägten »Europäismus«: Die drei fortgeschrittenen europäischen Nationen – England, Frankreich und Deutschland – würden die Führer der Menschheit in das »Paradies« sein, das nicht, wie es die jüdisch-christliche Lehre sah, hinter uns, sondern vielmehr vor uns liege. Begriffe wie »Emanzipation des Fleisches« erregten unter den Zeitgenossen viel Empörung, aber Saint-Simon war sicher nicht unaufrichtig, wenn er seine Lehre für das »neue Christentum« erklärte und sich auf seinem Totenbett überzeugt zeigte, dass die Arbeiter sich dem Saint-Simonismus zuwenden und ihm den Sieg sichern würden.

Wieder eine andere Art des Sozialismus war diejenige von Pierre Joseph Proudhon, der 1840 durch die Veröffentlichung seiner Schrift »Qu'est-ce que la propriété?« sofort berühmt wurde, und zwar hauptsächlich durch das Postulat »Eigentum ist Diebstahl«, das aber im Grunde ein falsches Bild von seinen Auffassungen gibt. Nicht das Eigentum als solches wollte er abschaffen, sondern das Recht einiger Menschen, einen »Zoll« auf das Eigentum anderer Menschen zu erheben. Im Grunde bestritt er also nur, wie es im Prinzip auch fast alle anderen Sozialisten taten, die Legitimität von Gewinnen und Zinsen. Als Vater des »Anarchosyndikalismus« nahm er schroff gegen die Gewaltlehre des Kommunismus und dessen Tendenz zur Staatsallmacht Stellung. Seine Anhänger, die Mutualisten, spielten noch in der Pariser Kommune eine hervorstechende Rolle.

Abermals anders war der »Staatssozialismus« von Louis Blanc und Constantin Pecqueur, die primär an der »Anarchie der kapitalistischen Produktion« Anstoß nahmen und daher den Staat zum einzigen Unternehmer machen wollten.

Eine bis in alle Einzelheiten ausgemalte Utopie war Etienne Cabets »Voyage en Icarie« von 1842. Die allgemeine Glückseligkeit in diesem Gemeinwesen schloss einen extremen Konformismus ein, der nicht einmal Abweichungen bei der Zeit des Zubettgehens gestattete, und er schloss einen Heldenkult des Gründers »Icar« nicht aus.

Es gab also schroffe Gegensätze unter den Sozialisten, und nicht selten waren die wechselseitigen Anklagen schärfer als diejenigen gegen »das Konkurrenzsystem« oder »das Manufaktursystem«. Schon der Vorläufer Thomas Spence hielt 1807 dem anderen Vorläufer Charles Hall entgegen, dessen Konzeption würde dazu führen, dass ein Zustand der Barbarei, ja der Sklaverei eintrete. Andererseits entsprach der Sozialismus so sehr gerade den einfachsten und schätzenswertesten der menschlichen Empfindungen, und er sah so viele Schwächen der industriellen Gegenwart so richtig, dass ihm eine große Zukunft vorherzusagen war. Aber würde es sich um eine Zukunft des Sozialismus handeln oder nur um eine Zukunft vielfältiger sozialistischer Einflüsse? So konnte schon vor der Mitte des Jahrhunderts eine Frage von überragender historischer Bedeutung gestellt werden: Würde sich aus den Arbeiterbewegungen und Sozialismen *eine* Bewegung als die Arbeiterbewegung und zugleich als *der* Sozialismus entwickeln und durchsetzen? Das war in der Tat der Fall, wenn auch nur bis zu einem gewissen Grade, und deshalb müssen dem Marxismus zwei Kapitel gewidmet werden: das eine dem Leben und der Lehre von Marx und Engels, und das andere den marxistischen Massenparteien der Zeit nach der Gründung der »Zweiten Internationale« im Jahre 1889.[5)]

Der Marxismus

Der Marxismus – im Sinne der Konzeptionen von Karl Marx und Friedrich Engels – verstand sich als Lehre vom gesetzmäßigen Gang der Weltgeschichte, von Produktivkräften und Produktionsverhältnissen, von Klassen und Klassenkämpfen, innerhalb deren Einzelpersonen und »große Männer« keinerlei Rollen von Belang spielten. Und wo hätte in der Tat je das Aufkommen einer neuen Produktivkraft die Produktionsverhältnisse so sehr verändert wie im Falle des Sieges der Maschinenweberei über die jahrtausendealte Handweberei? Wo waren die Leiden einer großen Gruppe so zwangsläufig wie in diesem jahrzehntelangen Verdrängungsprozess? Was hätte von größerer und anonymerer Kraft sein können als das Zusammenfließen dieser Proteste und vieler ganz ähnlicher in einer einzigen Arbeiterbewegung, die ihre machtvollen Bestrebungen dann in Sätzen und Doktrinen formuliert hätte, deren Urheber für den Gesamtprozess so unwichtig gewesen wären wie die einzelnen Chartisten aus Trowbridge oder die einzelnen Seidenweber aus Lyon?

Aber gerade der Marxismus ist unverständlich, wenn man sich nicht den sehr individuellen Lebensläufen zweier Männer zuwendet und die eigenartige Tatsache konstatiert, dass diese beiden Männer und insbesondere Karl Marx innerhalb der Bewegung, die sich nach ihnen nannte, und später der Staaten, die sich auf sie beriefen, zu Gegenständen eines nahezu beispiellosen Personen- und Heldenkultus wurden. Bedurfte es am Ende doch ausgeprägter Individualitäten und ihrer vielfachen Kämpfe, um das Übermächtige und Anonyme zum Durchbruch zu bringen oder gar um dem »Notwendigen« eine Richtung zu geben, die nach den üblichen menschlichen Begriffen keineswegs notwendig war?

Karl Marx, am 5. Mai 1818 in Trier geboren, stammte von väterlicher wie von mütterlicher Seite aus alten Rabbinergeschlechtern, und daher ist von Anfang an und nicht etwa nur von seinen Gegnern die Wichtigkeit der jüdischen Abkunft hervorgehoben worden. Aber sein Vater, Jurist, war ein angesehenes Mitglied des rheinischen Bildungsbürgertums, und er ließ seine Kinder in die evangelische Kirche aufnehmen. Marx genoss also keine jüdische Erziehung, und die jüdische Tradition bedeutete ihm allem Anschein nach nichts. Eher scheint seine Laufbahn in der individuellen Herrschernatur begründet zu sein, die Engels sagen ließ, er sei als Chefredakteur der »Rheinischen Zeitung« von Anfang an ein »Diktator« gewesen, und die den späteren Innenminister der Vereinigten Staaten, den »Achtundvierziger« Carl Schurz im Rückblick zu der Bemerkung veranlasste, er habe niemals einen Menschen von so unerträglicher Arroganz des Auftretens gesehen.

Aber dieser Herrscher mit der dunklen Löwenmähne, die ihm in seiner Umgebung den Spitznamen »Mohr« eintrug, war ein zärtlicher Liebhaber, der seiner Frau von früher Jugend bis zum Tode ergeben blieb, und diese Frau, Jenny von Westphalen, stammte aus einem alten, ursprünglich schottischen Adelsgeschlecht. Der landflüchtige Revolutionär hatte mithin Verwandte in den höchsten Kreisen Preußens.

Doch wichtiger als das Fehlen von unmittelbarem sozialen Ressentiment war etwas anderes: Die frühen Vierzigerjahre, die Zeit seines Studiums und seiner ersten journalistischen Aktivität, waren ein wahrer Kreuzweg der Zeiten. Im Hinblick auf England und sich selbst sagte John Stuart Mill, Bentham und Coleridge seien die beiden Pole der Philosophie gewesen; wer beide in sich aufgenommen habe, befinde sich im Besitz der höchsten Philosophie des Zeitalters. Vergleichbares galt in Deutschland: Hegel und Feuerbach standen einander gegenüber. Die »deutsche Misere« und die neue industrielle Welt waren erstmals einander konfrontiert.

Beim Studium in Bonn und Berlin lernte der junge Marx beide Denker gründlich kennen, aber er saß auch in den Vorlesungen so entgegengesetzter Rechtslehrer wie des »progressiven« Eduard Gans und des »reaktionären« Friedrich Carl von Savigny. Wo hätte er seine erste geistige Heimat finden können außer im Kreise der »Linkshegelianer«, unter denen Bruno Bauer besonders hervorragte, der später ein Mitarbeiter der preußisch-konservativen Zeitschrift »Berliner Revue« und ein durchaus tiefschürfender Kritiker des Juden- wie des Christentums werden sollte? Marx' Dissertation über den Unterschied des demokritischen und des epikureischen Systems der Philosophie war ein Paradigma altphilologischer Gelehrsamkeit, die sich ganz in eine philosophische Konzeption einfügte, nämlich in die Grundintention der Linkshegelianer: über die (bloße) Philosophie hinauszugehen, die Philosophie weltlich und die Welt philosophisch zu machen. Die »bisherige Welt« wird hier und in anderen Jugendschriften – von Hegel ausgehend – als »bürgerliche Gesellschaft« gefasst, und zwar in einer Weise, die gegenüber Hegel und auch gegenüber der Philosophie der frühen Neuzeit eine einschneidende Veränderung bedeutete: Für Locke und Hobbes war »bürgerliche Gesellschaft« nichts anderes als die »societas civilis«, die geschichtliche, »zivilisierte« Gesellschaft, die durch das Heraustreten aus dem »Naturzustand« entstand und dem »Staat« nicht entgegengesetzt werden konnte, weil sie die permanente Grundlage auch des Staates war. Hegel verstand die »bürgerliche Gesellschaft« dagegen als eins der drei Momente der menschlichen Existenz neben der Familie und dem Staat – als die Sphäre der Konkurrenzwirtschaft, die vom Staat überwölbt und gebändigt, aber keinesfalls zerstört wird. Marx sah in der bürgerlichen Gesellschaft dagegen eine weltgeschichtliche Phase, welche einst die Urzeit (die er später »Urkommunismus« nennen sollte) abgelöst habe und in der Gegenwart als Welt der Habgier und des atomistischen Egoismus zu ihrem Höhepunkt (als »kapitalistische Produktionsweise«, wie Marx später sagte) gelangt. Diese Phase treibe sich aber jetzt selbst auf die weltweite – besser: die zunächst europäische – Revolution zu, durch die in Gestalt des »Kommunismus« jene Urzeit »auf höherer Stufe« wiederhergestellt werde. Diese dritte, endlose, der geschichtlichen Dialektik enthobene Phase weist alle Züge der »societas naturalis« auf: kein Privateigentum, keine Apparate, keine Undurchsichtigkeit, keine Trennung des Menschen vom Menschen, keine knechtende Arbeitsteilung, Einheit von Individual- und Allgemeininteresse.

Owen und Fourier hätten dieselben Grundzüge für die von ihnen entworfene Gesellschaft in Anspruch genommen, und auch für sie war die »neue moralische Welt«, die sie kommen sahen, etwas grundsätzlich anderes als eine weitere Entwicklungsstufe innerhalb der »Zivilisation«. So wenig wie Owen und Fourier war Marx also jemals ein »Liberaler« im Sinne von Locke, der für die Freiheitsrechte der Individuen gegenüber dem Staat eintrat. Vielmehr stellt sein Denken den radikalen Gegenzug einer Identitätsphilosophie dar, die indessen zunächst im Postulatorischen verharrt. Das wird in dem Aufsatz »Zur Judenfrage« von 1843 besonders klar, der nicht in erster Linie gegen die konkreten Juden gerichtet ist, sondern gegen das »Judentum« einer Gesellschaft, in der das Geld die Menschen beherrscht. Marx postuliert darin eine »Emanzipation der Menschheit vom Judentum«, welche die Selbstbefreiung vom Schacher und vom Geld bedeutet. Faktisch beseitigt Marx damit den im Frühsozialismus noch weit verbreiteten und konkreten »Antisemitismus« durch eine radikale Verallgemeinerung, und die These wäre nicht abwegig, er ersetze den bloß partiellen – weil durch die unaufhebbare Existenz von Familie und bürgerlicher Gesellschaft gemäßigten – Staatsidealismus Hegels durch einen totalen Staatsidealismus. Aber »Staat« bedeutet für ihn nicht Herrschaftsorganisation, sondern »Gemeinwesen«. Am Geschick der »armen Klasse« nahm er früh Anteil, aber in einem durchaus vorindustriellen, an Spence erinnernden Sinne, und zwar als Verteidigung der Brennholzsammler des Rheinlandes gegen den Egoismus der Waldeigentümer.

Schon 1843 folgt jedoch die Entdeckung, oder besser: die Postulierung des »Proletariats« als der Klasse, die wegen der Universalität ihrer Leiden bereits die Auflösung aller Standes- und Klassenhaftigkeit, ja sogar der Nationalität in sich trägt und mithin die Entität der Zukunft darstellt, welche die partikularen und geistlosen Verhältnisse der Gegenwart in eine universale und philosophische Welt zu verwandeln vermag. Ist das Proletariat also für Marx der säkularisierte und kollektivierte Messias? Das ist eine mögliche und ernst zu nehmende These, aber von entscheidender Wichtigkeit ist die Tatsache, dass Marx' Blick nun, 1843/44, durch die Einwirkung von Friedrich Engels auf die industrielle Revolution in England und auf deren angeblichen theoretischen Ausdruck, die »bürgerliche Nationalökonomie« hingelenkt wird, sodass der bisherige totale Staatsidealismus scheinbar durch »Realismus« und »Materialismus« abgelöst werden kann.

Friedrich Engels, 1820 als Sohn eines Textilunternehmers in Wuppertal-Barmen geboren, war ein ganz anderer Typus als Marx und hatte völlig andere Voraussetzungen: voller einfacher Lebensfreude und zunächst vor allem dem engherzigen Pietismus seiner Heimatstadt feindlich gesinnt, in seinen theoretischen Ansätzen am ehesten ein Vitalist und deutscher Nationalist, in den Wissenschaften ein hochbegabter Dilettant. Aber auch er war durch die Atmosphäre des Linkshegelianismus, in die er in Berlin tief eintauchte, und damit durch die Kritik an der »deutschen Misere« geprägt, und der frühindustriellen Welt stand er weit näher als Marx. Ende 1842 ging er zur weiteren kaufmännischen Ausbildung nach Manchester, und dort schrieb er seine »Umrisse zu einer Kritik der Nationalökonomie«, die 1844 in den von Marx und Arnold Ruge herausgegebenen »Deutsch-Französischen Jahrbüchern« publiziert wurden. Die Schrift ist erfüllt von der Empörung über »das ganze tolle Treiben« des Konkurrenzsystems in England und über die Nationalökonomie als eine Doktrin der »Heuchelei, Inkonsequenz und Unsittlichkeit«. Wenn die Entwicklung so weitergehe, werde es eines Tages nur noch Millionäre und Paupers geben.

Die gleiche These hatte Jahre zuvor schon Oastler aufgestellt, und Engels begegnet jetzt dem Chartismus, arbeitet an dessen Zeitung »The Northern Star« mit und schließt mit Julian Harney Freundschaft. Marx' früheste Auseinandersetzung mit der Nationalökonomie in den »Ökonomisch-philosophischen Manuskripten«, die er während seiner ersten Emigration 1844 in Paris schrieb, ist ebenfalls noch sehr stark von sittlicher Empörung erfüllt, aber auch vom Glauben an den künftigen Kommunismus als die unausweichliche Konsequenz der im Industriesystem und der Nationalökonomie »sich vollendenden und daher ihrer Aufhebung zueilenden Entfremdung«. Dieser Kommunismus ist für ihn »die wahrhafte Auflösung des Widerstreites zwischen dem Menschen mit der Natur und mit dem Menschen, die wahre Auflösung des Streits zwischen Existenz und Wesen, zwischen Vergegenständlichung und Selbstbestätigung, zwischen Freiheit und Notwendigkeit, zwischen Individuum und Gattung. Er ist das aufgelöste Rätsel der Geschichte und weiß sich als dessen Lösung.«[1)] Es handelt sich also offenbar um eine chiliastische, »sozialreligiöse« Lehre von der kommenden Endzeit als der großen Versöhnung und des allgemeinen Friedens nach der Vernichtung des »menschenfeindlichen« Systems, das mit der bisherigen Geschichte identisch ist.

Aber seit 1845 und besonders in der unveröffentlichten, von Marx und Engels gemeinsam geschriebenen »Deutschen Ideologie« findet sich immer mehr an schroffer Polemik gegen die eigenen Ursprünge, den Junghegelianismus, den Idealismus, die Bewusstseinsphilosophie, den »wahren Sozialismus« und Proudhon. Anscheinend handelt es sich um einen Übergang zur Nationalökonomie, der für die ganze bisherige Geschichte recht gegeben wird, sodass aller »Geist« und alles »Bewusstsein« aus jener »bürgerlichen Gesellschaft« und ihren egoistischen Klasseninteressen hergeleitet wird, die bis dahin so schroff abgelehnt worden waren. Aber der Kern des eigenen Ansatzes bleibt trotz aller Änderungen erhalten: Wirklicher Geist, der nur als Geist des universalen Gemeinwesens existieren kann, und wirkliche Herrschaft des Bewusstseins, welche die Planung der Wirtschaft impliziert, wird gerade erst durch das Konkurrenzsystem, die Nationalökonomie und die kapitalistische Produktionsweise möglich gemacht. Der Sozialismus muss daher »postkapitalistisch« sein. Wenn er, wie Owen und Fourier es tun, direkt an vergangene oder gegenwärtige Zustände anknüpft, wird er reaktionär. Das negative Urteil über Individualismus, Privatheit, »Menschenrechte«, Liberalismus, Fabriksystem usw. wird jedoch von Marx und Engels aufrechterhalten, aber gleichsam hinter positiven Aussagen versteckt und gerade dadurch begründet. So kann man den Sozialismus nicht mehr als »Flucht in die Idylle« kennzeichnen. Vielmehr liegt ihm eine scheinbar unzweideutige Bejahung der Moderne zugrunde.

Auf dieser Basis schreibt Karl Marx im Jahre 1848 das anspruchsvollste, umfassendste, emotionalste und faszinierendste Parteiprogramm, das es je gegeben hat: das »Kommunistische Manifest«. Als Vorarbeit gingen diesem die im Oktober/November 1847 von Engels verfassten »Grundsätze des Kommunismus« voraus, in denen die industrielle Revolution, die Erfindungen und die »allmähliche Umgestaltung der Gesellschaft« positiv hervorgehoben werden und in denen ein Rest von Fourierismus spürbar ist, wenn die »Gemeinden von Staatsbürgern« erwähnt werden, die sowohl Industrie als auch Ackerbau treiben. Die »Gleichzeitigkeit« der Revolution in allen zivilisierten Ländern gilt als selbstverständlich, und für die Gegenwart werden nur maßvolle politische Postulate aufgestellt. Aber es wird auch »gleicher Arbeitszwang für alle« postuliert und die »Bildung industrieller Armeen« ins Auge gefasst.

Zu Beginn wird »allen Mächten des alten Europa« von Metternich bis Guizot »das Gespenst des Kommunismus« gegenübergestellt, d. h. das Phänomen, das allen Reaktionären wie ein Gespenst den Schlaf raubt. Es folgt die geschichtsphilosophische Kernthese, die Geschichte aller bisherigen Gesellschaft sei die Geschichte von Klassenkämpfen gewesen. Die Gegenwart habe diese Antagonismen zum Gegensatz von »Bourgeoisie« und »Proletariat« vereinfacht, und zwar dadurch, dass die Bourgeoisie eine höchst revolutionäre Rolle in der Geschichte gespielt und ganz andere Wunderwerke als ägyptische Pyramiden vollbracht habe, zu denen auch die Weltliteratur und die Weltzivilisation sowie die Vorherrschaft des Okzidents zu zählen seien. Aber nun stehe die Bourgeoisie wie Goethes Zauberlehrling den von ihr entfesselten Kräften hilflos gegenüber, wie schon die periodisch ausbrechenden Handelskrisen und die Überproduktion zeigten. Dazu gab es in früheren Zeiten eine politische Entsprechung, nämlich die »bürgerliche Revolution«, in der die Bourgeoisie den Feudalismus niedergeschlagen habe.

An diesem in sich sehr fragwürdigen Begriff orientiert sich Marx vollständig und kommt zu dem Ergebnis, dass die Bourgeoisie nun die Männer hervorgebracht habe, die »ihr den Tod bringen«, nämlich die modernen Arbeiter, die Proletarier. Diese seien dabei, zur überwältigenden Mehrheit der Bevölkerung zu werden, weil »die Mittelstände« mehr und mehr verschwänden und dadurch dem Proletariat viele »Bildungselemente« zugeführt würden. Die Proletarier seien frei von den überlieferten Vorurteilen, zumal den religiösen, und sie seien über die Enge der Nationalität hinausgewachsen, da sie »kein Vaterland« hätten. So stehe der »gewaltsame Sturz der Bourgeoisie«

als nächster Punkt auf der Tagesordnung der Geschichte, denn die Bourgeoisie sei unfähig geworden, ihren Sklaven die Existenz zu sichern. »Sie produziert vor allem ihre eigenen Totengräber. Ihr Untergang und der Sieg des Proletariats sind gleich unvermeidlich.«

In dem folgenden Kapitel »Proletarier und Kommunisten« wird für die Kommunisten der Anspruch erhoben, immer die Interessen der Gesamtbewegung zu verkörpern; die aktuellen Forderungen sind radikaler und emotionaler als in den »Grundsätzen«, die letzten Spuren des Kommunalsozialismus sind verschwunden, und der Staatssozialismus – besser: der Staatensozialismus – tritt allein hervor, indem vorhergesagt wird, »an die Stelle der alten bürgerlichen Gesellschaft mit ihren Klassen und Klassengegensätzen« trete »eine [!] Assoziation, worin die freie Entwicklung eines jeden die Bedingung für die freie Entwicklung aller« sei.

Es folgt eine schroffe Polemik, die sich praktisch gegen alle bisherigen Spielarten des Sozialismus richtet: gegen den »feudalen Sozialismus«, der bloß verspottet wird, während Engels in den »Grundsätzen« noch von »humanen Tories« wie Oastler gesprochen hatte, gegen den »kleinbürgerlichen Sozialismus« Sismondis und gegen den »Bourgeoissozialismus« Proudhons. Fourier und Owen werden mit Saint-Simon zusammengestellt und erfahren eine sehr zurückhaltende Anerkennung, von der ihre Schüler ausdrücklich ausgenommen werden. Am positivsten ist noch das Urteil über Babeuf, und die Chartisten erscheinen Marx unterstützungswürdig. Umso höher ist der Anspruch, der in der Sache für die eigene Konzeption erhoben wird: »Mögen die herrschenden Klassen vor einer kommunistischen Revolution zittern. Die Proletarier haben nichts in ihr zu verlieren als ihre Ketten. Sie haben eine Welt zu gewinnen. Proletarier aller Länder, vereinigt euch!«[2)]

Es handelte sich um ein schlechterdings außerordentliches Programm, und die These ist naheliegend, dass nie zuvor in der Geschichte ein vorhandener Weltzustand von zwei nahezu unbekannten jungen Männern so stark herausgefordert worden sei. Aber wenn auch der »Bund der Kommunisten« als die »Partei Marx« nur relativ wenige Mitglieder hatte, so waren die Sozialisten und Kommunisten in der Vielfalt ihrer von Marx so scharf und ungerecht kritisierten Gruppierungen doch tatsächlich eine Realität, die zumal in der Revolution von 1848 weithin Furcht erregte. Dass »der Fortschritt« bald über die vorhandenen politischen Verhältnisse und zumal über das Zensuswahlrecht hinweggehen würde, war unter Liberalen eine beinahe selbstverständliche Überzeugung. Eine »bürgerliche Revolution«, d. h. eine Erhebung des

Dritten Standes gegen Adel und Klerus, war in der Tat schon zu Beginn der Französischen Revolution von Sieyès proklamiert worden, und sie hatte umwälzende Auswirkungen gehabt. Und Marx verstand es, sich dasjenige anzueignen, was von seinen Gegnern gesagt worden war: das Loblied auf die Wunderwerke der Bourgeoisie ist fast wörtlich dem englischen Autor Andrew Ure entnommen; eine positivistische oder »materialistische« Denkweise war längst in der Ausbreitung begriffen. Insofern wurden im »Kommunistischen Manifest« weitverbreitete Auffassungen übernommen, aber sie wurden auf gravierende Weise zugespitzt. So war der Gegensatz »Patrizier und Plebejer, Zunftbürger und Gesell« ein Gemeinplatz der zeitgenössischen Literatur, aber die vorherrschende Meinung ging dahin, dass die aus der Geschichte herrührenden Gegensätze durch die voranschreitende Zivilisation gemildert würden, und noch niemand hatte behauptet, die Plebejer hätten die Patrizier und die Gesellen hätten die Zunftbürger »vernichtet«.

Das Kommunistische Manifest ist daher ein Vernichtungsprogramm auf der Grundlage des bereits vorherrschenden Fortschrittsdenkens mit der auf die Tradition des naturrechtlichen Denkens gestützten Intention der Erlösung der Menschheit von der bisherigen Geschichte – die freilich nur durch eben diese Geschichte möglich wurde. Damit entsprach es dem bisherigen Sozialismus ebenso sehr, wie es ihm entgegengesetzt war. Gerade Intellektuelle, die auf der Suche nach einer allerklärenden und in die Praxis umzusetzenden Geschichtsphilosophie waren, konnten von diesem Programm fasziniert werden, selbst wenn sie gewissen Behauptungen wie der vom bevorstehenden Untergang »der Mittelstände« skeptisch gegenüberstanden. Alle Arbeiter aber konnten ihre Grundannahme bestätigt sehen, dass sie die Opfer der Habgier der Unternehmer seien, die ihnen den vollen Ertrag ihrer Arbeit vorenthielten. Wenn dieses Programm ein Bündnis »der Denkenden und der Leidenden« begründete, dann wies es weit in die Zukunft.

In der Revolution von 1848 hatte es allerdings so gut wie keine Wirkung. Gleichwohl war Marx als Chefredakteur der »Neuen Rheinischen Zeitung« einer der Wortführer der extremen, im Paulskirchenparlament nicht vertretenen Linken, unter der er freilich auch scharfe Gegner hatte, weil er einem Bündnis mit der Bourgeoisie das Wort redete, welches das unmittelbare Vorspiel von deren Sturz sein sollte. Aber seine Hoffnungen erfüllten sich nicht, und es unterlief ihm ein schlimmes Fehlurteil, als er zu Neujahr 1849, also nach der entscheidenden Niederlage der Chartisten, deren Regierungsübernahme vorhersagte und als »Inhaltsanzeige« des Jahres 1849 in seiner Zeitung in roten Lettern verkündete: »Revolutionäre Erhebung der französischen Arbeiterklasse, Weltkrieg!«

So musste er sich als ein scheinbar vollständig Gescheiterter abermals nach London in eine armselige Emigration zurückziehen, aber sein Selbstbewusstsein war ungebrochen, und als die preußische Regierung einer Anzahl seiner Anhänger den Prozess machte, konnte er behaupten, in Köln stehe »das Proletariat« vor dem Tribunal der herrschenden Klasse. Dabei trug nahezu die Hälfte dieser »Proletarier« den Doktortitel, und auch darin zeichnete sich die künftige Bedeutung des »intellektuellen Elements« in der marxistischen Bewegung ab.

Als Korrespondent der »New York Daily Tribune« übte Marx indessen ein gewisses Maß an internationalem Einfluss aus, und in seinen Artikeln über die britische Herrschaft in Indien gab er zu erkennen, dass er die westlich-fortschrittliche Bejahung des »Zivilisationsprozesses« mit einer tiefen Sympathie für die zugrunde gerichtete Lebensform der indischen Dörfer verband, ganz wie er ein Vierteljahrhundert später in der russischen »Mir« den Ausgangspunkt einer rettenden Revolution erkennen wollte, die es Russland ersparen würde, in den »Wirbel« der kapitalistischen Revolution hineingerissen zu werden. Aber weitaus wichtiger als alle seine praktischen und politischen Aktivitäten war die Tatsache, dass er imstande war, sich für lange Jahre ganz überwiegend in der Studierstube bzw. im Lesesaal des Britischen Museums aufzuhalten und mit dem Studium auch entlegenster Texte aus dem Bereich der Nationalökonomie sein »ökonomisches Hauptwerk« vorzubereiten, das nach einigen nur teilweise publizierten Vorstufen im Jahre 1867 unter dem Titel »Das Kapital« erschien. Es handelte sich nur um den ersten Band, dem Marx »in wenigen Monaten« die weiteren Bände folgen lassen wollte, die dann aber erst aus dem Nachlass von Engels herausgegeben wurden.

Im Hinblick auf den von Marx im Jahre 1859 vorgelegten Arbeitsplan, der auch Studien über den Weltmarkt, den Staat usw. vorsah, handelte es sich um ein Fragment, und angesichts des Fehlens der weiteren Bände um das Fragment eines Fragments, aber gerade darauf beruhte seine weltgeschichtliche Wirkung, die jedoch nicht zuletzt dadurch zustande kam, dass Engels durch zahlreiche Rezensionen und propagandistische Aktivitäten sein Urteil zu verbreiten vermochte, es handle sich um die »Bibel der Arbeiterklasse«. Und in der Tat beruhte dieser Band ganz und gar auf der einfachen, für jeden Arbeiter nahezu selbstverständlichen Version der »Arbeitswerttheorie«, nach der ein Unternehmer seinen Arbeitern nur den Wert desjenigen Teils ihrer Arbeitsleistung bezahlt, der zur Erhaltung ihrer Arbeitskraft, d. h. zum Kauf der Lebensmittel und auch zur Aufzucht der Kinder erforderlich ist, dass er aber den gesamten »Mehrwert«, den die Arbeiter über den Ersatz ihrer Lebenshaltungskosten hinaus produzieren, als Gewinn »in seine Tasche steckt«. Von den zwölf Stunden des Arbeitstages produziert der Arbeiter also sechs Stunden für sich selbst und sechs Stunden »ohne Bezahlung« für den Unternehmer. Das entspricht genau der ständigen Erfahrung der Handwerksgesellen, die wissen, dass ihr Lohn pro Arbeitsstunde kaum mehr als die Hälfte dessen beträgt, was der Meister dem Kunden in Rechnung stellt, und auch derjenigen leibeigenen Bauern, die dem Gutsherrn ein Drittel oder die Hälfte ihrer Ernte abliefern müssen.

Dieser ganz einfache Grundgedanke ist aber mit einer sehr anschaulichen und höchst emotionalen Schilderung der Vorgänge der industriellen Revolution und mit der Prophezeiung des schließlichen Sturzes der »Expropriateurs« verknüpft und streckenweise mit höchst gelehrten und schwer verständlichen Darlegungen umkleidet, sodass die Kernthesen schließlich dank der Rezensionen durch Engels Millionen und Abermillionen von Menschen einleuchteten, die »Das Kapital« nie gelesen hatten oder über die ersten Kapitel nicht hinausgekommen waren. Die professionellen Ökonomen und die politischen Gegner von Marx nahmen die fundamentale Schwäche natürlich sofort wahr: Nach dieser Theorie muss ein »arbeitsintensiver« Betrieb weitaus mehr an »Mehrwert« erzeugen als ein »kapitalintensiver« Betrieb, und man müsste die industrielle Revolution, die den Anteil des in Maschinen angelegten Kapitals gegenüber den zur Lohnzahlung bestimmten Geldsummen so sehr vergrößert hatte, geradezu eine »Revolution gegen den Mehrwert« nennen. Marx griff das Problem zwar auf, versprach aber die Lösung für die folgenden Bände, die zu seinen Lebzeiten nicht mehr erschienen.

Der ganze emotionale Gehalt des Marxismus im Sinne der von den Schülern und Nachfolgern verkündeten Lehre blieb also mit dem potenziell irreführenden Fragment eines Fragments verknüpft, denn die weiteren Bände wurden kaum mehr zur Kenntnis genommen, als Engels sie in den Neunzigerjahren herausgegeben hatte. Sie enthielten aber eine ebenso kühne wie folgenreiche Lösung, deren unmittelbarer Sinn darin bestand, die ursprüngliche Arbeitswerttheorie im Sinne der Alleinproduktivität der »lebendigen«, d. h. unmittelbaren Arbeit zu retten: Der von den Arbeitern geschaffene Wert komme nicht direkt den einzelnen Kapitalisten zugute, sondern er werde von den Unternehmern oder vom Staat je nach Größe der jeweiligen Kapitale den einzelnen Firmen zugewiesen. Daraus ergab sich die Konsequenz, dass die kapitalintensiven Betriebe unter Einschluss ihrer Arbeiter die arbeitsintensiven Betriebe ausbeuteten und dass dasselbe, mutatis mutandis, auch für die industrialisierten in ihrem Verhältnis zu den nichtindustrialisierten Weltgegenden zutraf. Das Resultat der ökonomischen Theorie von Marx war also eine Konzeption vom »Klassenkampf« der armen gegen die reichen Völker oder, in starker Verkürzung, Indiens gegen England, und dieser Marxismus würde mithin an die Arbeiter des fortgeschrittenen Teils der Welt die Forderung richten, zugunsten der »Dritten Welt« gegen ihre eigenen unmittelbaren Interessen zu handeln.

Nichts war unwahrscheinlicher als der Sieg einer so idealistischen Konzeption, und die marxistische Arbeiterbewegung führte in der Tat alle ihre Kämpfe und errang alle ihre Erfolge unter der Fahne des ersten Bandes des »Kapital«. Und diese Erfolge waren groß, ja überwältigend. Zwar waren die Arbeiterparteien und -gruppierungen, die sich 1864 zu der »Ersten Internationale« zusammenschlossen, keineswegs in ihrer Mehrheit marxistisch und der Ausgangspunkt war ein höchst paradoxer, nämlich die von den englischen Gewerkschaften an die kontinentalen Arbeiter gerichtete Forderung, sich nicht von den englischen Unternehmern zwecks Unterbietung der bisherigen Löhne nach England locken zu lassen. Aber es war Marx, der die »Inauguraladresse« schrieb und der zum führenden Kopf dieses zukunftsvollen Zusammenschlusses wurde. Nach der Pariser Kommune, die in ganz Europa Entsetzen erregte und überaus harte Repressionen nach sich zog, trat Marx für einen Augenblick als der »grand chef de l'Internationale« in das grelle Licht der internationalen Öffentlichkeit und in den Mittelpunkt staatlicher Maßnahmen gegen seine Anhänger, insbesondere in Deutschland.

1875 erlebten Marx und Engels den Triumph, dass sich ihre Partei, die sogenannten Eisenacher, mit den Anhängern Lassalles vereinigte und in der entstehenden »Sozialdemokratischen Partei Deutschlands« im Wesentlichen ihre Konzeption durchsetzte – Lassalles scheinbar triumphalen Anfängen im Jahr 1864 hatte Marx nicht weniger kritisch, ja ablehnend gegenübergestanden als zwei Jahrzehnte zuvor Wilhelm Weitling, dem ersten maßgebenden Arbeiter in der deutschen Arbeiterbewegung. Er hörte nicht auf, sich als Bismarcks überlegenen Gegner zu empfinden, als dieser das »Sozialistengesetz« durchsetzte und dennoch große Wahlerfolge der parlamentarisch weiterbestehenden SPD nicht verhindern konnte. Als er 1883 starb, befand sich »der

Marxismus« in allen Arbeiterparteien Europas im Vordringen, und als sechs Jahre später unmittelbar vor der Aufhebung des deutschen Sozialistengesetzes die »Zweite Internationale« gegründet wurde, da nannten sich so gut wie alle der zusammengeschlossenen Parteien »marxistisch«, und Friedrich Engels, nun der allseits anerkannte Patriarch des europäischen Sozialismus, konnte voller Stolz und Wehmut schreiben: »Stände nur Marx noch neben mir, dies mit eignen Augen zu sehn!« Wenig später zog er aus den beachtlichen Wahlerfolgen der deutschen Sozialdemokratie die Folgerung, man könne mit mathematischer Sicherheit den Zeitpunkt zu Beginn des neuen Jahrhunderts berechnen, in dem die Wählerstimmen die fünfzig Prozent überschritten haben würden und die Majorität des deutschen Heeres aus Sozialdemokraten bestehen würde; dann aber sei »die ganze alte Wirtschaft Kladderadatsch, und wir herrschen«.

Nie zuvor in der Weltgeschichte hatte eine radikal-oppositionelle Partei auch nur die entfernteste Chance gehabt, auf legalem Wege die Mehrheit zu erringen und dann jene fundamentale Umwälzung ins Werk zu setzen, die Marx und Engels von jeher im Auge gehabt hatten, denn nie zuvor hatte sich ein so umfassender sozialer Wandel vollzogen, der eine Mehrheit der Bevölkerung zu »Arbeitern« machte. Von allen »Arbeiterparteien« ist es nur dem Marxismus gelungen, einen immer größeren Teil dieser Mehrheit hinter seiner Fahne zu versammeln. Es konnte beim Tod von Friedrich Engels im Jahre 1895 in der Tat so aussehen, als werde sich »unter dem Banner des Marxismus« auf friedlichem Wege jene unvergleichliche Revolution vollziehen, welche die Menschheit aus der bisherigen Geschichte in ein völlig neues, ein »nachgeschichtliches« Zeitalter führen würde. Auch wenn Engels nun in dem einzigen Beispiel genuiner Selbstkritik, die von einem der Gründerväter je geübt wurde, die Konzeption des blutigen Umsturzes als überholt aufgab, hätte er nach fünfzig Jahren die Drohung des Kommunistischen Manifests wiederholen können, die herrschenden Klassen sollten vor der kommunistischen Revolution zittern.

Aber Marx selbst hatte im dritten Band des »Kapital« der so eingängigen Lehre von der welterlösenden Revolution in allen fortgeschrittenen Staaten mindestens tendenziell eine Absage erteilt, und er hatte, ausgehend von der für ihn selbst überraschenden Popularität seines Buches unter den fortschrittlich gesinnten Russen, ansatzweise eine Typologie der »realen« Revolutionen entworfen, in der eine englische, eine deutsche und eine russische Version unterschieden wurden, die nicht notwendigerweise gleichzeitig und in wechselseitiger Harmonie ausbrechen würden. Marx hatte sich in der Zeit der Ersten Internationale zwar unter schweren gegenseitigen Vorwürfen gegen Bakunin und dessen Anarchismus durchgesetzt, aber auch am Ende des 19. Jahrhunderts gab es noch abweichende, dem Marxismus gegenüber kritische Strömungen in der Arbeiterbewegung, und innerhalb des Marxismus dauerte der Gegensatz zwischen Revolutionären und Reformisten fort, der sich nur verbal ausgleichen ließ. Vor allem aber: Die nicht nur von Marxisten, sondern auch von vielen Liberalen für selbstverständlich gehaltene Vorstellung, dass eine Partei, die eine Stimme mehr als fünfzig Prozent der Stimmen erringe, nun die politische Macht gewonnen habe und die Gesellschaft von Grund auf nach ihren Vorstellungen umbauen könne, war gänzlich unerprobt, und es war in hohem Grade wahrscheinlich und durchaus nicht mit dem moralischen Stempel des Verwerflichen zu versehen, dass die 49 (oder selbst 35) Prozent der Besitzenden und Etablierten nebst ihren Anhängern ohne Widerstand den 51 oder mehr Prozent der Besitzlosen und ihrer intellektuellen Führer das Feld überlassen würden. Die Chancen auf Sieg oder Niederlage des Marxismus mussten ganz entscheidend vom Willen und der Entschlossenheit seiner Gegner abhängen, und diese Gegner waren zahlreich, weil jenes Herabsinken »der Mittelstände« in die »ungeheure Mehrheit« des Proletariats nicht stattfand. Im Gegenteil schien die soziale Entwicklung gerade eine der marxistischen Vorhersage entgegengesetzte Richtung einzuschlagen, die der Geschichte des »Liberalen Systems« adäqater war als die Konstruktion einer geradlinigen Vermehrung von Besitzlosigkeit und Elend, auf die Marx seine Siegesbotschaft gegründet hatte.

Bevor im letzten Kapitel vor der Schlussbetrachtung die Entwicklung der marxistischen Massenparteien als der neuartigsten und aussichtsreichsten politischen Kraft zum Thema gemacht werden kann, müssen im Rückgriff jene gegnerischen politischen Kräfte ins Auge gefasst werden, die nicht der Arbeiterbewegung entstammten und die stark genug waren, dem Marxismus entgegenzutreten oder sogar mit ihm zu konkurrieren. Als frühestes, für Marx selbst besonders überraschendes dieser Phänomene ist der »Bonapartismus« anzusehen.[3)]

Der Bonapartismus

Wenn der »Bonapartismus« als eine der möglichen Gegenbewegungen zum Marxismus und zunächst zum Sozialismus verstanden werden soll, ist eine Rückkehr zur Revolution von 1848 erforderlich, die für so viel Späteres der Knoten- und Ausgangspunkt war. Der entscheidende Anstoß für diese gesamteuropäische Bewegung war die »Februarrevolution« in Paris während der Tage des 22.–24. Februar 1848, auch wenn ihr mancherlei Unruhen wie etwa der Aufstand in Palermo vorangegangen waren. Dieser Umsturz, der den »Bürgerkönig« Louis Philippe den Thron kostete und sofort die Ausrufung der »Republik« zur Folge hatte, wurde weithin schon als »Arbeiterrevolution« aufgefasst, so von Tocqueville, und er stellte auch eine beachtliche Stärke der »Sozialisten« unter Beweis. Aber diese »Arbeiter« waren zum großen Teil Handwerksgesellen und -meister, Kleinhändler und Beschäftigte von Luxusindustrien, mithin keineswegs ein »großindustrielles Proletariat«. Und der »Kapitalismus« befand sich noch in den allerersten Anfängen seiner Entwicklung.

Die Landbevölkerung war zuerst passiv und nicht grundsätzlich feindselig, aber schon nach kurzer Zeit empfand sie in maßgebenden Teilen große Erbitterung, und zwar wegen der »quarante-cinq centimes«, einer vom Parlament beschlossenen Steuererhöhung, von der man sagte, sie sei von der Bevölkerung der Hauptstadt zum Schaden des »Landes« durchgesetzt worden. Weit über einzelne Gruppen und Klassen hinaus waren jedoch die Erinnerung an die große Revolution von 1789 und deren Traditionen mächtig, und soziale, nationale und internationale Forderungen wurden in bunter Mischung erhoben: das Recht auf Arbeit, die Wiedergewinnung des linken Rheinufers, der Krieg gegen Russland zur Befreiung Polens.

Immer wieder kam es zu Massendemonstrationen und Aufstandsversuchen, so am 15. Mai, nachdem von der provisorischen Regierung Wahlen zu einer verfassunggebenden Nationalversammlung gegen starke Widerstände durchgesetzt worden waren. Wie auch in späteren Revolutionen war eine Konfrontation zwischen einem progressivistisch-elitären und einem empiristischer Begriff von Demokratie zu konstatieren, und realsoziologisch war das mit der Frage identisch, ob die militanten Massen der Hauptstadt oder die meist bäuerliche Bevölkerung des Landes das Sagen haben würden. Die sozialen Forderungen wurden durch die Einrichtung von »Nationalwerkstätten« zunächst befriedigt, aber der Gegensatz zwischen einem »bürgerlichen«, d. h. auf Rentabilität abzielenden, und einem sozialistischen, vor allem am Zweck der Bedarfsdeckung orientierten Konzept kam gerade an diesem Punkt zum Vorschein: Die Nationalwerkstätten arbeiteten nicht rentabel, und nachdrückliche Forderungen nach Entlassung von Arbeitern bzw. ihrer Verschickung aufs Land wurden laut. Aus dem Widerstand gegen diese Bedrohung gingen die »Juni-Tage« hervor, die zwar keine allgemeine Auseinandersetzung zwischen »dem Proletariat« und »der Bourgeoisie« darstellten, sondern eher den Kampf zwischen einer marginalen Arbeiterschicht und den »ordnungsliebenden Kräften«, die aber tendenziell gleichwohl ein großer Bürgerkrieg waren und auf beiden Seiten anhaltenden Schrecken und tiefen Hass hinterließen. Das nächste politische Resultat war eine große Überraschung: Bei den Präsidentenwahlen vom 10. Dezember 1848 wurde mit großer Mehrheit Louis Bonaparte gewählt, der Neffe Napoleons I., weil die Arbeiter nicht für den Kandidaten der Republikaner, den Sieger der Junischlacht General Louis-Eugène Cavaignac, stimmten und weil die Landbevölkerung in großen Teilen von dem »napoleonischen Mythos« fasziniert war.

Dieser Mythos war keine Selbstverständlichkeit. 1815 war der Korse als »Satan« und »Massenmörder« allgemein verflucht worden, aber die jakobinische Linke erinnerte sich allmählich wieder ihrer positiven Beziehungen zu dem Kaiser, der sie entmachtet, aber auch zu Ehren gebracht hatte. Die Opposition gegen die legitimistischen Bourbonen und dann gegen Louis Philippe brauchte einen Sammelpunkt. Der Dichter Béranger machte »le petit caporal« wieder populär, aber auch Napoleon selbst förderte bis zu seinem Tod im Jahr 1821 sein Selbstbildnis als »Vollender der Revolution«.

So formierte sich allmählich eine bonapartistische Partei oder doch Tendenz, und als Prätendent setzte sich Louis Napoleon durch, der Sohn von Napoleons Bruder Louis, König von Holland, und der Hortense Beauharnais, der Tochter von Napoleons erster Frau. Er durfte mithin sozusagen als ein doppelter Napoleonide gelten, obwohl seine Abkunft nicht selten in Zweifel gezogen wurde. Louis Napoleon wuchs in Deutschland und der Schweiz auf, stand eine Zeit lang den italienischen »Carbonari« nahe, lebte danach in England und unternahm von dort aus zwei Putschversuche in Frankreich, von denen der zweite ihn ins Zuchthaus von Ham brachte, aus dem er jedoch entfliehen konnte. Seine Ansprüche waren eine Herausforderung für sämtliche europäischen Mächte, denn die Verträge von 1815 hatten die Thronbesteigung eines Mitglieds der Familie Bonaparte ausdrücklich verboten. Aber er wurde nicht sonderlich ernst genommen und galt vielen als ein purer und etwas anrüchiger Abenteurer.

Louis Napoleon erwies sich indessen als eine Art von sozialem Denker und Sympathisant der Sozialisten, insbesondere der Saint-Simonisten, und seine Schriften über die Beseitigung des Pauperismus und über die »napoleonischen Ideen« erreichten hohe Auflagen. 1848 wurde er bei den Parlamentswahlen, wie auch andere Angehörige seiner Familie, zum Abgeordneten gewählt, aber wegen einer gewissen Schüchternheit und Unbeholfenheit auch jetzt von seinen Gegnern nicht ernst genommen – und dann triumphierte er zur beinahe allgemeinen Konsternation der Linken und der gebildeten Klassen bei der Präsidentenwahl vom 10. Dezember. Als vom Volk gewählter Präsident hatte er nun eine starke Machtposition gegenüber der konstituierenden und (ab Mai 1849) der legislativen Nationalversammlung. In der Letzteren war die »Partei der Ordnung« führend, aber es gab eine starke Minderheit von sehr aktiven »Montagnards« oder Sozialdemokraten, und die Ordnungspartei war in zwei Flügel gespalten, die Orleanisten und die Legitimisten. »Bonapartisten« existierten so gut wie nicht.

Trotz seiner Machtposition war der Prinz-Präsident von großen Schwierigkeiten bedrängt. Er befand sich ständig in Geldnöten, eine Verfassungsbestimmung sah vor, dass er nach Ablauf seiner vierjährigen Amtszeit nicht wiedergewählt werden konnte, und noch wichtiger war die »römische Frage«. Louis Napoleon intervenierte in Rom zugunsten des Papstes und gewann deshalb die Sympathien der Katholiken, aber eben dadurch machte er sich bei der Linken noch mehr verhasst. Gegen einen Aufstandsversuch am 13. Juni 1849 setzte er sich mithilfe der Armee durch, und danach gewann er durch geschicktes Taktieren immer mehr Einfluss gegenüber dem Parlament, dessen Mehrheit sich besonders durch eine starke Einschränkung des Wahlrechts unpopulär machte. Noch gravierender waren aber die verbreitete Unsicherheit, die Drohungen der Linken im Hinblick auf das Jahr 1852 und die Erfolglosigkeit der Versuche, eine Verfassungsrevision hinsichtlich der Wiederwahl durchzusetzen. So wurde der Ruf nach dem »starken Mann« und nach Stabilität immer lauter.

Am 2. Dezember 1851 erfolgt dann der lang erwartete »coup d'état«, in Szene gesetzt mithilfe der Armee und mit Unterstützung einer kleinen Gruppe von Freunden und Anhängern, unter ihnen Louis Napoleons Halbbruder

Morny und der Abenteurer Persigny. Aber die Atmosphäre war durch Reisen des Prinz-Präsidenten in die Provinz und auch durch die Propaganda der »Gesellschaft vom 10. Dezember« vorbereitet, die allerdings höchstens der Ansatz zu einer bonapartistischen Partei war. Die Nationalversammlung wird aufgelöst, viele Parlamentarier werden verhaftet, unter ihnen Tocqueville, der aufflammende Widerstand in Paris wird unter schweren Übergriffen der Soldaten niedergeworfen, und zwar gerade in den »besseren Vierteln« der Boulevards. Aufstände in verschiedenen Provinzen, besonders im Süden, werden blutig erstickt, zahlreiche Personen in die tropischen Kolonien deportiert. Es handelte sich also ausgeprägtermaßen um eine gewaltsame Machtergreifung.

Trotzdem sprach sich beim Plebiszit vom 20. Dezember 1851 eine große Mehrheit für eine zehnjährige Präsidentschaft Louis Napoleons aus, und darauf folgte rasch ein grundlegender Umbau der Verfassung. An der Spitze des Staates steht der nur dem Volk verantwortliche Präsident, der die Minister ernennt und entlässt; an die Stelle der »Kammer« tritt ein »corps législatif«, wo nicht mehr »Repräsentanten«, sondern »Deputierte« sitzen, die zwar über Gesetze abstimmen, aber nicht das Recht der Initiative besitzen und deren Prestige vom »Senat« übertroffen wird, der aus allen »Berühmtheiten« des Landes gebildet ist und als »pouvoir pondérateur« der »Hüter des Grundgesetzes und der öffentlichen Freiheiten« sein soll. Mindestens ebenso wichtig ist aber der vom Präsidenten ernannte »Conseil d'état«, der die Gesetze redigiert und vor dem »Corps législatif« vertritt. Gleichzeitig wird die Macht des Exekutivapparates sehr verstärkt, die Pressefreiheit erheblich eingeschränkt, die »Universität« vom Minister der »Instruction publique« völlig beherrscht. Weit bekannte Universitätslehrer wie Victor Cousin, Jules Michelet und Edgar Quinet verlieren ihre Ämter. Zahlreiche Politiker und Autoren begeben sich in die Emigration nach Belgien, England und zu einem kleinen Teil nach Deutschland.

Insofern nimmt sich das neue Regime wie eine Gegenrevolution der Rechten aus, aber bald folgen Maßnahmen, die ganz linke Züge tragen: Schon im Januar 1852 wird das Vermögen des Hauses Orléans konfisziert und zu beträchtlichen Teilen für die Förderung sozialer Zwecke wie für die Verbesserung von Arbeiterwohnungen und für die Unterstützung der »sociétés de secours mutuel« verwendet. Bald setzt eine starke Propaganda für die Wiederherstellung des Kaisertums ein, und Napoleon hält am 9. Oktober 1852 in Bordeaux eine berühmte Rede, in der er verlangt, jene Sicherheit für die

Zukunft herzustellen, die nur das »Empire« zu geben vermöge. Hier verkündet er – gegen die später durch den Krimkrieg bestätigten Befürchtungen »gewisser Personen«, die Wiedereinführung des Kaiserreichs werde wie schon zu Zeiten des ersten Napoleon zum Krieg führen – »L'Empire c'est la paix«, und dieser Friede schließe zwar Eroberungen in sich, aber moralische und religiöse Eroberungen und nicht zuletzt Fortschritte bei der Erschließung unkultivierten Landes, der Schiffbarmachung von Flüssen und bei der Erweiterung des Eisenbahnnetzes. Damit wird die politische Förderung einer industriellen Revolution proklamiert, wie es die Saint-Simonisten in der Tat schon seit Langem getan hatten.

Am 7. November fasst der Senat den entsprechenden Beschluss, und am 2. Dezember 1852 wird Louis Bonaparte zum »Empereur« ausgerufen. Die Anknüpfung an die ruhmreiche Zeit Napoleons I. scheint gelungen, die einstige »Heilige Allianz« existiert nicht mehr, und der einzige Protest der legitimen Monarchien besteht darin, dass Zar Nikolaus dem »Usurpator« die Anrede »Bruder« verweigert.

War durch eine Quasirevolution ein »rechtes Regime« entstanden? Die Bourgeoisie hätte ein solches begrüßen müssen, aber sie war sehr beunruhigt und großenteils feindlich eingestellt, wenngleich wiederum erleichtert. Das »Nationalitätenprinzip«, zu dessen Vorkämpfer Napoleon III. sich machen wollte, war durchaus nicht »rechts« und die Berufung auf Napoleon I. ebenso wenig. Handelte es sich also um ein linkes Regime? Alle bekannten Revolutionäre und Sozialisten waren in Haft oder in die Emigration getrieben, die katholische Kirche wurde sehr gefördert. Am ehesten konnte man von einem »Volkskaisertum« mit rechten und linken Zügen sprechen. Schon frühzeitig kam der Terminus »benthamistischer Despotismus« in Gebrauch, der so viel wie »auf Massenwohlfahrt ausgerichtetes und antiliberales Regime« bedeutete. Ein solches Regime war in Europa kaum weniger neuartig, als es ein sozialistisches Regime gewesen wäre. Es ist nicht verwunderlich, dass es für lange Jahre zum Gegenstand lebhaftester politischer Auseinandersetzungen im übrigen Europa wurde.

Eine Herausforderung bedeutete es besonders für die Konservativen, obwohl deren Hauptströmung mit den gewohnten Begriffen auskommen zu können glaubte. Friedrich Julius Stahl, die Gebrüder Gerlach und zunächst auch Bismarck waren ja ganz am Begriff der »Legitimität« orientiert, die sie als die gottgewollte, nicht vom Menschen gemachte Ordnung verstanden. Daher bedeutete die Revolution eine Verkehrung der ewigen Ordnung des

Oben und Unten, die Emanzipation des Menschen von Gott und den Sieg des »Sündenschlamms der Volksleidenschaft«. Für sie war Napoleon III. wie schon sein Onkel ganz und gar eine Verkörperung der Revolution.

Aber schon früh kamen auch Konservative zu Wort, die in Napoleon III. vor allem den Sieger über die – konkret drohende – Revolution sahen, so Donoso Cortés, der die »Diktatur des Säbels« der »Diktatur des Dolches« (Mazzinis) vorzog, und so auch Constantin Frantz, der 1852 schrieb: »Das ist Napoleon! … Dieser Herkules, der die lernäische Schlange der Demagogie getötet …; dieser Heros, der die grübelnde Welt dem Prinzip der Aktivität und Personalität zurückgegeben hat und der dafür bei der diskutierenden Bourgeoisie, bei den Advokaten und Ideologen stets verhasst war, aber stets populär bei dem Volke, welches in ihm den Menschen erkannte.«[1)] Damit nahm er zwar Bezug auf Napoleon I., aber mit leichter Modifikation ließ sich auch Gegenwärtiges so beschreiben oder antizipieren.

Und Bismarck schrieb 1857 in seinem Briefwechsel mit Leopold von Gerlach, der ihn mehr und mehr von seinem früheren Mentor wegführte, Napoleon sei nicht als einziger Repräsentant der Revolution anzusehen und man müsse fragen, wie viele Existenzen es denn in der heutigen politischen Welt gebe, »die nicht auf revolutionärem Fundamente stehen«. Damit kam seine Wendung weg von der »Prinzipienpolitik« des Legitimismus hin zur Real- und Machtpolitik deutlich genug zum Vorschein.

Mindestens in gleichem Maße bedeutete das bonapartistische Regime eine Herausforderung für die Sozialisten und insbesondere für Marx. In seinen »Klassenkämpfen in Frankreich« von 1850 hatte er Louis Napoleon kaum erwähnt, und im Dezember 1851 hatte dieser Abenteurer, dieser »Held Krapülinski« triumphiert! Im Briefwechsel zwischen Marx und Engels kommt die vollständigste Überraschung zum Ausdruck. Es handle sich um eine »Travestie des 18. Brumaire«, das Volk benehme sich wie ein Kind, solch dummes Zeug könne nicht dauern, man sei »quite bewildered« von diesen tragikomischen Ereignissen, äußerstenfalls sei eine ephemere Existenz dieses Napoleon zu erwarten; es handle sich um eine Farce. Klar sei allerdings, dass »die Roten« (d. h. Marx' sozialistische und linksliberale Gegner) vollständig abgedankt hätten, und es lasse sich nicht leugnen, dass auch viele Proletarier durch die Wiederherstellung des allgemeinen Wahlrechts beeindruckt seien.

In der leidenschaftlichsten und eindringendsten seiner politischen Kampfschriften »Der achtzehnte Brumaire des Louis Bonaparte« machte Marx indessen schon 1852 den Versuch, die überraschenden Ereignisse sich selbst und anderen aus seiner Theorie heraus verständlich zu machen. Die »Bourgeoisrepublikaner«, d. h. die bürgerliche Linke, waren in Frankreich bloß eine »Koterie«; die Masse der Bourgeoisie sammelte sich in der »Partei der Ordnung«, und diese hielt den Präsidenten »einfach für ihren dupe«. Aber die Bourgeoisie im Lande entfremdete sich mehr und mehr von ihren Repräsentanten in Paris, die untereinander in vielfältige Konflikte verwickelt waren. Indessen war auch das »Proletariat« keineswegs eine kompakte und homogene Kraft. Es ließ sich großenteils ebenfalls von kurzsichtigen Individualinteressen leiten, wie etwa von dem Wunsch nach Teilhabe an der »Prosperität«.

Das »Lumpenproletariat« ließ sich ohne Umstände kaufen und in die »Mobilgarde« einreihen, die also eine subproletarische Kampfformation gegen ein uneiniges Proletariat darstellte. An der Spitze der Gesellschaft gab es als Entsprechung das »vornehme Lumpenproletariat«, zu dem der Präsident selbst zählte, und daneben noch die »niedrige Boheme«. Aber die Massenbasis des Regimes waren die von Marx so genannten »Parzellenbauern«, der zahlenstärkste Bevölkerungsteil Frankreichs – eine »Addition gleichnamiger Größen«, aber bei Wahlen natürlich von entscheidendem Gewicht. Die »revolutionäre Bergpartei«, die Montagne, bestand nach Marx aus Kleinbürgern, einem stets »schwankenden Element«. Doch auch die Proletarier waren nach einer anderen Aussage zu »kleinbürgerlichen Maßnahmen« geneigt. Auch sie schwankten also zwischen mehreren parteimäßigen Möglichkeiten.

In all diesen bemerkenswerten »realsoziologischen« Analysen steckte im Grunde die Feststellung, dass die Aktionen der revolutionären Partei, die mit keiner sozialen »Klasse« identisch war, schließlich zu Reaktionen sämtlicher anderer Parteien führten, deren Nutznießer und Verbildlichung der Inhaber der Exekutivgewalt war. Das letzte Resultat war für Marx die »Verselbstständigung der Staatsgewalt«, die aus dem Gleichgewicht der ohne Entscheidung kämpfenden »Klassenkräfte« hervorging und deren wichtigste Folge darin bestand, dass die Bourgeoisie die politische Macht verlor, die soziale Macht aber behielt. Napoleon war also keinesfalls ein bloßes »Werkzeug der Bourgeoisie«, und Marx kommt sogar zu dem erstaunlichen Ergebnis, der »kaiserliche Sozialismus« habe den Saint-Simonismus in der einzig möglichen Form verwirklicht.

Engels stellte später im Rückblick fest: »Der Bonapartismus schien endgültig über den Sozialismus gesiegt zu haben«, und Marx sah während der Sechzigerjahre im Lassalleanismus die Möglichkeit beschlossen, »den Kern einer bonapartistisch-staatssozialistischen Arbeiterpartei« abzugeben. Danach wurde der Begriff des Bonapartismus von Marx und Engels auch zur Charakterisierung des Bismarck-Reiches verwendet, und schließlich wurde er von Engels 1887 sogar ausdrücklich auf Napoleon I. zurückübertragen, und zwar im Zusammenhang seiner Polemik gegen den »Boulangismus«, der unter den Pariser Arbeitern viele Anhänger gewonnen hatte. Die Ursache für das verwirrende Phänomen sei der Chauvinismus, der Revanchegedanke, an dem die Pariser Arbeiter wie am Evangelium hingen. »Aber es ist das dritte Mal, dass eine solche Verirrung vorkommt – das erste Mal wurde Napoleon Nr. 1, das zweite Mal wurde Napoleon Nr. 3 durch eine solche Welle der Verirrung an die Spitze getragen, und jetzt ist es eine üblere Kreatur als die beiden. Jedenfalls müssen wir … zu dem Schluss kommen, dass wir nach jedem großen revolutionären Kampf eine Wiederkehr des Bonapartismus erleben können, einen Ruf nach dem Retter, der die niederträchtigen Bourgeois vernichten soll …«[2)]

Der Bonapartismus ist also für Engels alles andere als die »Herrschaft des Finanzkapitals«, sondern weit eher eine Erscheinungsform des Sozialismus, nämlich ein staats- oder national-sozialistisches Regime unter einem Diktator, das den internationalistischen Teil des Sozialismus unter Mitwirkung fast aller Kleinbürger und vieler Arbeiter zu vernichten vermag, wenn dessen Griff nach »der« Macht gescheitert ist. Aber beruhte die ganze Konzeption des internationalistischen Sozialismus nicht auf einem »idealsoziologischen« Schema, das nicht einmal in England und allenfalls in Manchester verwirklicht war, nämlich auf der Reduzierung der Gesellschaft auf die tödlich verfeindeten Hauptklassen der an Zahl winzigen Bourgeoisie und der »ungeheuren Mehrzahl« des Proletariats? War nicht bei »realsoziologischer« Analyse, für die Marx im »Achtzehnten Brumaire« ein wegweisendes Beispiel gegeben hatte, die europäische Gesellschaft um vieles mannigfaltiger und damit an potenziell überraschenden Vorgängen reicher, als man vom Standpunkt der marxistischen Theorie annehmen sollte?

Mehrere solche Phänomene sind der Darstellung und Untersuchung wert, und zunächst jener von Engels genannte »Chauvinismus« von rechts, als defensiver und konservativer Nationalismus, der sich aber vom überlieferten und mindestens »christlichen« Konservativismus immer weiter entfernte, und dann der sowohl rechte als auch linke »Antisemitismus« sowie der zur gleichen Zeit linke und rechte »Zionismus«.[3)]

Defensive Nationalismen

Bisher ist uns der Nationalismus nur im Zusammenhang mit dem Liberalismus begegnet, als offensive Bewegung, die unter dem Motto der Einheit den Zusammenschluss von Partikularstaaten gleicher Sprache zu einem größeren Ganzen erstrebte oder unter dem Motto der Freiheit die Herauslösung einzelner Völker aus den übernationalen Zusammenhängen dynastischer Staaten. Die wichtigsten Beispiele für ein nationales Einheitsstreben, das innenpolitisch mit dem Ruf nach »Freiheit« verknüpft war, stellten Deutschland und Italien dar. Das klassische Beispiel für nationale Loslösungstendenzen waren die erfolgreichen Kämpfe der christlichen Balkanvölker, aber auch die zunächst noch aussichtslosen Kämpfe um die Wiederherstellung Polens oder um eine staatliche Selbstständigkeit der Tschechen.

Die Frage war: Was wird aus einem solchen offensiven Nationalismus, wenn er sein Ziel erreicht und die Einheit bzw. die Selbstständigkeit verwirklicht hat? Geht er in den Internationalismus als die nächste Stufe der Einigung über, indem er sich als bloße Phase in einem übergreifenden Prozess versteht, oder greift er zu einer staatenbündischen Konzeption, um den Mangel an ökonomischer Autarkie auszugleichen? Die erste Möglichkeit war am ehesten in dem italienischen Nationalismus Mazzinis beschlossen, aber sogar Mazzini erhob nach 1870 eher Machtansprüche für den neuen Staat, als dass er für einen übergeordneten Zusammenschluss eingetreten wäre, und Bismarcks Deutschland verstand sich zwar als ein »Kulturstaat« unter mehreren, aber Gedanken an ein künftiges »Mitteleuropa« waren nur in Randschichten des intellektuellen Lebens lebendig. Die dritte und wahrscheinlichste Möglichkeit war aber die, dass der Nationalismus defensiv wurde, da einerseits ein längerer Zeitraum für die Konsolidierung des neuen Staates erforderlich war und da andererseits die internationale Tendenz von Bewegungen okkupiert war, die der Nation bzw. den führenden Schichten der Nation feindlich gesinnt waren. Solche Bewegungen bzw. Realitäten waren die »Schwarzen«, die Partei der katholischen Kirche, in Italien und sogar in Frankreich, die freilich relativ leicht als »reaktionär« zu bekämpfen waren, und die »Roten«, die überwiegend marxistische Arbeiterbewegung, schon seit der Mitte der Siebzigerjahre in Deutschland eine Partei, die nicht nur internationalistisch gesinnt war, sondern die sich für die Spitze des Fortschritts und der Modernität erklärte. »Schwarze« gab es aber auch in Deutschland und »Rote« in Italien und Frankreich. Hier wie dort musste ein defensiv gewordener Nationalismus zwei internationale Bewegungen bekämpfen. Aber kann die reine Defensive ausreichen, wenn man sich einer großen Offensive gegenübersieht? Musste dieser defensive Nationalismus nicht eine eigene Art von Offensivität entwickeln, wenn er nicht hoffnungslos ins Hintertreffen geraten und die Abwehr ganz einem »Nationalliberalismus« überlassen wollte, der doch längst nicht alle Merkmale der kosmopolitischen Herkunft des Gesamtliberalismus abgelegt hatte?

In diesem Kapitel sollen drei von jenen Bewegungen ins Auge gefasst werden, deren Ursprünge stärker im Bereich des überlieferten Konservativismus als in dem des Liberalismus lagen und die sich dennoch weit davon entfernten oder auch von Anfang an davon entfernt waren. Ihr Ort waren die großen kontinentaleuropäischen Staaten: Deutschland, Frankreich und Italien. Die in etwa entsprechende Bewegung in Russland, der Panslawismus, war besonders eigenartig und auch für den Ausbruch des Weltkriegs viel wichtiger; sie wird daher erst im übernächsten Kapitel zum Thema gemacht.

Der Alldeutsche Verband

Der Ausgangspunkt für seine Gründung war das Helgoland-Abkommen zwischen Deutschland und Großbritannien vom Juni 1890, mit dem das Deutsche Reich die strategisch potenziell sehr wichtige Insel am Ausgang der »Deutschen Bucht« gegen die weit größere Insel Sansibar vor der Küste des schon zu erheblichen Teilen in deutschem Besitz befindlichen Ostafrika eintauschte. Kurze Zeit später veröffentlichten vier in Zürich lebende Reichsdeutsche einen Aufruf, der den Vertrag als einen verwerflichen Versuch anprangerte, »die kommenden Geschlechter um ihr Erbteil am Planeten zu betrügen«. Die Anklage begründeten sie durch das Verlangen, »dass uns ein Preis zufalle, der des Opfers wert ist«, und dieser Preis sei, »einem Herrenvolk anzugehören, das seinen Anteil an der Welt sich selber nimmt und nicht von der Gnade und dem Wohlwollen eines anderen Volkes zu empfangen sucht«. Die Schlusswendung lautete: »Deutschland, wach auf!«

Man hätte erwarten können, dass ein solcher Aufruf als früher Ausdruck einer »weltpolitischen« oder »imperialistischen« Denkweise zur Kenntnis genommen und als beunruhigendes Symptom exzessiver Kritik an einer wohlüberlegten Regierungsmaßnahme getadelt worden wäre, aber er wurde zum Anstoß der Gründung des »Allgemeinen Deutschen Verbandes«, der von Juni 1894 an den Namen »Alldeutscher Verband« trug. Gleichzeitig schuf er sich ein Publikationsorgan in den »Alldeutschen Blättern«. In der ersten Zeit war häufig die Berufung auf die »Weltgesittung« zu finden, aber in der Satzung von 1903 war von »Weckung und Pflege des Bewusstseins der rassenmäßigen und kulturellen Zusammengehörigkeit aller deutschen Volksteile« die Rede. Gleichwohl war der Verband nicht »pangermanistisch«, wie die Franzosen sich ausdrückten; er stand weit mehr in der kleindeutschen als in der großdeutschen Tradition, und er forderte nicht den Anschluss der deutschen Teile Österreichs – die österreichischen Alldeutschen Schönerers bildeten eine Ausnahme. Im Vordergrund stand vielmehr die »Weltpolitik« und damit die Feindschaft gegen England, das den Deutschen angeblich den »Platz an der Sonne« neidete oder sogar vorenthielt. Der »Antisemitismus« gehörte nicht zum Programm, mindestens nicht offiziell, und es gab auch jüdische Mitglieder.

Im Ganzen stammten die Mitglieder überwiegend aus den Lehrberufen, auch den akademischen. Unter den Gründern befanden sich hoch angesehene Gelehrte wie Ernst Haeckel und Friedrich Ratzel, später auch Karl Lamprecht, Dietrich Schäfer und Otto Hoetzsch. Ein besonders interessanter Fall war Max Weber, dessen Freiburger Antrittsrede von 1895 mit ihren schroff antipolnischen Wendungen und mit der Forderung nach »Weltpolitik« so etwas wie ein vorweggenommenes alldeutsches Programm darstellte, und Weber wurde in der Tat Mitglied, aber nur für kurze Zeit.

Innenpolitisch bezog der Verband aufs Schärfte gegen alle Kräfte Stellung, die nach seiner Auffassung die Machtpolitik und die Expansion Deutschlands hemmten, vor allem die Schwarze und die Rote Internationale. 1901 hatte er etwa 20 000 Mitglieder. Zu Großkapital und Schwerindustrie bestanden so gut wie keine Verbindungen. Vorstellungen zur »Gewinnung von Lebensraum« fehlten nicht ganz, bezogen sich aber meist auf Kleinasien oder auf eine mitteleuropäische Zollunion, und sie waren für den Verband nicht spezifisch. Durchweg wurde Respekt gegenüber »gleichgearteten Kulturvölkern« an den Tag gelegt, aber »minderwertigen Völkchen« wie Tschechen, Slowaken und Slowenen wurde das Recht auf eine eigenständige nationale Existenz abgesprochen. Freilich war auch diese Einstellung nicht spezifisch, und sogar Friedrich Engels hatte sich 1849 in dem gleichen Sinne ausgesprochen. Die Politik der kaiserlichen Regierungen wurde nur sehr partiell unterstützt und häufig wegen ihrer angeblichen Schwäche und Entschlusslosigkeit kritisiert. Bis zu einem gewissen Grade waren die Alldeutschen also eine »oppositionelle Rechte«.

Das wurde kaum irgendwo deutlicher als in dem 1912 erschienenen Buch des damaligen Vorsitzenden Heinrich Claß, eines Justizrates in Mainz, das diese Kritik schon im Titel überaus deutlich artikulierte: »Wenn ich der Kaiser wär'«. Das allgemeine Wahlrecht, dessen Einführung in Preußen alle Konservativen und der Kaiser selbst ablehnten, wurde von Claß auch für das Reich infrage gestellt, und zwar mit der Begründung, die deutsche Gesellschaft sei nicht homogen und geschlossen genug. Der Grund für die »soziale Frage« sei nichts anderes als die Enge des deutschen Lebensraums. Die von der »sozialistisch-jüdischen« Propaganda geforderte Revolution müsse das deutsche Volk vernichten. Daher sei ein neues Sozialistengesetz erforderlich, das von den Verwässerungen des bismarckschen Gesetzes frei sei. Nur eine aggressive innere Politik, die nicht zuletzt für den Mittelstand sorge, könne Deutschland wieder zur Gesundung führen. Ein »Mischmaschvolk« sei ein krankes Volk, der starke jüdische Einfluss habe verhängnisvolle Wirkungen. Die segensreiche Erweiterung des Lebensraums habe natürlich einen Krieg zur Voraussetzung, und Claß preist ihn ausdrücklich als eine »schöpferische Lebensmacht«. In der Tat weist schwerlich irgendein Buch der Vorkriegszeit – allerdings bis auf einen wesentlichen, vor 1914 nicht möglichen Unterschied: den Antibolschewismus – so viel Ähnlichkeit mit Hitlers »Mein Kampf« auf,[1)] und nach glaubwürdigen Berichten machte Hitler bald nach dem Beginn seiner politischen Laufbahn einen Besuch bei Claß, ja er nannte sich dessen Schüler.

Während des Krieges waren die Alldeutschen führend in der »Kriegszieldiskussion«, und sie übten heftige Kritik an Bethmann Hollweg, der von Forderungen wie »Landerwerb frei von Menschen« nichts wissen wollte. Ihr realer Einfluss war indessen eng begrenzt. Aber sie waren ein großer Trumpf für die alliierte Propaganda, ähnlich wie Treitschke und »die Junker«.

Die Action française

In Frankreich war der Hintergrund für die Entstehung des »Integralen Nationalismus« ein rein innenpolitischer, und zwar die »Affäre Dreyfus«, insbesondere der Selbstmord des Oberstleutnants Henry am 31. August 1898 im

Gefängnis, nachdem er gestanden hatte, ein entscheidendes Beweisstück gefälscht zu haben. Jetzt waren Armee und Kirche, gegen die der Kampf der »Dreyfusards« oder »Revisionisten« ja letzten Endes gerichtet war, in schwierigster Lage – weit mehr noch als nach Zolas berühmtem Artikel »J'accuse« in Clemenceaus Zeitung »Aurore« ein halbes Jahr zuvor. Da schuf der Zeitungsartikel des kaum bekannten jungen Schriftstellers Charles Maurras eine neue Dimension des Hasses und der Feindschaft, indem er das »Verrätersyndikat« unter der Überschrift »Das erste Blut« anklagte, Henry, einen vorbildlichen Offizier, auf hinterhältige Weise ermordet zu haben.

Nun erfolgte rasch der Zusammenschluss der Dreyfusards zur »Ligue pour la défense des droits de l'homme« und derjenige der Anti-Dreyfusards zur »Ligue de la patrie française«. In der ersten fanden sich die Linksintellektuellen, die meisten Sozialisten und viele Volksschullehrer zusammen; unter den hunderttausend Mitgliedern der zweiten war fast die ganze Académie française zu finden. Aber die »Patrie française« war ziemlich zaghaft und allzu sehr vom Geist des Establishments bestimmt. Ganz anders war der Ton eines Manifestes, das der ehemalige Linksliberale Maurice Pujo am 19. Dezember 1898 unter der Überschrift »Action française« im »Eclair« veröffentlichte. Hier wurde ein schroffer Angriff gegen »die Anarchisten«, gegen die »Abstraktion der Menschenrechte«, gegen Parlamentarismus und Individualismus geführt – gegen einen gesellschaftlichen Zustand des Niedergangs und der Auflösung, an dessen Stelle ein Frankreich treten müsse, das im Inneren »organisiert« und nach außen so stark sei wie der Staat des Ancien Régime. Mitte 1899 konstituierte sich eine Gruppe, die eine kleine Revue »Action française« herausgab. Diese wurde mit einem Artikel von Henri Vaugeois eröffnet, der ebenfalls ein Linksliberaler, ja ein Sympathisant des revolutionären Sozialismus gewesen war, und der Titel, der einem Wort mit negativer Bedeutung einen positiven Sinn gab, lautete: »Réaction d'abord«. Hier setzte die große Rolle von Maurras ein, der sich der Gruppe angeschlossen hatte. Er bekehrte die ganze Gruppe, deren Mitglieder sich überwiegend als Republikaner empfanden, die allenfalls eine Synthese von Republik und Monarchie erstrebten, innerhalb kurzer Zeit zum Monarchismus. Aber es handelte sich um einen Monarchismus besonderer Art.

Charles Maurras, 1868 in der Provence geboren, hatte in frühester Kindheit die Furcht seiner Umgebung vor den deutschen Invasoren, »Barbaren mit Pickelhauben auf dem Kopf«, in sich aufgenommen und mindestens ebenso sehr die von den Nachrichten über die Pariser Kommune genährte

Revolutionsfurcht seiner Mutter, die, anders als der Vater, eine gläubige Katholikin war. In der Schulzeit eignet er sich viel klassisches und romantisches Bildungsgut an, aber mit 15 Jahren ertaubt er und verliert gleichzeitig seinen Glauben. 1885, mit 17 Jahren, geht er als Berufsschriftsteller nach Paris, wo er sich durch die Mitarbeit an kleinen Zeitschriften durchschlägt und durch die Begegnung mit dem antirevolutionären Progressivismus Auguste Comtes einen neuen festen Standpunkt gewinnt, den er später als »empirisme organisateur« kennzeichnet. Auf den Boulevards von Paris gerät er in große Verwirrung, weil er auf Namensschildern und Geschäften so viele fremdartige Namen mit den Buchstaben X, W und Z liest – es handelt sich um den Schock des jungen Provinzlers in der Weltstadt, wie ihn später Adolf Hitler in Wien erfahren wird und wie ihn ein halbes Jahrhundert zuvor auch Friedrich Engels für einen Augenblick in London erlebt hatte. Als er den Marxismus kennenlernt, empfindet er ihn als »deutsch und jüdisch«, er schließt sich den »Felibristen« an, die für regionale, insbesondere provençalische »Freiheiten« gegen den jakobinischen Zentralismus der Dritten Republik eintreten. In diesem Zusammenhang entwickelt er die Vorstellung von der »Weltnacht« und vom Aufstand der Sklavenmassen. Beides verknüpft er aufs engste mit dem »Kreuz des leidenden Gottes«, an dem die Schönheit, die Kraft und die Harmonie des klassischen Altertums zugrunde gegangen seien.

So wendet er sich zum Katholizismus zurück, aber bloß insofern, als dieser »das christliche Gift« überwunden und nicht wenig von der Größe und dem Ebenmaß der griechischen und der römischen Welt gerettet habe. Großen Eindruck macht ihm die Lektüre der Übersetzung von Fichtes »Reden an die deutsche Nation« und die Teilnahme an den ersten Olympischen Spielen von 1896 in Athen. Frankreich scheint ihm, wie einst Athen, durch die Demokratie tief geschwächt und dem neuen Philipp von Mazedonien, dem deutschen Kaiser, hilflos ausgeliefert zu sein. Rettung vermag nur die Konzentration und Willensstärke einer Monarchie zu bringen, und so ist sein Monarchismus nicht ein traditioneller, sondern ein postulatorischer. Nicht weniger neuartig ist sein antichristlicher Katholizismus, der ihn später sagen lässt: »Je suis athée, mais je suis catholique.« Die Dreyfus-Affäre bringt ihn dann zur Politik »wie zu einer Religion«.

So bildet sich innerhalb der Gruppe der »Action française« der »integrale Nationalismus« heraus – »integral« deshalb, weil er die vollständige Loslösung von den Ideen der Französischen Revolution erstrebt. Die Gruppierung weist eine hohe intellektuelle Qualität auf: Jacques Bainville, Léon Daudet,

Louis Dimier, Pierre Lasserre zählen zu ihren Wortführern. Wie der Begriff »Reaktion« wird auch »Gegenrevolution« mit einem positiven Akzent versehen, und sogar Proudhon wird unter deren »Meister« eingereiht. Der tätigste von allen ist Maurras: Er spricht den »vier verbündeten Ständen«, Juden, Protestanten, Freimaurern und Metöken, das Franzosentum ab, greift Marc Sangnier als den Gründervater der »christlichen Demokratie« auf das Heftigste an und nimmt maßgeblichen Anteil an der Gründung der Tageszeitung »L'Action Française« im März 1908, die unter seiner Leitung rasch beträchtlichen Einfluss gewinnt. Die ersten systematischen Störungen einer Vorlesung werden nicht von Sozialisten oder Syndikalisten vorgenommen, sondern von der Jugendorganisation der Action française, den »Camelots du Roi«.

Weit in die Zukunft voraus weist der Versuch eines Bündnisses mit Syndikalisten; dieser vollzieht sich unter der Führung von Georges Valois im »Cercle Proudhon«, und kein Geringerer als Georges Sorel steht dem Unternehmen zeitweise mit viel Sympathie gegenüber. Als die dreijährige Dienstzeit eingeführt wird, entfesselt die Action française eine heftige Kampagne gegen den Antimilitarismus der Linken. Am »Wiedererwachen des französischen Stolzes« hatte sie beträchtlichen Anteil, aber es wurde ihr auch mit gutem Grund eine mindestens moralische Mitschuld an der Ermordung von Jean Jaurès zugeschrieben. Im Krieg führte sie einen großen und erfolgreichen Feldzug gegen die Kriegsgegner und »Verräter« um die Zeitschrift »Le Bonnet Rouge«, sie wirkte beim Sturz des Innenministers Malvy mit und unterstützte sehr wirkungsvoll die Politik Clemenceaus. Später behauptete Maurras, Frankreich habe gesiegt, weil Clemenceau die Politik der Action française zur Grundlage seines Handelns gemacht habe. Clemenceau hat diese These zwar nie bestätigt, aber er hat auch nie verborgen, dass er gegenüber Maurras und der »Action française« hohe Achtung empfand.[2)]

Die Associazione Nazionalista Italiana

Die korrespondierende italienische Gruppierung wurde am spätesten gegründet, nämlich 1910. Auch hier war ein einzelner Schriftsteller und dessen früheres Werk von größter Bedeutung: Enrico Corradini, geboren 1865 in der Toskana. Seine wesentliche Erfahrung war die Niederlage von Adua im Jahre 1896. Bald danach trat er mit großer Entschiedenheit gegen den

»Reformismus« der Sozialisten und gegen den »Giolittismus« des Bürgertums auf, die er für die Schwäche Italiens verantwortlich machte. Sein Vorbild war das antike Rom und dasjenige der Renaissance. 1903 gründete er die Zeitschrift »Il Regno« als Organ für alle diejenigen, die sich »der Niedrigkeit der gegenwärtigen Stunde« schämten. Aber auch gegen den »ignobile socialismo« und keineswegs nur gegen den »reformistischen« richtete sich eine scharfe Polemik. 1908 trat »La Voce« ins Leben, wo zunächst bloß ein sehr unterschiedliches Programm der »Erneuerung« vorgelegt wurde, an dem viele bedeutende Schriftsteller Anteil hatten, deren Wege später sehr weit auseinandergehen sollten: Giovanni Amendola, Benedetto Croce, Giovanni Gentile, Giuseppe Papini, Gaetano Salvemini. Zu Gabriele D'Annunzio und zu den »Futuristen« bestanden mancherlei Verbindungen.

Im Dezember 1910 fand dann in Florenz der Gründungskongress der »Associazione Nazionalista« statt. Sie war zweifellos von der Action française stark beeinflusst, legte aber ein größeres Bemühen an den Tag, sich von der »Reaktion« abzugrenzen. Anders als bei den Alldeutschen und der Action française war eine innere Nähe zum Marxismus zu konstatieren. Von Anfang an stand die Konzeption vom Kampf der proletarischen Nationen gegen die bürgerlichen im Vordergrund, aber sie war in hohem Maße durch einen biologistischen Akzent gekennzeichnet: Proletarische Nationen waren jung und aufsteigend, wie vornehmlich Deutschland, bürgerliche Nationen dagegen waren alt und dekadent, wie in erster Linie Frankreich und England. Diese offensive Vorstellung war jedoch unverkennbar mit einer defensiven innenpolitischen Zielsetzung verknüpft, die bei Vilfredo Pareto – formell kein Mitglied – besonders augenfällig wurde: Die törichten humanitären Empfindungen des Bürgertums sollten angesichts der Gefährdung durch die Massen und durch das vom Bürgertum selbst herangezogene intellektuelle Proletariat endlich männlichen Verhaltensweisen Platz machen. Dies sei freilich nur durch einen Krieg möglich.

Auch Corradini und diejenigen Mitglieder, die wie Roberto Forges-Davanzati vom revolutionären Sozialismus herkamen, teilten diese Auffassung. Was vollständig fehlte, war das Konzept einer Solidarität der unterdrückten Völker. Vielmehr waren das antike Rom und dessen Weltherrschaft das paradoxe Vorbild. Ziemlich ausgeprägt war auch der »Antisemitismus«, der bei Corradini noch eindeutiger als bei Maurras mit Antisozialismus und Antimarxismus gleichbedeutend war: »Der erste Sozialismus ist in der Bibel. Die erste Gerechtigkeit der Niedrigsten ist in der Bibel. Die erste Gewaltsamkeit der Sanften gegen die Gewalttätigen, der erste Hochmut der Demütigen gegen die Stolzen sind in der Bibel ... Der Prophet ist die Revolution.«[3)]

Auch durch dieses Zitat wird deutlich, dass »Antisemitismus« weit mehr sein kann als bloße Abneigung gegen eine – in Italien zahlenmäßig besonders schwache – Minderheit oder vulgäre »Judenhetze«. Insofern ist der »Antisemitismus« auch in Italien weitaus interessanter als der widersprüchliche und eher kuriose Beitrag der »Associazione Nazionalista Italiana« zum Kriegseintritt Italiens auf der Seite der Alliierten, also der »alten« und »dekadenten« Völker.

Der »Antisemitismus« ist ein ganz eigenartiges Phänomen, das unter den »defensiven Nationalismen« nur sehr partiell eingeordnet werden kann, und zum Merkwürdigsten daran gehört die Tatsache, dass nicht wenige Juden so etwas wie Antisemitismus zu erkennen glaubten, als sich eine jüdische Nationalbewegung bildete, die den Namen »Zionismus« annahm. Deshalb liegt es nahe, »Antisemitismus« und »Zionismus« trotz ihrer eklatanten Verschiedenheit in einem Kapitel zusammenzustellen.[4)]

Antisemitismus und Zionismus

Die Action française war eindeutig antisemitisch, die italienischen Nationalisten zeigten sich mindestens in Äußerungen ihres führenden Denkers judenfeindlich, bei den Alldeutschen wird man wohl bloß von der entsprechenden Tendenz sprechen dürfen. Aber auch bei Maurras stand der Antisemitismus nicht schlechthin im Zentrum. Protestanten und Deutsche waren für ihn mindestens ebenso sehr Feinde Frankreichs wie die Juden.

An sich ist Kritik an Juden und Gegnerschaft gegen das Judentum in der Gesellschaft eines liberalen Systems nicht weniger naheliegend als eine Gegnerschaft gegen Jesuiten, Katholiken, Dissenter, Protestanten und andere fassbare gesellschaftliche Gruppierungen. Es handelt sich ja um die Gesellschaft der öffentlich, aber friedlich ausgetragenen Konflikte, und wie hätte sie sich wesentlich weiterentwickeln sollen, wenn die Wechselkritik ihrer Komponenten nicht möglich gewesen wäre. Die Anfänge dieser Wechselkritik liegen vermutlich schon im Konflikt zwischen Kaiser und Papst, in der Aufklärung wurde sogar das Christentum als solches kritisierbar, und mit dem Christentum musste auch das Judentum in die Kritik geraten, wie das Beispiel Voltaires zeigt.

Die Juden waren sicherlich nicht nur eine kleine, machtlose Minderheit, gegen die ein künstlicher Hass erzeugt wurde, um von anderen Problemen und Konflikten abzulenken. Das Judentum war tendenziell eine Weltreligion, jedenfalls aber der Ursprung zweier Weltreligionen, dem Christentum in Filiation und Gegensatz noch enger verbunden als dem Islam, und eine Auseinandersetzung mit schärfster Polemik war trotz der machtmäßigen Unterlegenheit des Judentums schon im Mittelalter durchaus wechselseitig: Die Christen sahen in den Juden die Mörder Jesu, für die Juden waren die Christen abtrünnige Anhänger einer Irrlehre, und die auf Christus bezogenen Schimpfworte bildeten eine stattliche Reihe.

Vor allem aber waren die Juden eng – wenngleich nicht etwa exklusiv – mit den Anfängen und der Entfaltung der Geldwirtschaft und insofern des »Kapitalismus« verbunden. Schon die mittelalterlichen Verfolgungen und Pogrome richteten sich ja mehr gegen die »Wucherer« als gegen die »Mörder Christi«. Bis zum Ende des 18. Jahrhunderts waren die Juden in Europa, wie auf andere Weise in den muslimischen Ländern, eine ebenso gefürchtete wie verachtete Minderheit ohne Bürgerrechte, die keineswegs nur durch äußeren Zwang für sich und in Gettos lebte. Die Französische Revolution bedeutete den Beginn ihrer Emanzipation unter der Fahne der Forderung nach Toleranz, Gleichberechtigung und Auflösung der Gettos. Insofern war eine sehr enge Verknüpfung mit dem Liberalismus gegeben, und das Verlangen nach Emanzipation ging mehr von den Liberalen als von den Juden selbst aus. Aber alle Liberalen wollten in den Juden Angehörige einer »Konfession« sehen und erwarteten eine völlige Integration der Juden in Gesellschaft und Staat. Die Assimilation sollte also der Preis der Emanzipation sein, und das religiöse Bekenntnis würde zur bloßen Privatsache werden.

Viele Juden waren damit formell einverstanden: Marx, Lassalle, Disraeli, die Rothschilds waren allesamt »Assimilationisten«. Aber dabei wurde übersehen, dass die jüdische Religion eine genuine Volksreligion ist, die dem ältesten Altertum entstammt und ganz darauf ausgerichtet ist, allen Angehörigen des Volkes ein ausgeprägtes Gefühl der Zusammengehörigkeit zu geben und sogar das weithin andersartige Erscheinungsbild durch strenge Regeln vor der Auflösung infolge von »Mischehen« zu bewahren. Während für Christen ein Jude, der zum Christentum konvertierte, aufhörte, ein Jude zu sein, verbreitete sich jetzt, auch unter Juden, das Bewusstsein, dass ihre Verschiedenheit von Christen und Europäern nicht bloß auf der Religion, sondern auf der Zugehörigkeit zu einem anderen Sprach- und Kultur-, ja »Rassen«typus beruhte, dem semitischen, und von daher rührt der Terminus »Antisemitismus«, der erst in der zweiten Hälfte des Jahrhunderts aufkam.

Die liberale Überzeugung ging dahin, dass dieser Antisemitismus wohl eine der unumgänglichen, wenngleich schmerzlichen Begleiterscheinungen der Ausbildung einer »modernen Gesellschaft« war, der allmählich Hand in Hand mit der Veränderung der Juden selbst zurückgehen werde. Schließlich hatte auch der Antijesuitismus an Kraft verloren, da die Jesuiten längst nicht mehr dieselbe machtvolle Rolle spielten wie zur Zeit der Gegenreformation.

Aber es war höchst merkwürdig, dass um 1850 die Liberalen an der »Starrheit« der jüdischen Religion Anstoß nahmen, die Konservativen an der Neigung vieler Juden zum Engagement auf der Seite der »Revolution«, die Sozialisten an ihrer hervorstechenden Rolle im Geld- und Börsenwesen, die Demokraten an der Dominanz der Innenbeziehung, die sogar bei sehr liberalen Juden häufig erkennbar war. Die Juden waren also offenbar auch im Emanzipationsprozess – und vielleicht gerade wegen dieses Prozesses – eine

Minderheit ganz besonderer Art. Denn wie sonst hätte jede der großen Ideologien ihren eigenen Antisemitismus – oder besser Antijudaismus – haben können? Damit war die Möglichkeit gegeben, dass die getrennten Motive zusammenflossen und als solche zum Gegenstand einer Ideologie wurden, für die nicht mehr die Gegnerschaft zu bestimmten Aspekten des Judentums, sondern die Feindschaft gegen das Judentum als solches kennzeichnend war. Eben dies war »der Antisemitismus«, der entweder kulturell oder rassisch begründet sein konnte und der etwas wesentlich anderes war als die christliche Feindschaft gegen die jüdische Religion oder die liberale Abneigung gegen deren Starrheit oder die demokratische Gegnerschaft gegen den jüdischen Exklusivismus, d.h. den Anspruch, das »auserwählte Volk« zu sein.

All das konnte sich im Zeitverlauf ändern, aber ein kultureller Typus hatte durch viele Jahrzehnte Bestand, und ein rassischer Typus mochte den Jahrhunderten trotzen. Deshalb waren die Juden mit anderen Minderheiten kaum zu vergleichen. Sie bildeten offensichtlich im Prozess der Liberalisierung bzw. der Demokratisierung eine besonders wichtige, hervortretende und begabte Gruppe, die ihrerseits unter den »auflösenden« Tendenzen des Liberalismus und der Moderne besonders litt. Denn der Gegensatz zwischen orthodoxen und freisinnigen Juden, die nicht selten wie Heine den Übertritt zum Christentum als »Entreebillett zur europäischen Kultur« auffassten, war sehr ausgeprägt, und die Sorge vor einem »Untergang des Judentums« griff um sich.

In Deutschland waren viele Frühliberale, unter ihnen Lessing, als Anhänger des Toleranzgedankens und der Naturreligion judenfreundlich oder philosemitisch; judenfeindlich oder antisemitisch aber waren die Philosophen Fichte, Hegel und Fries. Für Fichte waren die Juden infolge einer übermächtigen Tradition ein Staat im Staate, Hegel kritisierte in seinen Jugendschriften ihre »Gesetzesreligion« als den Ursprung des dogmatischen Christentums, für Jakob Friedrich Fries bildeten sie ein fremdes Element im deutschen Volkstum. Die »christlich-germanische« Auffassung, zu der auch der junge und mittlere Bismarck zu zählen war, richtete sich nicht zuletzt gegen die Juden und vornehmlich gegen das »Junge Deutschland«, in dem Heine und Börne eine hervorstechende Rolle spielten. Es ist besonders interessant, dass Bruno Bauer, der wichtigste unter den Mentoren von Marx, schon früh und dann immer ausgeprägter »antisemitisch« gesinnt war und dass Marx ihn zwar kritisierte, aber in gewisser Weise auch übertrumpfte, indem er »die Emanzipation der Menschheit vom Judentum« verlangte, die für ihn die

Befreiung vom »Schachergeist« und vom »Geldsystem« bedeutete.[1)] Auf ganz ähnliche Weise war der sehr ausgeprägte Antisemitismus von Fourier und Proudhon in erster Linie ein »Antimammonismus«. Erst nach 1848 und besonders nach 1871 kam in Frankreich, wie in Deutschland, ein genuiner »Antisemitismus« auf, der im Blanquismus eine viel schroffere Erscheinungsform annahm als irgendwo im deutschen Sozialismus.

Die »Stufen«, die sich in Deutschland am Beispiel einzelner Persönlichkeiten aufweisen lassen, können daher – mutatis mutandis – auch in anderen Ländern gefunden werden. Als Erster sei hier Adolf Stöcker genannt. Der 1835 als Enkel eines Tagelöhners und Sohn eines Wachtmeisters im Harz geborene Theologiestudent gewann als Hauslehrer im Baltikum Sympathie für den dortigen deutschen Adel und wurde 1874 Königlicher Hof- und Domprediger. Er stellte in seiner Person also ebenso sehr die beispielgebende Kraft des Adels wie die relative Durchlässigkeit der Gesellschaft unter Beweis. Der Ausgangspunkt seiner politischen Betätigung war »die Arbeiterfrage«. Um eine Lösung zu finden, fragte er sich selbst: »Wie kann man die Arbeiterklasse der evangelischen Kirche und damit zugleich der preußischen Monarchie erhalten bzw. eingliedern; wie ist der wilde Stier der Sozialdemokratie bei den Hörnern zu fassen?« Der beste Weg schien ihm die Gründung einer »Christlich-sozialen Arbeiterpartei« zu sein, und sie erfolgte auf seine Initiative im Januar 1878. Aber bei der ersten großen Massenversammlung erlitt er, so hervorragend er als Redner war, eine schwere Niederlage gegen Johann Most, den Vertreter des zum Anarchismus neigenden Flügels der Sozialdemokratie, der sich später von der Partei trennte.

Tausende schrien Stöcker ihr »Nein!« entgegen, als er sagte: »Unser aller Vater ist Gott.« Erfolg hatte er erst, als er 1879 zur antisemitischen Agitation überging. Im Kern war diese gegen das liberale Bürgertum gerichtet, aber sie war sehr wirkungsvoll, weil in Berlin damals ebenso viele Juden lebten wie in ganz Frankreich oder England, nämlich 45 000, und weil deren weit überproportionaler Anteil an Finanzgeschäften, Presse und freien Berufen bereits ins Auge stach. Seine Anhängerschaft fand Stöcker überwiegend unter Handwerkern, und er machte sich nachdrücklich deren Forderung nach »Schutz des Mittelstandes« zu eigen. Den Terminus »Arbeiterpartei« gab er in der Folge bald auf.

Bismarck hatte aber trotzdem Bedenken und sagte, Stöckers Tendenzen deckten sich in mehreren Punkten mit denen »der anderen Sozialdemokraten«. Aber vom »Rassenantisemitismus« hielt er sich immer fern, und er äußerte sich nie anders als positiv über die »konservativen Juden« und erst recht über getaufte Juden.[2)] Grundsätzlich nahm Heinrich von Treitschke in seiner Artikelserie von 1879 ebendiese Position ein: Er verlangte Einfügung und Assimilation, aber durchaus nicht eine Rücknahme der Emanzipationsgesetzgebung, und Theodor Mommsen, der als Gegner Treitschkes im »Antisemitismusstreit« dieser Jahre gilt, äußerte sich im Grunde ebenso.[3)]

Ein andersartiger Ton war 1879 schon bei Wilhelm Marr vernehmbar, einem der Revolutionäre von 1848. Seine Schrift trug den Titel »Der Sieg des Judenthums über das Germanenthum. Vom nicht-confessionellen Standpunkt aus betrachtet«. Das Judentum ist in seinen Augen die gewaltige Macht eines vollbewussten, typischen Realismus, dem der germanische Idealismus unterlegen sei. Daher sei das Judentum heute zum »socialpolitischen Diktator« Deutschlands geworden, besonders in der Presse, wo Juden als »Reichsfreunde« die parlamentarischen und sogar die kirchlichen Kämpfe führten und keine Germanen zu Wort kommen ließen, weil diese den Fanatismus der römischen Kirche als einen Ausfluss des alttestamentarischen jehovahnischen Fanatismus bezeichneten.

Aber in ganz Europa sieht es nach Marr ähnlich aus: Frankreich gerate mehr und mehr unter jüdischen Einfluss, in England stehe der Jude und Deutschenhasser Disraeli an der Spitze des Staates, Österreich sei unrettbar in jüdischen Händen, in Russland drohe eine von den Juden angezettelte Revolution. Es zeugt von äußerstem Pessimismus, wenn Marr schreibt, die ganze moderne Gesellschaft müsse infrage gestellt werden, wenn eine energische Gegenaktion unternommen würde. Die Konsequenz lautet: »Finden wir uns in das Unvermeidliche, wenn wir es nicht ändern können. Es heißt *Finis Germaniae*.«

Aber nicht weit von dieser Unheilsverkündung für die Deutschen ist eine Unheilsverkündung für die Juden zu lesen: »Die Zeit ist vielleicht nicht fern, wo w i r, die ›Judenfresser‹ par excellence, die semitischen Fremdlinge, die uns besiegt haben, vor Gewaltthätigkeiten der empörten Volksleidenschaften schützen müssen.«[4)] Mithin fehlte es Marr keineswegs an Bewusstsein dafür, dass diese mächtige und angeblich sogar siegreiche Minderheit zugleich eine sehr gefährdete und verletzliche Minderheit ist.

Einen weiteren Schritt der Radikalisierung stellt Eugen Dühring dar, jener bedeutende Nationalökonom und Begründer des »Freiheitlichen Sozialismus«. Schon der Titel seines Buches »Die Judenfrage als Frage des Rassencharakters und seiner Schädlichkeiten für Völkerexistenz, Sitte und Kultur. Mit einer denkerisch-freiheitlichen und praktisch-abschließenden Antwort« ist ungemein radikal und im eigentlichen Sinne antisemitisch.

Wie Marr kam Dühring von der entschiedenen Linken her. Sein Buch wird im Folgenden nach der fünften Auflage von 1901 zitiert. Nach Dühring sind die Juden nicht Anhänger einer Religion, sondern ein »Racenstamm«, und dies ist für ihn eine wissenschaftliche und realistische Einsicht. Als Konfessionsfrage ist die Judenfrage obsolet, aber als Rassenfrage höchst zukunftsweisend. In den Spuren von Ludwig Feuerbach stellt er die These auf, die »religiösen Phantasiebilder« gingen aus der leibhaften und geistigen Eigenart der Völker hervor. Es komme darauf an, die naturwissenschaftliche Betrachtungsweise anzuwenden. Dann zeige sich, dass die Juden »das auserwählt selbstsüchtige Volk« sind und dass diese Eigenschaft gerade in ihrem Verhältnis zu »ihrem Gott«, d. h. in ihrer Gottesvorstellung greifbar wird, nämlich in dem theologischen »Knechtssystem« der Belohnungen und Bestrafungen, von dem im Christentum viel erhalten sei, sodass kein Christ ein wirklicher Antisemit sein könne. Es sei zwar richtig, dass die Juden für die wirtschaftliche Freiheitslehre und für die Revolution eingetreten seien, aber sie hätten beide lediglich für ihre egoistischen, monopolsüchtigen Zwecke ausgenutzt. Von Macht und Herrentum fasziniert, seien sie zu allen Zeiten »der intoleranteste Volksstamm der Erde« gewesen, ja sie seien »das Volk der Ungerechtigkeit par excellence«, gäben sich aber als das Gegenteil aus. Die äußerst negativen Urteile über Marx' »als kommunistisch bezeichnetes Judenreich«, über das zeitgenössische Deutschland als »auserwähltes jüdisches Reich deutscher Nation«, über die Französische Republik als »Judenrepublik«, aber auch über den »Judenstämmling« Nietzsche laufen auf eine unverhüllte Vernichtungsforderung hinaus gegenüber dem »Gift, das überall wuchert«. »Die einzig zulängliche Antwort auf die Judenfrage kann nur in dem Verschwindenlassen des ganzen fraglichen Typus bestehen.« Der antimenschliche Angriff fremder Parasiten schaffe besondere Bedingungen: »Nicht Rassenniedrigkeit, sondern nur Rassenschädlichkeit kann das Recht auf Existenz beschränken oder in Frage stellen.«[5)] Nur in Schriften französischer Blanquisten über den »jüdischen Molochismus« u.Ä. lassen sich Behauptungen und Forderungen von vergleichbarer Radikalität finden.

Dennoch war es ein wichtiger Schritt zwar nicht zu stärkerer, wohl aber zu konkreterer Radikalität, als sich im Verlauf der Achtzigerjahre in Deutschland selbstständige Antisemitenparteien bildeten. Es versteht sich, dass sie durchweg »rassenantisemitisch« waren. Führende Persönlichkeiten waren der

Marburger Bibliothekar Otto Böckel, der pommersche Lehrer Hermann Ahlwardt und der Schwager Nietzsches, Bernhard Förster. Es klingt in heutigen Ohren unglaubwürdig, ist aber durchaus nachvollziehbar, dass Böckel – ganz wie Edouard Drumont, der Verfasser von »La France juive« – ein ausgesprochen feinfühliger, eine idyllische Vergangenheit liebender Mann war, der durch das »moderne Leben«, durch dessen Dynamik und Hässlichkeit verstört war.

Aus gröberem Holz geschnitzt war Theodor Fritsch, auf dessen Initiative 1889 die »Antisemitische deutsch-soziale Partei« gegründet wurde, die mit den Konservativen brach und die »Stellung der Juden unter Fremdenrecht« verlangte. Diese Forderung war ausgeprägtermaßen rückwärtsgewandt, aber dass der »aussaugende« Jude dem ehrlich arbeitenden Deutschen entgegengesetzt wurde, hatte eine unverkennbare Ähnlichkeit mit der Hauptkonzeption des Marxismus. Und auch die Entsprechung zur »Expropriation der Expropriateure« fehlte nicht, denn 1899 war im Programm der »Deutschsozialen Reformpartei« Folgendes zu lesen: »Dank der Entwicklung unserer modernen Verkehrsmittel dürfte die Judenfrage im Laufe des 20. Jahrhunderts zur Weltfrage werden und als solche von den anderen Völkern gemeinsam und endgültig durch völlige Absonderung und (wenn die Notwehr es gebietet) schließliche Vernichtung des Judenvolkes gelöst werden.«[6)]

Damit war eine neue politische Partei entstanden, die ebensowohl rechts wie links, antirevolutionär und revolutionär, nationalistisch und internationalistisch war, indem sie die vom marxistischen Sozialismus postulierte »Vernichtung« aus einer sozialen zu einer ethnischen machte.

Friedrich Engels hat diesen Antisemitismus am Ende seines Lebens als eine Art Übergangserscheinung und Schmalspur- oder Deklassiertensozialismus aufgefasst. Aber er erinnerte sich wohl zu wenig daran, dass es am Anfang seines tätigen Lebens der »Kommunistenrabbi« Moses Hess gewesen war, der ihm den Sozialismus nahegebracht hatte, und dass dieser Mann sich später vom Marxismus abgewandt und 1862 ein Buch mit dem Titel »Rom und Jerusalem« veröffentlicht hatte, das als die Gründungsurkunde des Zionismus anzusehen ist.

Doch Hess hatte, wie schon der Titel seines Buches erkennen lässt, vor allem die Gründung des italienischen Nationalstaates im Auge, und er entwarf in seinen Gedanken eine nationale Befreiungsbewegung der Juden, die einst Jerusalem ebenso zur Hauptstadt eines wiedererstandenen Israel machen würde, wie die Italiener im Begriff waren, Rom als die Krönung ihres

Staates zu gewinnen. Er teilte also den Fortschrittsoptimismus seiner Zeit, obwohl die betonte Rückwendung zu »seinem Volk« und die häufige Verwendung des Wortes »Rasse« dazu im Widerspruch zu stehen schienen. Aber einmal würde das Zeitalter der »Rassenkämpfe«, die für ihn an die Stelle der marxschen »Klassenkämpfe« traten, ein Ende finden, und die ganze Menschheit würde nach der Vorhersage der althebräischen Propheten in vollständiger Harmonie vereint sein.

Theodor Herzl, Wiener Großbürger und bekannter Feuilletonist, war in dieser Hinsicht sehr viel pessimistischer. Er wollte den Juden vor allem einen sicheren Zufluchtsort verschaffen, hatte er sich doch während der Dreyfus-Affäre in Paris aufgehalten und dabei mit tiefem Erschrecken den hasserfüllten Fanatismus der Menge wahrgenommen, die bei der Degradierung des angeblichen Verräters anwesend gewesen war. Aber er tat diesen Antisemitismus keineswegs als bloßen Vorwand oder als simple Bösartigkeit ab. Vielmehr schrieb er ihm einen sehr realen Grund zu. Die Juden befänden sich an beiden Polen der sozialen Auseinandersetzung in sehr sichtbarer Position; das zahlreiche jüdische Proletariat stehe, zumal in Osteuropa, überall mit an der Spitze der Revolution, und die nicht wenigen reichen jüdischen Kapitalisten zögen, nicht nur in Westeuropa, den antikapitalistischen Hass auf sich. Der fundamentale soziale Konflikt sei zwar von den Juden nicht etwa hervorgebracht worden, aber sie seien an exponierten Stellen platziert, und der unvermeidbare Kampf werde auf ihrem Rücken ausgetragen werden, wenn es ihnen nicht in letzter Stunde gelänge, sich durch die Gründung eines Judenstaates zu retten.

Daher konnte Herzl auch sagen: »Ich verstehe die Antisemiten.« Sie haben für ihn auf ihre Weise recht, wo immer eine plötzliche Zunahme der jüdischen Bevölkerung erfolgt, und gar nicht so selten übte Herzl eine schroffe, geradezu »antisemitische« Kritik an den »Großjuden«, so in einem Artikel mit der Überschrift »Mauschel«. Trotzdem gründete er eine Bewegung, in der das ostjüdische Proletariat und ein Teil der reichen Juden Westeuropas eng zusammenarbeiteten – die Ersten überwiegend mit gläubiger Hoffnung auf eine Erlösung von der zaristischen Unterdrückung in »Zion« und die Zweiten nicht selten in der Überzeugung, dass die zu revolutionärer Aktivität führende Situation der Ostjuden und auch deren Einwanderung in die westlichen Länder für sie selbst eine ernste Gefahr bedeute.

Bereits 1897 fand der erste »zionistische Kongress« in Basel statt, der immerhin so viel Aufsehen erregte, dass die Fälschung der sogenannten »Protokolle der Weisen von Zion« viel Glauben fand, obwohl der darin artikulierte Wille zur »jüdischen Weltherrschaft« den Auffassungen Herzls und allen Kongressreden völlig entgegengesetzt war. Herzls entscheidende und für ihn selbst, den assimilierten Schriftsteller, überraschende Entdeckung war die nun durch die Praxis gewonnene Einsicht: »Wir sind ein Volk, ein Volk«.[7]

Nun entfaltete er eine unglaubliche Aktivität bei dem Versuch, in Palästina eine Heimstätte vom osmanischen Sultan zu kaufen und auch die Hilfe des deutschen Kaisers in Anspruch zu nehmen. Er führte sogar Gespräche mit dem Innenminister des Zaren Plehwe. Ein positives Angebot kam jedoch nur von der britischen Regierung, die einen großen Landstrich in »Uganda« zur Verfügung stellen wollte, und Herzl wäre darauf eingegangen, da er tatsächlich in erster Linie einen Zufluchtsort zu gewinnen suchte, aber die unter den Ostjuden verbreitete »Zions«gläubigkeit brachte den Plan zum Scheitern. Gleichwohl wurde Herzl von den jüdischen Massen des Zarenreiches, die seine Aktivität mit größter Anteilnahme verfolgten, schon häufig »der König« (»ha-melech«) genannt. Er starb jedoch bereits 1904.

Indessen kann Herzl nur mit Einschränkungen als Gründer des Zionismus bezeichnet werden. Schon die rituelle Wendung »Nächstes Jahr in Jerusalem« war ja seit Langem so etwas wie ein lebendiger Zionismus. So wenig sie als solche schon praktische Bestrebungen in Gang setzte, stellte sie jedenfalls die staunenswerte Zähigkeit unter Beweis, mit der ein seit zweitausend Jahren zerstreutes Volk den Gedanken der Heimat im Heiligen Land und damit seine kontinuierliche Existenz als Volk aufrechterhielt. Erst die Aufklärer, die »maskilim«, suchten daran etwas zu ändern, aber sie stießen auf den unüberwindlichen Widerstand des Chassidismus, der sich seinerseits auf frühere messianische und mystische Bewegungen berufen konnte wie etwa auf jene des Sabbatai Zwi im 17. Jahrhundert. Das Buch von Moses Hess hatte keine unmittelbaren Wirkungen, aber es war doch so etwas wie eine Präfiguration.

Der eigentliche Hintergrund und Nährboden des Zionismus war vor allem die besondere Situation der Juden im »Ansiedlungsrayon« Weißrußlands und der Ukraine sowie Kongresspolens, wo die Juden sich schon deshalb unterdrückt fühlen mussten, weil ihnen nur in Ausnahmefällen der Wechsel in die anderen Teile des Reiches und zumal in die Hauptstädte St. Petersburg und Moskau gestattet war. Die Regierung des Zaren begründete die Beschränkungen, denen sie die Juden unterwarf, mit der Notwendigkeit, die bäuerliche und großenteils analphabetische Landbevölkerung vor der Ausbeutung durch die händlerisch tätigen und vergleichsweise gebildeten Juden zu schützen. Doch wenn die Existenz von »Wucherern« auch nicht in Abrede gestellt werden konnte, so lebte die Masse der Juden in ihren »Schtetels« noch unzweifelhaft das Leben eines nach Sprache, Tracht und Beweglichkeit klar erkennbaren »Volkes«, und zwar eines armen Volkes. Die Jugend neigte allerdings schon früh zu revolutionären Ideen, und die Pogrome von 1881/82 nach der Ermordung Alexanders II., an der auch junge Juden beteiligt waren, führten einen bis dahin gänzlich aufklärerisch-assimilationistisch gesinnten Arzt, Leon Pinsker, dazu, die Schrift »Autoemanzipation« zu verfassen, die eine entschiedene Wende zum »Volkstumsdenken« und zur Behauptung der vollen jüdischen Identität bedeutete. Von seinem Wohnort Odessa ging die »erste Alliyah« der dreizehn »Biluim« aus, die mit dem Ziel der Kolonisierung und Einwurzelung nach Palästina fuhren. Diese gerieten indessen sehr bald in einen scharfen Gegensatz zu den in Palästina wohnenden orthodoxen Juden, einer kleinen, gutenteils durch Spenden aus der »Diaspora« unterhaltenen Minderheit.

Insofern ist der Zionismus zweifellos als ein Phänomen der Säkularisation zu betrachten. Aber andererseits stellte er einen schroffen Angriff gegen die »Assimilationisten« dar, deren Existenz man bis dahin für das kennzeichnendste Symptom der Säkularisierung gehalten hatte. Daher ist der Zionismus nicht bloß als Reaktion auf den Antisemitismus und mithin als »Flucht« zu verstehen, sondern ebenfalls als ein Phänomen nationaler Selbsterkenntnis und Selbstbehauptung. Die Assimilation wäre als »Verlust des Eigenen« auch dann schlecht, wenn es keinerlei Antisemitismus gäbe. Als jedoch – schon unter dem Einfluss der herzlschen Bewegung – weitere »Alliyas« stattgefunden hatten und die jüdische Einwanderung ansatzweise zur Massenerscheinung wurde, zeigte sich der Zionismus imstande, aus Intellektuellen hart arbeitende Pioniere einer neuen Art von Landwirtschaft zu machen, die genossenschaftlich in Kibbuzim organisiert war und damit auf den Kommunalsozialismus, aber auch auf Lehren der Thora zurückgriff. Schon Moses Hess hatte ja vorausgesagt, dass der Staatsaufbau des neuen Israel »nach sozialistischen, d. h. mosaischen Grundsätzen« erfolgen werde. Was sich abzeichnete, war also ein jüdischer »National-Sozialismus«, und diesem wandten sich auch nicht wenige Marxisten wie Ber Borochow zu.

Schon die Zusammenarbeit von »Bourgeoisie« und »Proletariat« innerhalb der zionistischen Bewegung mochte man paradox nennen, und noch paradoxer war die Tatsache, dass die meisten Zionisten und insbesondere die Sozialisten unter ihnen, die doch das »Eigene« retten wollten, gerade am »Eigensten« nicht festhielten, nämlich am Gottesglauben der Schrift. Und in allen offiziellen Aufrufen der Bewegung war von der »Kolonisierung« Palästinas die Rede, das doch keineswegs ein unbewohntes Land war.

Der Zionismus ist mithin auch als ein Bestandteil des europäischen Kolonialismus und Imperialismus zu sehen. Er war also ein höchst vielfältiges, widerspruchsreiches Gebilde: fortschrittlich und reaktionär, humanitär und nationalistisch, pazifistisch und kampfbereit in einem. Aber nach menschlichem Ermessen wäre der mit seinen arabischen Nachbarn in fruchtbringender Harmonie lebende Judenstaat, von dem Herzl in seiner gleichnamigen Schrift träumte, ohne den Weltkrieg ebenso wenig entstanden wie das selbstständige Polen. Erst dieser Krieg schuf die Voraussetzungen, unter denen die Zionisten sowohl in Deutschland als auch in England unter Hinweis auf die konkurrierenden Gesinnungsgenossen im feindlichen Lager konkrete politische Zusagen verlangen konnten.

An und für sich schienen die deutschen Aussichten besser zu sein, denn Palästina befand sich im Besitz des türkischen Verbündeten, und das Reich trieb im Osten gegenüber den polnischen Juden eine sehr entgegenkommende Politik. Aber Chaim Weizmann war in England schneller erfolgreich als Richard Lichtheim in Deutschland, was vornehmlich dem Umstand zu verdanken war, dass die Unterstützung der amerikanischen Juden für Großbritannien große Bedeutung besaß. Am 2. November 1917 sagte die britische Regierung die Errichtung einer »Heimstätte« für das jüdische Volk in (dem noch nicht eroberten) Palästina zu – wohlgemerkt *nicht* eines Staates und nicht unter »Verletzung der Rechte der nichtjüdischen Einwohner«.

Damit beginnt eine Entwicklung, welche die Gegenwart des Nahen Ostens bis heute bestimmt, aber auch ein dritter und tieferer Gegensatz zwischen den jüdisch-assimilationistischen Revolutionären in der bolschewistischen Partei Russlands und zahlreichen anderen Juden, den Orthodoxen, dem »Bund«, den Menschewiki und nun den Zionisten. Die Antisemiten in aller Welt machten die Mitwirkenden zu »Urhebern«, indem sie den »jüdischen Bolschewismus« anprangerten, und legten damit ihrerseits einen wichtigen Baustein der Geschichte des 20. Jahrhunderts.[8)] Aber für den Ausbruch des Weltkriegs waren weder die Zionisten noch die Antisemiten verantwortlich und selbst die Alldeutschen nur zu einem geringen Teil. Sehr viel größer war der Anteil des Panslawismus.

Der Panslawismus

Wie sehr Bismarck den Panslawismus, die »slawische Revolution«, fürchtete, ist im ersten Teil deutlich genug geworden; dass diese Furcht für ihn ein bloßer Vorwand gewesen wäre, um andere Zwecke, etwa den Abschluss des Zweibundes mit Österreich-Ungarn zu erreichen, ist in höchstem Maße unwahrscheinlich, denn bis an sein Lebensende verleugnete er die alte preußische Tradition nicht, gute Beziehungen zu Russland für überaus wünschenswert zu halten. Aber dass Russland anders war als die übrigen Mächte der Pentarchie, war schon zu Anfang des 19. Jahrhunderts, auch in Preußen, eine weit verbreitete und gut begründete Überzeugung. Zwar waren Preußen und Österreich ebenfalls absolute, d. h. nichtkonstitutionelle Monarchien, aber der Zar war doch in einem viel prononcierteren Sinne als der König von Preußen das Oberhaupt der Kirche, und das »orthodoxe Christentum« nährte sich aus anderen Quellen als der Katholizismus und der Protestantismus. Der Adel war trotz seiner großen Besitzungen in weit höherem Maße ein »Dienstadel« und damit dem Monarchen unterworfen als sogar in Preußen. Das Land war von riesiger Ausdehnung und fast überall eine Ebene, nach Osten hin besaß es keine festen Grenzen und nach Westen griff es weit in ehemals selbstständige, dem Charakter nach immer noch sehr unterschiedliche Gebiete hinein, nämlich nach Kongresspolen und ins Baltikum.

Diese Andersartigkeit Russlands musste umso stärker hervortreten, je mehr sich im Westen Bürgertum und Industrie, Liberalismus und Skeptizismus entwickelten. So war Russland schon früh sowohl abstoßend als auch faszinierend für das westliche Denken: Ernst Moritz Arndt gab 1808/09 ein charakteristisches Beispiel eines Umwelt-Determinismus, als er schrieb, Kühnheit und Hochsinn gebe es am meisten bei denjenigen Völkern, deren Länder Gebirge aufwiesen und an das Meer grenzten, auf den Ebenen und Sümpfen lagerten sich dagegen »alle Geister der Schwäche und Knechtschaft hin«, und daher wehe noch immer Sklavenluft und Knechtsfaulheit über dem weiten Reich. Deshalb seien die Russen von den »großen Weltrevolutionen«, welche die Geschichte konstituierten, nur von ferne berührt worden, und so habe »kein Bürgerstand, kein Bürgersinn« in dem unglücklichen Land bis jetzt gedeihen können.

Aber diese negativen Kennzeichen konnten auch positiv gesehen werden, und so sah Franz von Baader »Gottes Fürsorge« gerade darin, dass die russische Kirche sich »von der europäischen Weltbewegung zur Dechristianisierung« ferngehalten habe und infolgedessen imstande sein werde, eines Tages die westliche Aufklärung und deren Rationalismus zu überwinden. Furcht vor einer künftigen Überwältigung Europas durch das machtvolle und barbarische Reich im Osten wurde früh zum Ausdruck gebracht, und Alexis de Tocqueville zeichnete im Jahre 1835 das berühmte Bild einer Zukunft, in der Amerika und Russland sich die Weltherrschaft teilen würden – Amerika auf der Grundlage der Freiheit und Russland auf der Basis der Knechtschaft.

Aber auch in Russland selbst begann bald die große Auseinandersetzung darüber, was Russland eigentlich sei und worin seine Zukunft bestehen solle. Im Kern handelte es sich dabei um den Streit zwischen »Slawophilen« und »Westlern«. Dabei stand für beide Seiten von Anfang an außer Zweifel, dass Russland bisher im Vergleich zum »Westen« einen Sonderweg gegangen sei. Nach Auffassung der »Westler« musste dieser Sonderweg durch eine äußere und innere Angleichung an die »fortgeschrittenen westlichen Staaten« beendet werden. Für die Slawophilen war der angebliche Sonderweg dagegen der bessere und der eigentliche Weg, von dem der Westen zu seinem Unheil abgewichen sei.

Alles war hier klarer und prononcierter als in der späteren deutschen »Sonderwegsproblematik«, unklar war freilich die Abgrenzung zwischen »Slawophilen« und »Panslawisten. Im Grunde stand für beide Denkschulen Russland im Zentrum, auch dort, wo der Gedanke an eine Beherrschung und Russifizierung der Westslawen fernlag. Ein echter Föderalismus wurde von niemandem ins Auge gefasst, denn dafür war Russlands Übergewicht zu groß – und hier liegt auch ein Hauptunterschied gegenüber einem vorstellbaren »Pangermanismus«, der nur eine föderative Einigung aller germanischen Völker, also auch der Deutschen und der Engländer, anstreben konnte, und Ähnliches galt für einen etwaigen »Panromanismus«. Aber die Polen und die Kroaten waren kulturell viel weiter von den Russen entfernt als die Österreicher und sogar die Skandinavier von den Deutschen. Der Panslawismus war also von Anfang an mehr als eine bloße Entsprechung zu »großdeutschen« oder auch zu den (sehr schwachen) »pangermanischen« Tendenzen.

Der Ausgangspunkt dieses Streites waren die »Philosophischen Briefe« von Pjotr Jakowlewitsch Tschaadajew, die 1836 in der Zeitschrift »Teleskop« publiziert wurden, aber schon vorher in Abschriften verbreitet waren – Alexander Herzen nannte sie einen »Pistolenschuss in dunkler Nacht«. Bis dahin hatte es nur im Ausland, nicht aber in Russland selbst, eine so schroffe Kritik an Russland gegeben: »Wir gehören weder zum Osten noch zum Westen ... Wir leben gleichsam außerhalb der Geschichte, die allgemeine Erziehung des Menschengeschlechtes ist spurlos an uns vorübergegangen ... Zuerst wüste Barbarei, dann finsterer Aberglauben, dann das erniedrigende Joch der Fremdherrschaft, deren Geist später auf unsere eigenen Herrscher überging – das ist die traurige Geschichte unserer Jugend ... Seitdem wir als Volk existieren, ist nichts von uns ausgegangen, was dem Wohle der Menschheit hätte dienen können, kein einziger brauchbarer Gedanke erwuchs aus dem unfruchtbaren Boden unseres Vaterlandes ...«[1)]

In dieser radikalen Selbstkritik, die gleich als »Nestbeschmutzung« verstanden wurde und die Einweisung des Verfassers in ein Irrenhaus nach sich zog, kann der Anfang der »westlerischen« Auffassung gesehen werden, die dann über Belinski und Herzen zu Tschernyschewski und zu den russischen Marxisten führte, die allesamt Russland auf den westlichen oder auch »kapitalistischen« Weg bringen wollten – mindestens für eine Übergangszeit. Aber schon bei Tschaadajew finden sich merkwürdige Mehrdeutigkeiten, und auch von ihm wird keine bloße Entgegensetzung vorgenommen. Wenn es in den »Philosophischen Briefen« heißt, »dass wir ein Ausnahmevolk sind«, so kann diese Aussage leicht ins Positive gewendet werden, und in seiner Selbstverteidigung, der »Apologie d'un fou«, interpretiert Tschaadajew den Mangel an Kultur, den er konstatiert hat, als »Jugend«, »Unverbrauchtheit« und »Zukünftigkeit«.

Und Alexander Herzen, der in Europa bekannteste aller »Westler«, zeigte sich nach der gescheiterten Revolution von 1848 tief vom Westen enttäuscht. Das westeuropäische Leben sei trotz aller Reden von Freiheit und Gleichheit immer noch christlich-feudal und seine Aristokratie sei nichts anderes als »eine mehr oder weniger civilisirte Anthropophagie«. Das klingt noch nach der gewöhnlichen Kapitalismuskritik der Sozialisten, aber es erhält eine andersartige Wendung durch die mindestens halbpositive Bezugnahme auf die Russen: »Eine große Völkerrace steht an den Grenzen Europas, die, wie die Proletarier, von der europäischen Civilisation nur Unglück als Mitgift erhalten hatten und die ihrem National-Charakter nach ihre Hand viel eher dem wildesten Kommunismus als dem wohlbestellten europäischen Staatsregimente reichen wird.« Dann stellt er unter Berufung auf das Werk August von Haxthausens die »Mir«, die Landgemeinde, als eine Art von Natursozialismus heraus, der freilich keinen inneren Antagonismus besitze und dadurch das russische Volk eingeschläfert habe. Aber in der Begegnung mit Europa kann sie zum Ausgangspunkt der Zukunft werden, denn »die Hoffnung, bei welcher der Okzident ankam, ist eine Thatsache, mit der wir beginnen« (d. h. der Sozialismus). Für Herzen steht Russland mithin einer sozialen Umwälzung näher als einer politischen; es erscheint »als das letzte Volk noch voll von jugendlichen Forderungen ans Leben zu einer Zeit, wo die anderen Völker Ruhe wollen …« Auch das »Westlertum« war also mit der russischen nationalen Zukunfts- oder Missionsidee leicht vereinbar, und überdies ließ es die Tendenz erkennen, dem Sozialismus ein nationales Gesicht zu geben.[2)]

Im Grunde vertrat Marx in seiner brieflichen Antwort von 1881 an Vera Sassulitsch eine ganz ähnliche Meinung wie Herzen, nur dass sich große Schwierigkeiten aus seiner ambivalenten Einstellung zu Russland ergaben, die einerseits von Hass gegen den »Despotismus« sowie von der Hoffnung auf eine russische Gestalt des Sozialismus und andererseits von Sorge vor der Gefährlichkeit Russlands für Deutschland und Westeuropa geprägt war – einer Gefährlichkeit, die durch eine sich als »sozialistisch« ausgebende »Jugendrevolution« verstärkt werden könnte, gerade wenn diese den Zarismus stürzen würde.

Das eigentliche »Philoslawentum« war dadurch gekennzeichnet, dass Selbstherrschertum und Orthodoxie positiv im Mittelpunkt standen, während der Westen gerade als Ursprung »der Revolution« negativ gesehen wurde, d. h. als Ursprung der Auflösung der Gemeinschaft von Herrscher, Volk und Kirche. Der bedeutende Lyriker Fjodor Iwanowitsch Tjutschew schreibt 1848 in »Russland und die Revolution«, Russland sei vor allem das christliche Reich, die Revolution aber sei durchaus antichristlich. In ihr präge sich der Absolutismus des menschlichen Ich aus, der Geist des Stolzes und der Überheblichkeit. Als Folge der zerstörerischen Philosophie der Aufklärung breite sich eine schreckliche Anarchie in Europa aus. Der Lieblingstraum der Revolution sei der Kreuzzug gegen Russland. Die Westslawen ständen auf der Seite Russlands, Polen allerdings sei eine »fanatische Hochburg des Westens und ein ewiger Verräter an seinen Brüdern«.

Es folgt eine düstere und doch (für Russland) zuversichtliche Prophezeiung: »Der Westen geht unter, in einem allgemeinen Brand stürzt alles ein und geht alles zugrunde … Katholizismus und Protestantismus, der seit langem verlorene Glaube und die ins Absurde verkehrte Vernunft; Ordnung und Freiheit sind unmöglich geworden, und nach vollendetem Zerstörungswerk gibt die Kultur sich selbst den Todesstoß.« Russland aber schwebe über diesem ungeheuren Schiffbruch wie »eine heilige Arche«, an seiner Sendung sei nicht zu zweifeln.[3)]

Ganz ähnlich äußert sich neben Konstantin Sergejewitsch Aksakow und Alexander Stepanowitsch Chomjakow auch Iwan Kirejewski 1852 in seiner Schrift »Über das Wesen der europäischen Kultur und ihr Verhältnis zur russischen« – ein Autor, der ursprünglich ein überzeugter »Westler« gewesen war. Für ihn stellt sich der Gang der europäischen Geschichte nun folgendermaßen dar: Die westliche Kirche hat schon früh die logische Schlüssigkeit über den Glauben gestellt, und damit hat sie bereits im 9. Jahrhundert den Keim zur Reformation gelegt. Hinter dem Protestanten Luther aber tauchte bereits die Gestalt des ungläubigen David Friedrich Strauss auf. Die europäischen Staaten sind auf Gewalt gegründet und von einseitiger Rationalität beherrscht; daher konnten sie keinen Gemeinschaftsgeist hervorbringen, sondern nur den Geist individualistischer Vereinzelung. Gleichzeitig zerfiel die Vernunft in Teilaspekte, und Parteien stritten ständig miteinander. Der westliche Mensch teilt sich selbst in einzelne Vermögen auf, die nebeneinander existieren und bloß einem rationellen Plan unterworfen sind; der russische Mensch denkt dagegen ganzheitlich und ist selbst eine Ganzheit. Für ihn ist es unverständlich, wie man absichtlich den Trieb der Menschen nach äußeren Bedürfnissen reizen könne, nur um dadurch die materielle Produktion zu vermehren. Der Gegensatz zwischen dem Westen und Russland lasse sich auf die Formel bringen: Zersplitterung gegen Ganzheit, Rationalismus gegen Intellektualismus – »Intellektualismus« wird von Kirejewski dabei offenbar als Meditation oder Schau verstanden. Im Ganzen beschreiben er und die übrigen Philoslawen als eine nationale Differenz, was später in Deutschland und anderswo als der innergesellschaftliche Gegensatz zwischen »Gemeinschaft und Gesellschaft« verstanden wurde, und hinsichtlich der Kritik am Individualismus und Atomismus bilden sie eine Parallele zu den Frühsozialisten und auch zu Marx.

Entscheidend für den Übergang zum Panslawismus in einem engeren Sinne, der nicht mehr als eine eigenartige Version des allgemeineuropäischen Konservativismus verstanden werden kann, wird Nikolaj Jakowlewitsch Danilewski mit seinem zwischen 1865 und 1868 entstandenen Buch »Russland und Europa«. Danilewski stimmt mit den Slawophilen in der Überzeugung überein, dass Russland kulturell nicht zu Europa gehört. Es hat andere Voraussetzungen und ist ein andersartiger Organismus. Russland »europäisieren« zu wollen, wäre ähnlich wie der Wunsch, aus einer Rose eine Lilie zu machen. Die europäische Kultur ist nicht gleichbedeutend mit der allgemeinmenschlichen, denn eine solche gibt es nicht, und also existiert auch kein »Fortschritt« schlechthin und im Allgemeinen. Es gibt nur verschiedene Kulturen, und für sie ist wie für alle lebenden Wesen das Schema Keim – Blüte – Untergang maßgebend.

Mit dieser Ausweitung in eine organizistische oder biologistische Lebensphilosophie entfernt sich Danilewski von den Slawophilen und nimmt Oswald Spenglers »Untergang des Abendlandes« vorweg, allerdings mit der wesentlichen Differenz, dass er gerade vom Aufstieg seiner eigenen Kultur handeln will. Er unterscheidet zehn verschiedene »kulturhistorische Typen«, und der Kern der Sache besteht in dem Versuch, die Eigenständigkeit eines russisch-slawischen Kulturtyps nachzuweisen. Eben dieser steht noch vor seinem Höhepunkt, während der Westen den Höhepunkt bereits überschritten hat. Die germanisch-romanischen Völker waren und sind durch die Neigung zur Gewaltsamkeit und durch den Aristokratismus gekennzeichnet, Russland dagegen durch Duldsamkeit und vorwiegendes Interesse für die Religion. Es finden sich bei Danilewski also mancherlei Ähnlichkeiten mit den Slawophilen und deren Betonung von Christentum und Orthodoxie. Unterscheidend ist aber die These, dass die kulturhistorischen Typen die natürliche Neigung haben, sich auszudehnen. Die slawische Zivilisation ist die Erbin Griechenlands, und ihre Aufgabe ist die Befreiung der Balkanchristen und die Eroberung Konstantinopels. Das aber lässt sich nur *gegen* Europa (und wie man hinzufügen muss, nicht ohne Gewalt) realisieren.

Daher postuliert Danilewski einen »Allslawischen Bund«, der kein Bestandteil des europäischen Systems sein soll, sondern der ein Gegengewicht gegen ganz Europa darstellen soll. Er wird 120 Millionen Seelen umfassen, und darin werden lediglich 12 oder 13 Millionen »feindliche Elemente« eingeschlossen sein, nämlich Polen und Magyaren. So wird dieser Bund eine Weltmachtrolle spielen, aber seine Hauptaufgabe besteht gerade in der Abwehr einer europäischen Weltherrschaft, welche die lebendige Vielfalt der Kulturen zugunsten einer ertötenden Einheitlichkeit zerstören würde. Mithin steht ein »Weltkampf« bevor, in welchem der Feind auch slawische Verbündete hat, und zwar vor allem die katholische Geistlichkeit und das revolutionäre Emigrantentum. Der große Trumpf der Russen ist gerade das von den progressivistischen Europäern so heftig angegriffene Zarentum, denn der Zar stellt die lebendige Verwirklichung des politischen Selbstbewusstseins und des Willens des Volkes dar. Deshalb ist das russische Volk leicht in einen Zustand des »disziplinierten Enthusiasmus« zu bringen, dem Europa nichts Gleichwertiges entgegenzusetzen hat. Die Grundvoraussetzung ist durch die Bauernbefreiung erfüllt.

»Rechtgläubigkeit, Slawentum und Bauernlandteil: ...In diesem Zeichen wirst du siegen!« Als das nichtgewaltsame, nichtrevolutionäre, christliche Volk sind die Slawen zur Ausbildung der höchsten Synthese, zur Schaffung des ersten vollständigen kulturhistorischen Typus berufen.[4)]

Zweifellos handelt es sich um eine außerordentliche Konzeption, die weitaus monumentaler als diejenige der Groß- oder Alldeutschen ist. Aber man konnte mit Bestimmtheit sagen, dass sie ohne einen Weltkrieg schlechterdings nicht zu verwirklichen war.

In vieler Hinsicht ähnlich äußerte sich einer der bedeutendsten Romanschriftsteller des Jahrhunderts, nämlich Dostojewski, der im »Tagebuch eines Schriftstellers« von »unserer allweltlichen Sendung«, von der »Allversöhnung« der Völker durch die im Osten entbrannte »dritte Weltidee« sprach. Europa stehe, da völlig unterwühlt, vor seinem allgemeinen und schrecklichen Zusammenbruch, denn es habe alles Allgemeine und alles Absolute verloren. Für Russland gebe es noch viel freien Raum in Asien, während in Europa vor lauter Enge der erniedrigende und den Europäern selbst ekelhafte Kommunismus aufkommen werde.[5)]

Aber bald traten unerwartete Entwicklungen ein, und neue Synthesen wurden vorhersehbar. Vom Slawophilentum herkommend und ihm in ihrer Feindschaft gegen das Selbstherrschertum doch entgegengesetzt, wurden die »Volkstümler« (»narodniki«) zu einer Kraft, die viel Aufmerksamkeit auf sich zog, weil es bis dahin unerhört war, dass beträchtliche Teile der akademischen Jugend »aufs Dorf« gingen, um das Leben der »Muschiks« in der Praxis kennenzulernen, und dass sie dieses »Volkstum« der Dekadenz der »höheren Klassen« entgegensetzten. Aus ihren aktivistischen Zweigen ging die »Sozialrevolutionäre Partei« hervor, die das Attentat als Kampfmittel in die Politik einführte und mit der Ermordung Alexanders II. im Jahre 1881 einen exorbitanten Erfolg hatte, der indessen schwere Repressionen und sogar ausgedehnte Pogrome nach sich zog. Denn noch war der Zar weitaus »volkstümlicher« – d. h. gerade bei der Masse der Bauern beliebter und verehrter – als die »Bauernpartei« der Sozialrevolutionäre. Diese war auf mancherlei Weise mit dem populistischen Anarchismus Bakunins und Netschajews verknüpft, und einige Verbindungen reichten auch in den russischen Marxismus hinein, der an sich eine Spitze des an den Städten orientierten und »proletarischen« Westlertums darstellte, jedoch bald nach seiner Gründung um die Jahrhundertwende in zwei Fraktionen auseinanderfiel, von denen nur die »Menschewiki« (= Minderheitler) als orthodoxe Marxisten gelten durften, während die »Bolschewiki« (= Mehrheitler) unter der energischen Führung Lenins schon früh manch abweichende oder »russische« Charakterzüge an den Tag legten.

Was Bismarck die »slawische Revolution« nannte, bewegte sich unter dem Einfluss Katkows ganz in der Nähe des simplen russischen Imperialismus, und bei den verschiedenen panslawischen Kongressen war unter Tschechen und Serben mancherlei Unbehagen zu konstatieren. Aber durch zahlreiche Kanäle und Einflüsse entstand doch viel wechselseitige Abhängigkeit, und so konnte es dahin kommen, dass sogar die russische Monarchie 1914 in den Serben nicht die »Königsmörder«, sondern »das Brudervolk« sah und an deren Seite trat, obwohl Österreich versichert hatte, dass es keine territoriale Vergrößerung auf Kosten Serbiens erstrebe. So war der Panslawismus von den vielen Teilursachen des Weltkriegs wohl die unmittelbar wichtigste.

Aber wer über den Weltkrieg hinausdachte, dem mussten die unverkennbaren Ähnlichkeiten zwischen der panslawistischen »Weltidee«, dem jüdischen Messianismus und der sozialistischen Zukunftserwartung ins Auge springen. Wenn es der marxistischen Arbeiterbewegung nicht gelang, den Weltkrieg zu verhindern, war dann im Krieg und nach dem Krieg nicht die Entstehung von neuartigen Synthesen zu erwarten, in denen der Panslawismus nur eins der Momente sein würde? Was wären die alldeutschen Ideen und die Realität des Wilhelminismus dagegen? Würde eine Synthese von Marxismus, Judentum und Panslawismus nicht sogar stärker sein als »der kapitalistische Westen«, sodass »die Weltrevolution« auf allerdings unvorhergesehenen Wegen zum Siege gelangen würde?

Aber »der Westen« ging in Wilhelminismus und Kapitalismus nicht auf. Gerade in ihm war Unerwartetes möglich. Nichts war so unerwartet wie das Auftreten eines großen Denkers, dessen Einfluss sich sogar in den sozialistischen Parteien bemerkbar machte, denen er eine unverhüllte Abneigung entgegengebracht hatte, und dessen Anhänger sich zwar nie in einer »Partei« zusammenfanden, wohl aber in vielen Parteien, Richtungen und Schulen Wirkungen hervorriefen, die aus der Vorgeschichte des Weltkriegs, ja aus der Geschichte des ganzen Jahrhunderts nicht wegzudenken sind. Unter den »Kräften, Tendenzen, Bewegungen« des 19. Jahrhunderts müssen auch »Nietzsche und der Nietzscheanismus« einen Platz finden.[6)]

Nietzsche und der Nietzscheanismus

Friedrich Wilhelm Nietzsche war in philologischen Fachkreisen früh als eine Art Wunderkind bekannt und bald sehr umstritten. Von der akademischen Philosophie wurde er während der Zeit seines bewussten Lebens nicht zur Kenntnis genommen; dann wurde er aber rasch, während er noch in geistiger Umnachtung lebte, als Dichterphilosoph und als Verkünder des »Übermenschen« zu einer Modeerscheinung, und bis zum Ausbruch des Weltkriegs übte er, 1900 gestorben, einen außerordentlichen und weitgefächerten Einfluss auf Literaten, Politiker und sogar auf Fachphilosophen aus. Die Entstehung einer »Lebensphilosophie« war zwar zu erwarten, und sie wurde von anderen wie etwa Bergson mitbegründet, aber Nietzsches Charakter und seine Rolle waren im Ganzen ein Musterbild des Überraschenden, Unerwarteten, wie es in der europäischen Welt in so ausgeprägter Form kaum je vorgekommen ist.

Geboren 1844 in dem Dorf Röcken bei Lützen im sächsischen Bezirk Halle, wuchs er nach dem Tod seines Vaters unter der Obhut seiner Mutter und zweier Tanten in Naumburg auf, einer damals fast noch mittelalterlichen Umwelt, in der er auch verblieb, als er die altberühmte »Fürstenschule« Schulpforta besuchte. Auf väterlicher wie mütterlicher Seite hatte er zahlreiche Pastoren als Vorfahren. Sein Vater, eine sehr sensible Natur, war eine Zeit lang Prinzessinnenerzieher am herzoglichen Hof zu Altenburg gewesen und hatte seinen ersten Sohn nach seinem »Wohltäter«, dem König von Preußen, genannt. Die Revolution von 1848 und zumal die Nachricht von der Demütigung des Königs Friedrich Wilhelm bedeuteten für ihn einen »unbeschreiblichen Schmerz«, und wenig später starb er.

In Übereinstimmung und Gegensatz war eine Ähnlichkeit von Friedrich Nietzsche und Karl Marx kaum zu übersehen: Die Pastoren entsprachen den Rabbinern, aber in Nietzsches Elternhaus gab es, anders als in demjenigen von Marx, nicht den leisesten Ansatz zu einer gesellschaftskritischen Tendenz. Eben darauf wurde von ihm später die Selbstverständlichkeit seines Aufenthalts in einer Welt »hoher und zarter Dinge« zurückgeführt. So war es nicht zufällig, dass sein eigentliches Thema während seines ganzen Lebens nicht etwa »die Gesellschaft«, auch nicht »die Revolution« und schon gar nicht »die materielle Basis« war, sondern »die Kultur«. Allerdings schrieb er schon mit 17 Jahren eine Abhandlung über Napoleon III., aber vornehmlich pries er darin »den Genius« und legte tiefe Verachtung für die Masse und die Demokraten an den Tag.

1864 geht Nietzsche, wie Marx ein Vierteljahrhundert zuvor, zum Studium nach Bonn, und 1865 folgt er seinem Lehrer, dem Altphilologen Friedrich Ritschl, nach Leipzig. Hier entdeckt er die Philosophie Schopenhauers und macht die Bekanntschaft Richard Wagners. 1869 erhält er die Berufung nach Basel, noch bevor er promoviert oder gar habilitiert ist, und dort wird er gleich von Jacob Burckhardt und anderen als »seltener Vogel« erkannt. 1870 wird er Ordinarius. Sehr häufig besucht er Richard und Cosima Wagner im nahe gelegenen Tribschen und schließt mit ihnen eine enge Freundschaft, die ihn eine Zeit lang als den wichtigsten Herold der wagnerschen Sache erscheinen lässt. Die Pariser Kommune macht auf ihn einen tiefen Eindruck, und er sieht in ihr einen »Kampf gegen die Kultur«. Ähnlich wie Bismarck glaubt er einen »internationalen Hydrakopf« vor sich zu haben – der Name Marx kommt allerdings in seinen Briefen und Werken ebenso wenig vor wie der Name Nietzsche bei Marx.

Im Jahre 1871 wird seine Schrift »Die Geburt der Tragödie aus dem Geiste der Musik« publiziert und von der etablierten Philologie heftig kritisiert, weil sie nicht aus der sorgfältigen Lektüre griechischer Texte, sondern aus dem Geist der schopenhauerschen Philosophie und der wagnerschen Musik heraus geschrieben scheint. Die wenig später veröffentlichten »Unzeitgemäßen Betrachtungen« werden in Deutschland viel gelesen, besonders die erste, die gegen David Friedrich Strauss, den »Bildungsphilister«, gerichtet ist. Viel wichtiger war indessen die zweite »Vom Nutzen und Nachteil der Historie für das Leben«. 1878 wird die schmerzhafte Loslösung von Wagner definitiv vollzogen, ein Jahr darauf legt er seine Professur aus Krankheitsgründen nieder und führt nun, auch durch seine schwachen Augen sehr behindert, ein rastloses und in materieller Hinsicht dürftiges Wanderleben in der Schweiz und in Italien.

1878 beginnt seine »mittlere Periode« mit dem Erscheinen von »Menschliches, Allzumenschliches«, das viele seiner Freunde konsterniert, und auch die »Morgenröte« gehört noch zu dieser »aufgeklärten« Phase seines Lebens. Die Spätphase beginnt 1883/85 mit dem bekanntesten seiner Werke, »Also sprach Zarathustra«, ihm folgen »Jenseits von Gut und Böse« und »Zur Genealogie der Moral«. In den letzten Büchern von 1888, dem »Antichrist«

und dem »Ecce homo« – beide erst aus dem Nachlass veröffentlicht –, sind nach verbreiteter Auffassung schon Vorzeichen des Wahnsinns erkennbar. Das angebliche Hauptwerk »Der Wille zur Macht« wurde erst später von Nietzsches Schwester Elisabeth aus dem Nachlass zusammengestellt. Anfang Januar 1889 bricht Nietzsche in Turin zusammen und lebt dann noch über ein Jahrzehnt in geistiger Umnachtung in der Obhut seiner Mutter und dann seiner Schwester in Weimar, wo er am 25. August 1900 stirbt, von Freunden und Anhängern nicht weniger betrauert als Marx im Jahre 1883.

Trotz der außerordentlichen Vielfalt und Widersprüchlichkeit seines Werkes lässt sich eine Zentralfrage ausmachen, auf die Nietzsche in den verschiedenen Perioden seines Lebens unterschiedliche, ja gegensätzliche Antworten gibt. Diese Zentralfrage ist in allen drei Phasen diejenige nach der Kultur, entstanden aus dem Bewusstsein von deren Gefährdung und ausgerichtet auf das Problem ihrer Wiederherstellung und Sicherung. Sie ist gegliedert in die Einzelfragen nach dem Grunde, der Wirklichkeit und der Basis der Kultur. In der ersten Periode ist ihm der Grund der Kultur die Metaphysik in ihrer Einheit mit Kunst und Religion; die Wirklichkeit der Kultur: das Schaffen des Genius; die Basis der Kultur: das Sklaventum.

In der zweiten Periode holt Nietzsche gleichsam die historische Entwicklung der letzten Jahrhunderte nach und macht sich mit dem Gedanken einer wissenschaftlichen und emanzipatorischen Massenkultur vertraut. Aber er wird nie zum simplen Aufklärer, sondern immer ist auch eine Gegenstimme vernehmbar, in der die Empfindungen der ersten Periode fortleben.

Die dritte Periode bedeutet die Rückkehr zur ersten auf einer ganz anderen Ebene: Metaphysik der »ewigen Wiederkunft«, höheres Schaffen des »Übermenschen«, entschlossener Herrschaftswille der »Herren der Erde«. Nun legt er schroffe Feindschaft gegen die eigenen Ausgangspunkte an den Tag: die Religion und Moral der »Lebensfeindschaft«, das romantische Genie, die führenden Schichten der Gegenwart, aber nur deshalb, weil sie für den alten und unvergessenen Feind verantwortlich sind. Doch auch hier ist eine leise Gegenstimme esoterischer Einsichten hörbar, die erkennen lässt, dass Nietzsches Denken weitaus komplexer und reichhaltiger ist, als die eingängigen Formeln vermuten lassen, die in das allgemeine Bewusstsein eingegangen sind. Eben dadurch wird es möglich, dass in Nietzsches Werken eindrucksvolle Belege für nahezu jede Auffassung, z. B. sowohl für Antisemitismus als auch für Anti-Antisemitismus, gefunden werden können.

Eine Darstellung ist nur in gröbsten Umrissen und mithilfe einiger weniger Zitate möglich.

In der »Geburt der Tragödie« als dem paradigmatischen Jugendwerk ist der Grund der Kultur das Wider- und Zusammenspiel zwischen der Unergründlichkeit der Natur, sowohl der Natur außerhalb des Menschen als auch derjenigen in ihm selbst, und dem Zwang für den Menschen, in der Philosophie einen Gedanken, in der Kunst ein Bild, in der Religion einen Glauben zu schaffen, durch die ihm »das Leben nicht mehr sinnlos, sondern in seiner metaphysischen Bedeutsamkeit erscheint«. So entsteht der »mit Mythen umstellte Horizont«, in dem allein »das Leben«, d. h. die Kultur, sich zu entfalten vermag.

Aber die Kultur ist gefährdet durch die Wissenschaft und deren Optimismus, die in Sokrates und dessen »Superfötation des Bewusstseins« verkörpert ist. So kommt ein Bruch zwischen Erkennen und Leben, d. h. Kultur, und mithin zwischen Wahrheit und Wert zustande. Daraus resultiert die Frage: »Soll nun das Leben über das Erkennen, über die Wissenschaft, soll das Erkennen über das Leben herrschen?«

Die Wirklichkeit der Kultur wird vom Genie hervorgebracht, und es ist nur konsequent, dass der junge Nietzsche sich aufs Schroffste gegen »die Massen« wendet. Aber dieses Schaffen ist nur eine Erscheinungsform des Wesens der Subjektivität überhaupt, und deshalb kritisiert er die »Teilung der Arbeit« und den »exklusiven Fachgelehrten«. Für die Existenz des Genies ist indessen eine bevorzugte Klasse erforderlich, die dem »Kampf ums Dasein« entrückt ist und sich infolge der Mehrarbeit der Vielen dem höchsten Schaffen zuwenden kann. Von daher rührt Nietzsches lebenslanger Hass gegen Sozialisten und Kommunisten, aber auch gegen deren »blassere Abkömmlinge, die weiße Rasse der Liberalen«. Zwar gibt er die Gerechtigkeit ihres Tuns zu, aber er stellt die Vereinbarkeit von Gerechtigkeit und Kultur in Abrede. Dennoch werden schon mancherlei Ahnungen artikuliert, dass der Untergang dieser Kultur unausweichlich sei.

In der zweiten Periode befreundet sich Nietzsche mit Wissenschaft, Aufklärung und Demokratie; er verwirft Metaphysik, Genie und Herrentum. Es ist nun nicht mehr schwierig, passende Zitate zu finden, wenn man Nietzsche als Demokraten legitimieren will. Aber das Fragile dieser Begegnung lässt sich schwerlich übersehen. Es wird an den verkrampften Lobsprüchen auf den »Handelsstand« ganz deutlich, der mit seinen Erfindungen und Kommunikationsmitteln die reale Universalität der Erdkultur herstellt. Die

Demokratisierung Europas ist ihm nun unaufhaltsam, und nur hin und wieder findet sich ein Versuch, Sklaventum nicht als sozialen Tatbestand, sondern als allgemeinen Grundzug der modernen Gesellschaft zu fassen, d. h. als deren Unpersönlichkeit und Anonymität. Als Lösung der Arbeiterfrage wird die Auswanderung vorgeschlagen, d. h. die Kolonisierung von wenig bewohnten Ländern. Aber im Kern bleibt auch jetzt die Feindschaft gegen die Französische Revolution unverändert, und sie kommt in zahlreichen Formulierungen zum Vorschein.

In der Spätphase wird vor allem ein Ansatz der Frühzeit wieder aufgegriffen, der die »Abstraktion des Lebens« – die kulturfeindlichen Erscheinungen von Wissenschaft, Masse, Industrie, Sozialismus usw. – aus der »Abstraktion des Denkens« ableitet, die mit Parmenides das Sein dem Werden entgegensetzte und eine richterliche Attitüde gegenüber dem Leben einnahm. Die Konsequenz springt ins Auge: Sowohl Metaphysik als auch Wissenschaft sind »lebensfeindliche Phänomene«: (der christliche) »Gott als Krankengott, Gott als Spinne, Gott als Geist« – »das Begreifen ist ein Ende«. Der zentrale Charakter des Sozialismus ist »Instinkthass gegen die Realität«, aber die leidenschaftlich verworfene »Ausbeutung« gehört zum Wesen des Lebens.

Nicht Kritik, sondern Verklärung der Realität mit all ihren Schrecken ist der Sinn der Lehre Nietzsches von der »ewigen Wiederkunft«. Den »Schlechtweggekommenen« oder »Tschandalas« werden dadurch ihre brünstigen Vorblicke in ein jenseitiges oder diesseitiges Endreich genommen. Damit ist eine Verschiebung des Lebensbegriffs vom Kulturellen zum Biologischen verbunden, sodass »die blonde Bestie« als Ideal erscheinen kann.

Der »Übermensch«, richtig verstanden, ist gleichwohl keine biologische Spezies, sondern der Repräsentant des höchsten Schaffens: Er schafft »Sinn« für die Erde im Ganzen, und in den »Herren der Erde« hat er seine Werkzeuge. In negativer Wendung resultiert aus dieser Konzeption im »Ecce homo« ein neuer Vernichtungsbegriff, und man darf annehmen, dass er, bewusst oder unbewusst, auch ein Gegenzug zur marxistischen Vernichtungsvorstellung sein sollte: »Jene neue Partei des Lebens, welche die größte aller Aufgaben, die Höherzüchtung der Menschheit, in ihre Hände nimmt, eingerechnet die schonungslose Vernichtung aller Entartenden und Parasitischen, wird jenes Zuviel von Leben auf Erden wieder möglich machen, aus dem auch der dionysische Zustand wieder erwachsen muss. Ich verspreche ein tragisches Zeitalter: die höchste Kunst im Jasagen zum Leben, die Tragödie, wird wiedergeboren werden.«[1)]

Eine merkwürdige Ambivalenz zwischen den biologisch Entartenden und den kulturell Unschöpferischen wird auch in Nietzsches Begriff des »Letzten Menschen« im Zarathustra evident: »Was ist Liebe, was ist Schöpfung, was ist Stern?, so fragt der letzte Mensch und blinzelt ... Man arbeitet noch, denn die Arbeit ist eine Unterhaltung ... Man wird nicht mehr arm noch reich – beides ist zu beschwerlich. Wer will noch regieren, wer noch gehorchen? Kein Hirt und eine Herde.«

Der letzte Mensch muss also wieder in sein Sklaventum zurückgezwungen werden. Aber er ist das Resultat einer langen Verfallsgeschichte, die entlarvt und entthront werden muss. So ist das Spätwerk ganz durchdrungen von der schrillen Stimme einer hektischen Erregung: Alles, was in der europäischen Geschichte nicht klassische griechische oder römische Antike ist, wird als »Sklavenaufstand der Moral« verstanden, der mit den Juden beginnt, dem »priesterlichen Volk des Ressentiment par excellence«, und über das Christentum, den »Gesamtaufstand aller Niedergetretenen, Elenden, Missratenen, Schlechtweggekommenen« zu dessen »Tochter und Fortsetzerin«, der Französischen Revolution, geht. Heute aber macht die demokratische Bewegung die Erbschaft der christlichen: Alles ist von »Entrüstungspessimismus«, dem »Instinkt gegen die Kaste, gegen die Vornehmen, gegen die letzten Privilegien« erfüllt – mit der demokratischen Bewegung zusammen gehören »Weibs-Emanzipation«, Anarchismus und Sozialismus in das Phänomen der »Gesamtentartung der Menschheit«.

Aber auch diese Wendungen stellen nur einen exoterischen Aspekt dar, und von Nietzsche selbst wird die Frage nahegelegt, wenngleich nicht artikuliert, ob nicht das so verstandene »Leben« am Ende ein größerer Feind der Kultur sein könnte als alle »Sklavenaufstände der Moral«. Und nicht selten finden sich esoterische Äußerungen, durch deren Zusammenstellung man einen »ganz anderen Nietzsche« konstruieren kann: gegen den »verlogenen Rassenschwindel«, gegen die Antisemiten, für seinen »verehrungswürdigen Freund Jacob Burckhardt«; ja, der »Lebensphilosoph« setzt an einer Stelle die »dünkelhafte Welt der Empfindungen« mit negativem Akzent dem »Wirklichen, der tot genannten Welt« entgegen, »wo es keine Lust und keinen Schmerz und Betrug gibt«. Nietzsches Zusammenbruch war daher wohl kein Ereignis, das ihm durch äußere Einflüsse widerfuhr, sondern ein integrierender Teil seines Lebens und seines Denkens.

Schon vor 1889 war Nietzsches Wirkung beträchtlich. Er war erst wenig mehr als dreißig Jahre alt, als er von der Existenz eines Kreises von Verehrern in Wien erfuhr, die später in der geistigen und politischen Welt bedeutende Rollen gespielt haben, u. a. Victor Adler, Heinrich Braun und Engelbert Pernerstorfer. Mitte der Achtzigerjahre existierte ein entsprechender Kreis in Berlin, und zu ihm gehörten u. a. der Gründervater der deutschen Soziologie Ferdinand Tönnies und der dänische Publizist Georg Brandes (Morris Cohen), dessen Kopenhagener Vorlesungen über Nietzsche von diesem selbst mit großer Befriedigung zur Kenntnis genommen wurden. Bereits nach dem Zusammenbruch ging diese Wirkung weit über die bei Philosophen bekannten Maße hinaus, und um 1900 war der Terminus »Nietzscheanismus« schon in Gebrauch gekommen.

Bis zum Weltkrieg waren dann »Zarathustra«, »Übermensch« und »Wille zur Macht« zu allbekannten Namen oder Begriffen geworden, und der Architekt Henry van de Velde entwickelte zusammen mit dem Grafen Harry Kessler den Plan einer monumentalen Gedenkstätte in Weimar, zu der Feststraßen, Tempel und ein Stadion gehören sollten – sozusagen ein neugeborenes, körperfrohes Griechenland, das eine Entsprechung zum Bayreuther Festspielhaus Richard Wagners dargestellt haben würde. Aber ähnlich den Bemühungen von Friedrich Engels um Marx' »Kapital« muss auch in der Wirkungsgeschichte Nietzsches die außerordentliche propagandistische Aktivität einer einzelnen Person hervorgehoben werden, nämlich diejenige seiner Schwester Elisabeth Förster-Nietzsche, die in Weimar das »Nietzsche-Archiv« gründete und tüchtige, ja teilweise bedeutende Mitarbeiter heranzuziehen verstand wie z. B. Rudolf Steiner, den Stifter der Anthroposophie. Die meisten dieser Mitarbeiter waren Nietzsche-Enthusiasten, und ein solcher Enthusiast war auch Kurt Breysig, der mit Elisabeth befreundet und gerade dabei war, als Geschichtsdenker in jene Linie zu treten, die von Danilewski zu Spengler führte.

Allerdings fehlte es nicht an Kritik, und die gröbste Gestalt nahm sie bei Franz Mehring an, dem vom Liberalismus herkommenden Mitkämpfer Rosa Luxemburgs, der Nietzsche schlicht als den Philosophen »des Kapitalismus«, d. h. der Konkurrenzgesellschaft und ihrer Rücksichtslosigkeit verstehen wollte. Aber weitaus stärker und einflussreicher waren die positiven Wirkungen, so etwa bei Alexander Tille, der einen »Sozialaristokratismus« zu entwickeln suchte und so sehr von sozialdarwinistischen Vorstellungen geleitet war, dass Mehrings Kennzeichnungen für ihn weit eher zutreffend gewesen wären.

Das genaue Gegenteil, nämlich die Verwerfung der modernen Welt als einer Gestalt des Sieges der außerweltlichen Macht des Geistes über das

»Leben« war am ausgeprägtesten im Kreis der Münchener »Kosmiker« zu finden, vor allem bei Alfred Schuler und bei Ludwig Klages, der 1913 in seiner Abhandlung »Mensch und Erde« wie kein Zweiter die Gewalttätigkeit der »Zivilisation« gegen »das Leben« anprangerte und Nietzsches »Irrationalismus« auf einen Höhepunkt führte. Im engeren Sinne philosophisch war die »Philosophie des Lebens« bei Georg Simmel, die Herleitung der nietzscheschen Philosophie aus der Übereinstimmung mit Schopenhauer und dem Gegensatz zu diesem durch Alois Riehl und die Begründung der eigenen »Philosophie des Als ob« aus Nietzsches erkenntnistheoretischem »Perspektivismus« durch Hans Vaihinger. Was bei Nietzsche auf oftmals paradoxe Weise beieinanderlag und am ehesten durch den übergeordneten Begriff der »Kultur« zu einer spannungsreichen Einheit gelangte, wurde so von seinen Schülern und Nachfolgern auseinandergenommen und auf verschiedene Richtungen oder Tendenzen verteilt.

Aber auch zahlreiche Literaten und Schriftsteller in ganz Europa beriefen sich auf Nietzsche und schöpften aus seinem Vokabular und aus seinen Begriffen: Gabriele D'Annunzio verherrlichte den »superuomo«, Bernard Shaw griff schon im Titel seines Dramas »Mensch und Übermensch« auf Nietzsche zurück; Dimitrij Mereschkowski stellte in seinem Roman »Julian der Abtrünnige« ganz im Sinne Nietzsches das überlebende Heidentum, seine Heiterkeit und Schönheit, viel positiver dar als die Düsternis und Streitsucht der heraufziehenden christlichen Welt.

In Deutschland rühmte Arno Holz an Nietzsche den »Geist des Zweifels«, in Gerhart Hauptmanns »Der Ketzer von Soana« erkannten Kritiker einen »dionysischen Lobgesang auf das Leben«. Es ist schwer zu sagen, ob Stefan George oder Thomas Mann stärker unter dem Einfluss Nietzsches stand, und auch für die Expressionisten von Georg Kaiser bis Gottfried Benn war kein Philosoph so wichtig wie Nietzsche. Der Bogen reicht von der Zustimmung zu Nietzsches Verwerfung der bürgerlichen Moral bis zur unverhüllten Sehnsucht nach dem Krieg als der großen Veränderung weg von der Banalität des Alltagslebens, wie sie Georg Heym vielleicht am eindrucksvollsten zu Wort gebracht hat:

Äolus du, der du auf den großen Kriegsschläuchen sitzt,
Vollbackiger du, der den Pestatem kaut.
Lasse raus, wie den Sturm gegen Morgen, den Tod,
Gib uns Regen, Herr, kalte Winter und Hungersnot.

Wir ersticken, Herr, denn wir sind fett und krank,
Unser Blut rinnet wächsern und tropft nur blass …

Lass uns Feuer der Kriege und brennende Länder sehen,
Dass noch einmal unser Herz, wie ein Bogen, schnellt,
Wenn der Donner der Schlacht braust über ein weites Feld
Und der Kanonen Höllengelächter erschallt.

Dass wie Fackeln dir brennen nachts Wald um Wald,
Und wenn du schreitest riesig über dem Untergang
Blutroter Tage, dir feurig schallt
Tausend Sterbender Schrein und Lobgesang.

Man sollte meinen, dass sich die Sozialisten wie ein Mann solchen Auffassungen und Neigungen entgegengestellt hätten und dass ihre Anklage einmütig gegen Nietzsche gerichtet gewesen wäre, der durch seinen Einfluss so unheildrohende, verhängnisvolle Empfindungen ausgelöst hätte. Aber es ist höchst bemerkenswert, dass Nietzsche auch auf hervorragende Sozialisten Einfluss auszuüben vermochte. Bei Gustav Landauer, der später als ein Protagonist der Münchener Räterepublik von seinen Feinden zu Tode gebracht wurde, macht er sich vor allem in der Art der Ablehnung der modernen Welt und damit des Marxismus geltend, der für Landauer in seinem »Aufruf zum Sozialismus« vor allem »der Philister« und darum der Freund des Massenhaften und Breiten ist, sodass er geringschätzig auf die Vergangenheit blickt und den Fortschritt der Großindustrie zur Voraussetzung des Sozialismus macht.
Benito Mussolini dagegen, der seit seinem Sieg über die Reformisten auf dem Parteitag von Reggio Emilia im Jahre 1912 die führende Persönlichkeit der Sozialistischen Partei Italiens war, sieht sich als orthodoxen Marxisten, aber er fasst unter dem Einfluss Nietzsches »das Leben« so sehr als Expansion und Tat, als Heroismus und Glauben, dass der Vitalismus, der auch bei Marx und Engels erkennbar ist, sich aus dem Gesamtzusammenhang des marxistischen Denkens herauszulösen scheint. Und als der Krieg dann ausbricht, nimmt er als Einziger unter allen führenden Linkssozialisten der Vorkriegszeit die radikale Position der freiwilligen Kriegsbejahung ein, während auf dem entgegengesetzten Pol Lenin die Umwandlung des Krieges in einen Bürgerkrieg verlangt, was der Auffassung des orthodoxen Teils der sozialistischen Parteien kaum weniger widersprach.

Der Entwicklung dieser marxistischen Parteien muss das letzte Kapitel gewidmet sein, denn nur sie waren seit der Jahrhundertwende so stark, dass sie sich vornehmen konnten, den Krieg zu verhindern. Alldeutsche und »integrale Nationalisten«, Antisemiten und Nietzscheaner mochten Einfluss ausüben, und der Panslawismus war eine machtvolle und kriegstreibende Kraft; aber keine von diesen Bewegungen war stark genug, um von sich aus den Krieg zu verursachen oder seinen Ausbruch zu unterbinden. Der Vorrang, den Marx schon 1848 der Arbeiterbewegung – noch sehr zu Unrecht – zugeschrieben hatte, war um 1910 eine Wirklichkeit geworden, aber eine Wirklichkeit, die nicht mehr in enthusiastischen Aufschwüngen und Vorwegnahmen bestand, sondern die nun »geschichtlich«, d. h. widerspruchsvoll und auf ihre Weise partikular oder national geworden war.[2)]

Die marxistischen Massenparteien 1890–1914/18

Unter den Arbeiterparteien, die sich selbst fast durchweg als marxistisch verstanden und die sich bei dem Kongress in der Pariser Rue Petrelle im Juli 1889 zur »Zweiten Internationale« verbanden, war der Vorrang zweifellos der deutschen Sozialdemokratie zuzuschreiben, auch wenn Marx' Tochter Eleanor aus London und die beiden Schwiegersöhne Paul Lafargue und Charles Longuet aus Frankreich kamen. Die SPD hatte als Erste eine nichtmarxistische Partei, nämlich den ADAV Lassalles geschluckt, obwohl zuerst nur von einer gleichberechtigten Vereinigung die Rede gewesen war, und sie hatte trotz der Verfolgung durch das Sozialistengesetz erstaunliche Wahlerfolge errungen: 1887 hatte sie bei den Reichstagswahlen über 750 000 Stimmen erhalten, und schon 1890 konnte sie nach der Aufhebung des Gesetzes die Stimmenzahl verdoppeln. Sie hatte keine Partei neben sich, die sich ebenfalls »Arbeiterpartei« hätte nennen können, während in Frankreich mehrere andere Parteien mit dem »Parti Ouvrier Français« von Jules Guesde konkurrierten, vornehmlich die »Possibilisten« unter Paul Brousse.

1891 gab sich die SPD mit dem »Erfurter Programm« eine Leitlinie, die in ihrem theoretischen, von Karl Kautsky stammenden Teil streng marxistisch war, indem sie den notwendigen Untergang der Kleinbetriebe, die Zunahme des Elends und der Ausbeutung, die Verschärfung des Klassenkampfes und die Übernahme der (!) politischen Macht durch die Arbeiterklasse infolge der gemeinsamen Aktion der Arbeiter »aller Kulturländer« vorhersagte. Die Entwicklung der nächsten Jahre schien der Prophezeiung von Friedrich Engels recht zu geben, dass man mit nahezu mathematischer Sicherheit den Zeitpunkt berechnen könne, wo »wir herrschen«.

Merkwürdig war allerdings, dass derselbe Friedrich Engels sich mit viel Nachdruck gegen eine Strömung innerhalb der Partei wenden musste, die sich »die Jungen« nannte und schroff gegen die »Verbürgerlichung« der Partei polemisierte, welche mit der Beteiligung an der parlamentarischen Arbeit einhergehe. Daran war sicherlich so viel richtig, dass ein Mann wie der führende bayrische Sozialdemokrat Georg von Vollmar, der vor 1890 mit großer Leidenschaft den »herrschenden Klassen« zugerufen hatte, »Jawohl, wir sind staatsgefährlich, denn wir wollen euch vernichten«, 1891 in seinen »Eldorado-Reden« einen ganz anderen Ton anschlug und einem »allmählichen Fortschreiten« das Wort redete.

Die Fortschritte der Partei schlossen auch ein Fortschreiten des »Reformismus« in sich, und paradoxerweise erhielt diese Tendenz sogar durch jene »Selbstkritik« Unterstützung, die Engels in seinem letzten Lebensjahr, 1895, vornahm, als er die »Barrikadenrevolution« im Sinne von 1848 und des »Kommunistischen Manifests« für überholt erklärte. Seinen ersten Höhepunkt erreichte der Reformismus 1899 mit der Publikation des Buches »Die Voraussetzungen des Sozialismus und die Aufgaben der Sozialdemokratie« von Eduard Bernstein, der 1891 die relativ maßvollen Gegenwartsforderungen des Erfurter Programms verfasst hatte. Hier übte Bernstein, der in England ein enger Mitarbeiter von Marx und Engels gewesen war, Kritik an Kernpunkten des Marxismus wie der Konzentrations-, der Verelendungs- und der Katastrophentheorie. Unter Heranziehung von mancherlei statistischem Material suchte er zu zeigen, dass die Klein- und Mittelbetriebe nicht zugrunde gehen, während die Zahl der Reichen sich überproportional vermehrt, und seine praktische Folgerung lautete, der beste Weg für die Partei sei die Erweiterung der politischen und gewerblichen Rechte der deutschen Arbeiter.

Daher war für ihn und seine Anhänger, die hauptsächlich aus den Gewerkschaften kamen, der »Urmarxismus« zu einer bloßen und obsoleten Phase geworden: Er habe temporär zwei entgegengesetzte Strömungen zur Einheit gebracht, nämlich die sozialrevolutionäre Blanquis und die spezifisch sozialistische Fouriers. Heute aber müsse die erneute Trennung auf dem Programm stehen. Die Sozialdemokratie dürfe ihre Aufgabe nicht darin sehen, »eine gewalttätige Revolution gegen die gesamte nichtproletarische Welt« durchzuführen; die »veraltete Fresslegende« erhalte nur die einheitliche Furcht der verschiedenartigen Elemente des Bürgertums, von denen doch das linksliberale oder freisinnige ein wertvoller Bündnispartner sein könne.

In den »Sozialistischen Monatsheften« schuf sich der Reformismus, der nun häufig mit negativem Akzent als »Revisionismus« bezeichnet wurde, ein eigenes Organ, in dem sogar Befürworter der deutschen Kolonialpolitik zu Wort kamen, und die von Bernstein empfohlene Taktik führte zu einem überwältigenden Erfolg bei den Reichstagswahlen vom Januar 1912, der nur zustande kam, weil die Sozialdemokratie ein Stichwahlabkommen mit der linksliberalen »Fortschrittlichen Volkspartei« geschlossen hatte: 4,25 Millionen, mehr als ein Drittel der Wählerschaft, schickten 110 sozialdemokratische Abgeordnete in den Reichstag.

Aber in ihrem offiziellen Selbstverständnis blieb die SPD eine »revolutionäre Partei«, und ihr wichtigster Führer, August Bebel, sagte auf dem Parteitag von Dresden im September 1903: »Ich will der Todfeind dieser bürgerlichen Gesellschaft und ihrer Staatsordnung bleiben«, obwohl er doch selbst ein klassisches Beispiel dafür war, welche Bewegungsmöglichkeiten ein aus dürftigsten Verhältnissen stammender Handwerksgeselle in dieser Gesellschaft immerhin hatte, wenn in ihm so viel an Talent und zähem Bildungswillen steckte wie in diesem Sohn eines preußischen Wachtmeisters.

Freilich hatte der maßgebende Theoretiker der Partei, Karl Kautsky, bereits 1899 eine aufschlussreiche Begriffsverengung vorgenommen: die Sozialdemokratie sei eine revolutionäre, aber keine revolutionsmachende Partei. Das ging zwar konsequent aus dem marxistischen Grundansatz hervor, der die Revolution aus »ökonomischen Notwendigkeiten« herleiten wollte, aber es trat dadurch doch jener »revolutionäre Wille« sehr in den Hintergrund, der für Marx und Engels ebenso kennzeichnend gewesen war wie der distanzierte Hinblick auf die noch nicht erfüllten »Vorbedingungen«. Faktisch wurde Kautskys Begriffsbestimmung zur Grundlage dessen, was man, meist mit tadelndem Ton, den »Attentismus« der deutschen Sozialdemokratie genannt hat. Aber Kautsky repräsentierte nun trotz seiner Orthodoxie nur noch das »Zentrum« der Partei, denn es bildete sich bald ein entschieden revolutionärer Flügel – eine »Linke«, wenn man will, die gegen die »revisionistische« und sogar »zentristische« Rechtsbewegung der großen linken Partei protestierte.

Dessen bekanntester Vertreter war eine Frau, Rosa Luxemburg, eine Polin aus wohlhabendem jüdischem Hause in Zamosc, die durch eine Scheinehe zur deutschen Staatsbürgerin geworden war.[1] Sie hatte ein Mädchengymnasium in Warschau besucht, dessen Schülerinnen untereinander nicht polnisch sprechen durften und in das einzutreten insbesondere für jüdische Mädchen sehr schwer war. Sie hatte also die Unterdrückung durch den Zarismus am eigenen Leib erlebt, wenn es sich auch nicht um eine »Ausbeutung« im marxistischen Sinne gehandelt hatte. So entwickelte sie schon früh Sympathien für die »proletarische Linke«, und 1894 gründete sie zusammen mit ihrem Freund Leo Jogiches, dem späteren Chef der sowjetrussischen Tscheka Feliks Dserschinsky und anderen die »Sozialdemokratie des Königreichs Polen und Litauens«, die sich gleich in schwere Kämpfe mit der seit 1892 bestehenden Polnischen Sozialistischen Partei verwickelte, deren führender

Kopf Josef Pilsudski war. Diese war nach Luxemburgs Ansicht nationalistisch, da sie eine Herauslösung Polens aus dem ökonomisch fortschrittlichen Verbund des Russischen Reiches erstrebte.

Seit 1898 in Berlin, war sie in ihrer praktischen Denkweise recht bürgerlich, nämlich von Abneigung gegen das proletarische Milieu, Lärm und Bürokratie erfüllt, aber in ihren Grundsätzen sehr radikal und sehr marxistisch. 1900 schrieb sie gegen Bernstein eine Broschüre mit dem Titel »Sozialreform oder Revolution?«, in der sie dessen Denkweise als »das feinste und sicherste Symptom seiner bürgerlichen (!) Weltanschauung« kennzeichnete. Das Parlament war für sie eine »Schwatzbude«, und eine bloße »Teilhabe« an der Regierung, wie sie sich in Frankreich abzeichnete, erklärte sie für eine Unmöglichkeit, da die Sozialdemokratie nur »auf den Trümmern des bürgerlichen Staates« zur Macht gelangen dürfe, d. h. zur alleinigen Macht.

1905 fährt sie nach Warschau, um an der russischen Revolution teilzunehmen, und gewinnt dort tief greifende und positive Eindrücke von der Spontaneität der Massen, sodass sie in offener Polemik gegen Kautsky einen gravierenden Richtungswechsel vollzieht. Russland zeige trotz oder wegen seiner Zurückgebliebenheit die richtigen Wege und Methoden des Klassenkampfes. Pilsudskis »nationaler Befreiungskampf« war für sie nur »der letzte Fanfarenstoß einer sterbenden Klasse«, und für die untere Mittelschicht hatte sie bloß Worte der Verachtung. Der alte marxistische Gesang von Henker, Gruft und Tod, durch den sich große soziale Gruppen aufs Äußerste bedroht fühlen mussten, war bei Rosa Luxemburg besonders ausgeprägt, während Bernstein ihn für überholt hielt. Zwar fanden ihre Leistungen als Theoretikerin des Imperialismus viel Anerkennung, aber als praktischer Politikerin schlug ihr nicht nur auf der nationalistischen Rechten glühender Hass entgegen, und selbst in der eigenen Partei stieß sie nicht selten auf Abneigung. Bebel nannte sie »das unselige Frauenzimmer« und Viktor Adler sogar »das giftige Luder«. Dass ihr Aussehen den Klischeevorstellungen einer jüdischen Physiognomie in idealer Weise entsprach, verstärkte in ihrer Partei unterschwellig die Abneigung und auf der Seite der Rechten ganz offen den Hass. Es war auch kein wohlgehütetes Geheimnis, dass sie sich im Umgang mit ihren polnischen Genossen höchst abschätzig über die »Schwaben«, d. h. die Deutschen, äußerte, und wenn sie »den wirklichen Giftbazillus« in der kapitalistischen Gesellschaftsordnung sah, mochte die Vermutung nicht ganz fernliegen, dass für sie auch »der preußische Militarismus« und möglicherweise sogar das Deutsche Reich als solches ein »Giftbazillus« war.

Trotz aller inneren Gegensätze brach die Sozialdemokratie jedoch nicht auseinander, zum guten Teil sicherlich deshalb, weil sie gegen die eklatante Ungleichheit des preußischen Zensuswahlrechts einen Angriff zu führen vermochte, mit dem auch die »bürgerliche Linke« sympathisierte. Bei den Landtagswahlen von 1908 erhielt die SPD mit ca. 600 000 Stimmen sieben Mandate, während den Konservativen mit wenig mehr als 300 000 Stimmen 152 Mandate zufielen. Gegen dieses Wahlrecht waren die gigantischen Demonstrationen des Jahres 1910 gerichtet, an denen sich in Berlin mehr als eine Viertelmillion Menschen beteiligten. Rosa Luxemburg wollte die Massendemonstrationen zu Massenstreiks weitertreiben und nach dem Vorbild der russischen Revolution zu Mitteln ihrer »Niederwerfungsstrategie« machen, aber Parteivorstand und Gewerkschaftsführung entschieden sich für Kautskys Vorstellung der »Ermattungsstrategie«, und sie taten sicherlich gut daran, denn Deutschland befand sich nicht im Krieg wie Russland 1905, und die Kraft des »preußischen Militärstaates« war ungebrochen.

Gleichwohl ist es eine bemerkenswerte und keineswegs selbstverständliche Tatsache, dass das immer stärkere Anwachsen einer Partei, die sich als Bürgerkriegspartei verstehen musste, wenn sie ihr wichtigstes Schlagwort, den »Klassenkampf«, politisch ernst nahm und nicht auf ökonomische Lohnkämpfe reduzierte, keine panikartige Reaktionen und vor allem nicht das Aufkommen einer »Gegen-Bürgerkriegspartei« hervorrief. Allenfalls der 1904 in Berlin gegründete »Reichsverband gegen die Sozialdemokratie« war tendenziell eine Massenpartei, die »alle in Treue zu Kaiser und Reich stehenden Deutschen ... zum Kampf gegen die antimonarchistischen und revolutionären Bestrebungen der Sozialdemokratie« einigen wollte. Aber so scharf die Polemik von dieser Seite auch war, wird man doch sagen müssen, dass eine vergleichbare Leidenschaft nicht zu erkennen war. Schon der Umstand, dass ein pensionierter General an der Spitze des Verbandes stand, ist aufschlussreich genug.

Die tiefere Ursache ist wohl darin zu sehen, dass nicht nur der Kampf gegen das preußische Wahlrecht der SPD viele Sympathien auf der »bürgerlichen Seite« gewann, sondern auch der Kampf gegen die Kriegsgefahr, die seit etwa 1907 ebenfalls für die »Sozialistische Internationale« mehr und mehr in den Vordergrund trat. In den Resolutionen war zwar nach wie vor vom »Sturz der kapitalistischen Klassenherrschaft« die Rede, aber wenn der Außerordentliche Kongress der Internationale im November 1912 einen besonders starken Eindruck machte, so lag das nicht zuletzt daran, dass er im Münster zu Basel stattfand und dass der feierliche Einzug so vieler durchaus bürgerlich aussehender Menschen insbesondere in kirchlichen Kreisen viel Sympathie fand. Vermutlich darf man es tragisch nennen, dass die größte Gruppierung innerhalb der »Kriegsverhinderungspartei« nach wie vor formell an der Überzeugung festhielt, sie werde einst die Totengräberin ihrer Verbündeten sein und einen totalen Sieg erringen, der nicht nur einen Abbau der Souveränität der Staaten, sondern deren vollständige Abschaffung bedeuten würde.

Auch wenn man die Macht der Tendenzen, die im Nietzscheanismus und in jenem Gedicht von Georg Heym zum Ausdruck kamen, nicht überschätzt und die in der Literatur so oft hervorgehobene einhellige Begeisterung beim Kriegsausbruch hinsichtlich der Arbeiter mit kritischen Einschränkungen versieht, lässt sich nicht bezweifeln, dass die »nationalen« Empfindungen in allen beteiligten Ländern Europas und nicht zuletzt in Deutschland, dessen Sozialdemokratische Partei sich als Massenvorhut der Internationale sehen wollte, weitaus stärker waren als das internationale Gefühl der Solidarität klassenmäßiger oder menschheitlicher Art. Als die wenigen Vertreter des linken Flügels sich am Abend des 4. August 1914 nach der einmütigen Billigung der Kriegskredite durch die Parlamentsfraktion in der Wohnung von Rosa Luxemburg zusammenfanden, herrschte tiefe Niedergeschlagenheit. Selbst sie erwarteten indessen nicht, dass der Krieg mehr als vier Jahre dauern und ihnen viel Gelegenheit zur Wiederaufnahme ihres Kampfes geben würde.

Die französische marxistische Massenpartei, die seit dem Einigungskongress von 1905 den höchst internationalistischen Namen »SFIO« (= Section Française de l'Internationale Ouvrière) trug, konnte sich nach Alter, Größe und Bedeutung mit der deutschen SPD nicht messen, aber »der Sozialismus« war in Frankreich älter als in Deutschland, und er hatte eine bewegtere Geschichte. In der Revolution von 1848 war er eine Hauptkraft gewesen, und er hatte 1871 in der Kommune von Paris »die« Macht ergriffen, aber er war blutig niedergeworfen und dann lange in einer Weise unterdrückt worden, zu der es in Deutschland keine Analogie gab. 1879 wurde auf einem Kongress in Marseille eine einheitliche Arbeiterpartei gegründet, aber sie zerfiel rasch und für mehrere Jahrzehnte in selbstständige Organisationen, unter denen der 1882 von Jules Guesde gegründete »Parti Ouvrier Français«, die marxistische Partei, nur eine war. Von den sechs Gruppen, die sich aufzählen lassen, waren die blanquistische und die »possibilistische« (reformistische) neben ihr die wichtigsten. Die Führer waren weithin ehemalige Kommunarden, aber die Dritte Republik fügte den Strafmaßnahmen ihrer Anfangsjahre keine weiteren hinzu, sodass alle Gruppen bzw. Parteien sich ungehindert entwickeln und auch ihre wechselseitigen Differenzen entwickeln konnten. Noch mehr als in Deutschland standen Intellektuelle an den Spitzen; eine Tendenz zum »ouvriérisme« unter dem Buchdrucker Jean Allemane setzte sich nicht einmal unter den »Allemanisten« dauerhaft durch. Die »Boulanger-Krise« war eine Krise des französischen Sozialismus im Ganzen, der sich für eine Bewegung »nach rechts«, d. h. in Richtung des Nationalismus, ja des Chauvinismus, offener zeigte, als viele Beobachter, darunter Friedrich Engels, erwartet hatten, und an der Gründung der Internationale beteiligten sich nur die Guesdisten.

Die Dreyfus-Affäre war eine weitere Bewährungsprobe, und sie markierte den Aufstieg von Jean Jaurès, welcher der unter Sozialisten verbreiteten Meinung entgegentrat, es handle sich um einen Streit innerhalb der bürgerlichen Welt, der für Sozialisten uninteressant sei. Noch viel schwerer war die Krise um die Frage der Regierungsbeteiligung, die mit dem Eintritt des »Unabhängigen« Alexandre Millerand in die »dreyfusistische« Regierung Waldeck-Rousseau in ein akutes Stadium trat. Keine sozialistische Gruppierung war bis dahin in diese Situation gekommen, die sich später als fundamental erweisen würde – viele der anderen sozialistischen Parteien in Europa waren eben erst zur Existenz gelangt oder überhaupt noch nicht gegründet. Von den späteren Entwicklungen her gesehen, befand sich der französische Sozialismus also an der Spitze, aber als 1905 endlich die einheitliche und marxistische Partei gegründet wurde, schlug sie sofort wieder einen »antiministeriellen« Kurs ein, und sie erklärte mit Nachdruck, obwohl sie für unmittelbare Reformen zugunsten der Arbeiterklasse eintrete, sei sie nicht »un parti de réforme, mais un parti de lutte des classes et de révolution«; ihr Ziel sei die Umwandlung der kapitalistischen Gesellschaft in eine »kollektivistische oder kommunistische Gesellschaft«.

1910 errang die Partei einen großen Wahlsieg mit über einer Million Stimmen, bei den Parlamentswahlen von 1914 zogen bei anderthalb Millionen Wählern, d. h. 17 Prozent der Stimmen, hundert Abgeordnete in die Kammer ein. Vielen Menschen erschien die Bewegung zum Sozialismus nun »irrésistible, universel«, obgleich der Erfolg, ähnlich wie in Deutschland, der Zusammenarbeit mit den »bürgerlichen Radikalen« zu verdanken war. Im Ganzen waren aber die reformistischen Tendenzen innerhalb der Partei stärker als in Deutschland, und sie sahen in Jaurès einen Vorkämpfer – die folgenreiche Gründung der »Humanité« hatte er ja nur mithilfe von »jüdischen Kapitalisten« bewerkstelligen können, die ihm für seine Haltung in der Dreyfus-Affäre dankbar waren. In der Propaganda für den Frieden war Jaurès allerdings radikaler als Bebel und trat dafür ein, den Kriegsausbruch gegebenenfalls durch einen internationalen Generalstreik zu verhindern. Als er sich gegen die Einführung der dreijährigen Dienstzeit in Frankreich aussprach und Vorschläge für eine »neue Armee« machte, wurde er zum Gegenstand einer besonders hasserfüllten Kampagne der Rechtsparteien, namentlich der Action française. In der Julikrise glich seine Haltung mehr derjenigen eines abwägenden Wissenschaftlers als eines Parteiführers, und seine Ermordung am Abend des 31. Juli durch einen nationalistischen Fanatiker war wie ein Donnerschlag, zu dem es in Deutschland nichts Vergleichbares gab.

Dennoch fiel den französischen Sozialisten die Entscheidung für die Zustimmung zu den Kriegskrediten noch leichter als den deutschen, denn gegen Frankreich richtete sich eine konkrete Kriegserklärung, während in Deutschland nur die russische Generalmobilmachung als eine Art Angriff empfunden werden konnte. In Deutschland unterband lediglich ein »Burgfriede« den Streit der Parteien für die Kriegszeit, alle französischen Parteien schlossen sich dagegen in einer »Union sacrée« zusammen, und Ende August trat die SFIO offiziell in die Regierung ein: Jules Guesde, der unermüdliche Kämpfer für den revolutionären Umsturz der kapitalistischen Gesellschaftsordnung, war am Ende seines Lebens nebst einigen seiner Genossen ein Minister des »bürgerlichen Staates«. Eine Entsprechung zu den Radikalen um Rosa Luxemburg und Karl Liebknecht gab es nicht.

In Italien war eine marxistische Partei erst 1892/94 gegründet worden, der »Partito Socialista Italiano«, und zwar unter maßgeblicher Beteiligung Filippo Turatis, der Sohn eines Präfekten des Königreichs war, also eines der höchsten Staatsbeamten. Aber der Boden war einerseits gut vorbereitet und doch auch wieder schwierig, und zwar wegen der langen Jahre der Tätigkeit Bakunins in Italien. Denn dadurch waren die anarchistischen Kräfte sehr gestärkt worden, zumal in der Romagna. Aus dieser Richtung kamen Andrea Costa und Amilcare Cipriani, auf die der junge Mussolini sich besonders häufig berief, aber 1889 hatten sie sich schon dem marxistischen Flügel angeschlossen und wurden vom Gründungskongress der Zweiten Internationale sogar beauftragt, Verhandlungen mit den Possibilisten zu führen, die es dann aber vorzogen, außerhalb der neuen Vereinigung zu bleiben. Dass Italien für die Marxisten ein schwieriger Boden war, wurde gleichzeitig mit der Gründung der Partei durch die Bewegung der »Fasci siciliani« offenbar, eine mächtige, aber wenig organisierte Bewegung der Landbevölkerung in Sizilien, die weit mehr von der aufrührerischen Tradition des Anarchismus geprägt war, soweit sie nicht auf einer völlig untheoretischen Spontaneität beruhte. Sie wurde von Crispi mit brutalen Mitteln unterdrückt, und Ähnliches galt, mutatis mutandis, von der großen Aufruhrbewegung in Mailand 1898, die von einem italienischen General mit weit größerer Härte niedergeworfen wurde als 1848 die Mailänder Revolution von dem österreichischen Marschall Radetzky.

Aber in der gewaltigen Streikbewegung von 1904 war die Hand des PSI schon deutlich zu erkennen, und der Eindruck war in der Öffentlichkeit so groß, dass Pius X. das »Non expedit« aufhob und den Weg zur Bildung einer katholischen Partei frei machte. Aber gleichwohl war die reformistische Tendenz in der Partei sehr stark, und sie wurde von der Regierung ausdrücklich gefördert, denn Ministerpräsident Giovanni Giolitti hatte sehr bestimmte und positive Vorstellungen vom Voranschreiten der Demokratisierung, und er wollte den reformistischen Flügel der Sozialistischen Partei an der Regierung beteiligen, um dadurch einen Teil der Marxisten von den revolutionären Ideen fortzuführen und zum linken Flügel einer »bürgerlichen Demokratie« zu machen. Dabei konnte er fundierte Hoffnungen auf den Mitbegründer der Partei, Filippo Turati, setzen, und um 1910 schien der große Schritt unmittelbar bevorzustehen, der Italien mit einem Schlag an die Spitze der politischen Entwicklung Europas gebracht und dasjenige vorweggenommen hätte, was im übrigen Europa erst im Krieg und nach dem Krieg wirklich wurde, nämlich die Mitwirkung des nichtrevolutionären Teils der Sozialisten am »bürgerlichen Staat«. Eine besonders günstige Vorbedingung schien dadurch gegeben zu sein, dass der revolutionäre Flügel unter Costantino Lazzari fast zur Bedeutungslosigkeit herabgesunken war.

Das gut vorbereitete Kolonialunternehmen Giolittis in Libyen von 1911, das in der Außenpolitik die Reihe der unmittelbar zum Weltkrieg führenden Ereignisse eröffnete, stieß indessen im Inneren auf unerwartet heftigen Widerstand der Sozialisten, der zwar ohne Erfolg blieb, aber die revolutionäre Fraktion sehr stärkte, innerhalb deren sich der junge Parteisekretär von Forlí, Benito Mussolini, besonders hervorgetan hatte. Auf dem Parteitag von Reggio Emilia riss er die Partei durch seine Rednergabe so sehr mit, dass die Reformisten um Filippo Turati und Leonida Bissolati ausgeschlossen wurden und er selbst zum Direktor des Parteiorgans »Avanti« gewählt wurde. Damit stand zum ersten Mal ein revolutionärer Marxist an der Spitze der Sozialistischen Partei Italiens.

Diese Kennzeichnung muss auch heute noch überraschen, da später von der faschistischen Literatur und dann von bedeutenden Wissenschaftlern der junge Mussolini als ein »revolutionärer Syndikalist« oder romantischer Rebell dargestellt worden ist. Dieses Bild ist sicher nicht einfach aus der Luft gegriffen, aber es lässt sich zeigen, dass Mussolini im Rahmen der damals gegebenen Möglichkeiten ziemlich viel von Marx – sogar einige deutsche Texte – gelesen hatte, dass er sich immer wieder auf ihn als auf seinen Lehrer berief und dass in seinen theoretischen Aussagen tatsächlich alle wesentlichen Grundzüge des Marxismus enthalten sind. Allerdings betonte er unter dem Einfluss Nietzsches und der Lebensphilosophie das aktivistische Element – »Bewegung, Kampf, Aktion«; »Leben heißt nicht rechnen, sondern handeln« –, das im Marxismus ebenso wie die Geringschätzung des Reformismus als einer Verfallserscheinung einen festen Platz hat, so sehr, dass die Fortbildung des Moments zur Totalität möglich wurde.

Der entscheidende Augenblick kam, als der Weltkrieg ausgebrochen war. Trotz seiner Zugehörigkeit zum Dreibund war Italien zum Eingreifen nicht verpflichtet, weil die Situation nicht eindeutig defensiv war, und daher hätte es wie Spanien neutral bleiben können. Aber die Regierung glaubte die Gelegenheit gekommen, das Werk des Risorgimento zu vollenden und von Österreich die letzten noch »unerlösten« Gebiete wie das Trentino und Triest als »Kompensation« zu verlangen. Von keiner Partei war ein so entschiedener Widerstand gegen diese Pläne – die dann in der Tat zu Blutopfern führten, welche die Blutopfer der Einigungskriege des Risorgimento um nahezu das Hundertfache übertrafen – zu erwarten wie von dem PSI, und diese Erwartung erwies sich als zutreffend. Aber Mussolini, nun Marxist und Nietzscheaner zugleich, kam innerhalb weniger Wochen nach heftigen inneren Kämpfen zu der Überzeugung, dass das pazifistische Fernbleiben von diesem welthistorischen Ereignis die Revolution (die Marx und Engels so lange Zeit mit dem Krieg verknüpft gesehen hatten) verhindern und einen Beweis der Dekadenz Italiens darstellen würde, und so ging er als einziger der führenden europäischen Sozialisten der Vorkriegszeit zum »Interventionismus« über, zur Propagierung des freiwilligen Eintritts in den Krieg.

Seine Partei schloss ihn sofort aus, aber mit einer Anzahl von anderen linken Interventionisten gründete er die »Fasci d'azione rivoluzionaria«, und an der Seite Gabriele D'Annunzios setzte er in einer Anzahl leidenschaftlicher, besonders gegen Giolitti gerichteter Massenveranstaltungen die Regierung so sehr unter – erwünschten – Druck, dass im Mai 1915 der Krieg gegen Österreich-Ungarn erklärt werden konnte, der sich im folgenden Jahr zum Krieg auch gegen Deutschland ausweitete.

In Russland wurde die marxistische Partei sogar erst 1901 gegründet, und ihr ging eine Parteigründung voran, die man antimarxistisch nennen mochte, nämlich die des »Allgemeinen jüdischen Arbeiterbundes in Russland und Polen« 1897 in Wilna, welche jene Separierung des tschechischen Flügels der österreichischen Sozialdemokratie und damit einen National-Sozialismus vorweggenommen hätte, wenn eine gesamtnationale Partei schon vorhanden gewesen wäre. Aber diese gesamtnationale Partei wurde erst einige Jahre später zur Realität, und der »Bund« trat zu ihr in ein freundliches Verhältnis – seine Delegierten wirkten mit, als 1903 in London der zweite Kongress der Sozialdemokratischen Arbeiterpartei zusammentrat, auf dem sich unter dem Einfluss Lenins bereits die Trennung von zwei Fraktionen vollzog, der »Menschewiki« und der »Bolschewiki«. Die Menschewiki, unter denen der Prozentsatz jüdischer Mitglieder noch höher war als unter den Bolschewiki, waren nicht etwa »Reformisten«, sondern die orthodoxeren der revolutionären Marxisten, während Lenin seinen Flügel als eine fest geschlossene »Führerorganisation« von Berufsrevolutionären auffasste, die das »zurückgebliebene Russland« viel schneller zum Sozialismus würde führen können, als es die Menschewiki zu tun vermöchten, die wie Kautsky lange Zeiträume ins Auge fassten und den vollen Sieg des in Russland erst aufkommenden industriellen Bürgertums abwarten wollten.

Aber auch in Russland war, wie in Italien, der Boden für die Entstehung sozialistischer Parteien gut vorbereitet, einmal durch das große Interesse, das Marx' »Kapital« hier schon seit Beginn der Siebzigerjahre gefunden hatte, dann durch das Wirken des »ersten Marxisten« Russlands, Georgij Plechanows, – natürlich aus dem Exil heraus – und schließlich durch die Existenz der Sozialrevolutionären Partei, die sich ebenfalls »sozialistisch« nannte, obwohl ihr wichtigstes Ziel die Aufteilung des Adelslandes unter die Bauern war. Als die jüngste der marxistischen Parteien in einem der großen Länder Europas sah sich die russische Sozialdemokratie am frühesten in eine genuine Revolution verwickelt, nämlich 1905, und wenn sie keine entscheidende Rolle spielte, so wurde doch Leo Trotzki als Vorsitzender des Petersburger Arbeitersowjets bis weit über die russischen Grenzen bekannt. Nach dem Ende der Revolution arbeitete Lenin angesichts des groß angelegten Lösungsversuchs des Ministerpräsidenten Stolypin, der durch eine umfassende Agrarreform eine selbstständige Schicht von relativ wohlhabenden Bauern aus der »Mir« herauslösen wollte, nur umso hartnäckiger an der mehr und mehr autoritären Organisation der Bolschewiki, die sich 1911 definitiv von den Menschewiki trennten, indem sie sich als eigene Partei konstituierten. Bei Kriegsausbruch aber stimmten die wenigen Parlamentsabgeordneten der Bolschewiki und der Menschewiki gemeinsam gegen die Kriegskredite – als die Einzigen in einem der großen Staaten Europas. Tendenziell traten die russischen Marxisten damit noch stärker aus dem allgemeinen Bild heraus als die italienische Partei, die sich ja mit viel Engagement weigerte, dem Beispiel Mussolinis zu folgen. Lenin aber widmete sich im Züricher Exil theoretischen Arbeiten, in denen er die »Arbeiteraristokratie« des Westens noch heftiger kritisierte, als er es schon vor dem Kriegsausbruch getan hatte.

Mit ganz kurzen Strichen ist nun auf die Geschichte der wichtigsten marxistischen Parteien während des Krieges einzugehen. Dabei ist die Reihenfolge zu ändern, denn jetzt muss die französische Partei an die Spitze gestellt werden, weil sie eine der Entwicklungstendenzen am eindeutigsten verkörperte, nämlich die nahezu vorbehaltlose Bejahung des Krieges und die Beteiligung an der Regierung.

Aber trotz der »Union sacrée«, der sozialistischen Minister und des übermächtigen Eindrucks, zum Angriffsziel des »deutschen Militarismus« geworden zu sein, war die überlieferte Kriegsgegnerschaft unter den französischen Sozialisten nicht völlig erloschen. Schon ziemlich früh wurden einzelne Stimmen vernehmbar, welche die Meinung äußerten, die Kriegsverantwortung sei nicht einseitig. Meist waren sie aber mit dem Wiederaufleben der traditionellen Auffassung verbunden, dass die wahre Kriegsschuld aufseiten »des Kapitalismus« zu finden sei. Kritik am Grundbegriff des »Klassenkampfes« wurde am ehesten von den Blanquisten zum Ausdruck gebracht, die ihr altes Konzept des revolutionären Vaterlandes wieder aufgriffen.

Die marxistische »Minorität«, innerhalb deren Charles Longuet die hervorstechendste Rolle spielte, war zunächst sehr schwach, und die »Humanité« war für lange Jahre vollständig von den »majoritaires«, dem Mehrheitsflügel, beherrscht, zu dem paradoxerweise auch Gustave Hervé gehörte, dessen Blatt »La guerre sociale« vor dem Kriege oft zustimmend von Mussolini zitiert worden war, als es die nationale Flagge einen »Lumpen, aufzupflanzen auf dem Mist« nannte. Jetzt aber hieß diese Zeitung »La Victoire« und war der Bannerträger einer Siegfriedenspartei unter den Sozialisten. Aber die große

Mehrheit, nicht nur diejenige der »majoritaires«, verfocht bis fast zum Ende des Krieges den Gedanken eines »Friedens ohne Annexionen und Kriegsentschädigungen«, gab sich große Mühe, an der Internationale festzuhalten, und war bereit, auch mit den deutschen Genossen zu sprechen. Doch gerade die entschiedenen Internationalisten, die »minoritaires«, die bald immer stärker wurden, verknüpften häufig die Forderung nach Frieden mit der Forderung nach Wiederaufnahme des Klassenkampfes, d. h. sie wollten den Frieden zwischen den Staaten, um den Krieg zwischen den Klassen und damit tendenziell den Bürgerkrieg wieder aufnehmen zu können.

Diese Tendenz wurde durch die internationalen Konferenzen von Linkssozialisten in Zimmerwald und Kienthal, auf denen die Vertreter der Bolschewiki eine wichtige, wenngleich nicht entscheidende Rolle spielten, verstärkt. Aber noch Ende 1916 ließ eine Resolution der »majoritaires« ungefähr dieselben Auffassungen erkennen, wie sie die Mehrheitsparteien des Deutschen Reichstags in ihrer Friedensresolution vom Juli 1917 formuliert haben: Wiederherstellung Belgiens, Rückzug der deutschen Truppen aus Frankreich, Friedensschluss »ohne Annexionen und Kriegsentschädigungen«.

Noch im Januar 1917 wurde die Antwort, welche die Alliierten dem amerikanischen Präsidenten auf dessen Forderung nach Offenlegung der Kriegsziele gegeben hatten, heftig kritisiert, weil dadurch klar wurde, wie sehr diese Kriegsziele einem Machtwillen entsprangen, der sich mit dem proklamierten Kampf »für die Zivilisation« schwerlich vereinbaren ließ. Doch die Erklärung des unbeschränkten U-Boot-Krieges durch Deutschland, der Kriegseintritt der USA, die überaus verlustreichen Offensiven des »Blutsäufers« General Nivelle und die Nachrichten von den beiden russischen Revolutionen änderten die Situation. Die Minorität wurde immer stärker, und im September 1917 traten die sozialistischen Minister aus der Regierung aus. Als die Minorität sich 1918 innerhalb der Partei definitiv durchsetzte, war sie zwar immer noch eher pazifistisch als klassenkämpferisch, aber es hatten sich innerhalb der Partei doch schon die drei grundlegenden Möglichkeiten der Beendigung des Krieges abgezeichnet:

1. die Erringung eines Siegfriedens, der auf der unterlegenen Seite tiefes Ressentiment erzeugen und die Gefahr eines neuen Krieges heraufbeschwören musste;
2. ein Friedensschluss, der den »Status quo ante« wiederherstellte, weil er Annexionen und Kriegsentschädigungen ausschloss, und der dennoch etwas Neues hätte herbeiführen können, das gerade die Kontinuität der Existenz

der europäischen »Kulturstaaten« gesichert hätte: die Einsicht, dass ein solcher Krieg nie wieder stattfinden dürfe, und der daraus resultierende Wille zu Verträgen und Zusammenschlüssen neuer Art;
3. ein Friede mit der Zielsetzung, einen revolutionären Sturz des »Systems« herbeizuführen und notfalls einen Bürgerkrieg in Kauf zu nehmen.

Wenn die erste und die dritte Möglichkeit sich gleichzeitig realisieren sollten, so war ein Zeitalter voller Blut und Tränen zu erwarten, es sei denn, dass die siegreichen Staaten ihre Position definitiv gegen alle Gefährdungen zu stabilisieren vermochten oder dass die revolutionäre marxistische Bewegung den Triumph ihrer »Weltrevolution« innerhalb von kurzer Zeit durchsetzen konnte.

Eben dieser Triumph war die Hoffnung und Erwartung der deutschen Linkssozialisten um Rosa Luxemburg und Karl Liebknecht. Aber in Deutschland geriet die Mehrheitsfraktion während des Krieges nie in Gefahr, von der Minderheit entmachtet zu werden. Diese konstituierte sich vielmehr 1917 als eigene Partei, die »Unabhängige Sozialdemokratie«.

Andererseits hatte die Mehrheitsfraktion sich nicht an der Regierung beteiligt, und selbst die entschiedensten »Rechten« in ihrer Mitte – zu denen auch Paul Lensch zählte, einer jener wenigen Linken, die sich im August 1914 in der Wohnung Rosa Luxemburgs zusammengefunden hatten – wollten keinen eigentlichen »Siegfrieden« mit Eroberungen und erzwungenen Kontributionen. So konnten auch sie von der »Siegfriedenspartei« der Alldeutschen und der Dritten Obersten Heeresleitung unter den Generälen von Hindenburg und Ludendorff zu den Defätisten gerechnet werden, während die linkssozialistische »Spartakusgruppe« der Anhänger von Rosa Luxemburg und Karl Liebknecht eine extremistische Antikriegspropaganda durchzuführen vermochte, die mehr und mehr ihre Schuldanklage von dem abstrakten »kapitalistischen System« auf die konkreten »Bourgeois« und die Offiziere verlagerte.

In Italien führte Mussolini, auch während er als Soldat an der Front stand, in seiner Zeitung »Il Popolo d'Italia« eine ähnlich ungezügelte Kampagne für den Krieg, gegen die Deutschen und vom Sommer 1917 an auch gegen Lenin und die Bolschewiki, die er als Deutschenfreunde und als Juden mit deutschen Namen anklagte. Dem PSI galt er als »Verräter« und »von der Bourgeoisie Gekaufter«, aber unter den strengen Kriegsgesetzen konnte sich die Partei nur wenig rühren, schon gar nicht im Augenblick der größten Gefahr, als Italien im Herbst 1917 nach der schweren Niederlage von Caporetto an den Rand des Zusammenbruchs gelangt war. Aber man durfte der Partei eine große Zukunft vorhersagen, sobald nach so entsetzlichen Leiden die normalen politischen Verhältnisse einer parlamentarischen Demokratie wiederhergestellt sein würden.

Russland war die erste Großmacht, die in diesem Kriege tatsächlich besiegt wurde, und seine Sozialisten waren die einzigen, die den größten Teil der Kriegszeit im westeuropäischen Exil oder in der sibirischen Verbannung verbrachten. Aber die formell liberale Februarrevolution gewährte ihnen in reichstem Maße jene offenen Betätigungsmöglichkeiten, die ihnen bis dahin gefehlt hatten. Die große Paradoxie bestand darin, dass sie zunächst so gut wie alle – einschließlich des aus Sibirien zurückgekehrten Stalin – entschiedene Anhänger der »bürgerlichen Revolution« als einer unentbehrlichen und lang dauernden Etappe waren, und dass ein einziger Mann, nämlich Lenin, der mit Billigung Ludendorffs im April durch Deutschland nach Hause hatte reisen dürfen, sie davon überzeugte, dass man die »provisorische Regierung«, an der schon bald auch Sozialisten beteiligt wurden und die gegenüber den Sowjets der Arbeiter- und Bauerndeputierten in einer schwachen Position war, als eine Regierung der Kapitalisten bekämpfen und möglichst bald stürzen müsse, um den Massenwunsch der Soldaten und Bauern nach »Frieden und Land« zu erfüllen.

Auf diesen Massenwunsch gestützt, setzte Lenin nach dem Scheitern aller Versuche der Regierung, durch siegreiche Offensiven die westlichen Alliierten zufriedenzustellen, gegen den Willen gerade der wichtigsten seiner Anhänger den Beginn der »Oktoberrevolution« durch, die in Wahrheit ein bürgerkriegsartiger Putsch gegen die unmittelbar bevorstehende Bildung einer »gesamtsozialistischen« Regierung war. Eben dieser Vorwurf, als »Bürgerkriegspartei« zu handeln, wurde der Regierung der »Volkskommissare« von den übrigen sozialistischen Parteien sofort gemacht, und Lenin hatte ja in der Tat schon bald nach dem August 1914 die »Umwandlung des imperialistischen Krieges in den Bürgerkrieg« gefordert.

Aber diese Revolution war gleichwohl kein innerrussisches und auch kein innersozialistisches Ereignis. Sie schien eine Friedensrevolution zu sein, und so erfüllte sie in der Tat einen Massenwunsch, der in Frankreich und England, in Deutschland und in Italien kaum weniger verbreitet war als in Russland selbst. Daher rief sie in der ganzen Welt ebenso viel an Zustimmung, Hoffnung und Enthusiasmus hervor, wie dies die Französische Revolution während ihrer ersten Jahre getan hatte. Aber durch den Abschluss des Separatfriedens von Brest-Litowsk im März 1918 gefährdete sie den Sieg der Alliierten, und nicht nur Mussolini antwortete darauf mit Erbitterung und Hass. Und sie führte den Bürgerkrieg, den sie begonnen hatte, mit nicht geringerer Radikalität, als die Jakobiner ihn geführt hatten. Im Januar 1918 wurde die erste Nationalversammlung Russlands, die schon unter dem bolschewistischen Regime gewählt worden war, gewaltsam aufgelöst, und wenig später richtete sich eine von oben gesteuerte Massengewalt, wie es die marxistischen Vorstellungen nahelegten, mit Massenerschießungen und Errichtung von Konzentrationslagern ohne die Untersuchung individueller Schuld gegen die Klassen der »Bourgeoisie« und der »Kulaken«.

So rief diese Revolution in ganz Europa bei vielen Menschen hoffnungsvollen Enthusiasmus und bei vielen anderen einen beispiellosen Schrecken hervor. Eben dadurch gab sie jener dritten Möglichkeit in den anderen europäischen Staaten ein zusätzliches und machtvolles Gewicht, aber sie musste auch die erste und entgegengesetzte stärken. Ein Beobachter, der weder den Sieg Deutschlands über die Revolution noch den Triumph dieser Revolution über das »kapitalistische Weltsystem« erwarten konnte, hätte – wie Goethe 1793 bei Valmy – mit dem Blick auf Russland im Sommer 1918 sagen können: »Von hier und heute fängt eine neue Epoche der Weltgeschichte an; hier und heute ist der Geist des 19. Jahrhunderts definitiv an sein Ende gelangt.«[2)]

Schlussbetrachtung:

Das 19. Jahrhundert – Gegensatz zum 20. Jahrhundert oder Präludium?

Niemand kann eine vollständige Geschichte des 19. Jahrhunderts schreiben. Schon die »Geschichtskalender« enthalten eine solche Fülle von Sachverhalten und Vorgängen, dass sie nicht in eine zusammenhängende Erzählung oder in eine noch so ausführliche Analyse gebracht werden können, und doch springt ins Auge, wie viele Lücken sie enthalten, sobald der Historiker auch nur ein paar Dutzend Jahrgänge einer einzigen Zeitung durchsieht oder sich in einem Archiv dem Nachlass einer einzelnen bedeutenden Persönlichkeit zuwendet. Die Lücken einer historischen Darstellung, die nicht im engsten Sinn eine Spezialuntersuchung ist, verstehen sich immer von selbst, und das ist nur ein anderer Ausdruck dafür, dass eine Selektion vorgenommen worden ist und dass einzelne Gesichtspunkte oder Bereiche viel stärker hervortreten als andere, die ebenfalls einen Anspruch auf Aufmerksamkeit erheben könnten.

So ist in den vorhergehenden Kapiteln mit keinem Wort von den Künsten die Rede gewesen, weder von der Musik Richard Wagners noch von der Malerei des Impressionismus, weder die Entwicklung der Philosophie noch die der Naturwissenschaften haben einen Platz gefunden, selbst von den Historikern wurde allenfalls der eine oder andere Name erwähnt, und Nietzsche wurde nicht als Philosoph zum Gegenstand, sondern als Kritiker der Zivilisation und Urheber des »Nietzscheanismus«. Thema waren ausschließlich zwei große Bereiche: die Staaten Europas in ihren politischen Beziehungen, d. h. die Außenpolitik unter eng begrenzter Einbeziehung der Innenpolitik, und jene »Kräfte, Tendenzen, Bewegungen«, die gleichsam unterhalb der Staaten ihren Platz haben, wie die Industrialisierung und die Bevölkerungsvermehrung, oder die im Inneren der Staaten aus der »Gesellschaft« entspringen, d. h. dem Bereich von relativ autonomen Realitäten eigenen Ursprungs und meist übernationalen Charakters wie der Kirchen, der Stände oder Klassen, der aufklärerischen Tendenzen, der Nationalismen, der »Demokratisierung«.

Eine strikte Trennung lässt sich freilich nicht vornehmen, und so wird im zweiten Teil manches ausführlicher behandelt, was im ersten nur eben erwähnt wurde, wie etwa der Bonapartismus, aber gewisse Aspekte eines Phänomens können im ersten Teil bereits skizziert werden und im zweiten Teil nicht mehr wiederkehren, wie etwa die Geschichte Napoleons III. Einige Wiederholungen ließen sich deshalb nicht vermeiden. Im Großen und Ganzen dürften die Fundamentalprozesse, die in der Einleitung umrissen wurden, in der folgenden Darstellung anschaulicher geworden sein: die Demokratisierung, die Säkularisierung, die Alphabetisierung. Die Aufmerksamkeit war dabei immer besonders darauf gerichtet, das Komplexe, Nichtlineare und auch das Widerspruchsvolle der geschichtlichen Vorgänge herauszustellen und andererseits auf die Präfigurationen zu achten, in denen eine Verknüpfung mit Vorgängen des 20. Jahrhunderts sichtbar wird oder zu werden scheint. So ist nicht weniger als dreimal die Aussage von Karl Marx über das für ihn selbst überraschende und verwirrende Verhältnis zwischen »Revolution« und »Gegenrevolution« zitiert worden.[1)] Waren etwa die »reaktionären« Karlisten Spaniens nicht »progressive« Vorkämpfer eines Regionalismus, der sich im 20. Jahrhundert weithin durchsetzte? Zur »Demokratisierung« wurden nicht nur die allbekannten Erweiterungen des Wahlrechts gezählt, sondern auch ein scheinbar geradezu entgegengesetzter Tatbestand wie die von der katholischen Kirche organisierte Wallfahrt zum »Heiligen Rock« in Trier, denn darin vollzog sich eine »Entlokalisierung« der Landbevölkerung, die eine der Voraussetzungen für das Verlangen nach stärkerer Mitwirkung an den politischen Entscheidungen darstellt.

Eine Demokratisierung bedeutete aber natürlich insbesondere die Einführung des allgemeinen Wahlrechts 1848 in Frankreich, und dennoch hatte dieser Fortschritt nach verbreiteter Meinung einen schwerwiegenden Rückschritt zur Folge, nämlich die Herrschaft eines »Despoten«. Was hätte paradoxer sein können als die Tatsache, dass der groß angelegte Plan des Zaren Nikolaus, mittels einer Teilung der Türkei Europa gegen das »revolutionäre« Frankreich Napoleons III. zu einigen, gerade den Krieg des »fortschrittlichen Westens« gegen den »despotischen Osten« herbeiführte, zu dem die Linke mit so viel Leidenschaft aufgerufen hatte – wenngleich mit einer ganz andersartigen Zielsetzung? Was war ein deutlicheres Kennzeichen der »Modernisierung« als die Zurückdrängung des Adels überall in Europa, doch was hat mehr zu dieser Modernisierung beigetragen als die Tätigkeit des »whiggistischen« und tendenziell liberalen Adels in England?

Wir haben in den Aktionen zugunsten einer »von der Geschichte zum Tode verurteilten Sache«, nämlich der Verteidigung des Kirchenstaates durch den General Lamoricière und seine Freiwilligen, eine »Präfiguration« gesehen, eine Vorwegnahme bestimmter Kennzeichen des islamischen Fundamentalismus, in dem sich später der »fortschrittliche« Aspekt eines Befreiungskampfes gegen die Abhängigkeit vom westlichen oder amerikanischen Imperialismus auf so sonderbare Weise mit der »rückschrittlichen« Wirklichkeit der Herrschaft von dogmatischen Priestern verbinden würde. Europäische Präfigurationen waren uns etwa die Hinrichtung der neun ungarischen Generäle nach dem Kriege gegen die habsburgische Monarchie, die »Germanisierungspläne« des österreichischen Generals Coronini in Rumänien sowie die Pläne Palmerstons und der preußischen »Wochenblattpartei« zur Verkleinerung Russlands auf seinen historischen Kern. In einem noch prononcierteren Sinne war die Pariser Kommune, deren Geiselmord und deren überaus blutige Niederwerfung durch die Regierungstruppen, eine Präfiguration der revolutionären und der gegenrevolutionären Ereignisse im 20. Jahrhundert.

Daher müssen auch direkte Vorblicke als legitim gelten. So erwies sich der Widerstand Österreichs gegen eine Vereinigung Bosniens mit Serbien keineswegs als »dem Willen der Geschichte zuwider«, denn auch zu Beginn des 21. Jahrhunderts sind Serbien und Bosnien bekanntlich voneinander getrennt,[2] und von dem Buch des Alldeutschen Heinrich Claß »Wenn ich der Kaiser wär'« wurde gesagt, kein Buch der Vorkriegszeit habe so viel Ähnlichkeit mit Hitlers »Mein Kampf« gehabt.[3]

Trotz der tief greifenden Selektion und der daraus resultierenden großen Lücken ergab sich aus der Darstellung und der Analyse die Möglichkeit, abschließend eine Frage zu stellen, die das 19. Jahrhundert im Ganzen betrifft und die es auf eine Waage stellt, mit der verglichen alle anderen Gesamturteile an Relevanz von geringerer Bedeutung zu sein scheinen: Bildete das 19. Jahrhundert einen Gegensatz zu dem 20. Jahrhundert, oder ist es als dessen Präludium zu betrachten?

Die Perspektive der Hervorhebung von Widersprüchen, Paradoxien, Verkehrungen schließt *eine* Antwort aus oder setzt sie mindestens in Klammern, die noch um 1910 dem Sinn nach selbstverständlich gewesen wäre und im Rückblick um 1950 noch einleuchtender sein konnte: Das 19. Jahrhundert war das Zeitalter des materiellen und geistigen Fortschritts, der Verbesserung, der Ausbreitung der Zivilisation, der Vorherrschaft einer liberalen und humanitären Ideologie und im Grunde auch, trotz einiger kurzer und nicht sehr verlustreicher Kriege, ein Zeitalter des Friedens. Es bildet also einen starken, ja radikalen Gegensatz zum 20. Jahrhundert der beiden Weltkriege mit ihren gigantischen Menschenverlusten, zu den totalitären Regimen in den größten Staaten Europas, zu den ideologisch begründeten Massentötungen in Vernichtungslagern und auch zur Drohung eines atomaren, möglicherweise die ganze Menschheit vernichtenden Atomkriegs in seiner zweiten Hälfte. Als der entscheidende Einschnitt gilt dann der Ausbruch des Ersten Weltkriegs, der nach dem Urteil von George Kennan »die Urkatastrophe des 20. Jahrhunderts« darstellte, weil er nach dem Scheitern der auf allen Seiten vorhandenen Blitzkriegsideen oder -hoffnungen mit den »Blutmühlen« wie denjenigen von Verdun oder der Schlacht an der Somme unvorstellbar große Menschenverluste verursachte, ja ganze Nationen mit dem Hungertod bedrohte – die deutsche durch die englische Blockade, die englische durch den deutschen U-Boot-Krieg – und im Ganzen ein Ausmaß von Emotionen erzeugte, wie es sie in diesem Umfang nie zuvor in der Weltgeschichte gegeben hatte. Nichts war deshalb natürlicher, als dass die Besiegten nach Revanche, nach einer besseren Wiederaufnahme des Krieges strebten und dass die Sieger den so schwer errungenen Vorrang mit allen Mitteln verteidigten. Der Erste Weltkrieg zog also den Zweiten Weltkrieg nach sich, wie es kluge Beobachter schon gleich nach dem Diktatfrieden von Versailles vorhergesagt hatten, und im Ganzen ist das 20. Jahrhundert, vornehmlich seine erste Hälfte, als ein blutiges Zeitalter der Barbarei dem 19. Jahrhundert als einer Periode des Friedens und der fortschreitenden Zivilisation auf das Schroffste entgegenzusetzen.

Aber sind diese Kennzeichnungen und ist diese Periodisierung wirklich zwingend? Im Jahr 1854 begann ein genuiner Weltkrieg zwischen Russland und den Westmächten, der allerdings unter schweren Verlusten nur auf einem kleinen Gebiet, nämlich der Krim, ausgetragen wurde, der sich aber mit Sicherheit zu einem gesamteuropäischen Brande mit unabsehbar großen Menschenopfern entwickelt haben würde, wenn in Russland die »öffentliche Meinung« schon so stark gewesen wäre wie fünfzig Jahre später, wenn also eine Demokratisierung das Selbstherrschertum des Zaren in höherem Maße beschränkt hätte.

1878 standen im siebten der russisch-türkischen Kriege die russischen Truppen in den Randbezirken Konstantinopels und schienen das Ziel einer jahrhundertealten Sehnsucht schon in Händen zu haben, aber englische Flotten waren in den Bosporus eingefahren, und der Krieg zwischen den beiden

Weltmächten konnte jeden Augenblick ausbrechen, bevor den Diplomaten und dann vornehmlich Bismarck der Vermittlungsversuch glückte. In den Jahren 1886/88 standen im Zuge der neuen »orientalischen« Verwicklungen und der Boulanger-Krise in Frankreich die Präventivkriegspläne des deutschen Generalstabs unmittelbar vor der Verwirklichung, und nur Bismarck hatte Autorität genug, um die Militärs zurückzuhalten. Andererseits hatte der Ausbruch des Krieges von 1914 so viel mit einem törichten Entschluss und einem Zufall zu tun,[4)] dass ihm keine höhere Notwendigkeit zugeschrieben werden kann als dem Nicht-Ausbruch von 1878 oder 1888.

Und erzeugte der Erste Weltkrieg tatsächlich als solcher so viel Hass und Erbitterung, dass er den Zweiten Krieg nach sich ziehen m u s s t e? Zwar war nicht in Europa, wohl aber in Nordamerika ein vergleichbarer Krieg geführt worden, nämlich der Bürgerkrieg von 1861–1865, der faktisch ein Krieg zwischen zwei voll ausgebildeten Staaten war, aber dieser Krieg hatte trotz allen Hasses und aller Erbitterung, die er erzeugte, *keinen* zweiten zur Folge gehabt – freilich nur deshalb, weil es einen eindeutigen Sieger gegeben hatte, der den Besiegten die politische Existenz, nicht aber, trotz zunächst andersartiger Intentionen, das soziale Dasein nahm. Daher ist es angebracht, hier an die oben zitierte Äußerung Bismarcks zu erinnern: Die Politik zweier Großstaaten nebeneinander könne man vergleichen mit der Lage zweier Reisender in einem wüsten Walde, die einander nicht kennen und von denen keiner dem anderen vollständig traue – »wenn der eine die Hand in die Tasche steckt, dann spannt der andere schon seinen Revolver, und wenn er den Hahn des anderen knacken hört, feuert er schon«.[5)]

Eben dies war die Situation in dem »wüsten Walde« der souveränen Staaten im Jahre 1914, aber es war auch die Situation von 1854, 1878 und 1888 gewesen und es würde die Situation von 1925 gewesen sein, wenn der Krieg von 1914 nicht ausgebrochen wäre. Es ist vorstellbar, ja wahrscheinlich, dass der Weltkrieg keine »Urkatastrophe« gewesen wäre, wenn er zu der unter größten Opfern und Schmerzen errungenen Einsicht geführt hätte, dass alle Staaten nun gleichmäßig daran interessiert sein mussten, aus dem »wüsten Walde« ihrer unbeschränkten Souveränitäten herauszutreten, weil ihre »Revolver« infolge der industriellen Revolution so effizient geworden waren, dass das früher Selbstverständliche, die Bewahrung der Existenz auch der Besiegten, sich nicht länger von selbst verstand.

Und es handelte sich ja nicht um bloße Staaten, für welche die Selbsterhaltung das oberste Gebot war. An dem liberalen Zivilisationsoptimismus war ja trotz aller »Präfigurationen« so viel richtig, dass die europäischen Staaten, wie sie oft stolz betonten, »Kulturstaaten« waren und also eine Verantwortung gegenüber einer übergeordneten Realität, eben »der Kultur«, hatten, die nicht zuletzt Rechtsstaatlichkeit, gesicherten inneren Frieden und freie Entfaltung von Wissenschaft und Kunst bedeutete. Noch im Sommer 1917 waren in Deutschland und in Frankreich, in Russland und in Großbritannien die Kräfte stark, die einen Frieden auf der Basis des Status quo und mit der Aussicht auf eine föderative Organisation zur Friedenssicherung zu schließen bereit waren, und dazu bedurfte es nicht des Einflusses der Ideen Wilsons, denn ähnliche Gedanken waren in den Ländern Europas schon vorher aufgekommen. Die einzige Alternative schien der Triumph der Siegfriedensparteien in beiden Lagern zu sein, aber wenn ein militärischer Sieg der Deutschen oder der Alliierten das Resultat gewesen wäre, dann hätte der Sieger den Besiegten zwar nicht einen Frieden nach Analogie der amerikanischen Lösung von 1865 auferlegt, aber doch eine Regelung, die nach menschlichem Ermessen den Ausbruch eines zweiten Weltkriegs unmöglich gemacht hätte. Im ersten Falle hätte man von einer Analogie »auf höherer Ebene« zum Frieden von Paris 1856 und im zweiten Falle zum Frieden von Frankfurt 1871 sprechen können, und das System der europäischen »Kulturstaaten« hätte trotz all der neuen und schrecklichen Kriegserfahrungen überlebt, tief verändert im ersten und wesentlich deformiert im zweiten Falle, aber ohne den Rückblick auf eine »Urkatastrophe«.

Doch der Zweite Weltkrieg brach tatsächlich im Jahre 1939 aus, wenngleich zunächst nur als europäischer Krieg. Es muss also noch eine andere große Ursache vorhanden gewesen sein, die nicht lediglich in dem System souveräner Staaten als solchem bestand, jener Staaten, die von sich aus keine Vernichtungsintention gegenüber anderen Staaten hatten.[6)]

Die Antwort ist bereits im vorhergehenden Kapitel gegeben worden. Eine völlig neue Situation, aus der eine Fülle von Unvorhersehbarem und auch ein neuer Krieg hervorgehen konnten, musste dann entstehen, wenn der Staatenkrieg unter dem Einfluss der Arbeiterparteien mit der Zielsetzung beendet wurde, den Klassenkampf im Sinne des inneren Krieges, des Bürgerkrieges, wieder aufleben zu lassen. Zwar bestand innerhalb der sozialistischen Parteien die Vorstellung, diese Wiederaufnahme einer Auseinandersetzung, die vor dem Krieg ja nirgendwo wirklich einen revolutionären, bürgerkriegsartigen Charakter gehabt hatte, werde sich nun als eine kurze, siegreiche Aktion vollziehen, als »Weltrevolution«, die in allen Teilen der Welt und zunächst

Europas die ausbeuterischen und kriegsschuldigen Klassen der Kapitalisten und der Militaristen stürzen und den Sozialismus als die planwirtschaftlich organisierte klassenlose Gesellschaft herbeiführen werde. Aber es war in hohem Grade unwahrscheinlich, dass die Entwicklung bei den Siegern und bei den Besiegten gleichmäßig verlaufen würde. In Deutschland schien eine sozialistische Revolution im Dezember/Januar 1918/19 für einen kurzen Augenblick vor dem Sieg zu stehen, aber die ersten Wahlen in Frankreich erbrachten gerade das Gegenteil eines sozialistischen Parlaments, nämlich die ganz überwiegend nationalistische »Chambre bleu horizon«.

Ein System europäischer Staaten, in denen überall, aber mit jeweils verschiedenen Aussichten, der »revolutionäre Klassenkampf« eine wesentliche Rolle gespielt hätte, wäre ein überaus fragiles System gewesen, denn in dem einen Staat hätte sich möglicherweise irgendwann die revolutionäre Fraktion durchgesetzt, in einem zweiten die reformistische, in einem dritten hätten die »bürgerlichen« Parteien die Oberhand behalten, und das Ganze hätte sich in einer ökonomischen Konkurrenzsituation mit den USA befunden: Die Entwicklung wäre unvorhersehbar geworden. Aber faktisch geschah das gerade in den Augen von orthodoxen Marxisten Überraschende, ja Anstößige: Die revolutionäre Fraktion ergriff 1917 im »zurückgebliebenen« und besiegten Russland die Macht und behauptete sie 1918/19 in einem gnadenlosen Bürgerkrieg. Sie machte sich zur Vorkämpferin jener Hoffnungen auf den alles verwandelnden Sturm der Weltrevolution, aber ihre Anhänger erlitten überall Niederlagen, während die Bolschewiki in Russland ihren Triumph sicherten und befestigten.

Die Bolschewiki gaben jedoch weder ihren Glauben noch ihre Aktionen auf. Die Zahl ihrer Anhänger im außerrussischen Europa wurde eher größer als kleiner. Nahezu die ganze SFIO ging 1920 auf dem Kongress von Tours zur Dritten Internationale über und wurde zur »Kommunistischen Partei Frankreichs«. In Deutschland vereinigte sich um die gleiche Zeit der linke Flügel der Unabhängigen mit der aus dem Spartakusbund entstandenen KPD zur großen Massenpartei der »Vereinigten Kommunistischen Partei Deutschlands«. Nur in dieser so völlig veränderten Situation wurde es möglich, dass überall in Europa die wohlbegründete Angstvorstellung von der »bolschewistischen Gefahr« in den Vordergrund trat, und zwar keineswegs bloß in der winzigen Gruppe der »Finanzbourgeoisie«, dass im alliierten Lager Sympathien für Deutschland als »Schutzwall gegen den Bolschewismus« entstanden und dass an vielen Stellen, zunächst in Italien, neuartige

Organisationen aufkamen, deren Anhänger ebenso militant sein wollten wie ihre Hauptfeinde, die Kommunisten der Weltpartei der »Dritten Internationale«. Nur aus dieser Situation konnte ein neuer Weltkrieg hervorgehen.

Es spricht also sehr viel für die These, dass das 19. Jahrhundert, das in einem nichtchronologischen Sinne 1815 begonnen hatte, nicht bereits 1914, sondern erst 1917 zu Ende ging, als infolge der Machtergreifung der revolutionären Fraktion der sozialistischen Partei in Russland, dem räumlich größten Land der Welt, die Hoffnung begraben werden musste, der Krieg könne trotz aller seiner Schrecknisse noch als ein Ereignis wie die anderen aktuellen und potenziellen Kriege des 19. Jahrhunderts betrachtet und durch die große Lehre, die daraus zu ziehen war, zum Anfang des 20. Jahrhunderts gemacht werden, sodass zwischen den Zeitaltern ein Verhältnis wie das von Präludium und Suitensatz vorgelegen hätte. Nun aber begann das Zeitalter eines ideologischen Kampfes, der im Inneren aller Staaten Landsleute gegen Landsleute stellte und daher den Charakter des Bürgerkriegs trug, auch wenn es zunächst nur zu ideologisch motivierten Hinrichtungen und zu Straßenkämpfen zwischen Zivilisten kam. Falls dem bolschewistischen und totalitären Staat aber eines Tages gleichgewichtig ein antibolschewistischer totalitärer Staat gegenübertreten sollte, würden die Vorbedingungen für einen zweiten, jetzt nicht mehr bloß staatenpolitischen, sondern ideologischen Weltkrieg geschaffen sein, der freilich für manche überraschende und paradox erscheinende Präzedenzien und Implikationen Raum gelassen hätte. Und der Begriff »Ideologie« bedeutete nun nicht mehr nur einen Komplex von Überzeugungen, sondern die Lehre von einem Feind, der zu vernichten war.

Diese Überlegung orientiert sich an den wirklichen und allgemein bekannten Geschehnissen. Sie ist aber ernsten Missverständnissen ausgesetzt, und deshalb muss sie durch eine andere Überlegung ergänzt werden. Man könnte nämlich versucht sein, sie folgendermaßen zu formulieren: Der Krieg von 1914 hätte als solcher keinen Bruch zwischen den Zeitaltern erzeugen, er hätte nicht das 20. Jahrhundert zum *Gegensatz* des 19. Jahrhunderts machen können, wenn nicht der Bolschewismus oder sogar der Marxismus durch seinen Sieg von 1917 im besiegten Russland die mögliche Kontinuität zerbrochen und »das totalitäre Zeitalter« herbeigeführt hätte, in dem auch Hitler nur e i n e Gestalt neben anderen Diktatoren, zumal neben Stalin war. Ein solches Verständnis, obwohl nicht schlechthin falsch, verfehlt aber sowohl das Tragische als auch das Einzigartige der Epoche, die das 19. Jahrhundert ablöste.

Nie hatte es in Europa eine politische Bewegung gegeben, die so viel an innerer Notwendigkeit und an moralischer Legitimität aufwies wie die »Arbeiterbewegung«. Sie entsprang unmittelbar dem umwälzenden Vorgang, der aller »Sozialgeschichte« zugrunde lag, nämlich der industriellen Revolution, die aus Webern und Spinnern, Hufschmieden und Postkutschern »Arbeiter« gemacht hatte. Der Anspruch dieser neuen Schicht auf Mitwirkung in der Gesellschaft und im Staat war der am meisten berechtigte Anspruch, der aus der »Demokratisierung« herzuleiten war – aus jener Demokratisierung, die mit Notwendigkeit der Ausweitung der Lebenswelt und der stärkeren Kommunikation unter den Menschen entwuchs, wenn auch einige Schwierigkeiten aus der erst unvollkommenen und ungleichmäßigen »Alphabetisierung« entstanden.

Nicht minder berechtigt war der Anspruch, einen größeren Anteil an dem ständig steigenden Sozialprodukt zu erhalten. In hohem Grade sympathisch war die Grundüberzeugung, mit der »die Proletarier« diese Ansprüche vertraten, denn sie entsprach den humanitären Konzeptionen der Aufklärung und ließ sich auf die viel verwendete Formel bringen »Alle Menschen sind Brüder«. Sie schloss also Feindseligkeit gegen andere Nationen oder Rassen aus, und sie ließ manchmal vergessen, dass der Hass gegen »die Kapitalisten« groß war und dass diese schon in der frühen antikapitalistischen Literatur mit »Ungeziefer« verglichen worden waren, das man vernichten müsse. Auch Marx, der die »proletarische Revolution« meist als ein blutiges Ereignis betrachtete und nicht ganz selten dem »Terror« das Wort redete, war dem »Geist des 19. Jahrhunderts« so sehr verpflichtet, dass er die »Vernichtung der Ausbeuter« im Grunde als ein bloßes Wegschieben einer winzigen Minderheit oder sogar als deren Indienstnahme auffasste.

Die Fortschritte der Arbeiterparteien waren zwar ungleichmäßig, aber in ganz Europa beträchtlich, ja teilweise überwältigend, zumal in Deutschland und Frankreich. Wer sich alle die Entsetzlichkeiten vor Augen hält, die ab 1914 noch in der gewohnten, aber quantitativ ungeheuer gesteigerten Art und nach 1917 sogar auf qualitativ differente, nämlich direkt gegen Zivilpersonen gerichtete Weise bis hin zum »Holocaust« sich abspielten, dem kann sich der Eindruck aufdrängen, es wäre viel besser gewesen, wenn die marxistischen Parteien um 1912 den Sieg errungen hätten und wenn das Geschick Europas danach von einem Reichskanzler Bebel und einem Ministerpräsidenten Jaurès bestimmt worden wäre.

Aber diese wohltuende Vorstellung übersieht entscheidende Punkte. Es gab nicht die Arbeiterbewegung; selbst in Deutschland und Frankreich existierten neben der großen marxistischen Partei jeweils syndikalistische und anarchistische Gruppen, die sich nicht ohne Kampf geschlagen gegeben haben würden. Vor allem aber enthielten diese großen Parteien einen »revolutionären« und einen »reformistischen« Flügel, und deren potenzielle Feindseligkeit untereinander war kaum geringer, als es die aktuelle Feindseligkeit zwischen Marx und Bakunin gewesen war. Schon 1905 erzählte Rosa Luxemburg ihrem Freund Leo Jogiches in einem Brief, es habe zwischen ihr und Bebel im Hinblick auf die russische Revolution dieses Jahres eine verbale Auseinandersetzung gegeben: »August warf mir (allerdings in freundlichstem Ton) Ultraradikalismus vor und rief: ›Wenn die Revolution in Deutschland kommt, wird Rosa bestimmt auf der Linken stehen und ich bestimmt auf der Rechten‹, und dann fügte er scherzhaft hinzu: ›Aber wir werden sie aufhängen, wir lassen uns nicht von ihr in die Suppe spucken.‹ Worauf ich ruhig erwiderte: ›Es ist noch nicht heraus, wer wen aufhängen wird.‹«[7)] Ein Jahrzehnt später zeigte sich bereits, wie rasch die verbale Freundlichkeit zwischen den beiden Flügeln dahinschwand.

Selbst eine so objektive, anonyme, scheinbar rein soziale Bewegung wie die Entstehung und Ausbreitung der »Arbeiterklasse« im Rahmen der industriellen Revolution brachte nicht von sich aus eine einheitliche Partei mit einer einheitlichen Ideologie hervor, sondern auch und gerade hier war »Sozialgeschichte« von »Ideologiegeschichte« und damit von den Denkanstrengungen einzelner Männer oder kleiner Gruppen nicht zu trennen. Was hätte in stärkerem Gegensatz zu der marxschen Vorstellung von der »einen« und weltweiten Assoziation, die alle Konzentrations- und Zentralisierungstendenzen des Kapitalismus in sich aufgenommen hätte, stehen können als Fouriers Konzeption von den nur 2000 Menschen umfassenden Phalansteren, in denen jedes Individuum ein lustvolles und gärtnerisches Dasein diesseits von Arbeitsteilung und »Apparaten« führen sollte? Was hätte in einfachen Menschen und bei Intellektuellen mehr an Sympathie wecken können? Und doch liegt es auf der Hand, dass die industrielle Revolution keine Fortsetzung gefunden haben würde, wenn es Fourier gelungen wäre, ganz Frankreich in ein Nebeneinander autarker Phalanstere zu verwandeln, zwischen denen es zwar freundschaftliche Besuche, aber keinen genuinen Handel gegeben hätte.

Und der Marxismus selbst schien zwar der Moderne in höherem Maße adäquat zu sein, denn er machte ja die volle Entwicklung des Kapitalismus zur unerlässlichen Voraussetzung seines Sieges, aber in der Sache blieb er doch immer an die ganz einfache Vorstellung gebunden, dass aller »Wert« aus der unmittelbaren Arbeit[8)] entspringe und dass die arbeitsteilige Organisation innerhalb des »Gesamtarbeiters«, die den Unternehmern die Aufgabe der Disposition und Lenkung zuwies, bloß temporär erforderlich sei, weil sie durch die Zurücknahme der geistigen Potenzen des Arbeitsprozesses in die »universal« gewordenen Individuen abgelöst werden könne. Die Irrealität dieser utopischen Vorstellung würde sich nach einer Machtergreifung bald herausgestellt haben, und an die Stelle der in der Tat unsicheren, vielfältigen und kritisierbaren Direktion durch die Unternehmer, den Staat und die öffentliche Meinung, wie sie im Liberalen System vorliegt, würde sehr rasch die weit entschiedenere und tiefer greifende Direktion durch eine politische Führungsschicht treten, an deren Spitze ein Diktator stehen würde, wie es Trotzki im Hinblick auf Lenins Organisationsprinzipien bereits 1903 vorhergesagt hatte. Aber in Wahrheit war schon der Marxismus als solcher, ja die Arbeiterbewegung selbst der Tendenz nach von jeher »totalitär« gewesen, wie schon die immer wiederholte Forderung nach Gewinnung d e r politischen Macht gezeigt hatte.

Daher würde jenes immerhin vorstellbare marxistische Europa unter der Führung von Bebel und Jaurès bald so sehr von seinen immer wieder verkündeten Grundvorstellungen – etwa der populären Erwartung einer baldigen Verdoppelung der Einkommen infolge der »Einsparung« der kapitalistischen Gewinne, die doch in Wahrheit den Kern des gesellschaftlichen Investitionsfonds darstellten – abgewichen sein, sodass schwere soziale Kämpfe ausgebrochen sein würden, oder es wäre in ganz Europa ein totalitäres Regime nach dem Muster der späteren Sowjetunion entstanden. Niemand brauchte sich einen moralischen Vorwurf zu machen, der entschlossen war, sich dieser Perspektive mit allen Kräften zu widersetzen. Aber dass ein im Ursprung Notwendiges und groß Gedachtes einem solchen Umschlag unterliegen würde, wäre die tiefste Tragödie in der Geschichte Europas gewesen, und Charakterzüge einer großen Tragödie waren auch den realen Vorgängen zuzuschreiben, die aus dem Enthusiasmus und dem Schrecken hervorgingen, die von der Revolution der russischen Bolschewiki hervorgerufen wurden.

Eine Einzigartigkeit besonderer Art ist aber nur der extremsten der Auswirkungen dieser Vernichtungsrealität zuzusprechen, nämlich dem Versuch, das jüdische Volk als angeblichen Urheber des Marxismus im Zuge der nationalsozialistischen »Endlösung der Judenfrage« physisch zu vernichten. Die geistigen Ursprünge dieses Antisemitismus liegen, wie gezeigt worden ist, im

19. Jahrhundert mehr in der Verwerfung von »Mammonismus« und »Geldsystem«, des »Teufels« dieser Welt, von seiten der Linken als in der Revolutionsfurcht der Rechten.

Wir sind vom »Liberalen System« als dem sozialen Hauptcharakteristikum der europäischen Geschichte ausgegangen, dem System der in der Öffentlichkeit ohne blutige Konflikte und konstant proklamierte Vernichtungsintentionen ausgetragenen Konflikte zwischen den geschichtlichen Mächten. Die jeweils jüngste Macht, so etwa im 16. Jahrhundert die Reformation und im 18. Jahrhundert die französische Aufklärung, trat stets mit dem Anspruch auf Erringung der vollständigen Herrschaft unter Vernichtung alles Vorhergehenden auf, aber sie wurde dann innerhalb des Systems zu einem bloßen Moment herabgestuft. Im Staatensystem gab es, mutatis mutandis, bekanntlich weitgehende Entsprechungen. Während der zweiten Hälfte des 19. Jahrhunderts war die Arbeiterbewegung diese jüngste Macht, und ihr Aufstieg war ebenso erstaunlich wie ihr Anspruch. Aber eben dadurch schlossen sich mehr und mehr die übrigen Parteien gegen sie zusammen, und in ihr selbst vertiefte sich die Spaltung zwischen Revolutionären und Reformisten.

Die nächste Etappe war um 1912 in Deutschland und in Frankreich ebenso klar vorhersehbar wie in Italien, und sie bestand gerade nicht in einer »Herrschaft des Marxismus«, wie sie Friedrich Engels vorhergesagt hatte. Die anderen Parteien würden den reformistischen Flügel in ihr Spektrum aufgenommen haben und dessen Forderungen weit entgegengekommen sein, während die Revolutionäre sich als die einzige radikale Oppositionspartei konstituiert hätten. Nur so ließ sich die geistige Freiheit und auch die Dynamik des Systems bewahren und fortentwickeln; nur so hatte die Überleitung des Krieges in einen Friedenszustand neuer Art, d. h. die Fortsetzung des 19. im 20. Jahrhundert und damit der allgemeine Fortbestand der »Kulturstaaten« Aussicht auf Erfolg – so wenig sich die Auswirkungen des immer stärkeren »kulturkritischen« Aufbegehrens gegen die aus der Kultur entspringenden Lasten und Nöte mit Bestimmtheit absehen ließen. Es war nicht der Marxismus als solcher, der diese so leicht ableitbare Entwicklung abbrach und den »Gulag« erzeugte, sondern es kamen auch jene »Zufälle, Persönlichkeiten und konkreten Entscheidungen« ins Spiel, von denen in der Einleitung die Rede war,[9] in erster Linie die Persönlichkeit Lenins, und es war später ebenso wenig »der Antisemitismus« als solcher, der den »Holocaust« hervorbrachte; vielmehr waren die Persönlichkeit Hitlers und die Umstände des Krieges gegen die Sowjetunion von noch größerer Bedeutung.

Aber das Liberale System, das im 19. Jahrhundert bis an die Schwelle der »pluralistischen Demokratie« gelangt war, überlebte, hauptsächlich durch die Macht seines defizienten Modus, des Zweiparteiensystems der USA, und es steht zu Beginn des 21. Jahrhunderts vor der Frage, ob es auch nach dem Zusammenbruch der kommunistischen Sowjetunion einiges vom Erbe des 19. Jahrhunderts in sich zu bewahren vermag oder ob der – schwerlich bloß durch eigene Kraft – allein übrig gebliebene Liberalismus, nunmehr besser »Liberismus« genannt, sich auf höchst paradoxe Weise als ein Totalitarismus völlig neuer Art erweist. Eine bejahende Antwort auf die zweite Alternative wird umso wahrscheinlicher, je mehr die Geschichte des 19. Jahrhunderts der Vergessenheit überantwortet oder lediglich zum Gegenstand einer modischen Kritik gemacht wird.

NACHWORT

Das vorliegende Buch gehört nicht zu den »Hauptwerken« des Verfassers, und es ist nicht aus einer vieljährigen Beschäftigung mit dem Thema hervorgegangen. Aber es berührt sich mit diesen umfangreichen Hauptwerken auf vielfältige Weise, insbesondere mit »Marxismus und Industrielle Revolution«. Ich bin mir bewusst, dass sie alle, vom »Faschismus in seiner Epoche« (1963) an, nicht zu den »Routinegegenständen« der deutschen Geschichtswissenschaft gehören. Aber ich habe solche Gegenstände seit 1965 im Laufe meiner akademischen Tätigkeit immer wieder in Form von Vorlesungen und Seminaren behandelt. Wie die »Weimarer Republik«[1)] war auch die »Geschichte Europas 1848–1918« ursprünglich eine Vorlesung, die an der Freien Universität Berlin mit jeweils leichten Veränderungen zwei- oder dreimal vorgetragen und dann für den Druck überarbeitet wurde. Sie wurde 2003 in italienischer Übersetzung von dem Verlag Christian Marinotti in Mailand publiziert.

Wenn die Hauptthemen mich an den Rand der deutschen Geschichtswissenschaft gestellt haben, so glaube ich, mich in meinen universitären Lehrveranstaltungen meiner fachlichen Pflichten auf die übliche, wenngleich gewiss individuelle Weise entledigt zu haben. Die beiden Bücher geben also den Blick auf einen sozusagen verborgenen Bezirk meiner Tätigkeit frei und dürften schon deshalb von einigem Interesse sein. Gleichwohl gehören sie, wie nahezu der ganze Rest meiner akademischen Lehrtätigkeit, in den Bereich einer umfassenderen Zielsetzung, die ich die Erarbeitung der »historisch-genetischen Version der Totalitarismustheorie« im Rahmen der Ideologiegeschichte des 19. und 20. Jahrhunderts genannt habe – einer Version, die sich sowohl von der »strukturellen« Totalitarismustheorie wie von der heute vorherrschenden negativ-germanozentrischen Interpretation (und selbstverständlich deren positiv-germanozentrischem Ausgangspunkt) unterscheidet. Das dürfte zumal in der »Schlussbetrachtung« deutlich werden.[2)]

Anmerkungen

Zu Teil 1 »Die große Politik der Mächte

Anmerkungen zur »Einleitung«

1 Zur Bevölkerungsentwicklung Europas siehe Theodor Schieder (Hrsg.): Handbuch der europäischen Geschichte, Stuttgart 1981, Bd. 5, S. 148 ff und ders. Bd. 6, S. 11 ff. sowie unten S. 12–14
2 Ernst Nolte: Marxismus und Industrielle Revolution, Stuttgart 1983, S. 281
3 Hans-Ulrich Wehler: Deutsche Gesellschaftsgeschichte Bd. 2 (1815–1845/49), München 1987, S. 286
4 Schieder a.a.O., Bd. 6, S. 240
5 Ernst Nolte: Der Faschismus in seiner Epoche, München 1963, S. 102
6 Ebda Bd. 5, S. 18 (Beitrag Bußmann)
7 Marx Engels Werke (MEW), Berlin 1965, Bd. 13, S. 414
8 »Enrichissez-vous par le travail, et vous serez des électeurs«
9 Wehler a.a.O., S. 346
10 Lothar Gall: Europa auf dem Weg in die Moderne 1850–1890, München 1984, S. 43
11 Golo Mann: Deutsche Geschichte des 19. und 20. Jahrhunderts, Frankfurt/M. 1958, S. 142
12 Heinrich von Treitschke: Deutsche Geschichte im 19. Jahrhundert, Bd. 4, S. 4
13 Wehler a.a.O., S. 708
14 Wolfgang Schieder: Geschichte der deutschen Arbeiterbewegung, S. 158, 161
15 Schieder Bd. 6, a.a.O., S. 407 (Beitrag Nolte)
16 Ebd., S. 528 (Beitrag Konetzke)
17 Golo Mann a.a.O., S. 396
18 Schieder Bd. 5 a.a.O., S. 3 (Beitrag Bußmann)

Anmerkungen zu »Das europäische Staatensystem nach 1815 und die ungeklärten »großen Fragen««

1 Franz Schnabel: Deutsche Geschichte des 19. Jahrhunderts, Bd. 2 »Der Aufstieg der Nationen«, S. 332
2 Heinrich von Treitschke: Deutsche Geschichte im 19. Jahrhundert, Bd. 1., S. 771
3 Die harte Auseinandersetzung zwischen Frankreich auf der einen Seite und den übrigen Großmächten auf der anderen Seite hatte in Frankreich viel nationalen Überschwang und insbesondere die Forderung nach der Rheingrenze hervorgebracht, die in Deutschland u.a. mit dem »Rheinlied« von Nikolaus Becker beantwortet wurde. S. oben S. 32
4 Luigi Salvatorelli: Storia d'Europa, Bd. II, S. 955, 1961

Anmerkungen zu »Die Revolution von 1848«

1 Das Verhältnis zwischen Dänemark und Schleswig-Holstein war sehr kompliziert, aber im Kern das folgende: In der vornationalen Zeit bereitete der Umstand, dass in Kopenhagen Monarchen herrschten, die aus einem schleswig-holsteinischem Geschlecht stammten, und dass das von einer rein deutschen Bevölkerung bewohnte Holstein, anders als das in seinem Norden gemischtsprachige Schleswig, zum Deutschen Bund

gehörte, keine größeren Schwierigkeiten. Aber das allmähliche Aufkommen nationaler Empfindungen im Zuge der Demokratisierung veranlasste die sogenannten Eiderdänen, die volle Inkorporation Schleswigs in den dänischen Gesamtstaat zu fordern. Dem standen jedoch mittelalterliche Verträge entgegen, die bestimmten, dass die beiden Herzogtümer »auf ewig ungeteilt« bleiben sollten. Sowohl die nationalistischen Dänen als auch die regierenden Deutschen konnten sich also auf alte Sachverhalte und Rechtsansprüche berufen.

2 »Standesherren« hießen die 1803 durch den »Reichsdeputations-Hauptschluss« ihrer Souveränität entkleideten hohen Adligen, die aber zumal in Süddeutschland über große Besitztümer verfügten und auch noch gewisse Vorrechte politischer Art besaßen.

3 Siehe unten S. 43 f. und Anm. 6)

4 Louis Bonaparte, der Neffe Napoleons I., hatte um 1830 in Italien zu den »Carbonari« gehört, und er fühlte sich weiterhin dem »Risorgimento« eng verbunden.

5 »33 Jahre« = 1815–1848

6 Im Herbst 1848 fiel auch der Ministerpräsident des Kirchenstaates, Graf Pellegrino Rossi, einem Mordanschlag zum Opfer. Daraufhin suchte Pius IX. bei König Ferdinand II. von Neapel Zuflucht.

Anmerkungen zu »Der Krimkrieg und der Friede von Paris«

1 Akten zur Geschichte des Krimkrieges (AGKK), hrsg. von W. Baumgart, Serie I Österreichische Akten, Bd. 1, S. 251 (Nr. 111)

2 Ebd., Serie II Preußische Akten, Bd. 2, S. 93 (Nr. 16)

3 Ebd. Österr. Akten, Bd. 3, S. 34 (Einleitung Baumgart)

4 Ebd., Bd. 2, S. 888–901 (Dok. 445)

5 Ebd. Bd. 3, S. 396 ff. (Nr. 229)

6 Ebd. Serie II, Preußische Akten, Bd. 1, S. 344–366 (Nr. 136). Einige Zitate und Paraphrasen: »Das Hauptübel, woran Europa seit mehr als 60 Jahren gelitten hat und voraussichtlich noch länger leiden kann, sind die Revolutionen.« Sie haben indessen einen verständlichen, ja berechtigten Hauptgrund, nämlich »die fehlerhaft zusammengesetzten Staaten« (d. h. mit anderen Worten: das dynastische Prinzip). Daher komme es darauf an, »die Länderverteilung in Europa auf die natürlichen, durch Nationalität und Religion, durch bleibende Interessen und Sympathien angewiesenen Grundlagen zurückzuführen«. Preußen habe mit der Feindschaft Österreichs und Frankreichs zu rechnen, daher sei seine Lage »precär«, bis zu dem Punkt, dass Preußen in bestimmten Situationen von den Alliierten geteilt werden könne. Aber es gebe für Preußen durch diesen Krieg auch große und positive Aussichten, wenn es zunächst eine feste Neutralität bewahre, denn Russland und Österreich würden sich gegenseitig schwächen und es werde ein Zeitpunkt eintreten, wo man »im Verein mit Frankreich und England« eine neue Ordnung in Deutschland durchsetzen könne. Die Hauptforderung bestehe darin, »eine größere Vereinigung und Verschmelzung der deutschen Staaten« durchzusetzen, dessen Leitung Preußen haben müsse, sodass in Mitteleuropa »ein stark consolidirtes Reich« entstehen würde, »welches eine selbstständige Existenz nach Osten und nach Westen zu behaupten vermag«. Daher solle Preußen sich Sachsen, Böhmen (!), Hessen-Kassel und weitere Kleinstaaten einverleiben, und als Kompensation für die sächsische Dynastie sei Polen vorzusehen. Auch Frankreich müsse eine Kompensation erhalten, nämlich den größten Teil Belgiens; Italien

werde nach dem Prinzip der nationalen Selbstständigkeit organisiert werden, sodass der Papst den größten Teil seiner Länder verlieren werde, aber Sizilien könne an England gehen, damit dieses gegen die neue Gestaltung Europas keinen Einspruch erhebe. Österreich scheide aus Italien ganz, aus Deutschland weitgehend aus; seine Aufgabe bestehe darin, »die ihm untergebenen Länder zu civilisiren«. Polens Wiederherstellung sei erforderlich, dürfe aber natürlich die preußischen Ostprovinzen nicht tangieren. Diese seien vielmehr durch Preußen »vollkommen zu germanisiren«, und die verbliebenen Polen könnten dann »nach ihrem restaurirten Reiche auswandern«. Aus den baltischen Provinzen Russlands sei ein Staat zu bilden, der eine passende Entschädigung für König Leopold von Belgien bieten werde. Die Türkei müsse einen Teil ihres Gebietes an Österreich und England verlieren und sich für einwandernde Europäer öffnen, als Ganze sei sie »unter abendländische Administration zu stellen.« Letzten Endes werde diese Umgestaltung dem europäischen Frieden dienen, da außer Österreich nur »die großen Nationen auf der politischen Bühne bleiben« würden, sodass die revolutionäre Unruhe durch eine »Interessenpolitik« der Staaten ersetzt werden könne.
Im Ganzen ist die Denkschrift einer der vielen Beweise dafür, dass der Gedanke der »Veränderbarkeit der Welt« keineswegs auf die Sozialisten beschränkt war und dass auch hier die Tragweite und Tiefe der konkreten Vorgänge, die zur Realisierung des Postulats erforderlich sein würden, falsch eingeschätzt wurden. Keines dieser Projekte wurde im Zusammenhang des Krimkrieges verwirklicht, aber selbst die kühnsten dieser Ideen kamen im 20. Jahrhundert der Verwirklichung immerhin nahe.

7 Bismarck, Gesammelte Werke, Bd. I, S. 427
Karl Marx spielte in diesem Zusammenhang als Korrespondent der »New York Herald Tribune« eine wichtige Rolle. Seine Artikel – die oftmals ganz oder zum Teil von Friedrich Engels geschrieben wurden – waren so kriegstreiberisch und dann kriegsbejahend wie nur möglich, und darin kommen oft genug nicht bloß der »gesamtrevolutionäre« Hass gegen die »russische Despotie« zum Vorschein, sondern auch die Grundlinien eines ganz realistischen Machtdenkens sowie am Rande sogar Auffassungen, die man aus heutiger Sicht als rassistisch bezeichnen würde. So entspricht es ganz der 1848 weitverbreiteten Auffassung, wenn Engels im Januar 1854 schreibt, es gebe in Europa neben der Pentarchie der Großmächte »noch eine sechste Macht, die in bestimmten Augenblicken ihre Herrschaft über die gesamten fünf sogenannten Großmächte behauptet und jede von ihnen erzittern lässt«, nämlich die Revolution. (MEW, Bd. 10, S. 8) Es klingt auch ganz orthodox, wenn die westliche Bourgeoisie kaum minder heftig angegriffen wird als der östliche Despotismus. Aber es wird doch ein anderer Ton vernehmbar, wenn Marx um die gleiche Zeit der Meinung des Zaren ausdrücklich Recht gibt, dass England unter einem Bourgeoisparlament keinen Krieg in Ehren führen könne, denn hier schätze Nikolaus »die niedrigen, gemeinen Seelen der europäischen Bourgeoisie« – nämlich die friedfertigen Manchesterkapitalisten wie Cobden und Bright – »nach ihrem wahren Wert ein«. (ebd., Bd. 10, 42) Noch ausgeprägter ist der vitalistische Akzent, wenn der herrschenden Klasse Englands die Fähigkeit abgesprochen wird, »Englands Stellung in der Welt zu erhalten«.(Bd. 10,167). Ein Unterschied gegenüber der Agitation der »Times« ist kaum erkennbar, wenn behauptet wird, Russland sei »entschieden eine Erobernation«, welche die Linie »von Danzig oder etwa Stettin bis Triest« als ihre natürliche Grenze betrachte (ebd., Bd.9, 16 f.), und die russischen Grenzen seien seit

Peter dem Großen in Richtung auf Berlin, Dresden und Wien um etwa 700 Meilen, in Richtung auf Konstantinopel etwa 500 Meilen, in Richtung auf Stockholm etwa 630 Meilen vorgerückt. (Bd. 10, 116) Der Kampf für die Revolution wird mit dem Kampf für »die westliche Zivilisation« gleichgesetzt, die »nicht der Sonne gleich die Welt umkreisen« könne, wenn sie nicht die »goldene Brücke zwischen Ost und West« zu passieren vermöge, nämlich Konstantinopel; das aber sei ohne Kampf mit Russland nicht möglich. (Bd. 9, 236). Fast im gleichen Atemzug werden dieser Zivilisation aber Vorwürfe gemacht, wie man sie 70 Jahre später bei deutschen »konservativen Revolutionären« lesen kann: Sie sei »zu einem ordentlichen, frischen, kräftig ausgefochtenen Krieg untauglich geworden«, und das gelte selbst für Russland, »das von der entnervenden, Treue und Glauben verachtenden Zivilisation am wenigsten angekränkelt« sei. (Bd. 10, 379). Und doch kommt in den Aufsätzen von Marx über die englische Herrschaft in Indien und von Engels über »Deutschland und der Panslawismus« ein Zivilisationsstolz zum Vorschein, der manchmal von einem ausgesprochenen Rassenhochmut nicht weit entfernt ist. (»Der wirklich strittige Punkt ist immer die europäische Türkei ... Dieses herrliche Gebiet ist so unglücklich, von einem Konglomerat der verschiedensten Rassen und Nationalitäten bewohnt zu werden, von denen man schwer sagen kann, welche von ihnen die für Zivilisation und Fortschritt am wenigsten befähigte ist.«) (Bd. 9, 7) Nicht nur Kaiser Franz Joseph und König Friedrich Wilhelm IV., sondern auch Karl Marx und Friedrich Engels sahen sich also angesichts der historischen Vorgänge in Widersprüche verwickelt, ja in eine gewisse Ratlosigkeit gestürzt.

Anmerkungen zu »Die Einigung Italiens und die Gründung des kleindeutschen Nationalstaates«

1 S. oben S. 14 ff.

2 Storia d'Italia, Vol. III »Dal primo Settecento all'Unità«, Turin 1973, S. 1401

3 So drückte sich 1847 der liberale Abgeordnete von Beckerath aus, als er Bismarcks Rede über die Judenfrage gehört hatte. (»Fürst Bismarck als Redner. Vollständige Sammlung der parlamentarischen Reden Bismarcks seit dem Jahre 1847«, hrsg. von Wilhelm Böhm, Berlin und Stuttgart o.J., Bd. 1, S. 30

4 »Es werden alle Mittel aufgewandt, Preußen in Deutschland die Rolle aufzudrängen, welche Sardinien in Italien gespielt hat, uns dahin zu bringen, wo Carlo Alberto vor der Schlacht von Novarra (sic!) war, wo ihm der Sieg den Untergang der Monarchie, seine Niederlage schimpflichen Frieden bringen musste ... Die deutsche Einheit will ein jeder, den man danach fragt, sobald er nur deutsch spricht, mit dieser Verfassung aber will ich sie nicht.« Ebd. , S. 62

5 Gegen Bismarck sind später wegen der Parlamentsrede vom 30. September 1862, wo sich der Satz findet, die großen Fragen der Zeit würden nicht durch Reden und Majoritätsbeschlüsse entschieden, »sondern durch Eisen und Blut«, heftige Angriffe gerichtet worden, aber von den Zeitgenossen hätten sich mindestens Cavour, Napoleon III. und Palmerston sehr gewundert, wenn ihnen unterstellt worden wäre, sie seien *nicht* der gleichen Ansicht.

6 Engels weist zwar die Lehre von den natürlichen Grenzen mit guten Argumenten zurück, aber am Ende entwickelt er eine Doktrin von der offensiven Defensive, die nur

allzu geeignet sein könnte, auch Angriffskriege zu rechtfertigen: »Dass die Karte von Europa definitiv festgestellt sei, wird kein Mensch behaupten. Alle Veränderungen, sofern sie Dauer haben, müssen aber im Ganzen und Großen darauf hinausgehen, den großen und lebensfähigen europäischen Nationen mehr und mehr ihre *wirklichen* natürlichen Grenzen zu geben, die durch Sprache und Sympathie bestimmt werden, während gleichzeitig die Völkertrümmer, die sich hier und da noch finden und die einer nationalen Existenz nicht mehr fähig sind, den größeren Nationen einverleibt bleiben und entweder in ihnen aufgehen oder sich nur als ethnographische Denkmäler ohne politische Bedeutung erhalten. Militärische Erwägungen können nur in zweiter Linie gelten ... Das Endresultat aber dieser ganzen Untersuchung ist, dass wir Deutsche einen ganz ausgezeichneten Handel machen würden, wenn wir den Po, den Mincio, die Etsch und den ganzen italienischen Plunder vertauschen könnten gegen die *Einheit*, die uns vor einer Wiederholung von Warschau und Bronzell schützt und die allein uns nach innen und außen stark machen kann. Haben wir diese Einheit, so kann die Defensive aufhören. Wir brauchen dann keinen Mincio mehr; ›unser Genie‹ wird wieder sein , ›zu attackieren‹; und es gibt noch einige faule Flecke, wo dies nötig genug sein wird.« (MEW, Bd. 13, S. 227–268, S. 267 f.)

7 Unterwegs wurden die päpstlichen Truppen bei Castelfidardo besiegt. Sie bestanden zum größten Teil aus ausländischen Freiwilligen und wurden von dem berühmten französischen General Lamoricière kommandiert. Vielleicht darf man in ihnen und auch den Truppen, die zwei Jahre später bei Mentana unter dem deutschen General Kanzler einen neuen Angriff Garibaldis gegen den auf Rom und Latium zusammengeschmolzenen Kirchenstaat abwehrten, ebenso wie in den Carlisten des ersten Spanischen Bürgerkriegs von 1834 bis 1839 eine nicht zufälligerweise schwache christliche Parallele zu den militanten islamischen Fundamentalisten der zweiten Hälfte des 20. Jahrhunderts sehen.

8 Bismarck: Gedanken und Erinnerungen, S. 47. Angeblich, aber von Bismarck in Zweifel gezogen, lautete die Bemerkung sogar »Rother Reactionär, riecht nach Blut, später zu gebrauchen«. Die gleiche Kennzeichnung, nur mit anderen Termini bildet den Titel der Bismarck-Biografie von Lothar Gall (»Bismarck. Der weiße Revolutionär«, 1980).

9 Bei der Gattin Wilhelms, der späteren Kaiserin Augusta, war Bismarck geradezu verhasst, und sie ist in erster Linie gemeint, wenn Bismarck nicht selten über »weibliche Einflüsse« klagte. Augusta war die Enkelin des Herzogs Carl August, in dessen Dienst Goethe ein Leben lang gestanden hatte, und daher darf sie als Repräsentantin des »Geistes von Weimar« gelten. Aber auch bei dem anglophilen späteren Kronprinzen Friedrich und dessen Frau Viktoria, einer Tochter der Königin Viktoria von England, war Bismarck alles andere als wohlgelitten. Fest verwurzelt war Bismarck dagegen in der »friderizianischen« Tradition der preußischen Machtpolitik, die eine Feindschaft gegen Österreich implizierte, eine Feindschaft, die durch seine Erfahrungen am Bundestag in Frankfurt noch verstärkt wurde, vielleicht aber auch gerade deren Voraussetzung war. Zu welchen Konsequenzen dieses Empfinden der Feindschaft führte, macht eine Äußerung besonders deutlich, die ihm beim Beginn des französisch-österreichischen Krieges im Mai 1859 in einem Brief unterlief: »Die gegenwärtige Lage hat wieder einmal das große Los für Preußen im Topf, falls wir den Krieg Österreichs mit Frankreich sich scharf einfressen lassen und dann mit unserer ganzen Armee nach Süden aufbrechen, die Grenzpfähle im Tornister mitnehmen und sie entweder am Bodensee oder dort, wo das protes-

tantische Bekenntnis aufhört zu überwiegen, wieder einschlagen.« (Brief an v. Alvensleben vom 5. Mai 1959)

10 Franz Herre: Nation ohne Staat. Die Entstehung der deutschen Frage, Köln/Berlin 1967, S. 215

11 Diese Entwicklung ist besonders mit dem Namen von Hermann Wagener verknüpft und wurde auch in der »Berliner Revue« dargestellt, zu deren Hauptautoren (häufig im »antisemitischen« Sinne) Bruno Bauer zählte, einstmals der wichtigste unter den Mentoren von Karl Marx.

12 s. oben Anm.1 zu S. 38. Auf weitere Einzelheiten ist hier nicht einzugehen.

13 Ges. Werke, Bd. 6, S. 120

14 Diese Kandidatur resultierte aus der Spanischen Revolution von 1868, durch welche die Königin Isabella vertrieben worden war, und sie betraf eine katholische Seitenlinie des Hohenzollernhauses. Aber Napoleon und seine (liberale) Regierung wollten darin das Wiederaufkommen der Situation der Zeit Karls V. sehen, und ohne die übertriebene, für Wilhelm I. ehrenrührige Forderung des Außenministers Gramont würde die Krise für Bismarck mit einer schweren Niederlage geendet haben.

Anmerkungen zu »Europa nach dem Deutsch-Französischen Krieg und der Berliner Kongress«

1 Spanien galt zwar nicht als Großmacht, aber es war durch den Besitz Kubas und der Philippinen nach wie vor eine große Kolonialmacht. Hier hatte die Auseinandersetzung zweier Zweige der Königsfamilie, anders als in Frankreich, zu einem durch ideologische Obertöne und die Teilnahme von Ausländern gekennzeichneten Bürgerkrieg geführt, dem »Karlistenkrieg« von 1831–1839, der vonseiten der um den Prinzen Carlos gescharten »apostolischen« Partei in den Augen aller Liberalen »reaktionär« war und dennoch als »fortschrittlich« eingeschätzt werden musste, sobald man die Verteidigung regionaler Selbstverwaltung als eine gute Sache betrachtete. Die Karlisten traten erneut in den Ring, als die Königin Isabella II. durch eines der vielen »pronunciamientos« des Heeres 1868 gestürzt wurde und ins Exil gehen musste. Während in den Nordprovinzen der zweite Spanische Bürgerkrieg des 19. Jahrhunderts geführt wurde, rangen die Politiker in Madrid um die Neubesetzung des Thrones, und die vom Marschall Prim und von Bismarck geförderten Thronkandidatur des Prinzen Leopold von Hohenzollern-Sigmaringen war bekanntlich der Anlass, wenngleich schwerlich die Ursache des Deutsch-Französischen Krieges. Nach dem kurzen Zwischenspiel des italienischen Prinzen Amadeo von Savoyen wurde die Republik ausgerufen, die erheblich »linker«, aber auch viel weniger dauerhaft war als die etwa gleichzeitige Republik in Frankreich. Unter der Führung des bedeutenden Politikers Canovas de Castillo, der nicht selten der »spanische Bismarck« genannt wurde, wurde die in Frankreich misslungene Restauration der Monarchie durchgesetzt, und der Sohn Isabellas wurde als Alfons XII. zum König ausgerufen. Damit war auch der zweite Karlistenkrieg beendet, und für die nächsten Jahrzehnte wechselten sich, ähnlich wie in Italien, zwei Flügel der Liberalen unter der Ministerpräsidentschaft von Canovas bzw. Sagasta in der Regierung ab.

2 Sie stand unter der Führung eines ehemaligen Ministers des welfischen Königreichs Hannover, Ludwig Windthorst, und ihr hatte sich als Hospitant Bismarcks ehemaliger Mentor und nunmehriger Feind Ernst Ludwig von Gerlach angeschlossen.

3 Für einige Monate gab Bismarck 1872/73 die preußische Ministerpräsidentschaft an den Kriegsminister Grafen Roon ab, aber er machte diese Entscheidung bald rückgängig, da er das Empfinden hatte, dadurch würden seine Machtbefugnisse zu sehr verkürzt. Faktisch war Bismarck während seiner ganzen dreißigjährigen Amtszeit preußischer Ministerpräsident und Außenminister (der die preußischen Stimmen im Bundesrat »instruierte«. Diese bildeten dort mit Rücksicht auf die föderalistische Struktur des Staates nur eine Minderheit, konnten aber in den wesentlichen Fragen nicht überstimmt werden).

4 Fürst Bismarck als Redner a.a.O., (Anm. 3 zu Kap.: »Die Einigung Italiens …«), Bd. 6, S. 204, 166

5 Ebd. S. 61

6 Er sei überzeugt, »dass der Staat in seinen Fundamenten bedroht und gefährdet ist von zwei Parteien, die beide das Gemeinsame haben, dass sie ihre Gegnerschaft gegen die nationale Entwickelung in internationaler Weise betätigen, dass sie Nation und nationale Staatenbildung bekämpfen. Gegen diese beiden Parteien müssen meines Erachtens alle diejenigen, denen die Kräftigung des staatlichen Elements, die Wehrhaftigkeit des Staates, gegen die, die ihn angreifen und bedrohen, zusammenstehen …« (Ebd. S. 224 f.: Rede vom 24. April 1873)

7 Der Text lautete: »L'Empereur quitte Berlin parfaitement convaincu des dispositions conciliantes qui y règnent et qui assurent le maintien de la paix.« Wie Bismarck drei Jahre später dem Korrespondenten der »Times« erzählte und wie dieser in einem Artikel festhielt, habe die Depesche ursprünglich die Aussage enthalten »Maintenant la paix est assurée«, die erst auf Bismarcks Beschwerde hin umformuliert worden sei (»Die Große Politik …« Bd. 1, S. 283). Bismarck ist später wiederholt auf diese Aktion Gortschakows zurückgekommen und hat sie seinem russischen Kollegen, dessen Protégé er während seiner Petersburger Botschafterzeit gewesen war, nie verziehen.

8 So gut wie alle diplomatischen Berichte, die an Bismarck gelangten, schätzten das Kadergesetz als harmlos ein, und der Botschafter in Paris, Fürst Hohenlohe, erklärte Äußerungen von extremer Friedfertigkeit, die der Außenminister, Herzog Decazes, ihm gegenüber getan hatte, keineswegs für unaufrichtig, zumal sie ihrem Sinne nach mit den Auffassungen des Präsidenten MacMahon übereinstimmten: »Er versicherte, die Armee sei nicht organisiert, habe kein Vertrauen in ihre Führer und in sich selbst. Wenn wir einrückten, würde uns die französische Armee ruhig nach Paris gehen lassen und sich an die Loire zurückziehen. Kämen wir ihnen dort nach, so zögen sie an die Garonne …« (ebd. , Bd. 1, S. 265; H. an Bismarck v. 29. April 1875)

9 Einer der tätigsten Propagandisten war Dostojewski. In dem »Tagebuch eines Schriftstellers« sind Sätze wie die folgenden zu lesen: »Wir brauchen diesen Krieg auch für uns selbst: Nicht nur für unsere von den Türken gequälten ›slawischen Brüder‹ erheben wir uns, sondern auch zur eigenen Rettung. Der Krieg wird die Luft, die wir atmen, erfrischen, die Luft, in der wir in der Ohnmacht unserer Verwesung und geistigen Beengtheit bald zu ersticken drohten … Entstanden ist sie [die Slawenfrage] mit der ersten Kristallisierung der großrussischen Rasse zu einem einzigen russischen Reich, das heißt also, zusammen mit dem Zarentum Moskau … Die slawische Idee nicht mehr zu tragen und das Problem einer Schicksalsentscheidung des östlichen Christentums – das Wesen der Orientfrage – ungelöst aufzugeben, das wäre dasselbe wie ganz Russland zerbrechen,

in Splitter zerhauen und an seiner Stelle sich irgendetwas Anderes und Neues ausdenken, was dann aber nichts mehr mit Russland zu tun hätte ... Die Nationen leben durch große Gefühle, durch große, alle vereinende und alles erhellende Gedanken und endlich durch die Einheit des ganzen Volkes, die dann entsteht, wenn das Volk unwillkürlich seine führende Intelligenz als mit ihm übereinstimmend anerkennt, woraus dann die stärkste Nationalkraft strömt.« Urheber des niederziehenden, die Nation von dem befreienden Kriege abhaltenden Ökonomismus sind für Dostojewski »die Juden und Börsianer«. (F.M. Dostojewski: Tagebuch eines Schriftstellers, Neuausgabe München 1980, S. 340 f., 434 f.)

10 Die Ungarn sperrten sich dagegen, dass die Zahl der Slawen im Reich vermehrt wurde; der Außenminister Graf Andrássy, selbst Ungar, hielt es für unbedingt erforderlich, die Bildung eines »südslawischen« Staates aus Serbien und Bosnien-Herzegowina zu verhindern, der zu einem unwiderstehlichen Attraktionspunkt für die Slawen der Doppelmonarchie, zu einem neuen Piemont, werden müsse. Die Okkupation bedeutete einen Kompromiss zwischen den beiden Standpunkten.

11 Die sich allmählich vermehrenden »Reichsämter«, vornehmlich dasjenige des Äußeren, wurden von »Staatssekretären« geleitet, da der Reichskanzler der einzige Reichsminister war. Faktisch wuchsen diese aber mit der Zeit in die Position von Reichsministern hinein – der Staatssekretär des Äußeren allerdings am wenigsten, da auch nach Bismarcks Abgang die Reichskanzler die Leitung der Außenpolitik mehr oder weniger fest in Händen hielten.

12 Vera Sassulitsch, wie die meisten Mitglieder der Bewegung der »Volkstümler« (Narodniki) dem gehobenen Bürgertum bzw. der Aristokratie entstammend, hatte im März 1877 ein Attentat auf den General Trepow begangen und war am 11. April von einem Schwurgericht in Petersburg freigesprochen worden. Im März 1881 schrieb Karl Marx einen seiner wichtigsten und meistzitierten Briefe an sie (MEW, Bd. 35, S. 166 f.). Später schloss sie sich der Sozialdemokratischen Partei an und stand bis zu ihrem Tode im Jahre 1919 den Menschewiki nahe.

13 Die Große Politik ..., Bd. 2, S. 309

14 Zur Vorgeschichte und zum Verlauf des Berliner Kongresses gilt immer noch das bereits 1938 zuerst erschienene Buch des englischen Historikers W.N. Medlicott als Standardwerk (»The Congress of Berlin and After. A Diplomatic History of the Near Eastern Settlement 1878–1880«, London 1938), und als Quellensammlung sind Alexander Novotnys »Quellen und Studien zur Geschichte des Berliner Kongresses 1878« (Graz-Köln 1957) nach wie vor unentbehrlich. Von den Berichten der Mitwirkenden sind die entsprechenden Kapitel der Erinnerungen des Botschafters Joseph Maria von Radowitz, welcher der »Sekretär« des Kongresses war, besonders anschaulich (»Aufzeichnungen und Erinnerungen aus dem Leben des Botschafters Joseph Maria von Radowitz«, hrsg. von Hajo Holborn 1925). Aus aktuellen Gründen ist die Schrift William Gladstones über die »Bulgarian Atrocities« von hervorstechendem Interesse, weil sie in der Sache eine frühe Forderung nach »humanitärer Intervention« bedeutete (»Bulgarian Horrors and the Question of the East«). Allerdings machte sich auch Gladstone wie die meisten seiner Nachfolger einer gewissen »Einäugigkeit« schuldig.

Anmerkungen zu »Das Bismarcksche Bündnissystem«

1 Discorsi parlamentari di Francesco Crispi, Rom 1915, Bd. II, S. 691. Der Satz stammt zwar von 1884, aber 1871 hatte Crispi sogar die Möglichkeit erwogen, den Papst erschießen zu lassen, wenn er ernste Unruhen hervorrufe (ebd. S. 90).

2 MEW, Bd. 34, S. 317–319; Bd. 19, S. 119–137, S. 136 f.

3 Bismarck selbst soll im Rückblick eine Äußerung getan haben, die einen kaum weniger revolutionären Gedankengang erkennen ließ: »Die größte Torheit meines politischen Lebens war der Berliner Kongress. Ich hätte Rußland und England sich raufen und gegenseitig auffressen lassen sollen wie die zwei Löwen im Walde, von denen nur die zwei Wedel übrigblieben ... Aber ich habe damals Politik gemacht wie ein Stadtverordneter.« (Wolfgang Windelband: Bismarck und die europäischen Großmächte 1879–1885, Essen 1925, S. 60). Windelband gibt als Quelle einen Artikel von Chrysander in der »Bergedorfer Zeitung« vom 11.2.1904 an, bemerkt aber selbst, dass es auch ganz entgegengesetzte Äußerungen von Bismarck gibt. In der Tat hätte es sich um die radikalisierte Situation des Krimkrieges gehandelt, und wenn die beiden Weltmächte sich tatsächlich gegenseitig vernichtet hätten, wäre dem Deutschen Reich so etwas wie »Weltherrschaft« zuteil geworden. Aber es ist in höchstem Grade unwahrscheinlich, dass Deutschland in diesem Konflikt hätte neutral bleiben können. Wenn es sich rechtzeitig auf die Seite der stärkeren Macht gestellt hätte, wäre es dem von Bismarck so sehr gefürchteten Schicksal schwerlich entgangen, nur noch »Juniorpartner« zu sein.

4 Depretis nannte den eben gegründeten »Partito operaio« ein »reato permanente« (Giampiero Carocci: Agostino Depretis e la politica interna italiana dal 1876 al 1887, Torino 1956, S. 575).

5 »Die Große Politik ..., Bd. 1, Nr. 122 und 126, S. 199f., 203

6 S. oben S. 15

7 Alle einschlägigen Zitate aus GP Bd. 3 , S. 14 ff., 52 f., 67 (Nr. 446, 447, 461, 466)

8 ebd., S. 122 (Nr. 505). Die Grenzen von Wilhelms militärischen Kenntnissen und seinem Urteilsvermögen kamen überdeutlich in einer Marginalie zu diesem Schreiben zum Vorschein, wo es heißt, Frankreich sei uns »an Menschen, also auch Truppenzahl weit überlegen« (ebd. S. 123).

9 Die Frage, ob es sich bei dem Abschluss des Zweibundes mit Österreich-Ungarn nicht um eine verhängnisvolle Fehlentscheidung Bismarcks handelte, kann hier nicht näher erörtert werden. Objektiv ist es zweifellos so, dass eine Großmacht im System von (traditionell) fünf Großmächten unklug handelt, wenn sie sich mit der schwächsten unter den fünf verbündet. Schon von einigen seiner Zeitgenossen wurde Bismarck der Rat erteilt, ein Schutz- und Trutzbündnis mit Russland zu schließen und gemeinsam Österreich sowie die balkanischen Einflussgebiete aufzuteilen. Sicherlich wäre eine solche deutsch-russische Doppelmacht die weitaus stärkste in der Welt und faktisch unbesiegbar gewesen. Bismarck schloss diese Alternative jedoch schon deshalb aus, weil nach seiner Meinung das Deutsche Reich in dieser Verbindung nur der untergeordnete Teil sein könnte, und zwar nach Analogie des Verhältnisses zwischen Preußen und Russland in der ersten Hälfte des 19. Jahrhunderts. Vermutlich sah er aber auch die großen praktischen Schwierigkeiten, die diesem umstürzenden Vorhaben innewohnten, deutlicher, als es die Strategen post festum tun.

10 GP, Bd. 2, S. 153 f. (Nr. 294)

11 ebd. Bd. 3, S. 133 (Nr. 512), S. 176–179 (Nr. 532)

12 Bei der ersten Verlängerung des Dreibundvertrages im Jahr 1887 wurde dieses folgenreiche Prinzip dann von den Italienern durchgesetzt, sodass der Dreibund potenziell aus einem Verteidigungsbündnis zu einer Erwerbsgemeinschaft wurde, die wie alle Erwerbsgemeinschaften viel Platz für Zwistigkeiten und Konflikte bot.

13 Von einer der kuriosesten, aber bezeichnendsten Episoden innerhalb der italienischen Nord-Süd-Problematik erzählt Benedetto Croce, einer der bekanntesten Helden des Risorgimento im bourbonischen Königreich beider Sizilien, Luigi Settembrini, sei über die nach 1861 eingetretene Zerstörung napoletanischer Einrichtungen und Gewohnheiten so enttäuscht gewesen, dass er gesagt habe: »Das alles ist die Schuld Ferdinands II. Wenn er mich und meinesgleichen hätte aufhängen lassen, wäre es nicht so weit gekommen.« (»Geschichte Italiens 1871–1915«, Berlin 1928, S. 305.) Das vorhergehende Zitat nach GP, Bd. 3, S. 93 (Nr. 482)

14 Dazu passte es, dass di Robilant gegenüber Bismarck eine tiefe persönliche Abneigung empfand und ihn als ein »flagello« bezeichnete (Federico Chabod: Storia della politica estera italiana dal 1870 al 1896. Bd. I, Bari 1951, S. 634.

15 Text in GP, Bd. 3, S. 245 ff. (Nr. 571)

16 Klaus Hildebrand: Das vergangene Reich. Deutsche Außenpolitik von Bismarck bis Hitler, Stuttgart 1995, S. 80

Anmerkungen zu »Die Krise von 1886/88 und die Anfänge der französisch-russischen Allianz«

1 Aber wie die Russen durften auch die Österreicher davon überzeugt sein, ein lebenswichtiges Interesse zu vertreten. Als der deutsche Botschafter in Wien, Prinz Heinrich VII. Reuß, den österreichischen Außenminister Kálnoky gegen Ende 1885 im Auftrag Bismarcks warnend darauf aufmerksam machte, dass die antibulgarische Haltung Österreichs mit dem Dreikaiservertrag nicht zu vereinbaren sei, antwortete Kálnoky mit Wendungen, die als eine Vorwegnahme der Motive von 1914 angesehen werden können: »Er begriffe, ... dass in Berlin das serbische Völkchen nur wie ein Bauer auf dem Schachspiel der großen Politik erscheine. Wenn aber dieser Bauer in Bewegung gesetzt würde, so mache er sich sehr unbequem ... Sein (Alexander Battenbergs) Vordringen würde die sämtlichen serbischen Stämme in Fluss gebracht haben, die nicht ruhig zugesehen haben würden, wenn man ihre ›Brüder‹ erwürgte. Die Unruhe war schon jetzt diesseits der Save zu spüren, sie würde sich aber auf Bosnien und die Herzegowina ausgebreitet haben. Man möge nicht vergessen, dass der Fürst von Montenegro ... nur auf diesen Moment wartete, um die großserbische Fahne zu erheben ... Könnte Österreich einer solchen Katastrophe ruhig zusehen, die die okkupierten Provinzen und einige Teile des eigenen Besitzes in Gefahr bringen müsse?« (GP, Bd. 5, S. 31)

2 Bericht des Militärattachés in Paris Oberstleutnant von Villaume vom 22. Oktober 1886: »... Auf den belebtesten Promenaden wurden zahlreiche Reklameschilder dieses Journals [›La Revanche‹, die den Revanchekrieg ebenso populär zu machen bestrebt sei wie die von vielen anderen chauvinistischen Blättern vertretene Revancheidee] getragen oder auf Reklamewagen umhergefahren, von denen einige den General Boulanger in der Uniform des französischen Infanteristen an der Spitze der Truppen mit gefälltem Bajonett zum Angriff vorgehend, andere auf der Landkarte Europas in der Mitte die mit

einem preußischen Helm geschmückte »pieuvre allemande« darstellten, über welche von der einen Seite ein französischer Infanterist mit umgedrehtem erhobenem Gewehr, von der anderen ein russischer Soldat, welcher der Hydra den Schwanz abzuschneiden bestrebt ist, herfallen« (GP, Bd. 6, S. 147 f.).
Allerdings wurden so provokatorische Plakate wie diese von der Polizei beschlagnahmt, und es gab auch vonseiten der deutschen Vertretung ganz andere Stimmen. So schrieb der Botschafter in Paris, Graf Münster, in einem zunächst als Glückwunsch zum Jahreswechsel 1886/87 konzipierten Brief an Wilhelm I., der Ruf nach Rache, das Kriegsgeschrei der Chauvinisten und die Hetzereien eines Déroulède fänden nicht wirklich Widerhall im Volke, denn Frankreich sei finanziell erschöpft, die Republikaner fürchteten das Entstehen einer Diktatur und der Durchschnittsfranzose der Gegenwart habe »kein Vaterlandsgefühl im höheren Sinne, kein Pflichtgefühl wie der Deutsche«. Bismarck tadelte den Botschafter wegen dieses Schreibens hart, und zwar zunächst mit der aufschlussreichen Bemerkung, wenn die verbündeten Regierungen dessen Auffassungen teilten, so würde die Reichsregierung »kaum in der Lage sein, die von ihr gemachte Militärvorlage mit Überzeugung vor dem Reichstage zu vertreten und aufrechtzuerhalten« (ebd. , S. 160 ff. (Nrn. 1240 u. 1241).

3 GP. Bd. 6, S. 283 (Nr. 1331, an Kaiser Friedrich 3. 4. 1888)

4 In diesem Punkt standen ihm führende Staatsmänner Frankreichs und Englands weit näher, als der heute üblicherweise angenommene Gegensatz zwischen den »demokratischen Westmächten« und dem »feudalen Bismarck-Deutschland« nahelegt. So sprach sich der französische Staatspräsident Grévy gegenüber dem deutschen Botschafter Graf Münster »sehr energisch gegen das allgemeine Stimmrecht« aus. Es sei allerdings schwerlich zu beseitigen, »er selbst würde aber sehr wünschen, einen Wahlmodus wie in Preußen [!] herbeizuführen, den er ganz genau zu kennen schien« (GP Bd. 6, S. 197). Im Zusammenhang der nicht zum Ziel gelangten Verhandlungen über ein deutsch-englisches Bündnis sagte der Premierminister Lord Salisbury im März 1889 im Ton aufrichtigen Bedauerns zu dem Staatssekretär des Auswärtigen Amtes Herbert von Bismarck: »Leider leben wir nicht mehr in den Zeiten Pitts ... Jetzt herrscht die Demokratie, und mit ihr ist persönliches und Parteiregiment eingezogen, welches jede englische Regierung in unbedingte Abhängigkeit von der aura popularis gebracht hat« ebd., Bd. 4, S. 405.

5 Fürst Bismarck als Redner a.a.O., Bd. 15, S. 320

6 S. Anm. 12 zu *»Das Bismarcksche Bündnissystem«*

7 Text in GP, Bd. 5, S. 253-256 (Nr. 1092)

8 Fürst Bismarck als Redner a.a.O., Bd. 16, S. 146 f.

9 Ebd. S. 171,156, 180

10 Erich Eyck: Bismarck, Erlenbach-Zürich 1944, Bd. 3, S. 574

Anmerkungen zu »Imperialismus und die Anfänge der deutsch-englischen Flottenrivalität«

1 S. Hans-Ulrich Wehler: Bismarck und der Imperialismus, Köln 1969. Mit diesem Buch sowie nicht zuletzt mit seiner Studie über »Das deutsche Kaiserreich 1971–1918« (1973) wurde Wehler zu einem Hauptvertreter des »Primats der Innenpolitik«, mit dem er die in der deutschen Geschichtsschreibung bis mindestens 1945 vorherrschende Konzeption des »Primats der Außenpolitik« ablösen wollte.

2 Auch Crispi gelangen wie Bismarck in seinen Parlamentsreden eindrucksvolle Formulierungen wie etwa »Nel mio dizionario la parola ›paura‹ non è scritta«, (Discorsi parlamentari Bd. III, S. 819).

3 Bei den Massenkundgebungen wurde auch der Ruf »Viva Menelik« laut. Im Übrigen hatte Crispi die innenpolitische Feindschaft gegen revolutionäre Bestrebungen noch stärker an den Tag gelegt als Bismarck, und zwar mit den harten Maßnahmen, die er gegen die sizilianische Bauernbewegung der »Fasci siciliani« traf.

4 Im Juli 1890 war ein englisch-deutscher Vertrag über den Austausch der bisher englischen Insel Helgoland mit afrikanischen Kolonialgebieten bzw. -ansprüchen (Sansibar, Uganda) geschlossen worden. Er beruhte beiderseits auf ganz rationalen Interessen, wurde aber in Deutschland zum Gegenstand heftiger Proteste und führte zu der Gründung des »Alldeutschen Verbandes«, der die deutsche Position überall in der Welt verteidigen und erweitern wollte (der aber nicht etwa irredentistische Bestrebungen gegenüber den Deutschen in Österreich verfolgte). Der Reichskanzler v. Caprivi, der vor allem die kontinentale Position Deutschlands im Auge hatte, war dagegen der Meinung, man müsse Gott danken, wenn niemand auf die Idee käme, Deutschland ganz Afrika zu schenken. So zeichnete sich zu Beginn der Neunzigerjahre schon die Alternative zwischen »Mitteleuropaidee« und »Weltpolitik« ab. Caprivi suchte das erste Glied durch den Abschluss günstiger Handelsverträge und Zollsenkungen gegenüber Russland und Österreich-Ungarn zu fördern. Das rief heftige Proteste der Landwirtschaft und auch Bismarcks hervor.

5 Ernst Johann (Hrsg.): Reden des Kaisers. Ansprachen, Predigten und Trinksprüche Wilhelms II., München 1966, S. 56. Nach einem anderen Zeitungsbericht hatte Wilhelm sogar »die Eltern« zu den potenziellen Opfern der Bajonette seiner Soldaten gezählt. Eine lange Reihe von ähnlich unbedachten Äußerungen in Reden, Interviews oder Marginalien zieht sich durch die ganze dreißigjährige Regierungszeit hindurch und war natürlich ein »gefundenes Fressen« für die zahlreichen Gegner im In- und Ausland – von den »herrlichen Tagen«, denen er Deutschland entgegenführen werde, bis zu der »gepanzerten Faust«, mit der er es verteidigen wolle. Die schlimmste aller Wendungen dieser Art findet sich als Randbemerkung zu einem Schriftsatz des Staatssekretärs des Auswärtigen Amtes Bernhard von Bülow über die erste internationale Friedenskonferenz in Den Haag vom 21. Juni 1899. Dort heißt es: »Ich habe in Wiesbaden versprochen, dem Zaren [auf dessen Initiative die Konferenz zurückging] zu einer befriedigenden Lösung meine Hilfe angedeihen zu lassen. Damit e r sich nicht vor Europa blamire, stimme i c h dem Unsinn zu. Aber werde in meiner Praxis auch für später mich nur auf Gott und mein scharfes Schwert verlassen und berufen! Und sch… auf die ganzen Beschlüsse!« (GP, Bd. 15, S. 306 (zu Nr. 4320) Aber man sollte bedenken, dass es nicht schwierig wäre, aus Reden und Artikeln russischer, französischer und englischer Politiker oder Journalisten eine ganze Anzahl von höchst kriegerischen Wendungen zusammenzustellen, und dass nur ein verlorener Krieg zur Publikation von Marginalien führen konnte.

6 Zitiert nach Wolfgang J. Mommsen: Das Zeitalter des Imperialismus, Frankfurt 1969, S. 166 f. Es sollte nicht übersehen werden, dass kein Geringerer als Max Weber 1895 in seiner Freiburger Antrittsvorlesung Folgendes sagte: »Wir müssen begreifen, dass die Einigung Deutschlands ein Jugendstreich war, den die Nation auf ihre alten Tage beging und seiner Kostspieligkeit halber besser unterlassen hätte, wenn sie der Abschluss und

nicht der Ausgangspunkt einer deutschen Weltmachtpolitik sein sollte«, (Ges. Pol. Schriften, S. 23).

7 Fritz Fischer: Griff nach der Weltmacht. Die Kriegszielpolitik des kaiserlichen Deutschland 1914/18. Düsseldorf 1961. Das überaus einfluss- und folgenreiche Buch, das nach seinem Erscheinen heftige Proteste vieler Historiker hervorrief, weil es die These der Alliierten von der (alleinigen) deutschen Kriegsschuld wiederaufzugreifen schien, geht nur in seiner Einleitung auf die Anfänge der »Weltpolitik« ein, aber der Autor lässt keinen Zweifel daran, dass er hier den entscheidenden Grund des Weltkriegs sieht.

8 S. oben S. 94

9 Im Sommer des Jahres 1898 hatte eine kleine Truppe von Franzosen unter dem Hauptmann Marchand den Ort Faschoda im oberen Nilgebiet besetzt und damit für Frankreich in Besitz genommen. Die Engländer erblickten darin eine Bedrohung ihrer Herrschaft in Ägypten und entsandten den General Kitchener, der eben den Mahdi-Aufstand im Sudan niedergeworfen hatte, mit überlegenen Kräften, um die Franzosen zu vertreiben. Ein großer Krieg schien vor der Tür zu stehen, aber Frankreich, von den innenpolitischen Kämpfen der »Dreyfus-Affäre« geschwächt, gab nach und leitete bald darauf den kolonialen Ausgleich mit England ein, der eine Voraussetzung für die »Entente cordiale« von 1904 war.

10 Nach der offiziellen, im »Reichsanzeiger« wiedergegebenen Version hatte Wilhelm Folgendes gesagt: »Ihr wisst es wohl, ihr sollt fechten gegen einen verschlagenen, gut bewaffneten, grausamen Feind. Kommt ihr an ihn, so wisst: Pardon wird nicht gegeben, Gefangene werden nicht gemacht. Führt eure Waffen so, dass auf tausend Jahre hinaus kein Chinese mehr es wagt, einen Deutschen scheel anzusehen. Wahrt Manneszucht« (Reden des Kaisers a.a.O., S. 91). Nach inoffiziellen Presseberichten hatte der Kaiser auch den Satz gesagt: »Wer euch in die Hände fällt, sei euch verfallen. Wie vor tausend Jahren die Hunnen unter ihrem König Etzel sich einen Namen gemacht, der sie noch jetzt in Überlieferung und Märchen gewaltig erscheinen lässt, so möge der Name Deutscher in China auf tausend Jahre durch euch in einer Weise bestätigt werden, dass niemals wieder ein Chinese es wagt, einen Deutschen auch nur scheel anzusehen.« Wenn dieser Satz wirklich gesagt wurde, erhielte die Wendung »Pardon wird nicht gegeben« statt einer bloß feststellenden Bedeutung (»Pardon wird euch nicht gegeben«) den entgegengesetzten Sinn einer Forderung (»Ihr sollt den Feinden keinen Pardon geben«). Wie Wilhelm dazu kam, die hunnenfeindliche und in Deutschland allein bekannte Tradition des »Nibelungenliedes« geradezu umzukehren, ist schlechterdings rätselhaft. Man hat es dadurch zu erklären versucht, dass der Kaiser wenige Tage zuvor eine Aufführung von Hebbels Nibelungendrama gesehen habe. Wenn das richtig ist, ließe sich kein besserer Beweis dafür anführen, dass freie und redenfreudige Impulsivität an der Spitze eines Staates keine Stätte haben darf.

11 Das eine wie das andere kommt in Berichten deutscher Diplomaten gut zum Vorschein. Bei einem Englandbesuch des Kaisers schrieb Bernhard von Bülow in einer Aufzeichnung vom 24. November 1899: »Das Land atmet Reichtum, Behäbigkeit, Zufriedenheit und Vertrauen in die eigene Kraft und Zukunft. Man merkt, dass die Leute nie den Feind im Lande gesehen haben und gar nicht glauben können, dass es je wirklich schiefgehen könnte, weder im Inneren noch nach außen … Es ist ein physisch und moralisch sehr gesundes Land« (GP. Bd. 15, S. 419 (Nr. 4398). Andererseits sagte ein einflussrei-

cher Engländer von vermutlich deutsch-jüdischer Abstammung, Sir Edgar Speyer, dem Chef des kaiserlichen Marinekabinetts bei einem späteren Besuch des Kaisers 1911 im Rückblick auf zwei Jahrzehnte: »Das englische Volk sei in den letzten zwanzig Jahren doch sehr zurückgeblieben gegen uns. Wenn auch die Erkenntnis, dass die Schulbildung reformbedürftig ist, schon zu guten Maßregeln geführt habe, auf unsere Höhe der Bildung und der Arbeit im Allgemeinen würde es sich nie erheben (»Der Kaiser. Aufzeichnungen des Chefs des Marinekabinetts Admiral Georg Alexander von Müller über die Ära Wilhelms II.«, Göttingen 1965, S. 85).

12 In einem nachdenklichen Buch, dessen Vorwort zwar von 1913 stammt, das aber die Gedanken eines Mannes wiedergibt, der schon lange vorher ein enger Mitarbeiter Bethmann Hollwegs gewesen war, wird die Notwendigkeit der »Weltpolitik« mit Argumenten begründet, die den heute üblichen Begriff der »Globalisierung« vorwegzunehmen scheinen: J.J. Ruedorffer (d.i. Kurt Riezler): Grundzüge der Weltpolitik in der Gegenwart, Stuttgart und Berlin 1915, (etwa S. 158: »Die Welt ist ein einziges, in sich zusammenhängendes Wirtschaftsgebiet geworden«. Allerdings sieht Riezler den Kampf der Nationalstaaten infolge der Macht der kosmopolitischen Tendenzen gerade verschärft, wenngleich in höherem Maße kompliziert und undurchsichtig.

Wenig später, im März 1908, beschrieb der deutsche Botschafter in London, Graf von Metternich, in einem Brief an den Reichskanzler Bülow den Charakter und die Bedeutung des deutsch-englischen Flottenwettlaufs auf folgende Weise: »Sie [die Engländer] fürchten eigentlich nur unsere Flotte, denn wir sind ihnen am nächsten, und sie halten uns für die Tüchtigsten. Wir müssen an ihrer Insel vorbei, um in das Weltmeer zu gelangen. Die französische Flotte halten sie für minderwertig, abgesehen von dem politischen Verhältnis, welches sie zu Frankreich haben. Die japanische Flotte ist auf der anderen Seite der Erdkugel und, wie immer man über die gelbe Gefahr denken mag, doch weniger auf die englischen Nerven wirkend als eine einheitliche, mächtige, von der ersten Armee der Welt unterstützte Flotte, die sich an den Ufern der Nordsee aufbaut … Eine verlorene Schlacht in der Nordsee bedeutet das Ende des englischen Weltreiches. Eine verlorene Schlacht auf dem Kontinent noch lange nicht das Ende Deutschlands. Nun gibt es die Politik, den möglichen Feind sich zum Freunde zu machen und sich mit dem Starken zu verbinden. Auch das hat England erwogen. Es fürchtet aber, dann politisch in unsere Abhängigkeit zu geraten, und stützt sich daher lieber auf andere. Daher seine plötzliche Bündnis- und Ententenfreudigkeit. Alles unsere Flotte« (GP. Bd. 24, Nr. 8193, S. 44 ff.). Die sehr negativen, ja geradezu feindseligen Marginalien des Kaisers zu diesem Schreiben lassen erkennen, wie wenig Wilhelm II. zu einem grundsätzlichen Überdenken der Flottenpolitik geneigt war.

Anmerkungen zu »Krisen um Marokko und Bosnien-Herzegowina«

1 Harden, dem sein eigentlicher Name Witkowski nicht nur von Antisemiten ebenso häufig vorgehalten wurde wie Leo Trotzki der Name Bronstein, führte in seiner Zeitschrift »Die Zukunft« um die gleiche Zeit eine heftige Kampagne gegen einen der engsten Freunde des Kaisers, den Fürsten Philipp von Eulenburg, den er der Homosexualität beschuldigte. Der insofern nicht eben »progressive« Angriff trug erheblich zur Diskreditierung des Kaisers bei. Wie verhasst Harden sich bei dessen engerer Umgebung machte, zeigt die Wendung des selbst als »Flaumacher«, ja »Verräter« bei den Alldeutschen verru-

fenen Admirals von Müller, der ihn in seinen Aufzeichnungen einen »sozialen und politischen Schädling« nennt (»Der Kaiser ...«, a.a.O., Anm. 11 zu Kap. »Imperialismus ...«, S. 189).

2 Es war ein Beweis für die sonderbar erscheinenden Wege, auf denen die »reale Demokratisierung« sich vollzog, dass ein Justizrat aus Alzey am Rhein, Heinrich Claß, beträchtlichen Einfluss auf die Politik des deutschen »Militär- und Adelsstaates« gewinnen konnte.

3 So sagte der russische Außenminister Iswolski – allerdings 1909, nach Beendigung der bosnischen Krise, Europa werde sich wohl »für einige Jahre ... an die Hegemonie Deutschlands« gewöhnen müssen (Hildebrand, a.a.O., Kap. »Das Bismarck'sche Bündnissystem«, Anm. 16, S. 246).

4 Alexanders Frau Mascha Dragin genoss einen zweifelhaften Ruf und war insofern auch aus moralischen Gründen verhasst. Aber dieses Motiv war offenbar von sekundärer oder tertiärer Art.

5 Die sogenannte »Daily Telegraph«-Krise vom Oktober 1908, die in Deutschland und England sehr viel Aufregung hervorrief, war von ganz anderer Art und hatte so gut wie keine außenpolitische Bedeutung. Durch sie verlor der Kaiser im deutschen Volk nicht wenig von der Zuneigung und dem Respekt, über die er trotz aller Impulsivität und Unbesonnenheit immer noch verfügte, und in England wurde der Eindruck sehr verstärkt, dass man es mit einer unberechenbaren und gefährlichen Persönlichkeit zu tun habe. Dabei beruhte das »Interview« höchst paradoxerweise ganz und gar auf dem guten Willen zur Besserung der deutsch-englischen Beziehungen, und zwar sowohl vonseiten des Kaisers als auch seines englischen Interviewpartners, des Obersten Stuart Wortley. Doch die Deutschen konnten manche Äußerungen des Kaisers als diejenigen eines »Halbengländers« empfinden, der durch seine anglophilen Gefühle in einen Gegensatz zu seinem eigenen Volk geriet, und die Engländer glaubten die Taktik eines durchtriebenen Deutschen zu erkennen, der durch eine Erzählung von den englandfeindlichen Vorschlägen Frankreichs und Russlands zur Zeit des Burenkrieges den Dreiverband zu sprengen versuchte. Aber für fast die ganze deutsche Presse war auch der Reichskanzler von Bülow ein Hauptziel des Angriffs, weil er infolge von Nachlässigkeit oder Überarbeitung den Text vor der Veröffentlichung nicht persönlich geprüft hatte. Da er gegenüber einem höchst erregten Reichstag den Kaiser eher desavouierte als verteidigte, verlor er die »allerhöchste« Gunst, um die er sich immer so sehr und erfolgreich bemüht hatte, und als er wenig später in der Frage der Finanzreform und der Erbschaftssteuern im Reichstag eine Niederlage erlitt, wurde er entlassen, und der bisherige Staatssekretär im Reichsamt des Inneren, Theobald von Bethmann Hollweg, trat an seine Stelle. Diese »Affäre« hinterließ also auf allen Seiten viel zerbrochenes Porzellan, sie war jedoch nicht im gleichen Sinne eine Krise wie die bosnische Angelegenheit. (Zum Ganzen vgl. GP. Bd. 24, Kap. CLXXVIII, S. 165–210)

6 S. oben, S. 86 f.

7 Ebd., Nr. 8939, S. 50 f. Die von Bülow vorhergesagte Selbstständigkeitserklärung Bulgariens und dessen Selbsterhöhung zum Königreich unter »Zar« Ferdinand I. trat pünktlich ein und vollzog sich im Schatten der Bosnienkrise erfolgreich; Ähnliches galt für Kreta, das nun mit Griechenland vereinigt wurde. Nach dem Ende der Krise formulierte Bülow im Reichstag das Wort von der »Nibelungentreue« Deutschlands gegenüber

Österreich, das nicht viel glücklicher war als Wilhelms II. Äußerung über die Hunnen und das ebenso wie dieses einen erheblichen Mangel an Vertrautheit mit der deutschen Sagenwelt zu erkennen gab.

8 ebd., Bd. 26, 1, Nr. 8912, S. 3

9 ebd., Nr. 9503, S. 738 ff. Das Vorherige: Ebd., S. 622, 656

10 ebd., Nr. 9556, S. 832

Anmerkungen zu »Die Balkankriege 1912/1913«

1 Zu erwähnen sind vornehmlich der Briefwechsel Prinetti-Barrère vom September 1902 und das Abkommen von Racconigi 1909.

2 Kaiser Wilhelm II. verfasste am 4. Oktober bei einem Aufenthalt in Rominten eine Niederschrift, in der Folgendes zu lesen war: »Die ewige Betonung des Friedens bei allen Gelegenheiten – passenden und unpassenden – hat in den 43 Friedensjahren eine geradezu eunuchenhafte Anschauung unter den leitenden Staatsmännern und Diplomaten Europas gezeitigt ... Die Dinge, wie sie jetzt liegen, müssen unbedingt zu seinem Zusammenstoß mit der in Europa überständigen Türkei führen. Es ist besser, er erfolgt jetzt – wo er Russland und Gallien nicht passt – weil beide noch *nicht* gegen uns *fertig* sind, als später, wenn sie sich bereitgestellt haben und fertig sind ... Es komme ruhig zum Kriege. Da werden ja die Balkanstaaten mal zeigen, was sie zu leisten fähig sind und ob sie eine Existenzberechtigung haben ... Man lasse die Leute nur ruhig machen; entweder sie kriegen Keile oder erteilen sie; danach ist immer noch Zeit zum Sprechen. Die Orientfrage muss mit Blut und Eisen gelöst werden! Aber in einer für uns günstigen Periode! Das ist *jetzt*« (GP, Bd. 33, Nr. 12225, S. 164 ff.). Es ist unklar, ob dem Kaiser die Vorstellung vorschwebte, die »Einkreisung« Deutschland durch den Dreiverband habe Ähnlichkeiten mit der »Einkreisung« der europäischen Türkei durch die vier Balkanstaaten. Es hätte ihm dann auffallen müssen, dass der Wille zur Erweiterung, den er mit positivem Akzent den Balkanstaaten zuschrieb, im Verhältnis der Großmächte doch weit eher aufseiten der »eingekreisten« Macht lag und dass ein etwa vergleichbarer Angriffswille der Mächte des Dreiverbandes ein noch weit größeres Risiko in sich bergen musste, als es nach seiner Ansicht schon in dem Angriff der vier Balkanstaaten enthalten war. Besorgniserregend war in jedem Falle die starke Betonung des »jetzt«, die auch auf andere Situationen anwendbar war. Aber damit stand er keineswegs allein. Im »Diplomatischen Schriftwechsel Iswolskis 1911–1914« (hrsg. v. Fr. Stieve) findet sich im 2. Band auf S. 140 die Äußerung eines bulgarischen Ministers, die folgendermaßen lautet: »Die Führer aller politischen Parteien Bulgariens sind der Ansicht, eine ähnliche Konjunktur werde sich auf lange hinaus nicht wiederholen, und Bulgarien würde infolgedessen einen unverzeihlichen Fehler begehen, wenn es keinen Versuch unternehme, diese Gelegenheit zur Erreichung seiner historischen Ziele auszunützen.«
Allerdings hatte Karl Marx schon 1871 vom künftigen »Racenkrieg« der Deutschen gegen Slawen und Romanen gesprochen (MEW. Bd. 17, S. 276); jetzt tauchte der Terminus aber auch in diplomatischen Dokumenten auf, so in einem Bericht des deutschen Botschafters von Schoen in Paris vom 13. Oktober 1912 an den Reichskanzler von Bethmann Hollweg: Frankreich müsse die Auswirkung »eines erbitterten Rassenkrieges zwischen Türkei und Balkanchristen« auf die muselmännische Welt seines afrikanischen Machtbereichs in Rechnung stellen (GP. Bd. 33, Nr. 12271, S. 215).

3 S. oben Anm. 2

4 GP. Bd. 35, Nr. 13483, S. 122 ff.
5 Ebd., Bd. 34, I, Nr. 12818, S. 346 ff.
6 Ebd.,, Nr. 12824, S. 352 f. Es darf aber nicht unerwähnt bleiben, dass der unmittelbare Zweck des Schreibens darin bestand, Conrad von einem baldigen Vorgehen gegen Serbien abzuhalten.

Anmerkungen zu »Der Weltkrieg«

1 Nach dem Bericht des Herausgebers des »Grenzboten«, G. Cleinow, sagte der russische Außenminister bei einer Unterredung am 8. April 1914 in Petersburg u. a. Folgendes: »Nun aber denken Sie sich meine Lage: Ich komme im vorigen Herbst nach Berlin, werde von Herrn von Bethmann mit der größten Wärme und Herzlichkeit empfangen, wir verabreden uns, alle Fragen der internationalen Politik mit vollkommener Offenheit zu erörtern ... Nun reise ich nach der Krim, halte dem Kaiser Vortrag in Livadia; er ist sehr zufrieden. Da kommt aus geheimer Quelle in Konstantinopel die Meldung, Deutschland entsende nicht nur eine Militärmission nach Konstantinopel, nein, deutsche Offiziere übernähmen das Kommando über die Armee ... denken Sie sich: Konstantinopel eine preußische (sic!) Garnison! Und mir sagt man nichts davon! ... Sie wissen, welches Interesse wir am Bosporus haben, wie empfindlich wir an dieser Stelle sind. Ganz Südrussland hängt davon ab, und nun setzen Sie uns eine preußische Garnison vor die Nase!« (GP. Bd. 38, Anlage zu Nr. 15531, S. 313–317)
2 Die Internationalen Beziehungen im Zeitalter des Imperialismus. Dokumente aus den Archiven der zarischen und der Provisorischen Regierung, hrsg. v. M.N. Pokrowski, deutsche Ausgabe von Otto Hoetzsch, Berlin 1931, Reihe 1, Bd. 1 Nr. 295, S. 283–296
3 Die Deutschen Dokumente zum Kriegsausbruch 1914, hrsg. im Auftrag des Auswärtigen Amtes, Berlin 1922. (=DD), Bd. 2, Nr. 382, S. 104–116, S.108
4 Imanuel Geiss spricht in seinem Buch »Juli 1914. Die europäische Krise und der Ausbruch des Ersten Weltkriegs«, München 1980 (zuerst 1965), mit Recht von einer »monströsen Kollektivschuldtheorie« hinsichtlich des serbischen Volkes (S. 25), und schon viele Zeitgenossen äußerten sich ähnlich. Aber wer sich vor Augen hält, wieviele »Kollektivschuldtheorien« seither aufgekommen sind und auf welche Weise z.B. der zweite Tschetschenienkrieg begann, wird eher geneigt sein, der menschlichen Natur als den Österreichern die Schuld an dieser »Kollektivschuldtheorie« zuzuschreiben.
5 Die Texte des Ultimatums und der serbischen Antwortnote in: »Die Österreichisch-Ungarischen Dokumente zum Kriegsausbruch, hrsg. vom Staatsamt für Äußeres in Wien, Berlin 1923,Teil 1, Nr. 27, (S. 53–56), Teil 2, Nr. 47 (S. 37–40)
6 DD, Bd. 2, Nr. 396, S. 125 f. Vgl. auch den Schlussabschnitt in Bethmanns Schreiben vom gleichen Tag, ebd. Nr. 395, S. 124 f.: »Wir stehen somit, falls Österreich jede Vermittlung ablehnt, vor einer Conflagration, bei der England gegen uns, Italien und Rumänien nach allen Anzeichen nicht mit uns gehen würden und wir zwei gegen vier Großmächte ständen. Deutschland fiele durch Gegnerschaft Englands das Hauptgewicht des Kampfes zu. Österreichs politisches Prestige, die Waffenehre seiner Armee sowie seine berechtigten Ansprüche Serbien gegenüber, könnten durch Besetzung Belgrads oder anderer Plätze hinreichend gewahrt werden. Es würde durch Demütigung Serbiens seine Stellung im Balkan wie Russland gegenüber wieder stark machen. Unter

diesen Umständen müssen wir der Erwägung des Wiener Kabinetts dringend und nachdrücklich anheimgeben, die Vermittlung zu den gegebenen ehrenvollen Bedingungen anzunehmen. Die Verantwortung für die sonst eintretenden schweren Folgen wäre für Österreich und uns eine ungemein schwere.« Es ist eine tief deprimierende Feststellung, dass die Auffassungen der wichtigsten politischen Mitwirkenden – des Kaisers, Bethmann Hollwegs und Greys – in der Zustimmung zu einer Besetzung Belgrads und anderer »Faustpfänder« durch Österreich nahezu identisch waren und dass offenbar die Besorgnisse der Militärs in Berlin und St. Petersburg den Ausschlag gaben. Qualitativ von der Einstellung der übrigen Mächte verschieden war der Strafwille der am meisten betroffenen Macht, nämlich Österreichs, also desjenigen Staates, der die altertümlichsten Züge aufwies. Es ist schon darauf hingewiesen worden, dass Kaiser Franz Joseph in der Ermordung des Thronfolgers ein Werk der göttlichen Gerechtigkeit sah, und es weckt die Erinnerung an ähnliche Äußerungen Ludwigs XVI. am Anfang der Französischen Revolution, dass Franz Joseph mit dem deutschen Botschafter am 2. Juli 1914 auch über die »Aussichten der Hirschjagd« sprach (DD 1, Nr. 11, S. 17). Um die gleiche Zeit gewann bekanntlich der Wunderheiler Rasputin am Zarenhof großen Einfluss, und die nachträglichen Erinnerungen oder auch gleichzeitigen Äußerungen führender Männer des Deutschen Reiches wie Bülow, Tirpitz und Admiral von Müller vermitteln einen sehr schlechten Eindruck von den Verhältnissen an der Spitze des monarchischen Deutschland. Immerhin dürfte hier die Chance der Umwandlung in eine parlamentarische Monarchie nicht ausgeschlossen gewesen sein. Bemerkenswert ist auch die Äußerung Haldanes nach der Rückkehr von seiner Reise, Deutschland sei vorzüglich organisiert, aber in der obersten Etage herrsche Anarchie, (v. Müller, »Der Kaiser ...«, a.a.O., S. 115).

7 Wilhelms Marginalien reichen von vulgären Zornesausbrüchen (»Nur feste auf die Füße des Gesindels getreten!«) bis zu Eingeständnissen eigenen – d.h. zunächst österreichischen – Unrechts (»… aber damit [der serbischen Antwortnote] fällt jeder Kriegsgrund fort … Daraufhin hätte ich niemals Mobilmachung empfohlen«). Mindestens ebenso bemerkenswert ist die Tonlage im Schreiben des Generalstabs an den Reichskanzler vom 29. Juli 1914: »Erst nach dem letzten scheußlichen Verbrechen hat es [Österreich] zum äußersten Mittel gegriffen, um mit glühendem Eisen ein Geschwür auszubrennen, das fortwährend den Körper Europas zu vergiften drohte … Das so oft als reines Defensivbündnis gepriesene französisch-russische Abkommen … ist damit wirksam geworden, und die gegenseitige Zerfleischung der europäischen Kulturstaaten wird beginnen … So werden und müssen die Dinge sich entwickeln, wenn nicht, fast möchte man sagen, ein Wunder geschieht, um noch in letzter Stunde einen Krieg zu verhindern, der die Kultur fast des gesamten Europas auf Jahrzehnte hinaus vernichten wird …« (DD 2, Nr. 349, S. 65–67)

Die ernstesten Fragen wirft die lange Marginalie des Kaisers zu einem Schreiben des Botschafters in Petersburg vom 30. Juli auf, das von Vernichtungsfurcht und einem geradezu panikartigen Zorn gegen »dieses verhasste, verlogene, gewissenlose Krämervolk« erfüllt ist. Spricht da ein Mann, der die Felle des gewünschten Kontinentalkrieges durch das Verhalten Englands davonschwimmen sieht, oder spricht sich ein »Herzenspazifist« in dem Satz aus: »Leichtsinn und Schwäche sollen die Welt in den furchtbarsten Krieg stürzen, der auf den Untergang Deutschlands schließlich abzielt« (ebd. Bd. 2, Nr.

401, S. 132 f.). Keinesfalls aber äußert sich ein Machthaber auf diese Weise, der planvoll einen Weltkrieg herbeiführen wollte (die übrigen Marginalien finden sich verstreut in dem ganzen Band).

8 Vgl. die Österreichisch-Ungarischen Dokumente, a.a.O., 3. Teil, Nr. 159, S. 128 ff. (»Über den Krieg sagte er mir wiederholt ›I hate it. I hate it‹ ... Im Übrigen sprach er wieder von den unabsehbaren Folgen dieses Weltkrieges. »It is the greatest step towards Socialism that could possibly have been made ... We shall have labour Governments in every country after this« (Graf Mensdorff an Grafen Bechtold aus London am 7. 8. 1914).

9 Neben dem »Griff nach der Weltmacht« vgl. vor allem »Krieg der Illusionen. Die deutsche Politik von 1911 bis 1914, Düsseldorf 1969. Das »konservative« Gegenstück ist das vierbändige Werk von Gerhard Ritter über »Staatskunst und Kriegshandwerk«. Dem häufig und mit Recht erhobenen Vorwurf, Fischer habe die Politik und das Verhalten der nichtdeutschen Mächte zu wenig berücksichtigt, hat dessen Schüler Imanuel Geiss in mehreren Publikationen entgegengearbeitet, vornehmlich in der zweibändigen Dokumentensammlung »Julikrise und Kriegsausbruch 1914«, Hannover 1963. Nach wie vor gilt auch in Deutschland als Standardwerk Luigi Albertinis umfangreiche Untersuchung »Le origini della guerra de 1914«, 3 Bde., Milano 1942/43. Auch die neuere Literatur zum Ersten Weltkrieg ist so gut wie unübersehbar. Ein besonders knapper Überblick ist zu finden bei Jean-Pierre Cartier: Der erste Weltkrieg, München 1984, S. 714 f. (frz. Originalausgabe Paris 1982 und 1984)

10 DD 2, Nr. 456, S. 175–179, S. 178

11 Den zynischen Ausdruck benutzte der Nachfolger Moltkes als Generalstabschef, von Falkenhayn (»... Frankreich durch Blutabzapfung zur Besinnung zu bringen«, zitiert nach Hildebrand, Das vergangene Reich, a.a.O., S. 351).

12 Cartier, a.a.O., S. 634

13 Es wird häufig zu wenig berücksichtigt, dass es auf englischer und russischer Seite mancherlei Vorstellungen über Landungen an der Nordseeküste oder in Pommern gegeben hatte. Dass nichts davon zur Wirklichkeit wurde, war sicher in erster Linie auf die Präsenz der deutschen Flotte zurückzuführen.

14 Cartier, S. 493

15 So Niall Ferguson: Der falsche Krieg. Der Erste Weltkrieg und das 20. Jahrhundert, Stuttgart 1999 (Orig. London 1998 unter dem Titel »The Pity of War«). Aber schon das ganze historiografische Werk von David Irving war lange vorher von dieser Auffassung geprägt.

16 Tirpitz, Erinnerungen, S.408; Hildebrand, Reich, S. 300, Riezler, Tagebücher S. 475

17 Ernst Nolte: Deutschland und der Kalte Krieg, München/Zürich 1974, S. 50

18 S. oben S. 96

Zu Teil II »Kräfte, Tendenzen, Bewegungen«

Anmerkungen zu »Die demografische und die industrielle Revolution«

1 Zum ganzen Kapitel vgl.:
Raum und Bevölkerung in der Weltgeschichte (Ploetz), Bd. 4 Bevölkerung und Raum in neuerer und neuester Zeit, Hrsg.: V. W. Köllmann, 3. Aufl. 1965;
Paul Mantoux: La révolution industrielle au XVIIIe siede. Essai sur les commencements de la grande industrie moderne en Angleterre. Paris 1859,
S. G. Checkland: The Rise of Industrial Society in England 1815–1885, London 1964;
David S. Landes: Der entfesselte Prometheus. Technologischer Wandel und industrielle Entwicklung in Westeuropa von 1750 bis zur Gegenwart. Köln 1973 (Original: The Unbound Prometheus, Cambridge 1973)
Ernst Nolte: Marxismus und Industrielle Revolution. Stuttgart 1983, S. 43–305 (Erster Teil: Die Industrielle Revolution in England und die Reaktionen der Zeitgenossen), zu Malthus bes. S. 109 ff., 164 ff., 214 ff.

Anmerkungen zu »Der Liberalismus in Angriff und Verteidigung«

1 The Second Treatise ..., Chap. II
2 A Letter Concerning Toleration (in John Locke: On Politics and Education, New York 1947, S. 52)
3 John Stuart Mill, On Liberty. In »Utilitarianism–Liberty–Representative Government« (Everyman's Library 482), London 1960 (Neudruck), S. 119
4 Zum ganzen Kapitel vgl.:
Guido de Ruggiero: Geschichte des Liberalismus in Europa. München 1930 (Neudruck Aalen (»Scientia«) 1964
Der europäische Liberalismus im 19. Jahrhundert. Texte zu seiner Entwicklung, hrsg. von Lothar Gall und Rainer Koch, 4 Bde. Frankfurt–Berlin–Wien 1981
Lothar Gall (Hrsg.): Liberalismus. Köln/Berlin 1976 (Neue Wissenschaftliche Bibliothek)
Ernst Nolte: John Stuart Mill. Vom Benthamschen Erbe zur Ambivalenz des Fortschritts. In: »Geschichte und politisches Handeln. Studien zu europäischen Denkern der Neuzeit. Theodor Schieder zum Gedächtnis«, hrsg. von P. Alter, W.J. Mommsen, Th. Nipperdey, Stuttgart 1985, S. 186–196

Anmerkungen zu »Traditionelle Realitäten in der Umwandlung«

1 Johannes B. Kießling: Geschichte der Kulturkämpfe im Deutschen Bund, 3. Bd., Freiburg 1911–1916, Bd. 2, S. 111
2 Zum ganzen Kapitel: Georg Franz: Kulturkampf. Staat und Katholische Kirche in Mitteleuropa von der Säkularisation bis zum Abschluss des preußischen Kulturkampfes, München 1954
Heinrich Bornkamm: Die Staatsidee im Kulturkampf, in HZ 170
Robert A. Kann: Das Nationalitätenproblem der Habsburger Monarchie, Graz-Köln 1964

Anmerkungen zu »Frühe Arbeiterbewegungen und die Anfänge des Sozialismus«

1 The Complete Works of P.B. Shelley, London–New York 1965, Bd. III, S. 288 ff.
2 »Das Weberlied«, Verfasser unbekannt. Zitiert nach Golo Mann, a.a.0. S. 143
3 Heines Werke in fünf Bänden, Weimar 1957, Bd. 1, S. 187 f.
4 Ernst Nolte, Marxismus und Industrielle Revolution (s. oben Fn.1 zu »Die demografische und die industrielle Revolution«), S. 152)
5 Zum ganzen Kapitel vgl.:
Dick Geary: Arbeiterprotest und Arbeiterbewegung in Europa 1848–1939, München 1983;
Helga Grebing: Geschichte der deutschen Arbeiterbewegung, München 1970
George Lichtheim: Ursprünge des Sozialismus, Gütersloh 1969;
Albert S. Lindemann: A History of European Socialism, New Haven/London 1983;
Werner Hofmann: Ideengeschichte der sozialen Bewegung des 19. und 20. Jahrhunderts, Berlin/New York 1979 (6. Auflage)
Die frühen Sozialisten, Hrsg. von Frits Kool und Werner Krause. Olten 1967

Anmerkungen zu »Der Marxismus«

1 Marx Engels Werke (MEW), Berlin 1968, Ergänzungsband I, S. 536
2 MEW, Bd. 4, S. 459–493
3 Zum ganzen Kapitel vgl.:
Werner Blumenberg: Karl Marx in Selbstzeugnissen und Bilddokumenten, Reinbek 1962
Arnold Künzli: Karl Marx. Eine Psychographie, Zürich 1972 (2. Aufl.)
George Lichtheim: Marxism. A Historical and Critical Study, London 1964
Leszek Kolakowski: Die Hauptströmungen des Marxismus, 3 Bde, München 1976/78
Françoise P. Levy: Karl Marx. Histoire d'un bourgeois allemand, Paris 1976
Ernst Nolte: Marx, Engels und die Industrielle Revolution, 2. Teil von »Marxis mus und industrielle Revolution« a.a.0., S. 309–519

Anmerkungen zu »Der Bonapartismus«

1 Konstantin Frantz: Louis Napoleon (Sonderausgabe Darmstadt 1960), S. 61
2 MEW, Bd. 37, S. 387 (Brief an Laura Lafargue 16.4.1890)
3 Zum ganzen Kapitel vgl.:
T.A.B. Corley: Democratic Despot. A Life of Napoleon 111. Westport 1961
Adrien Dansette: Le Second Empire, 3 Bde, Paris 1961 ff.;
Ernst Nolte: Idealsoziologie und Realsoziologie im Werk von Marx und Engels. Ein Beitrag zum Verständnis der Bonapartismustheorie. In: Politische Vierteljahrsschrift 15, 1974, S. 155–174. Auch in Ders.: Marxismus–Faschismus–Kalter Krieg. Vorträge und Aufsätze 1964–1976, S. 48–68
Wolfgang Wippermann: Die Bonapartismustheorie von Marx und Engels, Stuttgart 1983

Anmerkungen zu »Defensive Nationalismen«

1 Heinrich Claß: Wenn ich der Kaiser wär'. Leipzig 1913 (4. Aufl.), unter dem Pseudo nym Daniel Frymann

2 Zur »Action française« vgl.: Ernst Nolte: Der Faschismus in seiner Epoche (zuerst München 1963), S. 61–190)
3 ebd. S .239
4 Zum ganzen Kapitel vgl.:
Alfred Kruck: Geschichte des alldeutschen Verbandes 1890–1939, Wiesbaden 1954
Eugen Weber: Action Française: Royalism and Reaction in Twentieth-Century France, Stanford 1962
Wilhelm Alff: Die Associazione Nazionalista Italiana von 1910. In: Vierteljahreshefte für Zeitgeschichte 13 (1965), S. 32–63

Anmerkungen zu »Antisemitismus und Zionismus«

1 Marx »Zur Judenfrage« in MEW, Bd. l, S. 347–377, bes. 372 f.
2 Walter Frank: Hofprediger Adolf Stöcker und die christlich-soziale Bewegung, Berlin 1928, S. 46, die Äußerung Bismarcks S. 116
3 Der Berliner Antisemitismusstreit, hrsg. Von Walter Boehlich, Frankfurt 1965, Treitschke S. 5–12, 77–90, Mommsen S. 210–225
4 Bern 1879, S. 23, 40, 45
5 Dühring, bes. S. 37, 46, 113, 136
6 In Wilhelm Mommsen (Hrsg.), Deutsche Parteiprogramme, München 1960, S. 84
7 Theodor Herzl, Der Judenstaat. In: Zionistische Schriften Bd. I , Tel Aviv 1934, S. 26
8 Zum ganzen Kapitel vgl.:
Paul W. Massing: Rehearsal for Destruction. A Study of Political Anti-Semitism in Imperial Germany, New York 1949
Peter Pulzer: The Rise of Political Antisemitism in Germany and Austria, New York 1964
Adolf Böhm: Die zionistische Bewegung bis zum Ende des Weltkriegs, Tel Aviv 1935
Theodor Herzl: Briefe und Tagebücher, Berlin-Frankfurt ab 1983 (Propyläen), 7 Bde
Walter Laqueur: Der Weg zum Staat Israel. Geschichte des Zionismus, Wien 1975

Anmerkungen zu »Der Panslawismus«

1 In »Europa und Russland. Texte zum Problem des westeuropäischen und russischen Selbstverständnisses«, hrsg. v. Dmitrij Tschizewski und Dieter Groh. Darmstadt 1959, S. 77
2 ebd. S. 189–198, S. 196 (Herzen)
3 ebd. S. 225–238, bes. 238 (Tjutschew)
4 N. J. Danilewski: Rußland und Europa. Eine Untersuchung über die kulturellen und politischen Beziehungen der slawischen zur germanisch-romanischen Welt. Osnabrück 1965 (Neudruck der Ausgabe von 1920), S. 277
5 Europa und Russland a.a.O.(Fn. 1), S. 472–511 (Dostojewski)
6 Zum ganzen Kap. vgl.:
Alexander von Schelting: Russland und Europa im russischen Geschichtsdenken, Bern 1948
Hans Kohn: Pan-Slavism. Its History and Ideology, Notre Dame, Indiana 1953

Anmerkungen zu »Nietzsche und der Nietzscheanismus«

1 Kritische Studienausgabe (KSA), Bd. 6, S. 313 (Ecce Homo)

2 Zum ganzen Kap. vgl.:
Ernst Nolte: Nietzsche und der Nietzscheanismus, Berlin 1990, Neuauflage München 2000 Mit einem Nachwort: »Nietzsche in der deutschen Gegenwart«
Peter Pütz: Friedrich Nietzsche, Stuttgart 1975 (2. Aufl.)
Mazzino Montinari u.a. (Hrsg.): Nietzsche-Studien, Berlin ab 1972
Werner Ross: Der ängstliche Adler, Friedrich Nietzsches Leben. Stuttgart 1980
Nietzsche und die deutsche Literatur, hrsg. Von Bruno Hillebrand, 2 Bde, München und Tübingen 1978
Alfredo Guzzoni: 100 Jahre philosophische Nietzsche-Literatur, Frankfurt 1991
Ernst Nolte: Marx und Nietzsche im Sozialismus des jungen Mussolini. In: HZ Bd. 191 (1960), S. 249–335
Die jüngste und am meisten maßgebende Gesamtausgabe von Nietzsche ist die von Giorgio Colli und Mazzino Montinari besorgte »Kritische Gesamtausgabe«, Berlin 1967 ff. Am leichtesten zugänglich und verwendbar ist die »Kritische Studienausgabe (KSA)« in 15 Bänden sowie »Sämtliche Briefe« in 8 Bdn., (hrsg. von denselben)

Anmerkungen zu »Die marxistischen Massenparteien 1890–1914/18«

1 Peter Nettl: Rosa Luxemburg, Köln-Berlin 1965

2 Zum ganzen Kapitel vgl.:
Franz Mehring: Geschichte der deutschen Sozialdemokratie. In: »Gesammelte Schriften«, Bd. 1–2, Berlin 1960;
Carl E. Schorske: Die große Spaltung. Die deutsche Sozialdemokratie von 1905 bis 1917, Berlin 1981;
Daniel Ligou: Histoire du socialisme en France 1871–1961, Paris 1962;
Julius Braunthal: Geschichte der Internationale, Bd. 1, Hannover 1961;
Adam B. Ulam: The Bolsheviks. The Intellectual and Political History of theTriumph of Communism in Russia, Ontario 1968;
David Shub: Lenin, Wiesbaden 1957;

Anmerkungen zur »Schlussbetrachtung«

1 S. oben S. 15, 68, 85

2 S. oben S. 114

3 S. oben S. 209

4 S. oben S. 126

5 S. oben S. 96

6 Man könnte freilich sagen, dass die »Teilungsmächte« Russland, Preußen und Österreich die Selbstständigkeit Polens vernichtet hätten und dass das Königreich Italien den Kirchenstaat vernichtete. Aber die Teilungen Polens gingen nicht aus einer solchen Absicht, sondern eher aus dem altbekannten Streben nach der Angliederung von Provinzen und aus dem inneren Verfall des Staates Polen hervor, und die Vernichtung des Kirchenstaats war von den Vorkämpfern des »Risorgimento« zwar immer wieder postuliert worden, aber sie richtete sich nach der vorherrschenden liberalen Meinung nicht gegen einen »Kulturstaat« und sie erzeugte keinerlei ernste Beeinträchtigungen von Personen.

7 Nettl, a.a.0., (Fn.1 zu »*Die marxistischen Massenparteien 1890–1914/18*«), S. 303
8 Wenn auch – mit einem dunklen Ausdruck – »gesellschaftlich notwendigen«
9 S. oben Kap. »Was ist das Europäische an der Geschichte Europas?«, S. 22

Anmerkungen zum Nachwort

1 Die Weimarer Republik. Demokratie zwischen Lenin und Hitler«, München (Herbig) 2006
2 Im ersten Teil, welcher der Staatengeschichte Europas gewidmet ist, werden zahlreiche, wenngleich durchweg gedruckte Quellen benutzt, die für die große Mehrzahl der Leser nicht leicht auffindbar sein dürften, weil sie etwa in der vielbändigen Dokumentensammlung »Die große Politik der europäischen Kabinette« enthalten sind; sie sind daher alle in den Anmerkungen belegt, und diese sind nicht selten ausführlich kommentiert worden. Im zweiten Teil werden dagegen häufig bekannte Autoren der Geistesgeschichte zitiert, und ich hielt es nicht für erforderlich, weit bekannte Stellen aus den Werken von Marx, Nietzsche oder John Stuart Mill eigens nachzuweisen. Belegstellen werden daher nur für längere und weniger bekannte Zitate eigens angeführt, und in einer Anmerkung am Ende der meisten Kapitel wird die Sekundärliteratur genannt, die ich als besonders hilfreich und weiterführend betrachte. Auf ein allgemeines Literaturverzeichnis verzichte ich, denn es ist heute für jedermann sehr leicht, sich mithilfe des Internet Bibliografien selbst größten Umfangs zusammenzustellen. Im Großen und Ganzen ist das Buch für interessierte Leser bestimmt, die nicht in erster Linie die »richtigen Linien« und die selbstverständlichen moralischen Urteile aufzufinden suchen, sondern denen die Entdeckung von Überraschendem, von Paradoxien und Widersprüchen, von Verkehrungen und Ambivalenzen der Geschichte wichtiger ist als die Begegnung mit vorherrschenden und monolinearen Konzeptionen. Für diese dürften die Literaturangaben im Text und in den Fußnoten für die etwaige Weiterarbeit vollauf genügen.

Personenregister